权威·前沿·原创

皮书系列为
"十二五""十三五"国家重点图书出版规划项目

法治蓝皮书

BLUE BOOK OF
RULE OF LAW

珠海法治发展报告
No.1（2019）

ANNUAL REPORT ON RULE OF LAW IN ZHUHAI
No.1 (2019)

主　编／张　强　田　禾
执行主编／吕艳滨
副主编／王祎茗

社会科学文献出版社
SOCIAL SCIENCES ACADEMIC PRESS（CHINA）

图书在版编目（CIP）数据

珠海法治发展报告. No.1，2019 / 张强，田禾主编
. -- 北京：社会科学文献出版社，2019.3
（法治蓝皮书）
ISBN 978 - 7 - 5201 - 4371 - 4

Ⅰ. ①珠… Ⅱ. ①张… ②田… Ⅲ. ①社会主义法制
- 研究报告 - 珠海 - 2019 Ⅳ. ①D927.653

中国版本图书馆 CIP 数据核字（2019）第 032579 号

法治蓝皮书
珠海法治发展报告 No.1（2019）

主　　编／张　强　田　禾
执行主编／吕艳滨
副 主 编／王祎茗

出 版 人／谢寿光
责任编辑／曹长香
文稿编辑／周永霞

出　　版／社会科学文献出版社·社会政法分社（010）59367156
　　　　　地址：北京市北三环中路甲 29 号院华龙大厦　邮编：100029
　　　　　网址：www.ssap.com.cn
发　　行／市场营销中心（010）59367081　59367083
印　　装／天津千鹤文化传播有限公司

规　　格／开　本：787mm × 1092mm　1/16
　　　　　印　张：28.5　字　数：424 千字
版　　次／2019 年 3 月第 1 版　2019 年 3 月第 1 次印刷
书　　号／ISBN 978 - 7 - 5201 - 4371 - 4
定　　价／139.00 元

珠海法治发展报告
编委会名单

主　　　任　张　强　田　禾

副　主　任　（按照姓氏汉字笔画排列）

王智斌　吕艳滨　李小燕　李红平　李秉勇

编委会成员　（按照姓氏汉字笔画排列）

马永明　习恩民　邓　文　冉　昊　刘　泉

刘卫兵　刘继汉　闵云童　张　生　李向波

李伟辉　李勇刚　李洪雷　吴学艇　陈欣新

张振峰　余海彬　张彪文　杨　静　贺海仁

姚　佳　徐　卉　韩树军　谢鸿飞　廖　凡

谭兆强　管育鹰

工作室主任　杨　静　王祎茗

工作室成员　（按照姓氏汉字笔画排列）

王小梅　邓　丽　叶方军　刘雁鹏　李　元

吴　俊　张忠利　陈占炜　陈军生　范登殿

罗欢欣　金善明　郝湘军　胡昌明　栗燕杰

夏小雄　黄　晋　谢小林

学 术 助 理 （按姓氏汉字笔画排序）

田纯才　米晓敏　洪　梅

撰 稿 人 （按姓氏汉字笔画排序）

丁焕松　于莹莹　万惠明　习恩民　马永明
王小梅　王伟娜　王宇声　王　丽　王咏霞
王　凯　王放达　王祎茗　王建军　王建亮
王铭扬　王　棵　王智斌　王　斌　王　巍
邓　文　邓胜利　邓　洪　石兴梅　叶方军
田　禾　田志漪　田　甜　代　敏　白志刚
冯少东　冯尚连　冯岳明　冯　朗　权　超
尧猛祥　吕艳滨　伏　峰　任东卫　刘卫兵
刘水清　刘文昌　刘华均　刘建平　刘　茜
刘洁琳　刘继汉　刘雁鹏　刘静岩　刘耀栋
关德明　许　珺　许智铭　孙　莹　苏莉莉
苏　寒　苏鑫欣　杜　娟　李　力　李小燕
李　元　李向波　李红平　李钊炯　李秀雄
李　凯　李秉勇　李勇刚　李艳萍　李　越
杨卫平　杨挺彬　杨　静　吴文东　吴学艇
吴智棠　邱东红　何文明　何永福　余晓明
余海彬　邹芬芬　闵云童　汪锦前　张文刚
张若芬　张　俊　张振峰　张梦颖　张彪文
张　密　张　强　陈占炜　陈发启　陈军生
陈远晖　陈志伟　陈　良　陈京京　陈　晖
陈海宁　陈祥瑞　陈继彬　陈　智　范登殿
林　洪　林晓军　林海涛　林燕新　罗亦宁

官方微博　@法治蓝皮书（新浪）

官方微信　法治蓝皮书（lawbluebook）　法治指数（lawindex）

官方小程序　　　　　法治指数

主要编撰者简介

主 编 张 强

中共珠海市委常委、政法委书记，珠海市法学会会长。

主 编 田 禾

中国社会科学院国家法治指数研究中心主任，法学研究所研究员。

主要研究领域：刑法学、司法制度、实证法学。

执行主编 吕艳滨

中国社会科学院法学研究所法治国情调研室主任、国家法治指数研究中心主任，研究员。

主要研究领域：行政法、信息法、实证法学。

副主编 王祎茗

中国社会科学院法学研究所助理研究员。

主要研究领域：实证法学。

把珠海建成最安全稳定、最公平公正、法治环境最好的地区（代序）

中共珠海市委书记　市人大常委会主任

郭永航

法治，是国家长治久安的坚强基石，是国家治理现代化的基本方式。我们党高度重视法治建设，党的十八届四中全会制定了推进全面依法治国的顶层设计、路线图、施工图。党的十九大对新时代推进全面依法治国提出了新任务，明确到 2035 年要基本建成法治国家、法治政府、法治社会。2019 年 1 月，习近平总书记在中央政法工作会议上进一步强调，要全面深入做好新时代政法各项工作，促进社会公平正义、保障人民安居乐业，为新时代政法事业发展擘画了宏伟蓝图，提供了根本遵循。

回顾珠海经济特区改革发展的历程，法治建设始终相伴随行。珠海市不断加强党对依法治市工作的领导，坚持实现党领导立法、保证执法、支持司法、带头守法，通过法定程序使党的主张成为国家意志、形成法律，通过法律保障党的政策有效实施。珠海市主动承担立法试验田的特区使命，坚持用好"两个立法权"，在社会主义市场经济发展、生态文明建设等方面先行先试，为全国、全省立法作出了积极探索。珠海市高度重视法治政府建设，不断深化行政审批制度改革，深入推进严格执法，试点"行政复议综合改革"。珠海市全面落实中央和省关于司法体制改革的总体部署，以横琴新区法院、检察院综合改革为突破口，优化司法职权配置，率先推行"法治公安"建设，司法质量、效率和公信力不断提升。珠海市把全民普法和守法作为长期的基础性工作，培育全社会办事依法、遇事找法、解决问题用法、化解矛盾靠法的法治环境，营造共建共治共享社会治理格局。

2019 年是新中国成立 70 周年，是全面建成小康社会关键之年，是澳门回归 20 周年，是珠海建市 40 周年，也是深入贯彻落实习近平总书记广东重要讲话和重要指示批示精神、加快珠海经济特区发展的开局之年。做好 2019 年工作，必须继续坚持以法治为引领，用法治护航发展、保障改革、捍卫民生。珠海市要始终坚持以习近平新时代中国特色社会主义思想为指导，深入贯彻总书记对广东重要讲话和重要指示批示精神，认真贯彻中央政法工作会议精神，按照中央和省的部署要求，扎实推进全面依法治市工作，努力把珠海建设成为最安全稳定、最公平公正、法治环境最好的地区，为珠海经济特区"二次创业"提供有力的法治保障，奋力打造粤港澳大湾区重要门户枢纽、珠江口西岸核心城市和沿海经济带高质量发展典范。

法治兴则国兴，法治强则国强。中共珠海市委政法委员会与中国社会科学院法学研究所合作编辑《珠海法治发展报告 No. 1（2019）》（又可称为珠海法治蓝皮书），对深化法治珠海建设实践具有积极意义。本卷蓝皮书总结分析了珠海法治建设和社会治理工作情况，系统梳理了近年来珠海在立法、执法、司法等方面的探索实践，期望能为珠海法治建设提供智力支持，也为探索社会主义法治建设规律作出特区应有的贡献。

摘　要

　　改革开放 40 年来，珠海市经济社会发展取得一系列历史性成就，在改革创新、粤港澳合作、生态文明建设、民生社会事业发展、党的建设等方面创造了许多全国领先的经验，在改革开放中发挥了改革"试验田"和对外开放重要"窗口"的作用。在依法治国基本方略指引下，中国法治建设飞速发展，推动改革开放并为之保驾护航。珠海是依法治国基本方略的践行者与受益者。珠海坚持把全民普法和守法作为长期的基础性工作，推动全社会树立法治意识；深入开展多层次多形式法治创建活动，在社会治理实践中推进多层次多领域依法治理；推进覆盖城乡居民的公共法律服务体系建设；畅通各类群众意见沟通渠道，健全社会矛盾纠纷预防化解机制，成效显著。

　　本卷蓝皮书对珠海法治发展进行了全方位的总结分析，并从立法、人大监督、法治政府、服务型政府、司法制度、社会治理、法治营商环境、廉政建设等方面专题总结了珠海法治建设的成效。

目 录

Ⅵ　社会治理

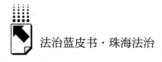
Ⅶ 廉洁建设

皮书数据库阅读 **使用指南**

总 报 告

General Report

B.1
珠海市法治发展与2019年展望

法治珠海课题组 *

摘 要： 在探索中国特色社会主义法治道路的历史进程中，作为全国最早成立的四个经济特区之一的珠海，充分发挥改革开放"先行地"和"试验田"作用，逐步走出一条经济、社会与法治协调发展、相互促进的科学发展道路。迈入新时代，珠海以习近平新时代中国特色社会主义思想为指导，在全面深化改革的新征程上继续探路破题、引领发展。这其中，法治是核心要素之一，也是珠海持续保持强劲发展势头的优势所

* 课题组负责人：张强，中共珠海市委常委、政法委书记；田禾，中国社会科学院国家法治指数研究中心主任、研究员。课题组成员：王小梅、王祎茗、王智斌、吕艳滨、刘卫兵、刘雁鹏、李小燕、李红平、李秉勇、杨静、陈占炜、陈军生、范登殿、郝湘军、胡昌明、栗燕杰（按姓氏汉字笔画排序）。执笔人：王祎茗，中国社会科学院法学研究所助理研究员；陈军生，中共珠海市委政法委员会研究室副主任；陈占炜，中共珠海市委政法委员会维稳二室副主任；郝湘军，时任中共珠海市委政法委员会依法治市工作室主任；范登殿，中共珠海市委政法委员会执法监督室科员。

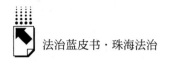
在。珠海的实践探索，具有很好的理论价值与实践价值，更重要的是，以珠海为样本着力解决各地社会治理过程中的共性问题，为深化全面依法治国、推进依法治理提供了更富前瞻性、实践性和创新性的方向指引与经验借鉴。

关键词： 法治建设　法治珠海　地方法治　经济特区　营商环境

全面依法治国是党中央"四个全面"战略布局的重要组成部分，也是实现国家治理体系和治理能力现代化的重要基础和根本保障。新中国成立后，社会主义基本法律制度逐步建立，党的十一届三中全会明确将全党工作重心转移到社会主义现代化建设上之后，更是加强了与之相适应的制度体系建设。党的十八大、十八届四中全会和十九大以来，以习近平同志为核心的党中央更是把法治作为党领导人民治国理政的基本方略，协调推进"四个全面"战略布局，全面推进依法治国、建设社会主义法治国家，使中国特色社会主义法治理论和法治体系更加健全完善。

新时代的法治建设对于国家和人民的意义重大、影响深远。在探索中国特色社会主义法治道路的历史进程中，面对经济结构转型升级、利益格局深刻调整、社会发展日趋多元的新环境新变化，作为全国最早成立的四个经济特区之一的珠海，充分发挥改革开放"先行地"和"试验田"作用，先行先试，大胆探索，推动法治建设向经济社会各领域延伸拓展，经济建设、社会建设与法治建设的紧密结合，改革与法治的有效衔接，为改革开放的不断深化和纵深推进创造了良好的法治环境，逐渐走出了一条经济、社会与法治协调发展、相互促进的发展之路，为在新的历史起点上继续推进全面依法治国、建设社会主义法治国家提供了一定的可复制、可借鉴的珠海经验。迈入新时代后，珠海以习近平新时代中国特色社会主义思想为指导，以改革开放40周年为新的起点，系统总结党的十八大以来珠海法治建设的经验和启示，认真学习贯彻习近平总书记关于法治建设的一系列重要论述和总书记在中央政法工作会议上的重要讲话精神，对照总书记对广东工作提出的"四个走在全国前列"总要求，以推动经济特区"二次创业"的勇气与担当，在全面深化改革的新征程上继续探路破题、引领发展。这其中，法治是核心要素之一，也是珠海持续保持强劲发展势头的优势所在。

一　新时代全面深化和推进法治建设的珠海方案

法治的理念、思路和方式，与一个国家的政治、经济、社会、文化等因素有关。遵循怎样的法治路径，选择何种法治模式，不仅是一个实践性问题，更是一个事关长远的方向性和前置性问题。在全面依法治国背景下，坚持党的领导，推进依法治理，充分运用法治思维和法治方式解决社会治理的源头性和基础性问题，是实现国家治理体系和治理能力现代化的必由之路，也是应然之举。珠海坚持以习近平新时代中国特色社会主义思想为指导，坚定道路自信，明确基本遵循，科学运用战略思维、法治思维、民本思维和系统思维，着力抓好法治建设规划设计、统筹协调、组织实施各项工作，促进新时代法治建设的科学化发展。

强化党的领导——坚定不移走中国特色社会主义法治道路。坚持党的领导，是中国特色社会主义的本质特征，也是全面深化依法治国的题中应有之义。在中国推进法治建设、建设社会主义法治国家，是有别于西方的法治模式，绝不可唯法治论法治，必须坚持党的领导、人民当家作主、依法治国的有机统一，坚定不移地走中国特色的社会主义法治道路，坚持在党的坚强领导下，充分依靠和发动人民群众，以法治思维和法治方式推动工作、深化改革、促进发展。珠海历届市委班子都是高度重视法治建设、勇于担当中国特色社会主义法治道路的实践者。一是加强党对人大工作的领导，支持和保证各级人大及其常委会依法行使立法权、监督权、重大事项决定权和选举任免权。二是加强党对全面依法治市的领导，成立了广东省地级市规格最高的全面依法治市工作领导小组，由市委书记、市人大常委会主任担任组长，市长、市人大常委会副主任等相关市领导担任副组长，下设七个专责小组，全面推动科学民主立法、法治政府建设、公正司法、法治经济建设、依法治理、全民普法守法、法治工作队伍建设各项工作。珠海党委领导法治建设的体制机制不断健全完善，法治建设的框架性制度基本建立。三是贯彻落实《中国共产党政法工作条例》，坚决捍卫党的领导和中国特色社会主义制度，维护宪法法律权威，支持政法单位依法履行职责，保证司法机关依法独立公正行使职权。

立足珠海实际——突出法治在经济社会发展中的引领、规范和保障作用。珠海毗邻港澳，是珠江口西岸核心城市，肩负着保障"一国两制"顺利实施、促进澳门适度多元发展的历史使命。港珠澳大桥的建成通车，使珠海成为全国唯一陆路同时连接香港和澳门的城市。在粤港澳大湾区建设的大背景下，面对"一国两制三法域"的新环境，珠海法治在服务和保障经济社会发展的过程中必然会面临更多新的问题和挑战。对此，珠海加强调查研究，明确以法律制度更加健全、合法权益更有保障、执法司法更加公正、金融风险更加可控、社会活动更加有序、经济结果更可预期为目标，推动具有时代特征、区位特点、珠海特色的法治建设，努力把珠海建设成粤港澳大湾区的重要一极，为粤港澳大湾区建设的全面推进营造更加优良的法治营商环境。

规划科学路径——将全面依法治市各项工作与营造共建共治共享社会治理格局贯通起来、一并统筹推进。作为经济特区和改革开放的前沿阵地，珠海注重法治建设的顶层设计和系统规划，形成了良好的法治环境、公平的市场机制和鼓励创新的制度环境。一是认真贯彻落实党的十八届四中全会精神，依据《中共中央关于全面推进依法治国若干重大问题的决定》，研究出台了珠海建设一流法治环境的具体行动方案，全面推进依法治市，推动法治建设各方面走在全省乃至全国前列。二是制定出台法治建设五年规划，明确法治建设重点任务，推进珠海法治之城建设，初步形成"五年有规划、年初有部署、年中有督查、年底有考核"的常态化工作机制。三是认真贯彻落实习近平总书记对广东工作提出的"四个走在全国前列"总要求，将全面依法治市各项工作纳入共建共治共享社会治理总体布局，率先以市委、市政府名义出台了"1＋N"总体行动方案和系列实施方案，大力实施平安共创、依法共治、基层共建、民意共商、幸福共享"五大工程"建设，全面提升社会治理法治化水平。

二　新时代法治建设的珠海实践与地方特色

法治建设是一个不断探索实践的过程。珠海立足改革开放"两个前沿"，全面加强党对法治建设的领导，坚持以民为本、法治为民，注重以法治思维和法治方式解决改革发展稳定问题，探索法治服务和保障经济社会发展的新举措，按照"六个突出"的基本思路，即突出"立法先行、依法行政、公正司法、促进发展、社会善治、服务民生"，以发挥法治平衡社会利益、调节社会关系、规范社会行为、维护社会稳定的作用，成为践行习近平新时代中国特色社会主义思想的有效探索。

（一）突出"立法先行"：用足用好两个立法权

良法乃善治的前提。1996年，全国人大常委会授予珠海经济特区立法权，2000年珠海被授予较大的市立法权（2015年《立法法》修正后调整为设区的市立法权）。多年来，作为为数不多的同时拥有经济特区立法权和设区的市立法权的城市，珠海市围绕改革发展大局，不断健全完善立法工作机制，将科学立法、民主立法、依法立法的理念贯穿于立法工作的全过程，引领和推动珠海经济社会发展。同时，认真履行"立法试验田"的特殊使命，制定出台了一批具有创制性、先行性的法规，为国家法治建设提供了新鲜经验和有益借鉴。

1.完善科学民主立法工作机制

长期以来，珠海市坚持贯彻科学立法、民主立法要求，摸索出一套规范有效的地方立法制度体系。制定《珠海市地方性法规立项办法》，发挥人大在立法中的主导作用，加强对立法工作的统筹安排，完善立项论证制度，科学编制法规项目库和年度立法计划。成立市人大常委会立法研究中心，加强专业立法力量。明确每一部法规草案均征求全体人大代表意见，并通过组织实地立法调研、专家解读、审议简报制度、专题学习等立法辅助工作，增强市人大及其常委会主导立法的能力。注重发挥专家智库作用，建立了立法咨询专家库和高校立法咨询服务基地，并与中国法律服务（香港）有限公司、中国法律服务（澳门）公司签订顾问协议，为拓宽立法视野、提高立法质量和立法工作水平提供了平台。出台《珠海市法规制定公众参与办法》，为公众有序参与地方立法提供制度保障。五年来，所有法规草案都通过报纸和网站等渠道听取社会各界意见。通过建立基层立法联系点和选聘立法工作联络员，了解、回应基层立法关切，确保立法为民。

2. 发挥立法引领推动作用

党的十八大以来，珠海市共制定地方性法规 29 件、修订 2 件、修正 11 件、废止 11 件，出台政府规章 34 部，相关法规规章在各自领域均发挥了切实功效，引领和保障经济社会持续健康发展。在市场经济体制改革领域，制定了商事登记、科技创新、民营经济等条例，为发展高附加值产业、高新技术产业和优势特色产业，激发市场主体活力提供法治支撑。在政府管理体制改革领域，制定了政府投资项目管理、相对集中行政处罚权、行政执法与刑事司法衔接工作等条例，法治政府建设取得较好成效。在社会建设领域，制定了社会建设、见义勇为人员奖励和保障、志愿服务等条例，满足了创新社会治理的制度供给。在生态文明领域，制定了环境保护条例、生态文明建设促进条例、前山河流域管理条例等法规，实行最严格的生态法治，有力引领和保障宜居宜业宜游城市建设。2016 年，珠海人均 GDP 就已经突破了 2 万美元，跨入中等发达国家水平，绿色空间超过陆地面积的 70%，原本落后的边陲小镇已建设成初具规模的现代化花园式海滨城市，走出了一条不以牺牲环境为代价的绿色发展路径，这与珠海用足用好地方立法权密不可分。

3. 履行"立法试验田"使命

先行先试是经济特区立法的特点和历史使命。在珠海制定的 64 件经济特区法规中，属于先行先试及创制性立法的就有 50 件。十八大以来，珠海市在全国率先出台了《珠海经济特区人才开发促进条例》，被国家人力资源和社会保障部评价为"我国人才领域立法的一大突破和创新，为国家层面的人才立法提供了有益借鉴"；率先出台了《珠海经济特区预防腐败条例》，为形成以惩治为基础，以预防为重点的反腐败综合治理体系奠定制度基础；率先出台了首部规范"两法衔接"工作的地方性法规《珠海经济特区行政执法与刑事司法衔接工作条例》，为有效规范行政执法、强化法律监督奠定坚实基础；率先出台了首部专门规范地下综合管廊建设与管理的地方性法规《珠海经济特区地下综合管廊管理条例》，促进城市地下空间高效集约利用。这些条例的制定，为改革作出了有益探索，也为国家相关立法积累了宝贵经验。

（二）突出"依法行政"：促进法治政府建设

珠海市始终坚持把深入推进依法行政和加快建设法治政府作为全面推进法治珠海建设的重点任务和关键环节，努力打造一流法治政府，加快政府治理转型，并在制度建设上进行了大胆探索和创新，有力推动法治政府建设走在全省乃至全国前列。在2015、2017、2018年全省依法行政考评中，珠海市均获评"优秀"等级。

1. 推进科学民主决策

珠海市政府着力健全重大行政决策制度，先后出台了《珠海市重大行政决策专家咨询论证办法》《珠海市人民政府工作规则》《珠海市重大行政决策程序规定》《珠海市重大行政决策听证办法》等一系列工作制度，通过规范决策过程提高决策质量和群众认可度。建立法治政府，建设基层联系机制，珠海选取7个镇（街）作为联系点，听取基层意见，增强政府决策的针对性和有效性。另外，珠海市早在2004年就在全省率先设立了市政府法律顾问室，当前已实现市、区、镇（街）三级政府法律顾问全覆盖。重大决策措施事先请法制部门或政府法律顾问审核，已成为珠海市各级政府及部门决策程序的一个重要环节。

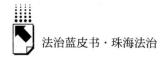

2. 深化行政复议体制机制改革

珠海市于 2013 年底开始全方位推动行政复议综合改革，主要是全面集中行政复议权，市直部门行政复议权统一收归市政府行使；设立专业、开放的行政复议委员会，吸纳体制外专家参与案件议决；创新审理程序，全国率先实行开庭审理；推行"阳光复议、便民复议"，复议决定书上网公开，复议申请网上提交、受理"全城通办"。通过改革，行政复议的权威性、中立性和专业性得以确立，2014 年以来案件量年均增长 40%，首选行政复议解决行政争议的超过 80%，行政复议后提起诉讼的不足 20%，极大地提高了行政复议在公众心目中的法律地位和公信力。

3. 推进行政审批制度改革

2012 年，珠海市启动第五轮行政审批制度改革，大力推进简政放权。制定《珠海市权责清单管理办法》，推行权责清单制度，并在全省率先建成权责清单管理系统，实时更新市级权责清单信息。大力推进行政审批标准化工作，市、区两级行政许可事项标准已全部编制完成并发布。改革后，全市行政许可（主项）从 1264 项减少为 332 项，精简率 73.7%；市级 244 项非行政许可审批事项全部清理取消。2017 年以来，58% 的行政许可事项承诺办结时间短于法定办结时间，20% 的行政许可事项承诺办结时间缩短至法定办结时间的一半以下，企业开办时间从平均 12.6 天压缩至 2 天。

4. 加强对行政权力的制约和监督

修订《珠海市行政机关行政应诉工作规则》，改进行政应诉工作，全市行政机关负责人出庭应诉率达 31.4%。推动全市行政机关主动履行人民法院生效裁判，全面清理行政机关未履行法院生效裁判案件，珠海的行政机关履行法院生效判决率达 100%。全面推进财政信息、重点项目审批和进展情况、公共资源交易等领域政府信息公开，政务透明度进一步增强，珠海市政府财政透明度自 2013 年起连续四年在广东省 21 个地级市中位居第二。创新审计体制，在非建制区设立审计派出机构，填补审计监督"盲区"，为全国的非建制区审计管理体制改革探索新道路；在广东省率先建立市级审定区级审计工作报告机制，"提级审理"覆盖率从 20% 提升至 50%。珠海市纪委开发具备责任精准到人、智能定制任务、在线量化评估、自动提醒预警、灵活扩展延伸功能的党风廉政建设主体责任评估系统，取得较好效果，被全省推广。横琴新区纪委廉政办建立工程廉情和效能预警评估系统，搭建工程变更审批监管平台，实施重大工程项目全过程同步跟踪审计，有效防范建设工程项目的廉洁风险。

（三）突出"公正司法"：维护社会公平正义

公正是法治的生命线。党的十八大以来，珠海市各级政法机关把严格执法、公正司法摆到更加突出的位置来抓，积极探路司法体制改革，深入推进执法司法规范化建设和司法公开，下大力气解决"执行难"，使司法权力运行更加规范，司法公信力不断提升，司法公正看得见、摸得着。

1. 积极探路司法体制改革

2013 年 12 月成立的珠海市横琴新区法院、检察院是珠海司法体制改革的先导和窗口，其推出的法官员额制、法官会议制度、法官违法办案终身责任制、主任检察官办案责任制、类似案例辩论制度、司法人员分类管理、在公安分局设立主任检察官办公室引导侦查取证及取消案件审批制等创新举措，为国家探索司法体制改革积累了丰富经验。最高人民法院主要领导批示肯定横琴新区法院综合改革"不仅对广东、珠海，而且对全国法院改革都具有示范意义"。珠海市香洲区法院创新理念，探索家事调查、离婚冷静期等家事审判特别程序，并在全国首创反家暴"远离令""迁出令"等人身安全保护令，逐步形成反家暴和家事审判"香洲模式"，家事审判改革工作走在全国前列，相关试点经验被吸收进《民事诉讼法》《反家庭暴力法》。作为深化公安改革四个综合试点城市之一和人民警察分类管理改革试点城市，珠海市于 2016 年率先在全国推行"法治公安"建设，对接落地公安部 110 项、省公安厅 29 项改革任务，在深化公安改革、建设平安珠海过程中也积累了宝贵的经验，推出了以出入境智能化服务新机制、平安指数发布及应用机制为代表的一批可复制、可推广的改革经验。

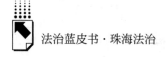

2. 推进执法司法规范化建设

近年来，珠海市各级政法机关不断通过制度化、信息化等方式，优化权力运行机制，深化监督检查，严格落实责任，着力解决执法办案过程中存在的问题，推动严格规范执法。例如，珠海市中级法院制定了审判权力清单、责任清单，压减院庭领导83%的审批权。珠海市检察院牵头建立全省第一个市、区两级联网的行政执法与刑事司法"两法衔接"信息平台，组织全市1400余名一线行政执法人员开展专题培训，推动落实全国首部"两法衔接"工作地方法规《珠海经济特区行政执法与刑事司法衔接工作条例》，遏制了以罚代刑、有案不移、有案不立等现象，推动行政执法机关依法行政、严格执法。珠海市公安局制定了《珠海市公安局重大行政决策程序规定》，建立行政权力清单和责任清单制度，推行派驻法制员机制，创建执法问题曝光台，促进执法规范化建设；同时，在全国率先出台《公安监管场所被监管人员合法权益保障办法》，在全省首创派出所办案全省视频监控智能化系统，完善执法监督机制，倒逼规范执法。

3. 构建"阳光司法"机制

在审判公开方面，珠海法院以司法公开四大平台建设为载体，大力推进审判流程信息公开、庭审公开、裁判文书公开、执行信息公开，裁判文书上网率、庭审直播次数处于全省前列。在检务公开方面，珠海检察院按照"以公开为原则、不公开为例外"的要求，全面公开检察环节终结性法律文书及重大案件信息。在警务公开方面，珠海市公安局研发推出具备告知、查询、评价和反馈四大功能的案件办理信息公开平台，充分保障了公民的知情权、表达权和监督权，提升了执法透明度和执法公信力，被全省推广。

4. 全力破解"执行难"

执行是公正司法的最后一环。珠海市两级法院充分运用信息化手段，努力破除实现公平正义的最后一道藩篱。在全国较早装备执行"单兵"系统，实现远程指挥实时化、执行全程可视化，提升了执行效率；开发"珠海法院司法查控系统3.0版"，并在全国率先开通房地产"点对点"查控，可查询全市范围内的银行存款、车辆、户籍、工商登记、土地、房产、出入境等信息，实现对被执行人主要财产的精准查控，且查控平均周期由30日缩短为1~2日。

（四）突出"促进发展"：建设现代法治经济

在迎来国家"一带一路"倡议稳步推进、横琴自贸片区高水平建设和港珠澳大桥通车等历史性机遇面前，珠海不断深化"放管服"改革，加强社会信用体系建设，强化创新驱动发展的法治保障，提升涉外法律服务水平，着力打造国际化、法治化和市场化营商环境，推动珠海在创新中谋求更全面的开放，在开放中促进更高水平的发展。

1. 释放"放管服"改革红利

珠海市积极探索市场准入负面清单制度，率先试行民间投资"负面清单"管理，率先实施建设工程招标"负面清单"管理制度，民间资本获得平等待遇。推进"多证合一"、"证照分离"、登记服务全程电子化等商事登记制度改革，简化了市场准入手续，激发了市场活力。全面推广"一门式"服务，市政务服务大厅实现14个部门265个事项的综合受理，企业和群众办事只进一扇门。积极推动"一网式"办理，市级行政许可事项和公共服务事项全部进驻网上办事大厅，企业和民生服务事项推行"全城通办"。研发全国首个营商环境分析系统，构建"10+2"营商环境评价模型，寻找差距优化营商环境。研发横琴新区企业涉经济犯罪风险监测预警系统，自动预警企业经营中的违法犯罪风险，并生成风险评估报告自动分发相关部门处理。

2. 完善联合奖惩机制

珠海市政府印发《珠海市建立完善守信联合激励和失信联合惩戒制度实施方案》，在全省率先梳理出国家37个联合奖惩备忘录，细化出台涉及52个部门、446个措施类别、1406个联合奖惩具体措施，构建政府、社会共同参与的跨部门、跨领域奖惩机制。横琴新区在全国率先推动"诚信岛"建设，出台《横琴新区"诚信岛"促进办法》，建立商务信用信息公开、索票索证、商品溯源、商品出入境监管、横琴诚信店、先行赔付等诚信制度。

制定《横琴新区商事主体信用信息管理暂行办法》，发布全国首份失信商事主体联合惩戒清单，率先将清单管理模式引入信用监管领域。多部门、多行业共同发力惩戒失信被执行人，使失信被执行人在出行、高消费、招投标、借贷等30多个生活、经营环节全面受限。

3. 加强知识产权保护

近年来，珠海市先后制定了《珠海经济特区科技创新促进条例》《关于建设知识产权强市的意见》等20多部与知识产权工作相关的政策法规，有力促进知识产权战略的实施。注重加强知识产权司法保护，设立全国首家知识产权检察室和知识产权法庭，实行知识产权民事、行政和刑事案件"三检合一"和"三审合一"模式，多个案例被评为全国检察机关保护知识产权十大典型案例。横琴新区工商部门与法院合作，在国内率先探索构建知识产权侵权行政处罚与民事赔偿相衔接机制。横琴新区管委会、拱北海关和横琴国际知识产权交易中心创立了全国首个海关"知识产权易保护"模式，健全知识产权司法保护与行政执法、海关保护协作衔接机制，帮助企业防范知识产权风险和解决知识产权问题。截至2018年12月，珠海每万人发明专利拥有量为66.5件，位居全省第二。

4. 创新发展国际仲裁

珠海市成立珠海国际仲裁院，建立与国际对接的现代仲裁机制。发布实施国内首部临时仲裁规则，为全国仲裁法律服务业发展探索新路径。制定《珠海仲裁委员会互联网金融仲裁规则》，搭建了全省乃至全国首个互联网金融仲裁平台，实现仲裁程序全流程线上流转、仲裁案件批量处理，破解了传统仲裁方式受地域限制、周期长、成本高的难题，上线8个月就已处理金融纠纷2000余宗，被列为广东自贸区30个"制度创新最佳案例"。珠海仲裁委还与横琴新区消费者协会联合成立横琴新区小额消费争议仲裁中心，全国首创以"诚信承诺＋免费仲裁＋先行赔付"为特点的小额消费纠纷仲裁机制，快捷、有效、免费处理消费争议纠纷。

5. 加强涉外法律服务

高标准法治建设作为高标准建设横琴自贸区的重要内容，加强"一带一路"和自贸区建设的法律服务。制定《关于发展涉外法律服务业的措施》，积极推动涉外法律服务业发展。目前，横琴自贸区设有两家珠港澳律师联营所，共有香港律师4人、澳门律师9人，可以提供跨境投资、跨境金融服务和国际知识产权方面的高端专业法律服务。珠海市律师协会成立了"一带一路"法律服务专家库和中拉法律服务团，立足珠海吸纳全国知名律师，提供和储备涉外法律服务资源。成立了"一带一路"国际商事调解中心（珠海调解室），解决包括但不限于"一带一路"相关的国际商事纠纷。在横琴新区综合服务中心公证窗口设立了中国法律服务（澳门）公司服务专窗，为当事人提供一站式公证法律服务。

（五）突出"社会善治"：构建和谐稳定的法治社会

珠海市作为改革开放前沿和全省社会治理创新的先行地区，突出法治在社会治理中的重要作用，大力推进全民普法教育，畅通诉求表达、利益协调、矛盾调处、权益保障机制，引导和支持各方有序参与社会治理，确保了社会在深刻变革中既井然有序又生机勃勃。

1. 积极培育法治文化

珠海市依托1038公里城市绿道，创新开展法治宣传，形成全国知名的"律道"品牌。积极打造"一起来学法""珠海交警""香洲普法"等一批普法新媒体，其中"珠海交警"微信公众号的周阅读量名列全国政务微信前五和全国交警系统第一。举办国家机关普法履职报告评议会，并以网络直播形式全程公开，检验普法责任落实。珠海不仅是"全国'六五'普法中期先进城市"，法治创建也走在全省前列，全市3个行政区均被评为"全国法治县（市、区）"，所有镇（街）和98.12%的村居达到省级以上法治创建标准。鲜活、深入的普法实践和法治创建活动，为全民尊法、学法、守法、用法营造了浓厚的氛围。

2. 推动基层社会治理创新

近年来，珠海市通过打造"社会治理体制改革平台、社会治理法治推动平台、社会治理创新引领平台、公共服务促进平台、社会协同公众参与平台"五大平台，全面激发社会活力，加强和创新社会治理，不断完善"党委领导、政府负责、社会协同、公众参与、法治保障"的社会治理体制。支持基层开展社会治理实践创新和制度创新，破解城乡社区治理难题，提升基层治理水平，先后打造了"社区微公益推动民生服务""五社联动社区多元共治""议治相济"等一批"全国创新社会治理优秀案例"，取得显著成效。金湾区建成全国首家集社会治理创新、公益资源交易、社会组织培育、社会创新党建四大功能于一体的社会创新综合体"金湾社会创新谷"。

3. 强化社会治安综合治理

珠海市在国内首创由违法犯罪警情、消防安全、交通安全、城市管理 4 项量化指标构成的平安指数及配套运行工作机制，运用"小指数"撬动"大平安"。加强对见义勇为人员的奖励和权益保障工作，全社会各行业人员积极参与见义勇为事业，成为"文明珠海"的一张亮丽名片。借助社会力量参与吸毒人员网格化服务管理工作，全市社区戒毒、社区康复执行率达 99.56%，户籍新增吸毒人员占比数连年下降。推进"村居警官"工程，初步形成"村居警官 + 治保主任 + 驻村干部 + 法律顾问"四位一体的基层治安治理模式。积极探索珠港澳跨区域执法司法合作新模式，有力维护了区域社会稳定，助力粤港澳大湾区建设。近年来，珠海社会治安大局持续向好，2016 年至 2018 年，全市 110 接报违法犯罪警情数逐年同比分别下降 17.18%、3.67% 和 14.53%，城市安全感持续位居广东省前列。

4. 构建覆盖全市的公共法律服务体系

珠海市把公共法律服务平台向基层末梢深入，通过覆盖全市的市、区、镇（街）、村（社区）四级公共法律服务实体平台建设，整合法治宣传、法律援助、人民调解、社区矫正等服务功能，形成了司法行政主导、社会组织参与、政府购买服务、法律志愿者补充的公共法律服务网，解决群众"最后一公里"办事难问题。政府通过购买服务，由 174 名律师担任全市 319 个村（居）的法律顾问，开展法治宣传、调处矛盾纠纷、服务见证换届选举、审查修改村规民约、为村（居）重大决策提供法律意见等。同时，针对问题较多的重点村居，量身定做法律专家团队，进行"订单式"精准法律服务。聚焦矛盾隐患源头防范，建立村居重大事项法律顾问审核把关机制。

5. 健全矛盾纠纷预防化解机制

珠海市制定了社会稳定风险评估有关意见和操作指引，对重大决策和重大工程实行评估前置，从源头上预防和减少社会矛盾纠纷。注重行业性、专业性人民调解组织建设，在医疗、交通、金融、物业、物流、婚姻家庭等多领域设立人民调解组织，取得了良好成效。特别是曾获评全国模范人民调解组织的珠海市医疗纠纷调解委员会，发挥第三方独立运作、专业团队参与的优势，调解了大量医疗纠纷，调解成功率在90%以上，达成的调解协议自动履行率达100%。同时，珠海市持续探索多元化纠纷解决机制改革，如积极发挥律师参与多元化解矛盾纠纷和代理涉法涉诉信访案件的积极作用，抓住事前预防、事中调处、事后化解三个关键点，使律师工作成为预防和化解矛盾纠纷的"减压阀""防火墙""稳定器"。香洲区法院创建"1＋2＋3"调解速裁模式，即成立一个集人民调解、速裁审判、案件分流、司法确认、指导调解于一体的调解与速裁工作室，对案件实行立案前和立案后两次繁简分流，诉前调解、诉中调解、小额诉讼程序三种化解纠纷方式相互衔接，有力促进了纠纷化解。

（六）突出"服务民生"：增强人民群众获得感

珠海市始终把"以人民为中心"的理念贯穿于法治建设全过程各领域，注重发挥法治对民生的服务保障功能，通过广泛开展志愿服务、加强弱势群体权益保障、推出各类便民利民举措等方式，不断增强人民群众的获得感。

1. 打造志愿服务"珠海模式"

珠海市较早出台全国志愿服务地方性法规《珠海经济特区志愿服务条例》，建立星级评定和激励制度，构建"社工＋志愿者"服务模式，提升了市民对城市的认同感和归属感。截至2018年底，珠海注册志愿者人数超过35万，占全市常住人口的23.45%；志愿服务组织达2248个，全年总考勤时数超过93.34万小时。积极培育扶持"志愿警察"等社会组织，广泛发动群众参与群防群治工作。横琴新区将志愿服务和有效激励相融合，打造由市民、志愿者、商家、专业公司、执法者共建共享的"横琴管家"App，提升民生服务的主动性、精细化、智能化水平。

2. 加强弱势群体权益保障

珠海市司法局将法律援助审批权直接下放到镇（街）公共法律服务工作站，并在全市法院派驻值班律师，不断扩大法律援助覆盖面，努力做到"应援尽援"，让困难群众能够及时得到专业法律服务。出台《珠海市国家司法救助资金使用管理办法》，加大司法救助力度，让司法救助传递法治温度。近五年市直政法部门共发放司法救助金285.1万元，救助案件57起74人。珠海市斗门区检察院创新构建保护性办案、修复性救助、社会化帮教、多元化预防"四位一体"未成年人检察工作模式，未成年人司法保护水平全面提升。

3. 积极探索公益诉讼

珠海市检察机关以民生领域为重点，积极探索以公益诉讼方式维护社会公共利益。至2018年11月，全市检察机关共立公益诉讼案件54件，其中生态环境和资源保护案件29件、食品药品安全案件2件，依据行政公益诉讼诉前程序的要求提出检察建议40件，相关行政机关100%予以采纳并整改落实到位。特别是办理了崔某某等人将东莞市560余吨垃圾非法倾倒于珠海市海域、珠海市北大附属实验学校生活污水超标直排入海、杨某等人将中山市垃圾倾倒于珠海市海域等案件，有力加强了珠海市生态环境保护。

4. 不断推出便民举措

珠海市公安机关在全国首创"一证办""出入境自助办证一体机""出入境便民服务智能化系统"，建成了全省首个"出入境智慧办证大厅"，实现办理出入境证件……创新推出车辆管理"六办合一"服务，得到群众广泛赞誉，被评为全国行政服务大厅"百优"案例，珠海市公安局交警支队车辆管理所被评为"全国一等车辆管理所"。珠海法院推出网上立案和自助立案服务、网上缴费、网上送达、网上申诉接访、网上开庭等举措，打造线上线下互动的"互联网＋"诉讼服务体系，提升了诉讼效率，也为群众诉讼提供了便利。

三 法治珠海建设的经验借鉴与实践价值

法治是现代文明国家的重要标志，也是有效促进社会发展进步的实质性要素。迈入新时代，党对社会主义法治建设规律的把握日益深化，中国特色社会主义法治体系日臻完善，全社会法治观念明显增强，全面加强和深化法治建设必须因应经济社会发展的新变化和人民对美好生活的新需求，把法治置于社会治理的突出位置，努力在基层治理的空白区有所作为，在体制机制改革的深水区取得突破。珠海的实践探索生动诠释了中国特色社会主义法治建设的时代内涵，为在新的历史起点上推进更高质量和更高水平的法治建设提供了经验借鉴和方法论依据。

珠海法治建设是社会治理现代化的有益探索。珠海法治建设以自身现实情况为基础，目光着眼于实现治理体系和治理能力现代化远景，以法治保障治理，从良法走向善治，既是珠海法治建设作为改革开放排头兵的使命担当，也是珠海法治探索社会治理现代化的最大价值。一是治理主体初步形成。从一元化政府治理到多元主体共治，逐步从限制权利到释放权利给市场，再到现在推动部分公权力向社会转移，既是珠海改革开放的全过程，也是珠海法治建设的全过程。促成政府机关、市场主体、社会组织三大治理主体在党的领导下各归其位、各司其职、各尽所能，共建共治共享的现代化治理格局初步形成。二是治理逻辑趋于科学。把以人民为中心的发展思想贯穿始终，党建统领确保正确的治理方向，民本理念体现在法治思维和法治方式的运用中，该管的坚决管好，不该管的一概不插手。在法治的基本框架下，市场能管好的事情市场管，人民能管好的事情交给人民自己管，政府治理更加精准精细有效，市场治理更加自主自由，社会治理更加自觉自为。既有法治思维又有战略思维，既有党的领导又有政社互动，珠海在现代治理方面的适应性更强、主动性更强、竞争力更强，推进治理现代化取得显著成效。

珠海法治建设呈现了新时代法治文明的基本雏形。在法治珠海建设中，依靠人民、为了人民、发展人民的民本理念贯穿始终，是马克思主义人的全面发展理论在珠海的生动诠释。一是以法治畅通表达，扩大民主参与。法治珠海建设的过程，是广开言路、凝聚共识的过程，是民主参与、民主监督的过程，是政、社、民互动的实践。法治型党组织建设的探索，体现了由为民作主到民主集中制与由民作主相结合的转变，找到了人民当家作主的理性路径，回应了人的各类诉求。二是以法治守护正义，维护人的尊严和权利。珠海始终坚持公平正义这条法治生命线，努力让人民群众共同创造财富、共同分享财富，充分保障表达权、生存权、发展权等基本人权，让每个人不为生计所迫、不因生活低头，享受有尊严的生活。三是以法治保障自由，释放人的潜能。珠海列出"权力清单"和"负面清单"，严格规范政府权力，充分保障公民权利，打破不充分竞争的利益藩篱，破除束缚自由的各种因素，最大限度挖掘人的潜力、释放人的活力、激发人的创造力，让每个人都享有人生出彩、实现梦想的机会。

珠海法治建设强化了经济社会发展的法治保障。法治是现代生产关系通过法制的确定和法制的革新，实现对生产力的维护和适应。珠海正确理解法治建设与经济社会发展的关系，把法治作为转型升级的深层动力，不断革新不适合城市生产力的规则制度，夯实经济社会发展的法治根基，积极探寻粤港澳大湾区制度融合的共识，释放"一国两制三法域"情境的生产力。一是实现了法治服务发展和引领发展的有机统一。立足发展的阶段性特征明确法治建设的阶段性任务，以法治升级促进动能转换，推动珠海经济高质量发展。以法治环境营造营商环境，发挥法治对转型升级的服务功能，划清发展底线和红线、引导发展方向，发挥法治对转型升级的引导规范作用。二是实现了法治保障创新与激励创新的有机统一。整合立法、执法、司法资源最大限度维护知识产权，提升各类市场主体的知识产权意识，形成了尊重创新与鼓励创新的互动、维护创新与保障创新的结合，有效引导知识、技术、管理等要素投入研发，实现激发创新的乘数效应。三是实现了以法治规范市场与培育市场的有机统一。市场经济运行规则的完善和执行，让市场行为更加规范、市场竞争更加合理、市场秩序更加稳定，法治起到了规范作用；政府行为底线的界定，让市场主体使用生产要素更加平等、市场竞争更加公平，于无形中培育出自由、公平、繁荣的市场。

珠海法治建设实现了法治社会的有效治理。从依法治市到法治珠海，从法治破题到全面法治，珠海的法治实践跟随时代步伐不断深化，走出一条具有时代特征、区位特点、珠海特色的市域社会治理道路。方向上，坚定不移走中国特色社会主义法治道路，探索经济、政治、文化、社会和生态文明建设的法治化，坚守中国特色社会主义法治理念，实现了党的领导、人民当家作主、依法治国的有机统一。布局上，坚持以法治型党组织建设为引领，着力构建法治政府、法治市场、法治社会的"三位一体"，既将法治建设融入政府、市场、社会三个领域，又是法治中国建设总体要求的严格落实和有效转化，体现了整体性与特色性、引领性与服务性有机统一的法治建设布局。体系上，从既定目标布局出发，围绕科学立法、严格执法、公正司法、全民守法等各项工作扎实推进，在规定动作上不走样，在自选动作上勇尝试，实现了落实要求与创新试点的相互支撑、互动并进。

四 珠海法治建设展望

正如习近平同志重要讲话中指出的，相比中国经济社会发展要求，相比人民群众期待，相比当今世界日趋激烈的国际竞争，相比实现国家长治久安，我们在国家治理体系和治理能力方面还有许多不足，有许多亟待改进的地方。为此，党的十九大报告提出，打造共建共治共享的社会治理格局，加强社会治理制度建设，完善党委领导、政府负责、社会协同、公众参与、法治保障的社会治理体制，提高社会治理社会化、法治化、智能化、专业化水平。

2018年3月7日，习近平总书记在参加十三届全国人大一次会议广东代表团审议时，充分肯定了党的十八大以来广东的工作，深刻指出广东在我国改革开放和社会主义现代化建设大局中的重要地位和作用，对广东提出了

"四个走在全国前列"的明确要求。根据总书记指示,珠海市提出推动"二次创业",要建设成为粤港澳大湾区经济新引擎、独具特色令人向往的大湾区魅力之城和践行新发展理念的典范城市,并在营造共建共治共享社会治理格局上率先探索,把珠海建设成为最安全稳定、最公平公正、法治环境最好的地区。

放眼全国,珠海化解社会矛盾、提升法治水平、服务城市发展都是极具现实意义的命题。珠海依法治市工作中,基于特殊区位特点和区域发展要求出现的问题需要寻求解决方案,更重要的是以珠海为样本着力解决各地依法治理过程中的共性问题,为深化全面依法治国、推进依法治理提供更富前瞻性、实践性和创新性的方向指引。

(一)创新普法形式,切实增强群众法治观念

建设法治社会,群众法治意识的增强是基础,只有每一个群众都积极参与到依法治理工作中来,社会的每一个细胞都健康和谐,才能实现社会的有效治理。切实提升普法工作实效,让人民群众内心拥护和真诚信仰法治,推动全社会树立法治意识,势必能够从根本上推动基层治理走向法治化,进而推进国家治理体系和治理能力现代化。法治是社会治理的重要基石,普法是筑牢社会法治基石的重要一环,普法工作应与社会治理深度融合,顺应社会发展趋势,满足社会治理新需求。党的十九大报告要求:"加大全民普法力度,建设社会主义法治文化,树立宪法法律至上、法律面前人人平等的法治理念。"这为全民法治宣传教育和普法工作指明了方向、提供了基本准则。

"七五"普法以来,珠海市委、市政府科学把握新时代全民普法工作规律,法治宣传教育融入全市经济社会发展大局"一揽子"实施,珠海普法实践探索创新,普及法律常识进一步服务育民,普法依法治理进一步发展深化,系列法治创建活动进一步统筹推进。各项法治宣传教育政策效应、法律效果、社会效益以前所未有的崭新姿态向全社会广泛辐射和传播,珠海法治宣传教育实践阔步迈进新时代。但全市法治宣传教育工作发展不平衡、不充

分的问题仍长期存在，法治宣传教育理论建设仍须加强，具体操作规程仍有待完善。

第一，区分不同对象，满足不同需求。普法方式应由广撒网、无特定目标的粗放型转向精细化，区分不同人群的不同法律知识需求和法治诉求，进行需求导向的精准普法，提升普法工作的针对性。珠海市某区针对当地一定时期内城中村改造的工作重点，派驻处理过多起拆迁补偿案件的经验丰富的律师为村民提供免费宣讲、咨询服务，有效维护了村民权益，从源头上防范了纠纷的产生。这种法务前置、走进村居的经验应该在全市推广。

第二，改革普法形式，丰富普法内容。新媒体技术以其形式生动、传播速度快、成本相对低廉而迅速普及，大有取代传统媒体成为主流的发展态势。普法工作需抓住这一契机，充分利用新媒体的传播优势，使其为法治宣传工作服务。继续壮大珠海大学生普法服务志愿团队，以"法治大课堂"为基础栏目，以中小学生法治经典"晨读""诵读""讲读"为基本模式，全面深化大学生普法成效，打造青少年普法的珠海品牌。

第三，重视以案释法，提升普法效果。法治建设是活生生的，而不是空讲大道理。个案的以案释法是最鲜活的普法，比任何空洞的大道理都更能引起关注、产生共鸣。应结合目前正在开展的政务公开、司法公开工作，由司法机关、行政机关精选典型案例进行立体性公开，以案释法，提升普法的实效。

（二）深化"放管服"改革，有效释放社会活力

新一轮机构改革力度空前，本轮政府机构改革的重点首先是突出转变政府职能，《中共中央关于深化党和国家机构改革的决定》指出，要"转变政府职能，加强和完善政府经济调节、市场监管、社会管理、公共服务、生态环境保护职能，调整优化政府机构职能，全面提高政府效能"，同时还强调要科学设置中央和地方事权，理顺中央和地方职责关系，赋予省级及以下机构更多自主权，增强地方治理能力，把直接面向基层、量大面广、由地方实

施更为便捷有效的经济社会管理事项下放给地方。这要求珠海市政府要进一步加快"放管服"改革步伐，既要充分运用手中权力，又要确保权力在法律的规范下运行，以更好地造福于民。

第一，要加快推进政府职能转变。进一步优化调整政府机构设置和职能配置，把珠海市新一轮机构改革同深化"放管服"改革结合起来，进一步理顺市场监管职能，强化公共服务和社会管理职能，最大限度减少政府对市场资源的直接配置，最大限度减少政府对市场活动的直接干预。完善权责清单管理制度，积极打造权责清单"升级版"。以权责清单巩固政府职能转变改革成果，依法减权限权，明确履职责任，科学划分政府与市场、社会的权责边界，使政府部门依照清单履职尽责。认真总结实践经验，建立权责清单实施监督机制，确保权责清单能切实发挥实际作用。

第二，要强化简政放权工作。加快建设"数字政府"，深入推行政务"全程通办""一网通办"，进一步精减审批环节，优化公共服务。要加快政府信息服务平台建设，推动跨部门、跨地区、跨行业信息互通共享。推动"一门式"综合受理模式向基层延伸，深化"证照分离""照后减证"改革工作，进一步提高商事主体开办便利度。全面实施市场准入负面清单制度，为各类所有制企业打造一视同仁、公平竞争的营商环境。全面推行服务承诺和限时办结制度，使政府服务更精准、更规范、更高效、更贴心。构建简约高效的基层管理体制，进一步理顺市区权责划分，继续推进强区放权工作，深化镇街管理机制改革，推动治理重心下移，尽可能把资源、服务、管理下沉到基层特别是镇街一级，切实提升基层治理能力和公共服务水平。

第三，要加强事中事后监管。更新监管理念，按照放管结合的要求，创新监管方式，实现由"严进宽管"到"宽进严管"的转变，提升市场监管效能。改进监管模式，事中更多采用随机检查、联合检查、行业自律等监管方式，更多采用提醒、警示、约谈等简约管理方法，事后对各种违法违规行为要重惩，健全失信联合惩戒机制，使监管更有成效。创新监管方式，全面推行"双随机一公开"监管、信用监管、智能监管等创新举措。

（三）加强外来人口管理，保障与提升社会软实力

1979 年珠海建市之初，全市仅有 10 余万人，全国各地怀揣创业梦想的人才奔赴珠海、建设珠海，珠海才有了今天的成就。截至 2017 年末，珠海全市常住人口 176 万余人，比 2016 年末增加近十万人。源源不断来自中国各省份的人才，甚至来自境外国外的人才为珠海的魅力所吸引，选择来此工作生活，这足以让珠海感到骄傲，同时也对珠海的人口管理形成了考验。如何服务好珠海的建设者们，留住人才，充实珠海软实力，是党政部门必须予以考虑的头等大事。

作为开放前沿城市，营造良好的营商环境，必然使珠海成为吸纳外来人口的热点城市，这亟须构建良好的招商引资环境和稳定和谐的外来人口管理机制，实现流动人口管理规范化和基本公共服务均等化。通过完善顶层制度设计，实践"以居管人"；立足产业结构调整，实践"以业导人"；强化社会综合治理，实践"以治疏人"；推动公共服务升级，实践"以服留人"。

同时，随着改革开放的持续深入、"一带一路"倡议向纵深发展，珠海交通便利度日益提升，必然成为境外人口流入的新目的地。特别是港珠澳大桥的建成通车，为港澳青年来珠就业定居开辟了新的通道，可以想见未来两岸的交往会进一步加深，人员流动也将更加频繁。港澳的社会治理经验丰富，公共服务水平较高，因而这些来自港澳的青年人才难免将珠海的生活就业环境与港澳进行比较。只有让这些青年人才在珠海生活工作医疗等各方面都顺利，对标港澳社会治理水平，才能让他们心甘情愿留下来，成为建设珠海的一股中坚力量。为此，珠海应当加强境外人口的居留、就业、权益保障等的有序法治保障，要将加快完善境外在珠人口有序管理作为未来关注重点。

（四）优化营商环境，借法治提升国际竞争力

珠海作为最早发展起来的经济特区，其发展既可协同广深、依托广东全省，又能背靠大陆，还有毗邻港澳得天独厚的优势，因此，珠海具有良好的

营商环境可以说很大程度上得益于"先天优势"。但必须看到的是，中国营商环境排在前列的城市在国际上名次比较靠后，吸引外资、发展外向型经济、扩大开放，还需进一步优化营商环境。厉行法治就是珠海提升国际竞争力、优化营商环境的必由之路。

具体而言，法治需要进一步鼓励和保障企业自主创新、提升产业标准（如技术标准、安全标准），与国际看齐、争取国际话语权。制度设计要更加凸显贸易投资便利化。以人才政策为例，除个税、居住等方面的优惠便利政策之外，还应加强福利、社会保险方面与国际的协调对接，让境外人才创业发展真正免除后顾之忧，形成人才吸引和会聚的高地。要进一步完善司法服务与保障，法律服务的提供应更加凸显企业实际需求和风险防控，从"法律坐诊"变为"法律出诊""法律巡诊"，提供个性化的综合解决方案。要建设更加开放包容的纠纷化解机制，使纠纷化解面向国际再上新台阶。在司法审判与商事仲裁方面，充分考虑国际化与国际公信力提升的要求，充分尊重当事人的意思自治，最大限度地保障当事人在纠纷解决中的自主选择权。

（五）坚持需求导向，以增强群众获得感为依归

各地依法治理工作还普遍存在党政机关单打独斗的现象，重大决策出台前的征求意见流于形式，有意识地主动向群众告知详情并引导群众关注、支持工作的意识和信心仍显不足。其结果是，党政机关出于服务群众、服务当地建设发展等良好意愿所开展的很多工作，由于事前征求意见不充分、回应群众诉求不到位，导致社会公众就某些问题一时难以达成共识，既影响决策的科学化，更使决策的实施阻力重重，甚至引发较大的负面舆情。例如，立法及重大政策预公开环节的公开质效有待提升、实质性参与机制仍有待进一步完善。这样才能找准群众需求，共享改革成果，如从宜居、健康、社保、安全等角度，完善制度供给，确保公平效率，才能找准关键、回应群众关切。要积极运用信息技术助理管理精细化，及时发现管理的薄弱环节，发现群众意见较大或关注较多的问题。要全面推行政务公开，特别是重大决策预

公开制度，在重大决策作出前向社会公布决策草案、决策依据，广泛听取公众意见，应积极探索邀请利益相关方、公众、专家、媒体等列席政府相关会议，提出专业化的意见。

（六）鼓励基层自治，把矛盾化解在萌芽状态

随着经济快速发展以及社会的急速转型，矛盾纠纷层出不穷。继受法律和新法律的社会化衔接存在问题，传统观念习俗并不因法律体系的转型发生根本改变。纠纷的急剧增加，立法的大量涌现，以及"法律自法律、社会自社会"的剥离常常困扰着转型、变动期的社会。改革开放以来，中国基层社会治理结构发生了重大变化，村民委员会、居民委员会等基层组织日益壮大，功能日益健全，国家与民间社会逐渐分治，国家权力在基层社会中适度退出。因此，现阶段尤其需要以基层组织为主体和核心的简易迅捷的解纷方式，形成沟通传统与现代法律精神，联结民间习惯与法律规范，具有柔韧性的新型基层社会治理结构，而调解制度经过多年的实践被认为可以较好地适应这种时代需求。近年来国家大力推广"枫桥经验"的成就表明，基层民众具有民主自治的优良传统，同时富有民主自治、自我管理的智慧。

珠海市香洲区以居民需求为导向的"议治相济"社区协商新模式，以"社区协商"为突破口，通过加大社区协商培训宣传，建立社区协商制度章程，搭建社区协商议事平台，梳理社区协商责任清单，固化社区协商议事规则等，有效激活了社区自治功能。香洲区的这种做法体现了政府职能转变的历史潮流，充分发扬了基层民主，变解决纠纷为预防纠纷发生、主动为居民需求发声的做法值得进一步总结和推广。特别是在以城市居民为主、社区较为集中的珠海城区，完全有条件、有基础打造成为可供全国其他城市社区建设参考的范本。

（七）依托现代科技，科学推进基层治理改革

党的十九大报告提出加快建设创新型国家的任务目标，推动新型信息化是坚持创新发展理念的体现。近年来，信息化已经深入各行各业，几乎颠覆

了各领域的传统工作模式。信息化手段的日益丰富和国家大数据战略的持续深入推进，为解决社会治理难题提供了新的契机。应用"大数据"和"互联网+"技术，推进社会结构扁平化，能够有效提高政府决策、办公、服务、监管的效率和质量，从而助力服务型政府的转型和基层法治化建设。

智慧政府的建设极大地转变了政府职能，提升了政府的工作效率，也为人民群众的日常生活带来了更多便利。例如，以电子证照为核心的全程电子化登记制度改革就是一举多得的技术变革。在政府事务"数据化"背景下，政府管理要想"更聪明"，则应通过信息化助力社会治理谋划搭建社会综合治理大数据平台。在社会治理数据充分信息化基础上，搭建统一、开放的综合治理大数据平台。一方面，起于枝节、源自基层的社会治理数据本身具有分散性和个体性，将其统一收集才有可能观测其影响可能波及的范围与传导路径，从而采取进一步的针对性措施。因此，破除条块分割、拆除部门之间的数据藩篱是社会治理大数据平台在设计之初就应该预先解决的问题，在设计理念上突出部门联动、数据集成，强调各级政府、部门和其他组织的工作协同。另一方面，政府信息化工作的逐年推进为政府部门数据接入综合治理数据平台打下了坚实基础。基于各类数据，还应进行充分、深度的数据挖掘和分析，以掌握各类社会现象背后所隐藏的深层次问题，分析特定领域、特定行业的发展态势和监管效能，从矛盾纠纷类型反思决策和执法疏漏，进而发现社会治理中存在的问题。

人大制度与立法

The People's Congress System and Legislation

B.2

科学民主立法的实践

——以《珠海经济特区物业管理条例》为视角

珠海市人民代表大会常务委员会法制工作委员会课题组*

摘　要：　珠海市人大常委会秉承"立良法"理念，坚持科学立法、民主立法、依法立法，遵循和把握立法规律，制定了一系列地方性法规，为法治珠海建设提供了有力的法治保障。本文以《珠海经济特区物业管理条例》的制定过程为视角，介绍珠海市人大常委会践行科学民主立法和条例创设的亮点制度，同时立法过程中人大的主导作用和代表参与立法的实效性都有待进一步加强。展望未来，珠海市将继续关注民生，突出地方特色，不断提高立法质量和效率，发挥立法的引领、推

---

* 课题组负责人：王咏霞，珠海市人大常委会法工委副主任。课题组成员：伏峰、秦继红。执笔人：秦继红，珠海市人大常委会立法研究中心助理研究员。

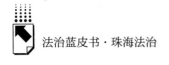

动和保障作用。

关键词：　地方立法　物业管理　科学立法　民主立法

党的十八大以来，习近平同志在一系列关于社会主义法治建设的重要讲话中反复强调："落实依法治国基本方略，加快建设社会主义法治国家，必须全面推进科学立法、严格执法、公正司法、全民守法进程。"其中提出的十六字方针对全面加快推进依法治国和地方法治建设具有重要指导意义。

1996年3月17日，八届全国人大四次会议授权珠海市人大及其常委会制定法规在经济特区实施。2000年7月1日《立法法》施行，珠海市人大常委会根据《立法法》的规定可以制定法规，经广东省人大常委会批准后在本市行政区域内实施。依据2015年《立法法》，珠海市由较大的市立法权调整为设区的市立法权，成为拥有经济特区立法权和设区的市立法权的城市。

珠海自取得立法权以来，市人大常委会坚持党的领导、人民当家作主和依法治国有机统一，积极以立法巩固改革成果，以立法引领保障发展，以立法推动体制创新，发挥了经济特区立法的"试验田"作用和设区市立法的补充性、实施性作用，为珠海经济社会发展提供了有力的法治保障，同时也为国家和广东省的立法工作积累了有益的经验。截至2018年12月底，市人大常委会共通过法规及有关法规问题的决定130件，制定法规94件，废止31件，现行有效63件。其中，共制定经济特区法规61件，废止20件，现行有效41件，占现行有效法规数的65%；共制定设区的市法规33件，废止11件，现行有效22件，占现行有效法规数的35%。

多年来，珠海市人大常委会始终坚持完善依法立法、科学立法、民主立法机制，注重以科学理性精神和规范严谨的程序保障立法质量，并将这一要求贯穿到每一部法规的制定过程中。特别是2017年11月通过的《珠海经济特区物业管理条例》，历经珠海市人大常委会五次审议，是珠海市开展地方立法工作以来社会关注度最高、征求意见范围最广、审议次数最多、社会反响良好的地方性法规。条例的制定颁布过程充分体现了市人大常委会对科学、民主、依法立法原则的坚持和贯彻，凝聚了市人大常委会对构建科学民主立法机制的有益探索经验。本文即以该条例的制定为视角，以解剖麻雀的方式，剖析珠海市人大常委会推进科学民主立法的实践做法，探讨在更高的起点上提升科学民主立法水平的有益路径。

一 条例制定背景

物业管理法律法规调整的社会关系复杂，其立法备受社会关注。2017年初，珠海市统计在册的物业管理区域近 2000 个，住宅小区 1300 余个，成立业主委员会的约达五分之一。物业服务企业 500 余家，行业从业人员 3 万余人。随着房地产业的发展和公民对居住环境要求的提高，物业类纠纷以及进入司法渠道的案件日益增加。物业管理成为市民生活和工作不可或缺的重要组成部分，是新时代社会治理的重要课题，事关民生福祉和社会和谐稳定。

早在 2007 年，珠海市人大常委会就制定出台《珠海市物业管理条例》（以下简称 2007 年条例），2010 年对其中个别条款作了修正。2007 年条例对规范珠海市物业管理市场、维护物业管理秩序起到了积极作用。但随着国务院《物业管理条例》《广东省物业管理条例》和原建设部《业主大会和业主委员会指导规则》等法规、文件的制定实施，2007 年条例的部分规定与上位法有所冲突。尤其是近年来，随着物业小区增多、居民权利意识增强，物业管理领域政府管理力量薄弱、业主自治能力不强，首次业主大会召开难、表决难，业主委员会成立难、运行难、监管难，物业使用不规范等问题日益凸显，成为影响社会和谐与人民安居乐业的重要因素。因此，有必要从立法层面对物业管理中的新情况、新问题予以规范，以适应经济社会发展和人民群众的需要。

为此，珠海市人大常委会及时将物业管理条例的修订列入 2016 年立法计划，运用经济特区立法权，组织制定新的条例草案。条例草案由珠海市住房和城乡建设局起草，经珠海市政府常委会会议审议后向市人大常委会报送法规议案，市人大常委会于2017年11月审议通过。

二 主要做法

（一）坚持依法立法，深入论证草案主要制度的合法性

于珠海经济特区法规而言，依法立法的核心在于立法的权限、程序符合《立法法》和《广东省地方立法条例》《珠海市制定法规条例》的规定，立法内容遵循宪法的规定和有关法律行政法规的基本原则。在审议和修改《珠海经济特区物业管理条例（草案）》过程中，珠海市人大常委会始终坚持做到以下方面。

一是准确把握立法权限，正确处理两个立法权的关系。珠海市在2007年制定的物业管理条例，属于设区的市立法。随着国务院《物业管理条例》及《广东省物业管理条例》的修订，2007年条例出现了与上位法不一致的地方。考虑到新条例需要对上位法部分具体规定作变通，并须针对物业管理领域难点问题进行制度探索创新，市人大常委会在立法形式上，决定运用经济特区立法权，制定《珠海经济特区物业管理条例》，同步废止2007年条例。

二是充分坚持党的领导、人民当家作主和依法治国有机统一。在依法立法的前提下，珠海市人大常委会对于立法过程中遇到的重大问题，及时向市委报告，取得党委支持，主导立法决策。根据党领导立法相关规定，物业条例在制度设计趋于成熟时，以市人大党组的名义向市委递交了《关于物业管理立法重大事项的报告》。该报告全面梳理了珠海市物业管理面临的七项主要问题，提出七项立法对策以及立法之外需要党委政府统筹解决的其他重大问题。市委批示同意报告内容，要求市政府召开专题座谈会，研究解决报告中提出的重点难点问题，实现立法对策和行政统筹协调解决热点难点问题同步推进。

三是深入论证草案主要制度的合法性。珠海市人大常委会在制定法规过程中，对法规主要制度的合法性进行严格审查，并依托专业力量进行法规合法性论证。2017 年以来，市人大常委会在法律理论和实务界新选聘 15 名专家学者、资深律师担任立法顾问。在物业条例立法中，市人大常委会法工委结合调研和审议情况对草案有争议的主要制度进行系统梳理，共梳理出条例适用范围、业主定义、物业管理委员会制度、物业专项维修资金应急使用制度、业主代表大会制度、表决推定原则、业主大会的民事主体地位等 14 个问题，组织立法顾问、国内民法界专家通过法规论证会、论证报告等方式，对制度的合法性逐项进行研究论证。

（二）坚持民主立法，广泛深入听取各方面意见

民主立法的核心在于为了人民、依靠人民。物业管理事关民生，市人大常委会在审议修改草案过程中，深入群众、倾听民意、集中民智，力求法规制度设计能够回应群众的关切和期盼。

一是以民意为指引，选准立法项目。市人大常委会在制定年度立法计划时，坚持围绕中心，服务大局，关注民生，从全市经济社会发展以及人民群众的需要出发，谋划和选定立法项目。调研显示，随着近年来珠海市房地产市场的迅猛发展和人民群众生活水平的日益提高，群众对居住环境的要求日益提升，业主自治的意识有所觉醒，业主自治与小区物业管理的问题日益凸显。据统计，街道调处的日常纠纷中，物业管理纠纷占比六成以上，近三年珠海市两级法院受理的物业服务合同纠纷年均上千宗。物业管理成为城市管理和社会治理的热点问题。市人大常委会从民意需求出发，将物业条例立法纳入 2016 年立法计划，及时响应了群众的呼声和期盼，受到了社会各界的欢迎。

二是在制度设计方面，注重对各种民事主体权利的保护。物业条例既关系到业主自治，也关系物业服务企业的发展和政府部门的治理水平。审议过程中，业主自治与政府监管的平衡、突出保护业主权益还是业主权益与物业服务企业权益并重的选择问题一直是讨论的热点。市人大常委会在深入调研

论证的基础上，精准拿捏立法导向，在制度设计时充分尊重业主的自治权，注重对业主自治权和物业企业合法权益的保护，对政府机关的权力与责任、业主的权利与义务、物业服务企业的权利与义务进行科学规范，对可能影响业主自治的条款作了删除或修改，尊重合同意思自治原则，同时针对目前业主大会筹备难、召开难、决议难，业主委员会运行难等情形，规定了政府管理适当介入的机制，防止社会治理真空，将业主自治和政府管理有机结合，实现社区治理中公权与私权的平衡。

三是在公众参与方面，不断拓宽听取意见渠道。针对立法征求意见中"沉默的大多数"现象，市人大常委会积极改进征求意见方式，改"请进来集中开会"为"走出去上门拜访"，直接深入基层一线听取意见。先后召开70余场座谈会，深入各行政区、功能区，听取物业管理部门、物业服务企业、业委会代表、小区业主代表的意见。同时选取珠海市内物业纠纷矛盾突出的镇街、不同管理模式的物业小区、不同运作水平的业委会、不同发展阶段的物业服务企业，开展实地走访调研。委托专业机构按照珠海市常住人口2‰的比例开展随机入户调查，涵盖珠海市三大行政区的15个区域，发放问卷2000份，摸清珠海市物业管理现状，确保所收集的民情民意具有一定代表性。组织召开珠海市取得立法权以来的首次立法协商座谈会，邀请珠海市政协委员、各民主党派等不同界别的代表参加座谈，听取意见。通过报纸、门户网站、电子邮件、微博、QQ、微信等方式公开征集对条例草案的修改意见，收到市民和人大代表近500多条回复意见。通过扩大公众参与，充分摸清了各类主体的立法需求，充分集中了人民群众的智慧，形成了良好的社会参与氛围。

（三）坚持科学立法，确保制度规范有效管用

科学立法就是要把握事物发展规律，使立法工作既要符合经济社会发展的规律，又要符合立法活动自身的规律。而一部地方性法规的出台，更要在最大程度上尊重客观规律、体现客观规律。地方立法体现客观规律，就是要立足地方实际，实事求是，抓住本地亟须解决的问题，科学分析立法需求，

精准进行制度设计。在此基础上不断提高立法精细化水平，特别是对法规中的关键制度进行深入研究，对核心条款的设计做到更具体、更明确，切实增强法规的实用性、可操作性。在物业条例立法中，主要推出了以下几个做法。

一是坚持问题导向，增强制度设计的针对性。科学立法必须符合社会实践需要。围绕问题立法，是立法解决问题的前提。市人大常委会审议修改物业条例的过程，也是查找和分析问题的过程。通过反复调研，梳理出全市物业管理亟须解决的五大方面15项典型问题。针对典型问题，按照"一事一策"的原则，精细研究制度解决方案。例如，针对行政管理缺位问题，市人大常委会在修改草案时重新厘清了市、区、镇街和行业管理部门的职责，避免职责交叉重叠和越位。针对业主大会召开难的问题，进一步降低了首次业主大会的门槛。

二是注重比较研究，优选制度方案。市人大常委会委托专业机构收集了国家有关法律法规、司法解释、各地现行有效的28部地方性法规以及港澳地区的物业管理立法制度资料，编纂完成近200万字的《珠海经济特区物业管理条例（草案）主要法律依据和参考资料》。同时充分借鉴外地实践经验，赴港澳考察了业主立案法团制度、管理委员会制度、公共契约制度和物业管理职业资格制度，到境内的上海、广州、深圳、南京、成都、西安、温州、苏州等9个城市学习考察先进的物业管理经验和立法经验，寻求解决共性问题的制度先例和创新思路。在学习外地经验的基础上，结合本地实际进行可行性论证。例如，市人大常委会在物业立法中学习江苏省业主代表大会制度和广州市电子投票系统来解决业主大会召开难、表决难的经验，结合本地的调研情况，充分征求业主意见，进一步优化制度设计，使制度符合珠海实际，并通过可行性论证后，写入条例。

三是开展表决前评估。邀请管理部门、基层镇街和业主代表、立法顾问召开条例表决前评估，充分评估条例的实施效果和可能产生的不利影响，进一步完善了法规内容。

四是注重立法后的配套实施。珠海市人大常委会为促进法规的精准实施，首次组织编写《珠海经济特区物业管理条例释义》。物业管理法规的完善是复杂的系统工程，条例中确立的电子投票系统决策制度、物业服务企业备案制度、物业承接查验制度等系列制度需要通过配套制度予以细化落实。为此，市人大常委会在条例通过后立即召开配套制度制定专项会议，督促行政主管部门倒排时间表推动落实，条例实施细则已于2018年7月底提交市人民政府审查，其他配套制度文件正在制定之中。此外，市人大常委会组织召开物业条例宣讲会，会同市司法局牵头制订条例的宣传方案，会同市住房和城乡建设局等相关单位组织召开新闻发布会，开展多场市、区、镇（街）三个层面的法规培训，有力推动了条例在基层的宣传普及和落地实施。

三　成效及亮点

市人大常委会坚持依法立法、民主立法、科学立法的基本原则，保障了物业管理立法的质量。新条例从政府监管、业主大会的召开及表决、业主委员会的运行、物业的使用与维护等方面进行了全面规范，呈现不少亮点，主要体现在以下方面。

（一）明确政府及政府主管部门的监管职责

新条例针对当前居民公共事务参与意识不强、自我管理能力较弱的现状，肯定了行政权力适度介入物业管理的必要性，强化了珠海市各级行政主管部门的监管责任。一是进一步理顺物业管理体制。明确划分市、区行政主管部门和镇政府、街道办的具体职责，推动形成上下联动、运行有序的管理体制。二是明确规划、建设、公安等部门在物业管理区域的具体职责。三是强化政府在物业纠纷中的主导作用，规定市区行政主管部门和镇政府、街道办加强物业管理培训和宣传，建立物业管理纠纷调解处理机制。四是建立全市物业管理信用体系和物业管理综合平台，为业主和物业服务企业提供公共服务。五是夯实镇（街）管理能力，要求镇政府、街道办配备专门的物业管理部门及专职人员。六是设置物业管理委员会。在业主自治无效的情况下，由一定比例的业主提请，镇政府、街道办可以设立物业管理委员会，作为临时机构代行业委会职责。此外，新条例首次在物业管理法规中创设性地规定党组织建设，发挥党组织在物业管理中的引领和带动作用。

（二）多措并举促进业主大会召开

一是进一步降低首次业主大会召开的门槛。将 2007 年条例要求的交付面积和业主联名人数的并列条件改为选择性条件，将联名提出设立申请的业主人数比例从 2007 年条例的 20% 降至 10%，即交付面积达 50% 或者 10% 的业主联名均可启动成立业主大会的程序。二是建立统一规范的物业管理电子投票系统，业主通过电子投票系统完成身份的认证与投票决策，实现业主开会、表决的便利化。三是依据《民法总则》完善了未参与表决业主投票权数计算规则，即推定原则。四是增设业主代表大会制度，解决大型小区业主大会开会难的问题。

（三）进一步规范业主委员会运作

一是明确业主委员会的法定职责、禁止行为。二是完善业主委员会备案制度。三是健全业主委员会成员候选人资格审查和委员资格终止制度。四是规范业主委员会财务管理制度和任期届满或解散后的档案、财务资料移交制度。五是建立了物业管理行政主管部门、镇（街）对业主委员会履职的检查监督机制，对业主委员会存在超越职权、违法履职等情形时，依程序决定是否解散和重新选举，同时增设了业主委员会成员非法收受利益的法律责任。

（四）提升物业服务企业经营服务水平

一是规定建设单位必须通过物业管理招投标平台选聘前期物业服务企业。二是建立住宅物业共有部分与共用设施的承接查验、查验结果及资料强制备案制度，避免因承接查验流于形式而发生质量纠纷。三是建立业主和物业服务企业信用体系。四是引导物业服务企业规范经营。规定物业服

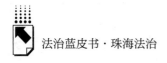

务企业长期公示制度、巡查制度和业主投诉处理制度。五是完善了合同期
满物业服务企业退出机制及资料移交责任，加大对相关违法行为的处罚
力度。

（五）规范车库、车位管理与使用

针对实践中住宅小区无序停车、炒卖车位、人防车位的产权归属等问
题，新条例从几个方面予以规范。一是新建物业出售时，要求在购房合同中
写明车库、车位的数量与位置，并向业主公告。二是对车位、车库的投票权
进行了明确。三是物业管理区域内的车位、车库应当首先满足本区域业主需
要，对车位、车库配备不足的小区，限制每户业主的购买数量。四是明确人
防和公共车位产权归属，公共车库、车位的收益归业主所有，人防车位收益
归投资者所有。

（六）规范物业专项维修资金的管理和使用

一是规定物业维修金强制缴纳制度。业主未按规定缴纳物业专项维修资
金的，物业的转让和抵押登记受到限制。二是建立物业维修资金应急使用绿
色通道。已缴纳了物业专项维修资金的物业管理区域，出现屋顶外墙严重渗
漏、电梯故障、消防系统故障、台风灾害等危及房屋安全的紧急情况时，物
业专项维修资金管理部门应当自收到书面申请之日起两个工作日内完成审
核。三是规定老旧小区物业维修资金的筹集和使用制度，解决老旧小区遗留
问题。

四　不足与展望

（一）地方立法存在的不足

珠海市人大及其常委会在科学民主依法立法方面建立了一套规范有效的

制度体系和工作机制，积累了不少成功经验，同时也发现立法工作中仍然存在有待改进的环节。结合物业管理条例制定，主要有以下方面。

一是起草环节人大的主导作用有待进一步加强。人大在党的领导下主导立法工作，是新时代进一步健全和完善立法体制的要求。珠海人大在发挥立法主导作用中已经形成了一整套有效的工作机制，特别是在法规立项、审议环节发挥较为充分，但在法规起草环节，人大还需要加强对起草工作的指导。在政府部门起草阶段提前介入，及时了解法规起草过程中遇到的问题，避免法规进入审议阶段后，就立法要解决的焦点问题重新组织调研论证和协调。

二是审议环节代表参与立法的实效性有待提高。人大代表审议法规草案，是人大代表执行代表职务、行使代表权利、代表人民管理国家和地方事务的重要方式。物业管理条例的立法过程中直接或间接听取了近半数市人大代表的意见建议，收集了常委会组成人员的数百条意见，并有针对性地吸收融入法规的审议修改中。但代表在审议法规案时谈个人问题多、普遍问题少，感性认识多、对策建议少。因此，综合运用好调研、检查、召开座谈会、实地考察等多种形式，提高代表和组成人员调查研究的实效，是代表参与立法工作需要改进的方向。

（二）未来展望

结合物业管理条例的立法经验，展望未来，市人大常委会将更新立法观念，突出立法重点，在更高层面、更深层次进行立法探索和试验，重点在以下几个方面予以加强。

1. 坚持和落实党委对立法工作的领导

认真落实中共中央、广东省委关于加强党领导立法工作的有关意见和《珠海市人大常委会党组关于立法重大事项向市委报告的规定》，凡涉及重大体制和重大政策调整的立法事项、编制立法规划计划、表决法规草案等立法的重大问题，由市人大常委会党组及时向市委报告。涉及重大决策而各方意见分歧较大的法规草案，报请市委研究决定。

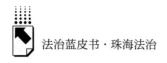

2. 统筹用好两个立法权

强化依法立法、为民立法、科学立法的理念，围绕创新驱动发展、加快建设横琴国际化法治化营商环境、推进粤港澳大湾区建设等中心工作，加强立法工作，提高立法质量。落实全国人大常委会要求，围绕如何用好经济特区立法权和设区的市立法权问题进行深入调研。严格按照《立法法》规定的权限行使设区的市立法权，按照全国人大授权决定的要求行使经济特区立法权，既发挥经济特区立法权在制度创新方面的优势，又保证变通性的规定符合宪法规定和法律行政法规的基本原则、符合改革要求和经济社会发展规律。

3. 大力加强立法工作队伍建设

立法活动是国家重要的政治活动，立法工作是国家重要的政治工作。做好立法工作，需要建设一支正规化、专门化、职业化的立法工作队伍。要以思想政治建设为核心加强队伍作风建设，把思想政治建设摆在首位，培养造就一支理想信念强烈、政治立场坚定的立法队伍；要适应立法工作需要，加强队伍能力建设，探索采取人大系统法制工作机构上下挂职、交叉任职等方式，培养立法骨干人才；认真研究立法队伍成长规划，重视立法人才培养的综合性要求，注重从实务部门选取贤才；要建立健全立法顾问队伍、立法咨询基地等智库，充分发挥立法智库的作用，运用法治思维、法治方式解决立法中的重点难点热点问题，制定出符合客观规律要求、体现党和人民意志、真正管用好用的法规。

习近平同志指出，良法是善治的前提。珠海市人大及其常委会将认真贯彻习近平同志对立法工作的要求，及时总结立法实践经验，不断健全科学民主立法机制，勇于开拓创新，努力提高立法质量和立法效率，确保立法工作反映新时代党和国家事业发展要求，确保立法工作回应人民群众关切期待，用优良的立法成果为地方经济社会发展提供更扎实有效的法治保障。

B.3
珠海市人大加强和改进地方人大
监督工作的探索与思考

珠海市人民代表大会常务委员会办公室课题组*

摘　要： 人大监督权是宪法法律赋予地方人大的重要职权之一。本文从珠海市人大监督工作的实际出发，总结了珠海市人大在法律监督和工作监督上取得的成绩，并针对人大监督普遍存在的监督手段不够多元、监督能力有待提升等问题，提出把握监督方向、强化监督实效、提升监督力量等对策建议。

关键词： 人大监督　监督方向　监督实效　监督能力

导论：加强和改进地方人大监督工作的
理论意义和实践意义

《宪法》第3条明确规定：全国人民代表大会和地方各级人民代表大会都由民主选举产生，对人民负责，受人民监督。国家行政机关、监察机关、审判机关、检察机关都由人民代表大会产生，对它负责，受它监督。党的十八届三中全会决定指出，健全"一府两院"由人大产生、对人大负责、受人大监督的制度。加强人大预算决策审查监督、国有资产监督职责。党的十八届四中全会决定指出，加强备案审查制度和能力建设，把所有规范性文

＊ 课题组负责人：李力，珠海市人大常委会党组成员、秘书长。课题组成员：李勇刚、蒋蓉蓉。执笔人：蒋蓉蓉，珠海市人大常委会办公室调研科科员。

件纳入备案审查范围。党的十九大报告又进一步指出，健全人大组织制度和工作制度，支持和保证人大依法行使立法权、监督权、决定权、任免权。人大监督权，是宪法和法律赋予国家权力机关的重要职权。以习近平同志为核心的党中央始终坚持和完善人民代表大会制度，始终高度重视发挥人大监督作用，就是要通过人大监督，强化权力运行制约和监督体系，推动解决制约国家治理体系和治理能力现代化的体制机制问题。同时，由于各级人民代表大会由人民选举产生，随着以人民为中心的原则得到充分贯彻，各级人大代表主体地位更加凸显，各级人大及其常委会与人民群众的联系更加紧密，人民群众通过各种渠道参与人大监督的意愿更强，对人大实行正确监督、有效监督的要求更高。在这种情况下，加强和改进地方人大监督工作势在必行，监督机制必须与时俱进，监督程序必须更加规范，监督结果必须更有实效，以此真正推动人民群众普遍关心的热点难点问题得到解决，推动民生福祉、经济发展稳步提升。

一 珠海人大监督工作的实践探索

珠海市人大常委会以习近平新时代中国特色社会主义思想为指导，全面贯彻落实党的十九大精神，深入贯彻落实习近平总书记重要讲话精神和习近平总书记视察广东重要讲话精神，对加强和改进地方人大监督工作进行了有效探索。

（一）法律监督：有效维护国家法制统一

依法开展法律监督是人大及其常委会的法定职责，其目的在于确保宪法法律得到有效实施，维护国家法制统一与权威。珠海市人大及其常委会担负起法律监督职责，依法加强对宪法和法律实施情况的监督检查。

1.开展执法检查，推动法律法规落地生根

执法检查是人大常委会行使监督权的一种重要形式。近年来，珠海市人大常委会紧扣中心工作和与群众切身利益相关的热点难点问题，先后就十余部法律法规实施情况开展执法检查。

一是在民生保障方面，围绕群众关心的食品药品安全、教育、个人权利保障等问题，开展《药品管理法》实施情况执法检查，推动有关部门加大监管力度、加强执法队伍建设、加快诚信体系建设。珠海市至今没有出现重大制售假劣药品和药品质量安全等事故。开展《民办教育促进法》《妇女权益保障条例》等实施情况执法检查，要求相关部门加大资金投入和政策支持力度，推动珠海民办教育蓬勃发展，妇女发展环境不断优化。

二是在生态环境保护和社会治理方面，开展《前山河流域管理条例》《土地管理条例》等实施情况执法检查，推动前山河治理取得明显成效，推动有关职能部门进一步整合土地资源，优化土地资源配置，使珠海的可持续发展得到有效保障。

三是在推动依法行政、公正司法方面，开展"两法衔接"条例执法检查，使行政机关、司法机关衔接更加紧密，实现行政处罚和刑事处罚无缝衔接，案件办理更加公平公正公开，推动珠海市"两法衔接"工作继续走在全省乃至全国前列。

2. 开展备案审查，保障社会主义法制体系科学统一

规范性文件备案审查制度是具有中国特色的宪法法律监督制度，通过备案审查，确保政府规章、规范性文件等与宪法法律保持一致。

一是加大审查力度。2017 年以来，珠海市人大常委会共审查政府规章 9件，审查政府报备的规范性文件 27 件，审查党内规范性文件 56 件，要求所有拟出台的珠海经济特区法规依法及时报备。同时，市人大常委会对公民和组织提出的立法备案审查建议，依法处理，做到件件有结果、有回应、有反馈。2017 年，市民林某某对《珠海经济特区道路交通安全管理条例》中禁止电动自行车上路及相应处罚规定提出合法性质疑，珠海市人大常委会对相关条款进行合法性论证，认为禁止电动自行车上路及处罚规定不违反宪法规定、法律和行政法规的基本原则，符合珠海城市管理的实际需要和广大市民的利益、意愿，并专此作了函复，取得了良好的社会效果和法律效果。

二是强化制度建设。2017 年 7 月，市人大常委会扩充备案审查机构与

人员。加强与各备案审查工作机构的协作配合，按有件必备、有备必审、有错必纠的原则，及时向制定机关提出书面审查意见。2017年至今，完成63部法规的电子报备。主动开展法规清理，委托两所高校对珠海市现行有效的法规进行全面清理，对每一部法规提出修改、废止或无须修改的清理意见，并及时对相关法规作出修改。建立向常委会定期通报制度，并及时汇报规范性文件审查备案情况。坚持统专结合，在发挥备案审查机构"统一审查"职能的同时，积极发挥其他专门委员会"专门审查"的作用，统筹法制工作机构、备案机构和其他专委会协同开展审查工作。

（二）工作监督：确保行政权、审判权、检察权得到正确行使

珠海市人大常委会坚持围绕中心、服务大局，对"一府一委两院"的工作开展监督，贯彻落实好党的重大决策部署。

1. 强化经济运行监督

市人大常委会围绕构建推动经济高质量发展的体制机制、建设现代化经济体系、形成全面开放新格局等中心工作，依法履行监督职责，助力珠海经济发展稳中向好、稳中有进。

一是开展预决算和审计监督，增强财政资金使用实效。每年认真听取和审议预决算计划执行情况和预决算调整方案等工作报告，加强全口径预算全过程监督，积极参加部门预算联审，重点关注重点资金使用、重大项目建设。督促建立非建制区预算监督制度，将横琴新区、高新区、高栏港、万山等非建制区预算统一纳入市级人大预算监督体系。建立各专委会预审、财经专委会初审和常委会审查的"三审制"工作机制，组织部分财经专委会委员和工作人员提前介入预算编制工作，推动部门预算编制更科学精细。建立特邀人大代表审查制度，保证各级人大代表能够依法有序参与预算审查监督。强化对审计工作的监督，建立健全审计整改情况跟踪监督机制，使人大监督和审计监督形成合力，增强监督刚性。

二是提高监督实效，力求贯彻落实中心工作。针对促进经济转型升级开展监督，听取和审查国民经济和社会发展计划、政府投资项目计划，从

2016 年至今，先后作出 30 余项推动珠海市经济平稳健康发展的意见和决定。开展推进创新驱动发展战略专项监督，采取实地调研、座谈会、问卷调查、听取工作报告等多种形式，有针对性地开展减税降费、产业扶持等政策落实情况监督，提出切实可行的意见建议。针对政府投资问题，要求相关部门紧紧把握粤港澳大湾区、港珠澳大桥经济区发展机遇，加强项目管理、把握投资方向，推动政府投资更加规范、科学。

2. 强化民生保障监督

围绕医疗机构建设问题，对市妇幼保健院异地建设情况开展多年连续跟踪监督，推动项目按时间节点逐步推进；督促政府推进市慢性病防治中心建设项目进程，推进珠海市专科医院建设。围绕教育问题，持续监督推进职业教育发展，推动市技工学校新校址项目加快建设。围绕交通问题，多次听取和审议中心城区交通拥堵问题治理情况专项工作报告，推动重点难点问题取得较大突破，中心城区交通情况总体平稳。围绕养老问题，持续 3 年督办养老议案，推动养老服务体系建设初具规模。

3. 强化城建环保监督

市人大常委会把维护珠海"青山绿水"特色、保护珠海良好生态环境作为监督重点，开展多形式多方面的监督。

一是在城市建设方面，坚持城市发展"一张蓝图绘到底"，每年选择特区城乡规划条例某一重点内容，听取和审议相关实施情况报告。坚持持续监督城市开发建设情况，通过听取和审议市人民政府关于西部生态新城开发建设情况、听取和审议美丽乡村建设情况等报告，推进城市建设走持续、均衡发展之路。

二是在环境保护方面，围绕创建生态文明示范市开展系列专题监督。听取和审议关于环境状况和环境保护目标完成情况报告等，组织代表以视察、部门座谈、现场调研等方式，实现全市环保指标总体稳中向好。听取和审议关于全面推进"河长制"和黑臭水体整治工作进展情况报告，强化前山河流域环境综合提升工程，有力推动全市"河长制"落实、黑臭水体整治和堤防生态建设，取得了良好效果。

4.强化行政和司法监督

围绕依法行政，听取和审议市政府关于加强行政效能建设、行政复议等专项报告，推动政府转变职能，建设服务型政府。围绕司法改革，大力支持横琴新区法院、检察院改革创新，连续多年开展跟踪调研和监督，推动珠海市司法体制改革顺利开展。围绕推进公正司法，通过听取和审议相关工作报告、组织人大代表参与法院庭审等方式，推动"两院"不断完善工作机制，使人民群众在每一起司法案件中都感受到公平正义。围绕知识产权保护，开展专题调研和视察，提出培育专业队伍、加大侵权行为惩治力度、提升司法服务、提升与横琴国家知识产权交易平台的工作交流等要求。

（三）监督手段创新：让人大监督更权威、更有效

1.完善预算联网监督，打造"珠海模式"

率先将"互联网＋大数据"理念引入预决算审查监督，强化监督平台功能建设。在"一个系统四本账"全覆盖在线监督模式基础上，针对人大代表的关注内容和年度监督重点，新增"重点监督"特色模块，将"三公经费""转移支付""民生投入""重点工程"四个方面内容纳入该模块"专项监督"栏目，提高监督的动态性、针对性和有效性。针对人民群众关心的社保问题，与社保基金联网系统开通专线对接，并在系统中增设"基金监督"模块，对社保基金专户、社会保险基金收支及库款等情况，进行全面、综合的对比分析，推动人大、财政、社保三网联网监督。完善省市人大联网监督系统对接，实现省级专项转移支付资金等数据跟踪监督。按照线上实时监督和线下分析研判相结合、全面监督和重点专项监督相结合、日常查询分析和专题监督相结合的原则，不断提高监督工作实效①。

2.运用专题询问加大监督力度

2012年，市人大常委会针对垃圾无害化处理问题，开展了首次专题询

---

① 2016年针对预算实时在线监督系统反映的"市直预算部门财政支出进度总体偏慢"问题，市人大常委会召开"市直预算单位支出监督座谈会"，分析原因，形成专题监督报告上报市委，得到了市委的肯定。

问，通过制订方案、预先致函、开展专题座谈会、召开通气会及协调会等方式，就询问内容进行调研和沟通。专题询问会在市人大常委会会议期间召开，由常委会组成人员及人大代表按顺序进行询问，并形成会议纪要，对应询人承诺落实的相关事宜进行跟踪督办。其后几年，市人大常委会又分别就市妇幼保健院异地建设、市慢性病防治中心建设进展迟缓、中心城区交通拥堵等民生热点问题开展多次专题询问，有力地推动了民生项目建设进程。

3. 开展满意度测评，树立监督权威

2015 年，根据满意度测评办法首次开展满意度测评，由人大常委会组成人员对政府工作以不记名表决的方式进行测评，当场公布投票结果，并将结果印送市政府。在满意度测评后，加强东西城区联系、治理交通拥堵两项工作成为 2016 年人大议案并由市长亲自领办；同时，妇幼保健院异地建设项目顺利奠基，加快"四小联围海堤达标建设议案"顺利办结。

二　当前人大监督的不足

随着法治建设进程的不断推进，人大监督工作取得长足发展。但从全国层面来看，地方人大监督工作要适应新时代形势发展需要，还存在一定不足。

一是监督手段和方式有待拓展。一方面，在监督手段上，更倾向于软性监督手段，较少采取质询、特定问题调查等硬性监督手段，导致监督力度有所欠缺。另一方面，根据监督主体对监督客体进行监督的不同发展阶段，人大监督可以分为事前监督、事中监督、事后监督三种监督方式，只有三种方式有机结合，才能保障监督的实效性。但就目前情况看，人大监督在三者全方位运用方面还有不足之处，导致监督效果不理想。

二是监督主体能力有待提升。一方面，人大监督机构设置不够完善。人大常委会下设五六个监督工作机构，以此监督编制庞大、分工精细的"一府一委两院"，监督力量相对单薄。另一方面，常委会组成人员、人大代表是兼职，在时间分配、年龄结构、知识储备、专业能力等方面，都不同程度地存在与新时代监督工作不相适应的情况。

三 未来珠海人大监督路径探索

珠海市人大常委会着力适应新形势新任务新要求，针对监督工作存在的薄弱环节，以宪法法律为依据，把握监督方向、强化监督实效、提升监督力量，实现正确监督、有效监督。

（一）坚持原则，把握监督方向

党的十九大以来，以习近平同志为核心的党中央对人大监督工作提出一系列新要求新任务，加强地方人大监督工作，首先要做的就是坚决贯彻落实新要求新任务，把握监督工作的正确政治方向。

1. 坚持党的领导

习近平总书记指出："我们必须坚持党总揽全局、协调各方的领导核心作用，通过人民代表大会制度，保证党的路线方针政策和决策部署在国家工作中得到全面贯彻和有效执行。"因此，人大及其常委会在开展监督工作时，必须始终增强"四个意识"，始终坚持和加强党的领导，确保人大监督始终保持正确的政治方向。

2. 坚持以人民为中心

以习近平同志为核心的党中央提出"以人民为中心的发展理念"。人大监督坚持以人民为中心的原则，就是要做到监督为了人民、监督依靠人民、监督效果由人民检验、监督成果由人民共享。

3. 坚持监督与支持相结合

人大和"一府一委两院"在党的领导下，依法履行职能、开展工作，目标都是一致的。这意味着人大不仅要敢于监督，更要善于监督，要通过监督支持、推动"一府一委两院"开展工作，共同贯彻落实好党的决策部署。

（二）丰富手段，强化监督实效

针对目前地方人大监督工作中普遍存在的柔性监督多、刚性监督少，事后监督多、全程监督少等问题，珠海市人大常委会从以下几方面入手强化监督实效。

1. 规范运用法定监督手段

按照新时代人大监督的新要求，对以往制定的监督规章制度进行梳理，及时修改或完善。继续用好用足听取和审议专项工作报告、执法检查、视察等柔性监督手段，将其规范化、制度化、常态化。敢于运用质询、专题询问、满意度测评等刚性监督手段，通过开展"回头看""回访"等活动，强化后续跟踪监督，强化监督实效。

2. 结合代表等职责提升监督质量

创新思维，把监督工作与人大立法、讨论决定事项、代表工作等一体谋划，相互结合。立法的前期立项、后期评估，可与监督视察、调查、执法检查等紧密结合。行使重大事项讨论决定权、监督权时要充分发挥代表作用，强化代表履职保障，把重大事项讨论决定执行监督、代表建议议案办理与监督检查、工作评议等结合起来，共同提升人大工作质量。

3. 加强沟通协调，形成监督合力

党的十九大提出，"把党内监督同国家机关监督、民主监督、司法监督、群众监督、舆论监督贯通起来，增强监督合力"。人大监督作为国家监督体系中的重要一环，要主动加强与"一府一委两院"的沟通协调，探索规范、常态、有效的衔接协调机制，不断拓展和深化监督领域和强度，共同推动形成监督工作新格局。

（三）加强建设，提升监督力量

针对目前地方人大监督工作中普遍存在的监督主体能力不足等问题，珠海市人大常委会将从以下几方面着手提升监督力量。

1. 着眼于组织建设，完善机构设置和人员配备

按照中央和省的部署，逐渐实现人大专门委员会、工作委员会的合理设置，避免出现一个专门委员会、工作委员会对口众多职能部门的情形；逐步完善专门委员会、工作委员会内设机构，细化职能分工，适应实际需要；逐

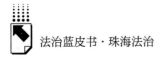

步配齐配好人员，优化年龄结构、突出专业特点，适当增加专职委员比例。

2. 着眼于能力建设，提升人员履职能力

强化政治思想建设，把讲政治放在首位，提升常委会组成人员、代表和工作人员政治站位，主动把监督工作放在全局工作中进行谋划。强化业务能力建设，探索建立监督专业顾问机制，建立健全业务培训常态化机制，注重提升调查研究和分析解决问题的能力，推动监督工作专业化、规范化。

法治政府

Law-Based Government

B.4
2015～2018年珠海市法治政府
建设现状与展望

原珠海市法制局课题组*

摘　要： 法治政府建设作为全面推进依法治国的重要组成部分，是一项长期重大的历史任务，是国家治理的一场深刻变革。党的十八大以来，珠海市委、市政府紧紧围绕建设中国特色社会主义法治体系、建设社会主义法治国家的全面推进依法治国总目标，完善制度建设、健全行政决策机制、规范行政权力运行、推动"放管服"改革、努力化解社会矛盾，法治政府建设工作呈现全面发力、多点突破、纵深推进的新局面。

* 课题组负责人：王智斌，原珠海市法制局局长。成员：邓胜利、李凯、周红璘、曹林、袁国安、王伟娜、林海涛、田志潏。执笔人：田志潏，原珠海市法制局规范性文件审查科科长。

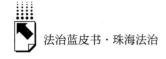

关键词： 法治政府 依法行政 制度建设

一 法治政府建设工作形成新格局

（一）加强组织领导

2017 年 2 月，珠海市委、市政府联合出台《珠海市法治政府建设实施方案》，明确了法治政府建设的工作任务、完成时限和检验标准。珠海市政府每年向市委报告法治政府建设情况，依靠党委破解法治政府建设工作难题，消除制约机制；健全依法行政工作领导机制，成立法治政府建设工作领导小组，由市长任组长，加强对全市依法行政工作的组织领导。

（二）强化考评督导

从 2014 年起，每年开展对全市各区和市直各部门的依法行政考评工作。以法治政府建设的总体目标和具体任务为依据，建立法治政府建设指标体系，并逐年修订完善，针对前一年考评工作中凸显出来的薄弱环节进行重点考评，及时纠正考评中发现的问题。发挥群众监督和评价作用，真正把公众需求作为建设法治政府和服务型政府的导向和推动力。充分发挥依法行政考评的指挥棒作用，将依法行政纳入各区党政领导班子考核指标体系，推动依法行政各项目标任务落到实处。

（三）提高政府工作人员法治思维和依法行政能力

抓好领导干部这个"关键少数"，坚持将领导干部带头学法作为各级政府的一项常态性工作，定期举办领导干部法治专题培训班，推行法院和政府部门主要负责人讲法制度，不断提高领导干部运用法治思维和法治方式解决问题与推动发展的能力。加强行政执法人员培训管理，每年组织 2~3 期行政执法人员综合知识培训，邀请省、市专家和高校学者讲授《行政处罚法》

《行政许可法》《行政复议法》《行政诉讼法》《行政强制法》《广东省行政执法案卷评查标准》等相关法律知识，针对执法案件中发现的问题进行重点详细分析，年均培训900余名行政执法人员。每年组织行政执法人员开展综合法律知识考试，做到领证必考，有效地提高了行政执法人员的法律水平和执法能力。2018年开展"减证便民"专项清理，在办理户籍、社保等领域共取消134项证明事项。

二　政府立法迈出新步伐

（一）加强重点领域立法

近三年来，市政府积极开展地方立法工作，提请市人大常委会审议海域海岛保护条例、旅游条例等地方性法规14部。出台政府规章17部，其中，出台商事登记条例实施办法，推动经济高质量发展；出台绿色建筑管理办法等，促进生态文明建设；出台城市更新办法等，提升城市管理水平；出台执法争议协调办法、招投标管理办法、警务辅助人员管理办法等，加强政府自身建设。

（二）完善政府立法工作机制

建立立法协商制度，每部立法草案均通过多种方式征求政协委员意见，与民主党派建立结对机制，听取意见。通过多种渠道广泛征求社会各界意见，完善征求公众意见制度，逐项梳理意见采纳情况，并公开和点对点反馈，深化科学民主立法。建立多元化政府立法起草机制，多部立法项目都委托第三方起草。2015年建立了共有150人的政府立法人才库，每年组织培训，开展业务指导。

（三）加强规范性文件监督管理

近年来，珠海市年均颁布政府规范性文件20件、部门规范性文件50件，备案监督各区文件十余件。全面实施规范性文件三统一、有效期、政策

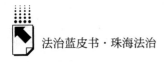

解读等制度。加大文件审查纠错力度，坚决制止部门制定带有立法性质的文件，对于增设义务、限制权利的规定一律否定，没有发生因违法制定文件而被撤销的情形。对所有行政区、经济功能区政府规范性文件开展备案监督，实现备案审查全覆盖。

（四）建立规章、规范性文件清理长效机制

坚持"立改废"并举，实现制度建设和改革决策的有效衔接，以不断适应经济社会发展需要。2017年起，对现行有效的76部政府规章和自建市以来市政府约1000件文件及651件部门规范性文件进行全面清理，同时对涉及"放管服"改革、生态文明保护、公平竞争等规范性文件进行专项清理。经清理，政府规章保留43部、废止12部、修改21部；政府文件废止约60%、规范性文件废止约40%，需修改的约10%。

三 行政决策机制取得新进展

（一）健全重大行政决策制度

在《珠海市重大行政决策专家咨询论证办法》《珠海市政府合同管理办法》《珠海市人民政府工作规则》等制度基础上，积极总结经验，新出台《珠海市重大行政决策程序规定》《珠海市重大行政决策听证办法》，并将各区、各部门实施重大决策制度情况纳入依法行政考评范围，不断提高行政决策质量和群众认可度，保障行政决策合法性。

（二）畅通公众参与渠道

以深入推行重大决策听证制度为突破口，推动形成重大决策听证常态化机制，年均举行重大行政决策听证会十余场，内容涉及重大工程建设、民生保障、城市管理等领域，让群众理解和支持政府施政。建立法治政府建设基层联系机制，选取香湾街道办、湾仔街道办、斗门白蕉镇等7个镇（街）

为联系点，就立法、制度建设、重大决策等事项深入基层听取意见，增强政府决策的针对性和有效性。

（三）推进政府法律顾问服务示范市建设

实现市、区、镇（街）三级政府法律顾问全覆盖。珠海市于2004年在全省率先设立了市政府法律顾问室，先后聘请六届政府法律顾问；市政府工作部门均已聘任政府兼职法律顾问；全市3个行政区、5个经济功能区均已设立政府法律顾问室并聘请了政府兼职法律顾问；全市26个镇（街）全部聘请了政府兼职法律顾问，其中，斗门区还率先实现所有镇（街）法律顾问室挂牌运作。推进政府法律顾问工作信息化建设，在全省率先建设"政府法律顾问工作和政府合同备案系统"。建立政府兼职法律顾问处理法律事务保密、利益冲突回避等工作机制，制定《珠海市人民政府法律顾问工作规则》，力促政府法律顾问实质性参与政府决策过程，不断拓展工作广度和深度。目前，政府兼职法律顾问已深入参与珠海市政府规章、规范性文件起草和论证、重大行政决策听证及合法性审查、行政执法人员培训等方面工作。

四　行政权力规范运行取得新突破

（一）自觉接受人大政协监督

认真执行向市人大及其常委会报告工作制度、接受询问制度，每年1月底前，向市人大报告法治政府建设情况，依法报备政府规章和规范性文件。及时研究人大代表议案、代表建议和政协提案，定期向市人大常委会报告、向市政协通报。健全知情权保障制度，政府相关部门定期通报有关情况，为政协委员履职提供便利、创造条件。在近三年的市依法行政考评工作中，考评工作组均邀请人大、政协派员参加实地考评，自觉接受监督。

（二）规范行政执法行为

推动执法重心下移，积极构建市、区、镇（街）三级执法机构，将

70%以上的人员编制向一线倾斜。开启行政执法体制改革"横琴探索"，推进横琴新区跨领域、跨部门综合执法，实现一支队伍管执法。完成对政府各部门行政执法职权的核准界定并予以公告，普遍建立行政执法责任制、行政执法人员资格管理制度等。推进重大行政执法决定法制审核、行政执法公示、行政执法全过程记录制度，完善事前、事中、事后监督的权力监督制度体系。2014年10月，率先出台《珠海市商事主体公示信息抽查办法》，推广"双随机、一公开"规范监管，用"阳光执法"保障市场主体权利平等、机会平等和规则平等。自2015年实施政府规章《珠海市行政执法争议协调办法》以来，共协调国土、规划、食品药品监管等领域行政执法争议30余起，有效防止行政执法职责交叉、推诿扯皮的情况。每年组织对全市20多个行政执法主体多宗行政处罚、行政许可案卷进行评查，审查行政执法案件的合法性和合理性，提高办案质量和执法能力，促进执法人员依法行政。

（三）全面推进政务公开

深化政务公开工作，着力推进政务公开平台建设，完善政府信息公开目录系统，每月对信息更新情况进行检查，定期通报更新情况，提升主动公开的规范化水平。推进财政信息公开、重点项目审批和进展情况、公共资源交易、土地征收、住房保障、精准扶贫/精准脱贫等领域政府信息公开。着力加强政策解读工作，在市政府门户网站和《珠海市人民政府公报》开设政策解读专栏，对涉及群众切身利益、社会关注度高的政府规范性文件进行政策解读。

（四）加强审计监督

切实履行审计监督职责，制定《珠海市关于开展审计全覆盖的实施细则》和《珠海市领导干部经济责任审计对象分类意见（试行）》等制度，对四大类审计覆盖对象按照单位职能、经济管理权限、使用财政资金规模、社会关注度等因素细分为2~5级，确定不同层级的审计频次，保障全市公共资金、国有资产、国有资源和领导干部履行经济责任等领域的审计监督全覆盖。进一步加强大数据审计，将审计模型扩至200多个，实现全市20多个财政业务系统、260多家单位财政资金审计运用大数据技术统领"全覆盖"，通过全面筛查分析，带着"疑点"查问题，不断提升财政资金"批量审"的广度、深度和效率，实现项目增量质量双提升。建立审计项目管理到审计组成员、到项目实施时点、到分工事项底稿的精细化管理"三到"机制，实现审计执法全程留痕、全程监控，坚守审计质量"生命线"和廉洁"高压线"。

五　"放管服"改革开创新局面

（一）深化行政审批制度改革

坚持"简政放权、放管结合、优化服务"相结合，行政审批制度改革工作先后经过五轮审改十二批调整，行政许可（主项）从1264项减少为332项，精简率73.7%；全面清理取消市级244项非行政许可审批事项，目前珠海市已没有非行政许可审批；清理规范市直部门行政审批中介服务事项，公布保留服务事项122项。根据不同区（经济功能区）功能定位和特点，以各区（经济功能区）具体需求为导向，结合机构设置、编制配备、职能运转等情况，开展"差异化"针对性放权。2015年以来，先后五批次将市属462项行政管理事权下放到行政区（经济功能区），延伸服务半径，提升行政效能，方便群众办事。推进企业开办时间再减一半的工作，将企业平均开办时间压缩至2天，进一步压减投资建设领域行政审批事项，在建设工程领域进行程序性审查或备案实行"马上办"，原则上不超过1个工作日；行政许可类事项、公共服务事项时限压缩到法定时限的30%以内，原则上在5个工作日内办结。在全省率先实施"先证后核"审批模式，通过简化程序取得生产许可证的企业，在获证后30日内完成现场核查；在横琴自贸区开展138项行政许可事项"证照分离"改革试点工作。全面对接省"网上中介服务超市"，邀请符合条件的中介服务机构进驻市级网上中介服务超市，形成统一规范、开放竞争、健康有序的中介服务市场。

（二）深入推进政府部门权责清单制度

2018 年 5 月 9 日，印发《珠海市权责清单管理办法》，建立信息公开制度、职责分工制度、流程监管制度、动态调整制度、目标考核制度以及责任追究制度，引入政府购买服务机制和第三方参与机制，促进了政府管理的透明化、规范化、标准化和精细化，完善了"放管服"长效机制，更好地为法治政府和服务型政府建设服务。2016 年，珠海市在全省率先建成权责清单管理系统，实时更新市级权责清单信息。

（三）加强政务服务体系创新

推广"一门式"服务，拓展市政务服务大厅综合受理事项范围，设立15 个综合窗口，实现 14 个部门 265 个事项的综合受理，企业和群众办事只进一扇门。建立并发布市政务服务大厅标准体系，为"一门式"服务提供制度支撑。指导各区推行"一门式"服务，区级政务服务大厅设置综合窗口 108 个，镇（街）政务服务中心设置综合窗口 150 个，村（居）公共服务站设置综合窗口 531 个。推动"一网式"办理，建设覆盖市、区、镇（街）、村（居）四级的网上办事大厅体系，市级行政许可事项和公共服务事项已全部进驻网上办事大厅。整合现有政务服务窗口资源，依托网上办事大厅，推行投资项目审批、不动产登记信息查询等企业和民生服务事项"全城通办"，公布两批共计 1302 项"全城通办"事项清单，涵盖户政、公积金、税务、社保等 34 个部门。开展政务服务事项实施清单"十统一"标准化建设，梳理并公布"最多跑一次"事项。2018 年开展"减证便民"专项清理，在办理户籍、社保等领域共取消 134 项证明事项。

（四）加快社会信用体系建设

打造"智慧信用云平台"，实现系统和网站一体化管理，建立企业、事业单位、社会组织、自然人等四大主体信用档案，归集近亿条信息，与省平台对接，向省全面提供数据信息。建立使用珠海信用主体信用评级模型，为政府决策、部门监管、行业判断等提供量化支持。2018年4月，珠海市政府印发了《珠海市建立完善守信联合激励和失信联合惩戒制度实施方案》，明确行政管理部门既是信用信息的提供者又是信用信息的使用者，鼓励把信用信息作为激励和惩戒的重要依据。在全省率先对国家37个联合奖惩合作备忘录进行梳理，细化涉及52个部门、446个措施类别、1406个联合奖惩措施，并计划将联合奖惩实施清单嵌入部门业务流程，推动开展联合奖惩，形成案例。

六 社会矛盾依法化解取得新成效

（一）深化行政复议体制机制改革

珠海市经省政府批准，于2013年底开始全方位行政复议综合改革。一是全面集中行政复议权，将原属市直部门的行政复议权收归市政府统一行使，实行受理、审理、决定"三统一"工作机制，优化配置行政复议工作力量，有效整合行政复议资源。2018年是实现市级行政复议权全面集中的第一年，案件数量首次过千，复议后继续诉讼的比例为9%，多数行政争议通过行政复议渠道得以解决，行政复议化解行政争议主渠道作用明显。二是设立专业、开放的行政复议委员会，对符合法定情形的重大、疑难、复杂案件由行政复议委员会议决，发挥委员的专业优势，凸显复议的中立性与公正性。三是2015年率先开庭审理复议案件，规范开庭审理场地和审理程序，三年来共开庭审理160余宗案件。四是推行"阳光复议"。从2014年起每年网上公布复议统计数据及分析报告，从2016年在网上公开行政复议决定书，行政复议透明度大幅提升。五是推行"便民复议"。进一步畅通复议渠道，开通网上提交复议申请，做到"零跑腿"；实行行政复议"全城通办"，2018年10月起，三个行政区行政复议受理点可以受理公民、法人或其他组织向市政府提出的行政复议申请。

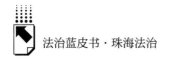

（二）健全行政应诉工作制度

修订《珠海市行政机关行政应诉工作规则》，将出庭应诉情况纳入依法行政考评，全市负责人出庭应诉率达30.1%。开展履行法院生效裁判自查，全面清理全市行政机关未履行的法院生效裁判，经清理，全市行政机关履行法院生效判决率达100%。2018年7月印发《关于加强行政应诉工作的意见》，进一步要求各区政府（管委会）、市府直属各单位，继续配合人民法院做好开庭审理工作，主动履行人民法院生效裁判。

（三）完善商事争议多元化解决机制

2015年4月，珠海仲裁委员会联合横琴新区管委会发布中英葡文三版《珠海国际仲裁院仲裁规则》《珠海国际仲裁院仲裁员名册》，明确当事人可选择包括澳门法律在内的解决纠纷的准据法，并可协议选择使用英语或葡萄牙语审理案件。珠海国际仲裁院首批70名仲裁员，多数为内地或港澳知名国际仲裁专家，港澳台或外籍仲裁员占比40%以上，澳门籍仲裁员占比15%以上，所有仲裁员均具有博士学历或为行业精英，能满足多语种、跨专业办案需求。成立珠港澳商事争议联合调解中心、横琴金融争议解决中心、横琴新区国际仲裁民商事调解中心，完善以仲裁和调解为代表的商事争议多元化解决机制。2016年3月，横琴新区小额消费争议仲裁制度正式施行，对中国消费者权益保护和消费争议解决机制的发展建设具有示范价值。2017年3月，中国首部临时仲裁规则《横琴自由贸易试验区临时仲裁规则》颁布施行。

（四）助推信访制度纳入法治化轨道

通过法定途径分类处理信访投诉请求，引导群众在法治框架内解决矛盾纠纷。2016年10月，印发《关于推进市区两级开展通过法定途径分类处理信访投诉请求工作的通知》，要求制定信访投诉请求分类处理清单。目前，珠海市29个市级职能部门已经完成市级清单，完成率为100%；香洲区25个区直部门、金湾区21个区直部门、斗门区27个区直部门均完成区级清单，各区完成率均为 100%。优化传统信访途径，实行网上受理信访制度，及时就地解决群众合理诉求。已建成使用"珠海信访网"，并完成市、区两级信访微信公众号和手机客户端两个平台建设。完善《珠海市信访维稳工作分析研判例会制度》，建立健全五级信访维稳研判机制，督促各级党委政府认真分析研判信访维稳形势，妥善研究解决重大疑难复杂案件。

珠海市法治政府建设工作虽然取得较好成绩，但还存在一些不足，如依法全面履行政府职能还有薄弱环节，行政执法体制改革还有待进一步深化，政府行为的诚信约束机制亟待构建，法治政府建设任务的督促落实尚未全面到位，等等。

党的十九大报告根据"决胜全面建成小康社会、夺取新时代中国特色社会主义伟大胜利"的新形势和新任务，按照"深化依法治国实践"的新要求，明确对"建设法治政府，推进依法行政，严格规范公正文明执法"作出重要部署，开启了建设法治政府的新征程。下一步，珠海市将在薄弱环节和突出问题上下功夫，全力抓好中央和省《法治政府建设实施纲要》的贯彻落实，坚持党的领导，依法全面履行政府职能，深化行政体制改革，大力推进行政执法规范化、信息化建设，持续深入推进"放管服"改革，强化督察考核工作，积极作为、开拓创新，推动法治政府建设再上新台阶。

B.5
珠海市深化"放管服"改革实践

原珠海市机构编制委员会办公室课题组*

摘　要： 近年来，珠海市委、市政府深入推进"放管服"改革，加大"放"的力度，强化"管"的能力，提升"服"的水平，用改革破解难题，靠创新激发活力，开拓大众创业、万众创新新局面，更好地培育新动能、发展新经济，为稳增长、促改革、调结构、惠民生注入新动力。

关键词： 简政放权　放管结合　优化服务

一　改革背景

珠海作为第一批经济特区，自诞生之日起就肩负着为中国特色社会主义改革开放和现代化建设先行探路的使命。邓小平同志于1984年、1992年两次视察珠海，并题词"珠海经济特区好"。党的十八大召开后不到一个月，习近平总书记首次离京视察来到广东并亲临珠海，勉励珠海大胆地试、大胆地闯。习近平总书记强调：经济特区要"在各方面体制机制改革方面先行先试、大胆探索，为全国提供更多可复制可推广的经验"。

为建设成为践行习近平新时代中国特色社会主义思想，向世界展示中国改革开放成就的重要窗口、国际社会观察中国改革开放的重要窗口，珠海坚

---

* 课题组负责人：邓洪，时任珠海市机构编制委员会办公室主任；李向波，时任珠海市机构编制委员会办公室副主任。课题组成员：何文明、关德明、刘水清。执笔人：关德明，时任珠海市机构编制委员会办公室体制改革科副主任科员。

持问题导向、需求导向，结合贯彻落实全国深化"放管服"改革电视电话会议精神有关要求，围绕城市综合实力、现代化经济体系、营商环境建设、城市建设管理等方面存在的突出问题，大胆改革创新，着力破除束缚经济社会发展的体制机制障碍。

二 持续简政放权，激发经济发展动力

（一）精简行政审批事项

自 2012 年开展行政审批制度改革工作以来，先后经过五轮审改十二批调整，将审批事项（主项）从 1264 项减少到 332 项，精简率达 73.7%；全面清理取消市级非行政许可审批事项 244 项，目前珠海已没有此类审批；分三批次清理规范市直部门行政审批中介服务事项 89 项，并公布保留市直部门行政审批中介服务事项 47 项，减少"红顶中介"滋生土壤，进一步减轻企业和群众负担。

（二）下放行政管理权限

为优化市、区事权分工，赋予基层更多的自主权，根据不同区（功能区）自然条件和功能定位，以各区（功能区）的具体需求为导向，结合机构设置、编制配备、职能运转情况，实行"差异化"针对性下放。先后四批次分别将市有关部门的 182 项、128 项、44 项和 36 项（共计 390 项）行政管理事权下放到行政区（功能区），延伸服务半径，减少审批环节，提升行政效能，有力地增强了各区（功能区）经济发展内生动力。

（三）向基层下放编制

事权下放的过程中，注重研究事权下放与编制统筹调整机制，根据下放事权的性质、难度、工作量、发展趋势以及"人随事走"的原则，优化各区政府相关机构资源配置，推动向各区下放编制。近年来通过整建制划转、

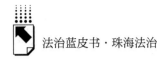

专项核拨等方式，共下放行政编制 957 个，行政执法专项编制 268 个，事业编制 993 个，其中连人带编划转 1841 个，划转空编 377 个，大大增强了各区（功能区）承接能力。

（四）向社会转移职能

以社会需求为导向，编制政府职能转移事项目录，将市科技和工业信息化局、市教育局等单位的行业资质（等级）评定、信息统计发布、宣传培训、行业标准规范、行业诚信管理、评估审查、公用设施设备管养等 77 项职能向社会转移。会同有关单位制定可承接政府职能的社会组织目录，完善配套措施，培育发展社会组织，确保有序承接。既为政府瘦身，又发挥了社会力量的作用，逐步提高社会自治水平。

（五）推进清费降成本

清理涉企行政事业性收费，继续坚持省定涉企行政事业性收费"零收费"；取消房屋转让手续费、环境监测服务费、茂生围边境特别管理区通行证办证费等行政事业性收费；降低公民出入境证件费、机动车行驶证工本费、部分无线电频率占用费等收费标准；扩大残疾人就业保障金的免征范围；加强对涉企经营服务性收费监管，共清理规范电子政务平台 47 个，编制《珠海市涉企行政事业性收费目录清单》和《珠海市政府定价的涉企经营服务性收费目录清单》。全面清理整顿行业协会商会收费行为，对行业协会商会收费信息集中公示。清理、整顿、规范流通环节收费和公路乱收费、乱罚款行为，取消提供二级维护备案材料（报告单）作为年度审验依据，取消车辆通行费年票制，对市管理的高栏港高速公路和机场高速公路实行不收费，切实降低流通成本、提高效率。减半征收物流企业大宗商品仓储设施用地城建土地使用税，2015~2017 年度累计减免土地使用税 1130.81 万元。

（六）深化商事制度改革

2012 年以来，珠海先后制定《珠海经济特区商事登记条例》《珠海经济特区商事登记条例实施办法》《珠海市商事主体年度报告制度实施办法》等商事改革配套制度，形成较为完整的地方性法规体系，为全国商事制度改革提供了宝贵经验和参考模式。2017 年，制定出台《珠海市商事主体"一照一码"登记服务全程电子化暂行办法》《珠海市商事主体名称申报管理办法》等，继续推进"一照一码"登记服务全程电子化工作和商事主体名称申报工作。

三 坚持放管结合，推进监管方式创新

（一）推行"双随机、一公开"规范监管

"双随机、一公开"市场监管方式，是深化"放管服"改革、优化营商环境的重要举措，即随机抽取检查对象，随机选派执法检查人员，抽查情况及查处结果及时向社会公开。2013 年 3 月，在全国率先探索"改市场巡查为随机抽查"工作。次年 10 月，率先出台《珠海市商事主体公示信息抽查办法》，逐步建立完善随机抽查事项清单、检查对象名录库和执法检查人员名录库、随机抽查工作细则。通过"双随机一公开"监管方式，各市场主体被抽查的机会均等，减少了侥幸心理，促进了自觉遵纪守法；同时杜绝"人情监管""选择性执法"，公开透明的"阳光执法"保障市场主体权利平等、机会平等、规则平等。2018 年制定并实施《2018 年港澳外资企业公示信息特定抽查计划》《2018 年个体工商户公示信息抽查年度计划》等 4 个"双随机一公开"抽查计划，抽查各类商事主体共计 11560 户。建成市场监管信息平台、商事主体登记许可及信用信息公示平台。

（二）开展以信用为核心的新型监管

进一步完善公共信用信息系统，整体对标信用信息目录管理与权责清单，自主对标国家和广东省"双公示"标准，自动推送共享、自动上报数据。在政府采购、招标投标、公共资源交易等领域和珠海市投融资增信平台

推广信用产品与公共信用信息的应用。2018 年 4 月，印发《珠海市建立完善守信联合激励和失信联合惩戒制度实施方案》，为守信主体优先提供公共服务，积极营造"守信受益、失信惩戒"的社会氛围。推行信用联合奖惩，率先在全省梳理出国家联合奖惩备忘录 37 个，具体涉及部门 47 个、措施类别 592 个、联合奖惩具体措施 1860 个，在此基础上形成联合奖惩实施清单并逐步嵌入相关部门的业务流程。据全国信用综合状况监测平台 2018 年 12 月监测数据，珠海市在全国 262 个地级市中排名居第 9 位，在全省 19 个地级市中居第 2 位。

（三）改革综合行政执法体制

整合执法资源，提升执法队伍专业化水平，优化整合国土、规划、城管等 17 个专业领域的执法职权，不断精简执法机构和执法力量。构建市、区、镇（街）三级执法机构，下沉执法力量，将 70% 以上的人员编制向一线倾斜，做到工作重心在基层。推进横琴新区跨领域、跨部门的综合执法，实现一支队伍管执法，开启行政执法体制改革的"横琴探索"。

（四）建立权责清单动态调整机制

2016 年在全省率先建立权责清单管理系统，2018 年印发《珠海市权责清单管理办法》，对权责清单内容和应用、职责分工、动态调整、监督检查等作出具体规定，建立信息公开、流程监管、动态调整、目标考核以及责任追究等制度。引入政府购买服务机制和第三方参与机制，促进政府管理的透明化、规范化、标准化、精细化，完善"放管服"长效机制，建设法治政府和服务型政府。

（五）探索市场准入负面清单制度

2017 年 10 月，成立珠海市市场准入负面清单制度改革试点工作领导小组，建立工作机制。根据国家、广东省要求，全面梳理地方性法规、规章等设定的禁止和限制类市场准入事项，研究对现行依法实施的禁止和限制类市场准入事项提出取消或调整管理方式（包括审批改备案、实行告知承诺制）的意见建议，提出 3 项调整意见上报省政府。

（六）强化政府部门绩效考核

完善考评体系，2017 年增加"上级通报奖励加分""信访工作情况"2 项指标，提升"行政许可绩效评估"权重。2018 年"放管服"改革工作纳入政府绩效（白皮书）考核，并赋予较大权重。丰富考评手段，在继续使用执行电子监察系统的基础上，新增市政府督办工作系统考核数据，优化考评内容，提高了第三方民主测评结果的分值，提升考评的公信力。

四 优化政府服务，满足企业和群众需求

（一）持续深化行政审批标准化

市、区两级行政许可和公共服务事项标准已全部编制完成并发布，实现了与广东省事项目录管理系统数据同步。市政府门户网站公示的行政许可事项的子项已与珠海市网上办事大厅的办事指南建立链接，实现标准化数据在"一门一网"的应用。标准化编制形成的办事指南和业务手册，明确了各项行政许可和公共服务的名称、依据、对象、时限、申请条件、申请材料等内容，采取统一标准的模式。

（二）深入推进"一门式一网式"改革

开展政务服务事项实施清单"十统一"标准化建设，梳理公布"最多跑一次"事项。建立"综合窗口受理、后台审批、统一出件"的线下线上受理平台，对政务服务大厅"一站式"集中服务功能进行优化提升，企业和群众办事只进一扇门。对现有政务服务窗口资源进行整合，依托网上办事大厅，推行政务服务"全城通办"，公布并实施"全城通办"事项清单共计1302 项，涉及规划、国土、不动产、教育、卫生等领域。建设涵盖市、区、镇（街）、村（居）四级的网上办事大厅体系，市级行政许可事项和公共服务

事项全部进驻，推广政务服务"一网通办"。建设全市政务服务大数据库，运用互联网、云计算、大数据等信息技术，加快政府信息资源有效整合，建立兼容、开放、可扩展、覆盖服务对象的网上办事数据库、公共基础数据库，让"数据跑路"，减少了"群众跑腿"，给办事群众和企业提供更多的便利。

（三）大力推进"减证便民"

为解决困扰群众的"办证多、办事难"、"奇葩"证明、循环证明、重复证明等问题，促进"大众创业、万众创新"，对凡是没有法律法规依据的证明一律取消，先后两批次取消公安、人社等16个部门各类证明共计134项，涉及积分入学、户籍房产、劳动就业、社会保险、婚姻家庭等与群众生产生活密切相关的事项，大大减少群众"人在证途"的时间。同时，制定实施办法简化手续、优化流程，通过信息共享、网络核验、主动调查、告知承诺以及加大失信惩治力度等方式，加大监管力度。

（四）大力提升公用事业服务质量和效率

出台《关于在公共服务领域推广政府和社会资本合作模式实施意见的通知》，创新财政投融资机制，推广政府和社会资本合作模式。出台《珠海市人民政府关于印发珠海市创新重点领域投融资机制 鼓励社会投资实施方案的通知》，鼓励社会资本加大教育、医疗、养老等公共服务的投资力度。研究规划2017～2020年市基本公共服务设施建设规模、布局和时序，整合各类公共服务设施专项规划，促进基本公共服务设施覆盖全市所有常住人口。

（五）做好规章、规范性文件清理工作

制定《珠海市人民政府文件及部门规范性文件清理工作实施方案》，明确清理范围、清理标准、清理步骤和工作要求。根据广东省政府要求，开展专项清理，已完成涉及"放管服"规范性文件清理；珠海市现行有效的76部政府规章已进行全面清理，结果已报市政府，待市政府审议通过后向社会公布。

五　面临的问题

（一）简政放权配套制度不够完善

事权下放过程中，对下级政府是否具备相关承接能力和后续监管能力评估不足，有些下放事项"接不住"。例如：国务院、省下放权限后，未配套下放编制、经费，导致承接过程中遇到一定的阻力；下放的个别事项，下级政府缺乏必要的技术力量，出现难以办理或者随意办理现象；一些下放事项与当地需求不符，业务量较少。

（二）事中事后监管相对薄弱

受行政编制少、执法人员老龄化等因素影响，基层特别是在一些工业发达乡镇、街道，企业众多、人口密集，存在检查人员少与检查对象多、监管要求高与执法水平低等矛盾，致使监管措施难以有效落实，一定程度上影响了监管质量和水平的提升。

（三）服务水平仍有提升空间

一些部门在服务理念、制度、作风等方面，存在全方位、深层次变革力度不足。信息孤岛问题依然存在，很多部门使用自有业务系统受理业务，个别部门甚至混用省市多套系统，数据壁垒尚未完全打破，有的数据互相调用还需向上级主管部门申请，导致服务效率低下。

（四）编制资源供需矛盾突出

中央和广东省对机构编制实行刚性约束后，珠海市编制供给与需求矛盾更加突出。一方面，随着社会发展、城镇化进程推进，全市经济规模和人口规模急剧扩张，随之而来的公共设施滞后、社会保障不足、食品安全、交通拥堵等各种城市病问题日渐严峻，给政府管理带来挑战，编制需求量也大幅

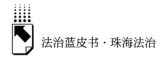
度上升。另一方面，珠海市创新编制管理起步早，编制基数小，现已无调配和挖潜空间。据初步估算，未来五年仅教育系统所需事业编制缺口将达到4700多个。

六　展望

（一）持续推进简政放权

进一步理顺政府与社会、政府与市场关系，主动"瘦身"，减少微观管理事务和具体审批事项，能取消的坚决取消，能下放的尽快下放，大力缩减审批时限，最大限度减少政府对市场活动的直接干预，激发各类市场主体活力。主动承接中央、省转移事权，积极争取配套政策和资源。着力推动市、区管理体制改革，全面理顺市、区责权利、人财物关系，该收的收，该放的放，收放适宜，统分有度。结合本轮机构改革，科学配置市、区两级政府的行政管理职责，加快转变政府职能。

（二）不断加强监管创新

创新监管理念和方式，进一步健全完善以"双随机、一公开"监管为基本手段、以重点监管为补充、以信用监管为基础的新型监管机制。推进跨部门联合监管和"互联网＋监管"，实现综合监管、"智慧监管"，做到"一次检查、全面体检"。推进信用监管，加快推进涉企信息归集共享，实行守信联合激励和失信联合惩戒机制，让市场主体"一处违法、处处受限"。完善法治监管，进一步清理废除妨碍统一市场和公平竞争的各种规定和做法，保障各项改革工作顺利进行。

（三）继续优化政府服务

持续开展减证便民行动，加大清理减证力度，对确需保留的证明，实行清单管理，清单之外不得索要证明。探索实行承诺制，事后进行随机抽查，依法严厉处罚虚假承诺并纳入信用记录。推进数字政府建设,推动部门信息统一归集,互联互通,共享互用。推进"互联网 + 政务服务",进一步优化网上办事大厅建设,推动更多事项"一网通办"。推进线上线下融合,优化整合提升各级政务服务大厅和窗口,推行全城通办、就近能办、异地可办。

(四)开展整改"回头看"

针对"放管服"改革中查找出的问题及其整改情况进行"回头看",纠正责任不落实、清理不深入、整改不彻底、成果不符实等情况。对排查发现的问题,要对账销号抓整改,建立问题清单管理台账,逐项明确主要目标、整改时限和标准要求,落实责任单位和责任人,定期督促要账,整改一个、销号一个。对能马上解决的问题,要边查边改、立行立改,确保尽快整改到位;对一时难以解决的,要明确整改时限,紧盯不放、限期解决。

B.6
珠海市网上办事大厅建设
运行情况报告

原珠海市政务服务管理局课题组*

摘　要： 珠海市网上办事大厅于 2013 年 9 月全面开通。经持续深化建设，大厅系统功能不断完善，网上办事更加高效便捷。目前，已建成涵盖市、区、镇（街）、村（居）的四级网上政务服务网络，实现与各职能部门系统对接；基本实现各级政务服务事项全面进驻、政务信息全面公开；建成企业专属网页、市民个人网页服务，开发手机 App，各项服务功能日趋完善；推广"在线申办—网上预审—在线办理—邮寄送达"网上办事全流程。

关键词： 政务服务　网上办事　"互联网＋"

　　推进"互联网＋政务服务"建设，是落实全面深化改革，建设法治政府和服务型政府的一项重要举措。2016 年 9 月，国务院《关于加快推进"互联网＋政务服务"工作的指导意见》要求推动互联网与政务服务深度融合，将简政放权、放管结合、优化服务改革向纵深推进。2018 年 6 月，国

＊课题组负责人：马永明，时任珠海市政务服务管理局党组成员、副局长；冯尚连，时任珠海市政务服务管理局党组成员、副局长。课题组成员：马永明、吴文东、李艳萍、石兴梅、姚灿钿。执笔人：李艳萍，时任珠海市政务服务管理局政务科科长；石兴梅，时任珠海市政务服务管理局政务科主任科员；姚灿钿，时任珠海市政务服务管理局综合科副主任科员。

务院《进一步深化"互联网 + 政务服务" 推进政务服务"一网、一门、一次"改革实施方案》对"互联网 + 政务服务"进行具体部署。珠海市认真贯彻落实党中央、国务院关于推进"放管服"和"互联网 + 政务服务"改革，广东省"数字政府"建设、"一门式一网式"政府服务模式改革等工作部署，以建设珠海市网上办事大厅为重要抓手，着力打造"一网公开""一网办理""一网查询""一网监督"的智慧政务平台。

珠海市于 2012 年启动网上办事大厅（广东省网上办事大厅珠海分厅）建设，并于 2013 年 9 月全面开通，同时开通的还有珠海市市民个人网页、企业专属网页以及网上办事大厅手机客户端。随着多年不断深入建设，珠海市网上办事大厅逐步成为覆盖全面、功能完善、办事方便的网上政务服务平台，并在 2018 年 9 月成功实现集约化改造提升。

一 特色做法

（一）统一窗口管理，定点四级网上服务

建设统一窗口管理功能，实现四级政务服务机构所有窗口统一编码管理，实现窗口定人定职一目了然，促使市、区、镇（街）、村（居）四级的网上政务服务机构管理有序，通过统一窗口系统一页查询机构设置、人员编制、工作效率、业务办理情况等，实现电话查询一键拨号，地图索引一键导航，各级各窗口实时工作情况一目了然。为建立网上办事四级服务体系打下扎实基础。

（二）统一交互管理，统一调度四级服务

通过统一交互管理功能，为四级政务服务机构提供统一预约服务，2018年共为各级政务服务机构提供事项预约次数超过 1.5 万次；通过与 EMS 的国标协议，打造统一快递服务平台，实现文件材料的双向传递、四级通用的快递功能，随时随地可以查询材料的流程走向，方便清晰。

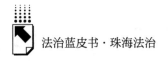

（三）统一监察系统，办事全流程可溯

通过四级统一的监察系统，实现了工作人员办件提醒、超期预警和溯源问责。各级各部门通过不同权限，可即时查询本部门人员接件情况、受理情况、办件情况以及特殊环节挂起情况，同时系统集成了市级白皮书考核的所有要素，并可灵活配置、动态调整，为全市效能评估提供有力的系统数据支撑。

（四）拓展民生服务，增加政府服务温度

推进各类利企便民专项服务接入网上办事大厅，实现投资项目审批、公共资源交易产权竞价、专项资金申请、在线支付、工商注册、企业信用信息、社保信息、不动产登记信息查询等服务的一网归集提供，推进水电气各类民生查询服务进驻市民网页，推进水电、社保、税务、信用等查询服务进驻企业网页，并实现企业网页分层授权，以满足大型集团公司需求。建立市民网页的教育专栏，连续5年顺利保障了珠海市主城区公办幼儿园网上招生派位工作。

（五）精准定位，打造特色"两页"服务

珠海市企业专属网页和市民个人网页（以下简称"两页"）于2013年9月上线并正式投入使用。2016年，重构"两页"，进一步完善功能，并接入广东省统一身份认证平台、广东省客户关系管理系统，实现了"两页"实名认证和服务定制。"两页"对接自然人库、企业法人库，市民、企业登录"两页"后，即可实名网上办事。"两页"留存用户所有办事记录、电子资料、电子证照，并提供办事提醒、证照到期提醒等专属服务，从而发挥专属网页"伴随一生、记录一生、服务一生"的作用。"两页"提供的事项收藏、证照上传、政务信息订阅等服务，实现了从"人找信息"到"信息找人"的转变。"两页"通过《我的资料库》《我的证照库》等特色栏目，实现所有办理流程、申请材料、办理结果、政府颁发证照、证件、证明等信息

数据自动归集，并通过数据分析为企业和市民提供个性化信息推送和职能导办服务，提高网页主动服务、个性服务和智慧服务能力。

"两页"的服务打破了以往政府办事以单事项为核心提供单纯办事服务的模式，在梳理所有事项的办事逻辑后，"两页"致力于探索和提供主题式服务，将"事项"转变为"事情"，探索封装"主题小并联"，以更好地增强用户体验。同时，还提供公共资源交易、信用信息、行政审批中介服务等八个企业专题服务，教育、住房、交通、就业、社保、医疗六个个人专题服务，以及其他16项特色服务的接入。

（六）指尖政务，移动办事新体验

单点登录，民生事项"一网办"。与市级部门自有许可事项审批系统全部实现了对接，与省电子证照库实现了无缝对接，将所有行政许可事项办理全过程数据实时掌握、及时共享。对涉及大量民生需求的系统实现了对接和单点登录，如社保、不动产、易注册、保障房等事项的查询和申请，珠海产权交易系统均实现了一个账号通行、后台数据互通，极大地方便了企业和群众办事。

流程优化，复杂事项"简单办"。为帮助企业、群众减少材料的准备和提交难度，避免材料重复提交、跑动频繁的问题，经过与部门积极沟通，重点梳理图纸、评估报告等大文件材料需拍照上传的内容，并提供样本预览，方便申办人手机申办。例如，安全评估报告只需拍照上传评估结果页，土地勘测定界报告只需拍照上传勘测定界表等，有效解决了手机申办上传大文件不便的问题。同时，结合事项办理过程中的特殊程序等，采用容缺受理，通过先手机拍照上传资料预审、后现场勘踏等再提交纸质材料的方法，有效减少申办人到现场次数。

渠道优化，预约快递"选着办"。根据办事群众的需要，提供了市、区、镇、村四级政务服务事项的手机快速预约和双向快递，并且提供了相应的办事引导服务功能，使得政务服务渠道更为优化畅通。同时，为提升群众的办事便捷性，在预约签到过程中加入二维码应用。

互动优化，透明政府"看着办"。为促进网上政务服务运行规范、过程

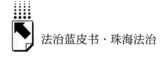

透明、结果公开、监督有力，让企业和群众享受到透明的政务服务，珠海网上办事大厅提供了事项信息的效能监督功能，包括服务登记、时限异常监督、程序公示功能等，让市民和企业随时随地实时监督。

（七）集成复用，数据服务全覆盖

利用网上办事沉积的环节数据和结果数据，利用已全面对接的人口库、法人库、住房公积金、社保平台、不动产查询系统、低保查询系统、省电子证照系统、市政务信息资源共享平台等各数据源，为全市各职能部门提供政府内部数据共享、复用封装服务。目前已为香洲区行政服务中心、市人民防空办公室、珠海市口岸局、珠海市测绘院、珠海市公安边防支队、珠海市交通运输局综合行政执法局、万山区党政办、珠海市环境保护局、珠海市审计局、横琴新区管理委员会安全生产监督管理局、珠海市价格监督检查与反垄断所、珠海市社会保障（市民）卡管理中心、珠海市人力资源鉴定考试院、市人才资源与就业服务中心、市人力资源和社会保障局职业能力建设科、珠海市民政局、市食品药品监督管理局、珠海市社会保险基金管理中心、珠海保税区管理委员会、中国共产党珠海市纪律检查委员会、市总工会、市残联等部门提供了服务。

二　主要成效

（一）网上办事大厅全覆盖

构建了以网上办事大厅为龙头，以市、区政务服务机构为主体，以镇（街）、村（居）政务服务机构为基础的四级政务服务网络。在市、区网上办事分厅基础上，全市24个镇街、318个村居已全部开通网上办事大厅镇（街）办事站、村（居）办事点，实现基层网上办事服务全覆盖。网上办事大厅与各级实体政务服务大厅虚实统一、有机融合，实现一网申报、互联互通，为市民和企业办事"大事不出镇，小事不出村，政务服务到家门"提供有力的平台支撑。

（二）网上办事服务功能完善

对网上办事大厅发布的行政许可和公共服务事项，在标准化基础上，优化办事指南，清晰列明材料名称，明确提交情形，提供样本预览和填报说明，提高了网上办事的标准化和可视化水平。通过办事指南评价和问卷调查功能，可及时掌握群众满意度情况；并收集合理化建议，实现指南的纠错和优化，提升网上办事服务质量。智能客服可查询市民服务热线知识库内容，在线客服可提供实时在线解答，提升了网上办事大厅实时交互能力。

（三）政务服务事项"一网通办"初步实现

网上办事大厅共公开权责清单34107项。其中，50个市级政府部门的权责事项共计9610项，8个区（功能区）的权责事项共计24497项，事项网上公开率达到100%。网上办事大厅进驻政务服务事项5801项。其中，市级政务服务事项1364项，区级政务服务事项4437项，行政许可事项2893项，公共服务事项2908项。2462项行政许可事项已实现在线申办，在线申办率为85%；1430项公共服务事项已实现在线申办，在线申办率为49%。网上办事大厅同步提供办事指南查询、表格下载、智能咨询、人工客服、网上咨询、网上投诉、办理进度查询、"一事一评"短信评议、办事指南评价等服务，政务服务事项基本实现"一网通办"（见表1、表2）。

表1　珠海市市级权责清单公开情况（2018年度）

单位：项

权责类型	数量	权责类型	数量
行政许可	714	行政裁决	4
行政处罚	6908	行政确认	65
行政强制	241	行政奖励	13
对行政征收	23	其　他	1233
行政给付	16	总　量	9610
行政检查	393		

数据来源：广东省政务服务事项目录管理系统。

表2 珠海市区级权责清单公开情况（2018年度）

单位：项

行政区划	数量	行政区划	数量
横琴新区片区	1168	保税区	459
香洲区	4195	万山区	1520
金湾区	6413	高栏港区	2681
斗门区	5190	总　计	24497
高新区	2871		

数据来源：广东省政务服务事项目录管理系统。

（四）网上办事注册用户数量及访问量不断增长

截至2018年底，网上办事大厅注册用户数348652个，其中企业用户数185303个，个人用户数163349个（见图1）。珠海市企业专属网页开通用户数113146个，已激活（实名）用户数111631个；珠海市市民个人网页开通用户数20170个，已激活（实名）用户数19604个（因2018年9月20日后统一使用"广东省统一身份认证平台"进行用户注册，故相关数据无法统计）。网上办事大厅页面浏览量（PV）累计达13177671次，独立访客数累计达3226347个（具体情况详见图2~4）。

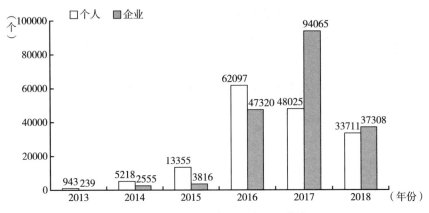

图1 珠海市网上办事大厅注册用户情况

数据来源：珠海市统一身份认证平台。

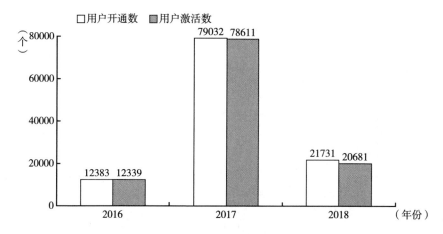

图2 珠海市企业专属网页开通情况

数据来源：珠海市统一身份认证平台。

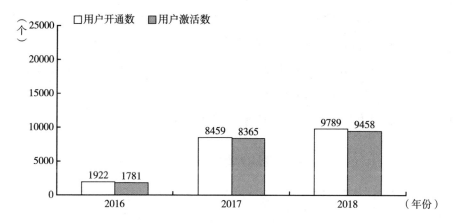

图3 珠海市市民个人网页开通情况

数据来源：珠海市统一身份认证平台。

（五）"三率一数"全省领先

截至2018年底，珠海市网上办事大厅行政许可事项全流程网上办理率①

---

① 网上全流程办理率：指网上全流程办理的事项数占进驻网上办事大厅事项总数的比例。

图4　珠海市网上办事大厅网站访问情况

数据来源：珠海市网上办事大厅后台。

为95.35%，上网办理率①为99.18%，全流程网上办结率②为88.94%，310项行政许可事项、315项公共服务事项网上申办无须到现场跑动，零跑动事项占比分别为42.64%、56.25%。2013年以来，网上办事大厅共受理办结业务1698974宗，其中市级1639875宗，区级59099宗，行政许可事项939227宗，公共服务事项759747宗（具体详见表3）。

表3　珠海市网上办事大厅业务量统计情况

单位：宗

年份 \ 业务量	行政许可			公共服务		
	市级	区级	总数	市级	区级	总数
2013	7465	457	7922	107	495	602
2014	107380	4440	111820	3670	4567	8237
2015	196169	5292	201461	6686	7837	14523
2016	503893	4925	508818	135396	7710	143106
2017	71021	6944	77965	437307	8046	445353
2018	25703	5538	31241	145078	2848	147926
2013～2018	911631	27596	939227	728244	31503	759747

数据来源：珠海市数据处理系统。

---

①　上网办理率：指上网申办业务量占总业务量的比例。
②　网上办结率：指网上全流程办理并办结的业务量占总业务量的比例。

（六）移动端办事服务逐步推广

"珠海网上办事"手机App累计下载数量33038次，其中安卓端18799次，苹果端14239次（见图5）。珠海网上办事大厅微信公众号关注用户数5429个，自2016年10月以来共推送信息99期314条，其中原创信息106条，收到网民留言134条，回复信息102条，用户总访问量47415次（见图6）。"珠海网上办事"自2017年进驻支付宝城市服务以来，累计访问量达575778次（见图7）。

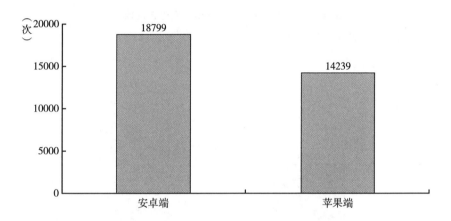

图5　"珠海网上办事"手机App下载情况

数据来源：根据手机App在各应用市场下载页面数据统计。

（七）电子证照系统建设初见成效

2018年按照电子证照实施工作方案，已开通电子证照目录104个（种），共计签发超过66万张电子证照，其中已完成营业执照、残疾人证和结婚证等多种证照的存量证照电子化工作。可使用电子证照的事项828项，实际使用电子证照超过3万次；18个各类政务服务平台接入电子证照系统进行发证、用证。

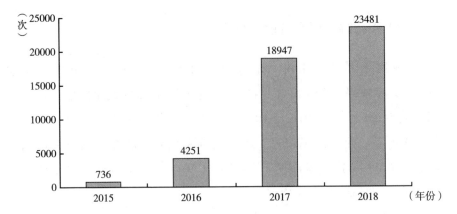

图6 珠海网上办事大厅微信公众号访问情况

数据来源：微信管理后台。

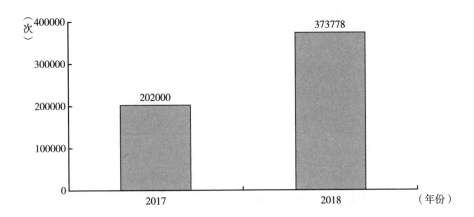

图7 "珠海网上办事"支付宝城市服务访问情况

数据来源：支付宝管理后台。

（八）办事数据共享交换基本实现

2013年以来，珠海市网上办事大厅共向珠海市政务信息资源共享平台同步数据共13534372条；珠海市网上办事大厅共接收数据11231619条，其中市级部门自建业务系统通过数据交换的方式同步数据共2952815条，各区网上办事大厅同步数据共8278804条（见图8、图9）。

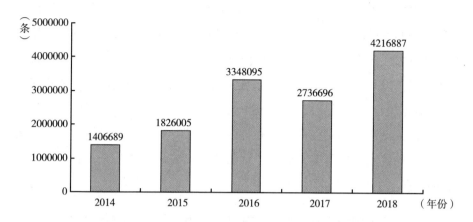

图8 珠海市网上办事大厅同步数据至市政务信息资源共享平台情况

数据来源：珠海市政务信息共享平台。

图9 珠海市市级部门、区分厅同步数据至市网厅情况

三 主要经验

（一）闭环式的组织实施方式，确保网上办事大厅建设成效

网上办事大厅自建设之初便成立了由珠海市领导担任组长，各区、市

各有关单位为组员的珠海网上办事大厅建设工作领导小组，全程统筹协调推进网上办事大厅建设工作。每年均按照省工作部署，结合珠海实际制订网上办事大厅建设工作方案并进行任务分解，明确指标任务、牵头单位及完成时限。以月报、专报等形式，定期对各区、市各有关部门"三率一数"、数据质量、建设完成进度等进行检查通报。将"三率一数""一机两页"等纳入政府部门责任白皮书和各区党政领导班子考核指标体系，以考促建，确保各项工作落实，形成了"组织—实施—考核"全流程、闭环式工作流程。

（二）采用服务购买方式，确保网上办事大厅服务提供连贯性

网上办事大厅建设没有采取传统的项目建设模式，而采用了直接购买服务的方式，且服务购买期为十年，有效地解决了项目建设周期长、运维复杂、跟不上需求变化等问题。网上办事大厅系统平台功能优化与网上办事服务提升具有了良好的连贯性，遇到国家、省、市政策调整、突发任务等情况均能应对自如，从而确保了网上政务服务的良好提供。

（三）注重标准规范建设，提升网上办事大厅的运行规范化程度

网上办事大厅自建设以来，结合各项业务的不断推进，逐步完善各类标准规范，网上办事大厅各项业务均能按标准运行。先后编制印发了《珠海市网上办事大厅建设规范 V1.0》《珠海市网上办事大厅建设规范 V2.0》《网上办事大厅数据检查标准》《珠海市网上办事大厅手机版建设规范》《网上办事大厅统一预约标准规范》等一系列标准规范。

（四）充分运用标准化成果，激励和约束部门审批标准化实施

网上办事大厅通过与省网上办事大厅事项目录管理系统对接，通过系统对接的方式直接获取部门行政许可和公共服务标准化数据，并将标准化梳理后的办理对象、审批时限、审批环节、申请材料等全程配置应用于后台审批系统，审批过程通过系统方式进行监控，发出红黄牌预警和短信提醒，提前

办结的在年终测评时进行加分，未按时办结的扣分，从而有效地激励与约束了部门的审批行为，提升了行政审批效能。

（五）注重信息共享与数据重复利用，提升用户办事满意度

网上办事大厅通过建设公用审批系统的方式，为全市近500个没有业务系统的事项提供网上在线申办及后台审批功能，减轻了部门负担、避免了重复建设的问题；对接部门自建业务系统事项近100项，实现了办事过程数据的共享互通、实时查看。接入市政务信息资源共享平台，并通过该平台上传数据至省网上办事大厅，对接省网上办事大厅分发的地市业务数据，实现了省、市及与部门间的信息共享，支撑网上办事大厅查、办、评等服务。

四 存在问题

（一）证照电子化尚处于起步阶段

一是广东省电子证照系统已开通电子证照目录种类600多种，珠海市仅开通104种（含15种省统筹开通证照），且多为市级证照，尚有大量证照待开通和实现签发。二是目前仅实现工商营业执照、结婚证、完税证明等少数电子证照的存量电子化，其他已开通的证照存量电子化工作还有待完成。三是目前828项可用电子证照的事项多为使用工商营业执照一种类型，其他证照应用较少，应用范围有待拓展。

（二）证明类申报信息共享不足

在珠海市级1362项事项11494个申请资料中，证明类资料有2730个，占全部申请资料的23.8%，即平均每个事项需提交2~3个证明类资料。企业、市民在办理业务前，需奔走于各村、镇、区和市各部门开具各类证明。这些证明大多为政府部门的业务数据，由于缺乏专门机构进行统筹和梳理，业务部门数据无法在业务办理过程中为其他部门所用，只能依靠企业和市民

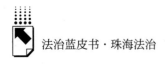

跑腿去开证明，最终导致企业和市民因手续烦琐而不愿意使用网上申报服务。

（三）协同工作程度不足

现有业务以部门和事项为单位，部门内部及部门间协同工作程度不足，但在实际业务办理过程中，部分事项需要协调多部门进行办理。经初步梳理，市级1362个行政许可和公共服务事项中，有200多个事项需经两个或以上部门进行协同审批，涉及审批层级包括省、市、区、镇四级。以"校车使用许可"为例，珠海市学校办理校车使用许可需经区教育局、市教育局、市公安局、市交通局、市人民政府等多个部门协同审批。再以"广东省供销社综合改革与惠农服务专项资金分配的审核转报"为例，要完成整个审批流程需经区县供销社、区县财政局、市供销社和市财政局多个部门审批。审核部门多、流程长，用户不仅需要反复跑、多处跑，而且需要耗费较长时间、较大精力才能办完事、办成事，导致效率不高、群众不满。

五　前景展望

（一）深化政务服务平台建设

一是配合建设一体化"互联网＋政务服务"平台，完成市级网上办事大厅门户、咨询投诉系统的集约化改造。二是配合推动政务服务向"两微一端"等延展。按照"粤省事"和网上办事大厅移动App统一接入规范，完成公积金、人社服务、车辆管理、违法处理和驾驶证办理等高频服务接入"粤省事"小程序、微信公众号和网上办事大厅App。三是配合省效能监督系统建设，按数据标准提供业务办理过程和办事结果数据。

（二）推进电子证照签发和应用

一是按照《珠海市电子证照实施与应用推广方案》，持续推进电子证照颁发和应用。二是对标《广东省信息中心关于加快推进地市电子证照建设　破解群众办事堵点的函》，完善《珠海市电子证照实施与应用推广方案》，进一步推动电子证照系统建设。三是总结前期经验，启动珠海市电子证照系统二期建设。

（三）推进"全城通办"及"网上零跑动"

按照无业务系统和部门自建业务系统两大类别，继续推进公共服务事项在线申办，重点推进部门自建业务系统的对接联调，同时对无业务系统但网上办事大厅已完成配置的事项进行检查通报。按照"全城通办"要求，对网上办事大厅网站、事项注册管理系统、网上办事系统等系统平台进行改造，支撑市级部门事项在区级可以异地受理或异地办理。开发网上办事大厅邮寄功能，多措并举，推动更多事项实现网上申办、到现场零跑动。

B.7
珠海市"互联网＋政务服务"的
"公安样本"

——以珠海公安局出入境服务、车管服务、警务公开为视角

珠海市公安局课题组*

摘　要： 近年来，珠海公安顺势而为、乘势而上，全面深化"放管服"改革，全力打造"互联网＋政务服务"的"公安样本"。特别是珠海公安出入境服务、车管服务、警务公开创造的鲜活经验，为全国、广东省地市级公安机关推进政务服务提供了参考借鉴。同时，从珠海实践视角观察，公安"互联网＋政务服务"也存在网上服务业务整合不足、未能全程在线、公众参与度有待提升、新媒体优势还未完全发挥等问题，未来仍需在完善网上服务体系、加强集约化建设、加强民生大数据分析、鼓励群众参与互动、优化政务新媒体运营等方面相向发力，砥砺前行。

关键词： 警务信息化　政务服务　警务公开　便民利民

　　党的十九大以来，党和国家以解决企业和群众反映强烈的"办事难、办事慢、办事繁"等问题为导向，把深化"互联网＋政务服务"工作摆在

---

* 课题组负责人：邓文，珠海市公安局党委委员、副局长、警令部主任。课题组成员：钟铮、窦金豹、刘文昌、杨卫平、王宇声、蒋利健、张俊。执笔人：郑伟杰，珠海市公安局警令部研究室副主任。

更加突出的位置，作为关键环节深化推进"放管服"改革。为此，近年来，珠海市公安局始终坚持以人民为中心的发展思想，深入践行"对党忠诚、服务人民、执法公正、纪律严明"十六字总要求，不断加大"放管服"改革力度，以信息科技为支撑，以大数据应用为核心，积极构建起具有时代特征、珠海特色的公安"互联网＋政务服务"新模式。

一 形势背景和发展需求

近年来，随着珠海市经济社会的发展，人民群众对各类公安行政服务项目的新期待与新需求与日俱增。其中，以出入境证件、驾驶证、行驶证等领域尤为突出。究其原因，一方面，由于对外交流交往不断增多，广大人民群众出国出境旅行成为社会新常态，群众出国境申请需求不断增加；另一方面，随着珠海市城乡一体化建设的顺利推进、群众生活水平的稳步提升，全市机动车、机动车驾驶人保有量迅猛增长[①]。同时，随着中国民主法治建设的逐步深入，群众的民主意识、法治意识、权利意识和监督意识不断增强，市民群众对特区公安机关公正执法、透明执法等警务信息公开的要求也越来越高。群众不仅要求公安机关依法履职，也同时要求警务公开并增进警民互动，从而更加充分地保障公民的知情权、表达权和监督权。正是基于上述综合考量，出入境服务、车管服务和警务公开成为珠海公安探路前行、打造升级版"互联网＋政务服务"模式的破题方向。

通过深入调研，在革故鼎新之前，珠海公安机关发现，政务服务工作的薄弱环节和问题短板集中在三个"化"的程度不高。

一是智能化程度不高，突出表现在信息资源内耗，办证手续烦琐。姓名、出生日期、身份证号码、家庭住址等个人基本信息原本就由公安机关掌

---

① 据统计，2017年珠海机动车保有量为62.5万辆，比上年同期增长14.1%，较十年前2007年的18.5万辆增长了2倍多。

握，而且身份证、户口簿、无犯罪证明等材料均由公安机关提供。以往由于公安机关内部存在信息孤岛，如户籍信息由治安部门负责管理，出入境部门和交警部门并不掌握，群众在办理出入境证件、驾驶证、行驶证等业务时，需要向公安机关反复提供同样是公安机关出具的证明材料，如身份证、户口簿的原件和复印件，反复填报姓名、出生日期、身份证号码、家庭住址等个人基本信息，耗费了群众很多的时间和精力。与此同时，在办证过程中，填表复杂、材料繁多是群众最明显的感受。出入境证件业务种类颇多，既有首次办证，也有换发补发，还有加注续签，过往办理程序既严格规范又纷繁复杂。群众在申领出入境证件时，需要填写包含40多项内容的表格，并提交身份证、户口簿原件和复印件及亲属关系等十多种证明材料。群众办理驾驶证或行驶证业务，在提交身份证明及复印件之余，还须提交体检表、完税证明、交强险保单、车辆识别代号拓印等纸质证明凭证，并填写复杂的纸质申请表格。

二是集约化程度不高，突出表现在办事点分散，群众多头来回奔波。珠海市辖区陆地面积1724平方公里，海域面积5929平方公里，区域中心相距较远。以往，公安机关仅在中心城区、西部城区设出入境证件或驾驶证行驶证的业务办理点。即便在城区工作生活，群众办事也需要在往返路途上耗费不少时间，居住在农村或者海岛的群众耗费时间更是成倍增加。尽管公安机关先后引进了证件邮递上门等服务，但与"网上点一点、商品送上门"的网络购物体验相比，群众从公安机关获得的服务体验存在明显落差。此外，在具体办事过程中，群众除了要到公安机关服务窗口之外，还必须接触其他相关部门或企业。例如，申领驾驶证前须到医院体检，机动车上牌前须缴纳购置税，车辆安全检验前须购买交强险，等等。为此，群众要在医院、税务、保险等不同业务单位之间来回奔波，仅到交警窗口就最少要跑2趟、至少排3次队。

三是透明化程度不高，突出表现在警民缺少互动，执法办案方式相对封闭。珠海公安与全国各地公安机关甚至相关社会行业一样，对新媒体优势的认知是"摸着石头过河"，对新媒体传播的即时性和便捷性缺乏充分认识和利用，虽然开通了"两微一端"，但对本单位政务新媒体建设的规划性不足，运营效果差强人意，与网民群众的互动没有进入良性循环。特别是公安机关以往的执法办案模式相对封闭，执法信息公开方式也相对落后，群众对提高执法透明度的呼声与日俱增。

二　实践探索和经验做法

顺应时代发展，立足特区实际，珠海公安积极回应人民群众的新期待新要求，围绕强烈的问题导向超前谋划，砥砺探索实践，以信息科技为支撑，以大数据应用为核心，不断加大"放管服"改革力度，全面深化"互联网＋政务服务"工作，探索推进警务公开，逐步构建起具有典型信息化特征的警务服务新模式。

（一）突出"智能化"便民，创建出入境便民服务系统

珠海公安出入境管理部门紧紧抓住时代机遇，紧密依靠科技信息化手段主动求变，运用大数据和"互联网＋"思维，对传统工作模式进行改造重构，相继在全国首创"一证办""出入境自助办证一体机""出入境便民服务智能化系统"，实现办理出入境证件"仅凭身份证即可办理""办理签注从7天到3分钟立等可取""24小时自助办理"，得到了社会各界及广大群众的广泛好评。至2018年底，"一证办"便利措施已在全国推广使用。"自助办证一体机"全面覆盖广东省21个地市，投放量达1239台，累计服务群众8095万人次。2018年，珠海公安深入贯彻党的十九大精神，坚持"以人民为中心"，致力满足人民对美好生活的向往，对上述出入境办证智能系统进行升级改造，成功打造推出智慧办证大厅。2018年12月20日，省公安厅出入境管理局在珠海市公安局出入境接待大厅举行全省出入境智慧办证大厅首发仪式。具体做法如下。

一是研发推广出入境"一证办"系统，各类证明从"你提交给我"到"我为你做好"。系统整合了涉及人口信息的十余个公安内部信息资源库，

并成功对接广东省出入境办证业务"大集中"系统。2013 年 5 月,系统正式上线运行。群众在首次办证时,只需提交二代身份证,免带户口簿,免填申请表,免交身份证、户口簿复印件和亲属关系等证明,系统通过读取人口信息库和历史办证信息库等,自动回填表格内容,由申请人核对签名即可。办证时间从 30 分钟缩短为 3 分钟。同时,机读二代身份证对管理工作也起到良好的促进作用,既保证了人员资料的真实性,也提升了数据采集的准确性。据统计,该系统推出后,民警每人每天平均办证量从 60 件上升到 80 件。

二是研发推广出入境"自助办证一体机",实现"全天候""一站式"服务。"自助办证一体机"全面整合出入境业务指纹采集、人像比对、缴费、派叫号等数十个应用系统,并配备证卡阅读仪、单卡制签机、指纹采集仪、POS 机、签名板、打印机、摄像头等 20 多种硬件设备,搭载了申请、续签、预约、派号、缴费、查询、制卡、查卡八大功能,全面涵盖办证的各个环节。2014 年,"自助办证一体机"开始投放供群众使用,全市设 7 个受理点,提供 24 小时自助服务,群众可以随时就近办理出入境业务。申请往来港澳签注由原来的 7 个工作日缩短至 3 分钟"立等可取",有效解决了群众办证常排队、排长队的烦恼。

三是研发推广"自助发证机",24 小时自助领取出入境证件。"自助发证机"使用计算机数据库技术和自动控制技术,采用滚筒式卡槽存储,根据 OCR 识别模块进行证件的查询和识别。同时,"自助发证机"安装有摄像头、触摸屏、身份证读卡器、条码扫描仪等设备,集证件识别、自动存取、核查分拣、身份识别、人像比对、证件发放等功能于一体,能自动完成出入境"大集中"系统的发证环节,极大地缩短取证用户的等待时间。还打破传统工作时间才能取证的限制,提供 24 小时自助取证服务,实现了出入境证件自助办理流程全覆盖。"自助发证机"已于 2016 年 3 月正式启用,截至目前,共计发放卡式通行证 143104 个、护照 57408 个。

四是研发推出全新出入境预约办证系统,实现办理出入境证件"即到即办"。2017 年 6 月 27 日,出入境管理部门成功研发"出入境网上预约办证系统",全面推行出入境业务网上预约服务,创新推出可约当天当前时段的服务模式，随时有号随时预约，打通了线上预约与线下办理的"最后一公里"。2018 年 5 月，该系统顺利登陆"粤省事"平台，成功对接数字广东，群众办证排队难问题得到了根本解决。一方面，增强了群众对办证时间的自主掌控能力。群众按照预约时段到出入境办证大厅办证，时间自主掌握，不再需要早起到大厅排队取号，也不用担心到大厅无号可取。另一方面，提高了群众预约选择的灵活性。群众不仅可提前 10 天预约办证，而已到达大厅的群众，还可即时查询全市所有办证点的实时预约情况，并根据自身实际要求，选择当天有号的办证点进行预约办理，真正打通了网上预约这一办证渠道，使群众办证更加便捷、高效。

五是建成全省首个"出入境智慧办证大厅"，办理出入境证件的效率大大提升。2018 年，珠海市出入境管理部门对原有创新成果持续进行巩固深化和提升，在整合原有业务系统的基础上，通过重新改造研发照相、预约、引导、查询等子系统，完成原有出入境接待大厅的整体改造，成功打造推出智慧办证大厅。该大厅建成后实现了绝大多数常规出入境证件业务的自助化操作，申请人只需在一台自助设备或人工受理窗口即可完成全部申请程序，免去在多个窗口、设备的逐一操作，实现了由民警对申请人"一对一"的服务模式到一名民警同时对多个申请人"一对多"的受理模式。与此同时，智慧引导机可对大厅窗口整体业务受理情况进行实时研判，对申请人和业务进行动态引导分流，合理调整服务资源，极大提升了办证效率。

（二）突出"集约化"便民，推行升级版车管服务模式

珠海公安车管所以创新服务举措为突破口和着力点，推出了一系列便民利民新举措，将车管服务向基层延伸、向网上延伸、向群众身边延伸，逐步探索出一条务实高效、独具特色的集约化车管服务模式，为群众提供了优质、高效的"车驾管"服务，具体做法如下。

一是推行"六办合一"。最大限度地整合车管所内部资源，优化机制建设，为群众办理车管服务提供"一条龙"服务。

一窗式办理。制定车管所规范化管理手册，全面优化岗位设置，细化岗

位职责，推行缴费支付电子化，整合业务窗口，实行所有业务窗口均可同时办理机动车和驾驶人业务。群众办理业务由原来至少 3 次排队变为"一次排队、一次受理、一次办结"，80% 的"车驾管"主要业务实现了在窗口半小时内当场办结。

一站办。以前受到车管服务硬件设施条件限制，群众办理机动车注册登记（新车上牌）业务最少需要跑两趟（一次到检测站验车，一次到车管服务大厅选车牌号），业务办理时间需 1~3 个工作日。通过更新改造新港机动车服务点，设立"通道式"查验上牌点，实现"一条通道"办理查验、选号、制证等 12 项程序，原本群众办理新车上牌需 1~3 个工作日，目前可压缩到一个小时左右。珠海市每个工作日平均办理机动车注册登记（新车上牌）业务多达 350 宗。

一证办。过去办理"车驾管"业务提交证明多、填写表格多，程序环节也较为繁复，群众操作起来既不方便，还要花钱自行拓印车辆识别代号。此外，由于办事需求和市场需求等，还滋生了一些非法中介，难以保障群众的合法权益，也扰乱了正常办公秩序。珠海市车管部门通过深入调研，全面推行"减证便民"行动，以法律法规为基准，对"车驾管"业务的证明凭证进行全面清理，于法于规不符的一律予以取消；打破部门信息壁垒，与全市税务部门、备案医疗机构和 21 家保险公司实现数据共享、互联互通；在业务窗口配备身份证读取设备、高拍仪或扫描仪、复印机、打印机，增聘拓印人员和拓印设备；实施申请材料"四个减免"，即身份证明免复印，申请表格免填写，车辆识别代号免拓印，车辆购置税、车船税、交强险、报废回收证明、医院体检证明等凭证免予提交。通过推行"减证便民"行动，实现了申请人凭本人居民身份证明一证即办 18 类"车驾管"业务，方便群众更简便、更高效、更快捷地办理"车驾管"业务。

网上办。拓展互联网服务项目，以"应上尽上、全程在线"为原则，依托"互联网交通管理综合应用平台""网上车辆管理所""珠海交警微信"等网络平台，推行驾驶人考试预约、机动车选号、补换领驾驶证、申领免检标志等 21 项车管业务网上办、13 项网上业务上门办的便民措施，群众手指点一点，便可实现申请网上受理、信息后台审核、牌证邮寄送到家，全面提高了车驾业务办理效率。

自助办。在办事场所设置自助服务区，群众通过自助服务终端，可以进行机动车选号、信息变更、交通违法处理、缴费等操作，全过程自助办理，方便快捷。同时，还设置了自助缴税机等设备，切实避免了群众往返于多个部门，方便群众就近办、自助办、随时办。

远程办。为解决群众检车难问题，车管所全面深化车检改革，撤回派驻机动车检验机构查验民警，建立机动车检验远程监管中心，安装使用全国统一的机动车检验监督管理软件，统一检验机构联网规范，实现检测数据实时采集、实时上传、实时比对，对全市机动车检验机构的机动车检验工作进行审核和监管，有序推动机动车检验市场规范健康发展，服务方式更加高效便民。

二是开展警企医邮合作。为方便群众就近办理车管业务，珠海公安交警部门致力于缩短办事的物理距离，充分整合利用各种社会资源，大力推广"警邮合作""警企合作""警医邮合作"等"车驾管"服务新模式，布建多种形式的车管服务站点，进一步织密车管服务网络，缩减车管服务半径，真正做到从中心城区到偏远农村、海岛的"车驾管"服务全覆盖。

警邮合作。借力邮政网点面广、点多、覆盖城乡的优势，建立警邮合作平台，群众可就近前往邮政网点办理相关"车驾管"业务，补换领驾驶证、行驶证及申领机动车免检标志等办证点就在群众身边。目前已在全市所有28家邮政网点开办代办15项业务"车驾管"业务，为群众提供就近、便捷、高效服务。

警企合作。大力推进机动车登记服务站建设，群众只需在设有机动车登记服务站的汽车销售企业买车，在短短一个小时内即可在机动车登记服务站享受机动车查验、选号、临时号牌打印、提车等"一条龙"服务。对有需要做车辆抵押登记的群众，也可以直接在机动车登记服务站办理，群众无须再跑车管所上牌和办理车辆抵押手续，不仅减轻了车管所的业务压力，更为群众和汽车销售企业解决从开车到车辆管理所的路途风险，大大节省了人力、物力及财力。目前，车管所已在汽车销售企业、二手车交易市场设置了 28 个机动车登记服务站，方便群众就近能办、多点可办、少跑快办。

警医邮合作。车管所与邮政公司和医疗机构三方合作，推行驾驶人体检、换证、邮寄一体化服务。驾驶人只需到医疗机构参加体检，通过互联网交通管理综合应用平台申请办理换领驾驶证业务，1 个工作日后由邮政人员将新换领的驾驶证邮寄到申请人手中，实现群众办理驾驶证期满换领业务"最多跑一次"。

（三）突出"透明化"便民，全方位推进警民互动和警务公开

其一，以创新新媒体建设为抓手，全面加强警民互动。珠海公安新闻部门在政务新媒体建设运营方面勇开先河，积极打造"珠海公安"权威政务新媒体矩阵。通过完善运营机制、拓展合作渠道、深化部门协同合作、构建新媒体体系等方式，与传统媒体新闻策划团队对接，推行一体化采编机制，形成了重要主题同时采编、同时发布，常态化信息即时共享、互补发布的新媒体信息发布模式，有效提升了新媒体内容深度及传播效率。截至2018 年底，珠海市公安局在各平台开设的政务新媒体共 32 个，其中微博 5个，微信 9 个，入驻《今日头条》、网易、腾讯等重要媒体平台的 18 个，粉丝总量突破 500 万。通过各新媒体渠道，"珠海公安"年均发布工作动态、安防提示、热点回应及便民服务等各类信息 2 万余条，阅读总量突破5 亿次。

以此为抓手，"珠海公安"新媒体团队制定了新媒体运营、审核制度、网友信息转办处理制度、内外部信息共享联动制度等工作机制。特别是制定了"网友信息转办制度"，要求每日安排专人接收、整理、转办、反馈网友咨询、投诉、举报等信息，年均处理上述信息 4 万余次。在此基础上，及时专题策划群众关注热点，重点宣传各阶段群众关注的户政、出入境、交通、养犬等民生及打击犯罪等问题。据统计，近年来珠海市公安局共及时回应涉及公安工作的群众关注热点 200 个，取得了良好的社会效果，推动业务部门

由"等素材"变为"要素材"，由"我做了什么，你就宣传什么"向"老百姓需要什么，你要宣传什么，业务部门就要做什么"转变。与此同时，采编人员注重原创、杜绝官腔，主动对接网络热门话题和重要节点，以接地气的模式讲好警察故事，传播好公安声音。比如，以新媒体思维编写的《偷船，是要去和刘三姐对歌吗?》《抓我，不怕达康书记的眼神?》等诸多专题着重剖析社会热点事件本因，用正向舆论思维为群众普法，引导群众传播正能量;《这一刻》《女神和女汉子》《珠海蓝　制服蓝》等精品图文，通过线上线下结合的专题策划，达到了宣传预期效果，形成了警务舆论热点，深受群众好评。

其二，建立执法信息公开平台，全力推进警务公开。珠海公安法制部门于 2013 年开始研发案件办理信息公开平台，并于 2014 年 1 月 1 日正式向全社会推出。通过该平台，案件的报案人、被害人可以通过手机短信知晓案件办理情况，报案人、被害人和违法犯罪嫌疑人的家属可以通过互联网查询案件的办理进展、违法犯罪嫌疑人处理等情况，并可以在网上对公安机关的办案过程予以评价、提出建议，充分保障了公民的知情权、表达权和监督权，搭建了公安机关与案件当事人无障碍沟通桥梁，有力提升了珠海公安的执法透明度和执法公信力。2015 年，珠海市公安局结合工作实际以及人民群众最关心的问题，对案件办理信息公开平台进行了二期开发，进一步扩展公开业务范围，对涉案财物扣押、银行账户查封、冻结等处理情况、案件移送起诉阶段等信息进行公开，增加实名投诉和咨询互动窗口，开通微信查询、评价和反馈功能。至此，该平台实现了较为完善的告知、查询、评价等功能。为确保该平台顺利运行、取得实效，珠海市公安局先后制发了《关于规范案件办理信息公开平台使用的通知》《案件办理信息公开平台使用说明》《案件办理信息公开平台使用管理暂行规定》等一系列文件，明确该平台的操作方法和责任追究情况。同时，加强技术保障，强化专题培训，采取多种措施强力推进，确保平台顺利运行。

据统计，自平台上线运行以来，共向案件当事人送达"告知通知书"13 万余份，平台自动发送告知短信 15 万余条，群众登录平台查询 10 万余次（其中投诉81条、咨询72条）。该平台不仅在广东省属于首创，而且其公开的广泛性、功能的完整性和操作的便捷性在全国都处于领先地位，充分展示了珠海公安敢于担当的勇气、自我革新的锐气和规范执法的底气，成为全面推进法治公安建设进程中的一项重大创新之举，深受社会好评。

三　问题困境

总体观察，虽然珠海公安依托科技信息化，在深化"放管服"改革、加快推进"互联网＋政务服务"、因应法治进程推动警务公开等方面取得了良好成效，实现了长足进步，但是，步入新时代，"人民对美好生活的向往"对公安行政执法服务工作提出了更高要求。客观审视，珠海公安行政执法服务工作仍然存在一些薄弱环节，集中表现在以下几方面。

一是未能全程在线，群众仍须现场办理。网上办事还没有做到全业务、全链条覆盖，不少业务仍需群众到服务窗口现场办理。以身份认证为例，目前群众办事已经可以通过互联网提交材料，民警已经可以在后台进行审核，但为防止冒名顶替，这一环节尚未能用互联网远程身份认证的方式予以取代，群众仍至少需到服务窗口一次，核验身份并签字确认。

二是业务整合不足，群众仍须多头办理。由于不同业务的数据库不同，数据的格式和类型不同，如何存储、调取存在较大的技术难度；有些涉及隐私或有保密要求，部分业务仍需要多部门数据交换。有时候，群众完成一项业务办理，需从一个部门到另一个部门甚至多个部门。虽然网上办事成效明显，但群众办理各类公安服务事项仍须登录不同的网上入口或前往不同的服务窗口。例如，群众登录交警微信公众号，仅能办理驾驶证、行驶证业务，而不能同时办理出入境业务，群众办事还不能实现真正意义的"一窗办""一证办"。

三是缺乏公众参与，群众仍须被动接受。政务服务的本质是以人民为中心、为人民服务，应当扩大公众参与，并及时回应社会关切。但由于目前社会公众参与机制尚未建立，警务服务改革基本由公安机关自发推动并全程主导，群众仍是警务服务的被动接受者。

四是对新媒体的认知度不高，优势没有完全发挥。相较于报纸、电视等传统媒体，新媒体除了传播效率较高外，还具有信息收集、双向互动等得天独厚的优势。从目前来看，一些公安单位受传统宣传思维的影响，对新媒体的认知和了解不够深入，仅将新媒体视为与报纸、电视等传统媒体类似的信息单向发布渠道，没有建立完整的信息收集和反馈机制，"有事则发，无事静默"。同时，发布内容偏僵化，可读性不强，未充分发挥其贴近群众、聚焦民意和即时网络政务处理等方面的优势。

四　未来展望

习近平总书记指出，大数据是信息化发展的新阶段，要运用大数据促进保障和改善民生，坚持以人民为中心的发展思想，让百姓少跑腿、数据多跑路，不断提升公共服务均等化、普惠化、便捷化水平。为此，国务院全方位强化顶层设计，作出全面部署，出台了《加快推进"互联网＋政务服务"工作的指导意见》《进一步深化"互联网＋政务服务"　推进政务服务"一网、一门、一次"改革实施方案》等纲领性文件，旨在依托"互联网＋政务服务"，将深化"放管服"改革不断引向深入，不断满足人民群众对美好生活的向往。

在此大背景下，广东省公安厅提出民生警务"一网""一机""一号""一台"建设目标。珠海市委、市政府积极推动构建"一窗受理、数据共享、全程通办"政府服务新模式，为全面创新大数据时代公安机关行政管理服务模式明确了方法和路径。为此，珠海公安必须审时度势、自我革命，以最大限度便民利民、让群众少跑腿、不跑腿、最多跑一次为目标，进一步推进数据资源的跨部门共享，改变警务服务按部门按属地管理的传统模式，实现"一网式办理、一站式服务"和"一窗受理、全程通办"，推动创建新型服务型公安机关。同时，进一步创新警务公开和警民互动方法途径，切实为推动构建共建共治共享的社会治理格局提供强大助力。

一是完善网上服务体系。以线上线下集成融合为目标，推动更多服务事项网上办理，拓展网上办事广度和深度，延伸网上办事链条，实现"应上尽上、全程在线"。同时，坚持警务服务向移动互联网延伸拓展，上线更多服务事项的移动端服务，为群众提供多样性、多渠道、便利化服务。

二是加强集约化建设。以群众办事"只进一扇门"为目标，大力推进警务服务集中办理，建立跨部门整体推进机制，加强协作配合和工作联动，充分利用已有资源设施建立统一身份认证体系，整合业务系统，实现警务服务全城通办。

三是构建民生大数据分析平台。依托自然语言理解技术和民生服务产生的各类数据，建立大数据分析平台，提供针对民生警务服务诉求的类别体系分类、标签提取、实体图谱、情感观点及舆情分析、内容生成等大数据分析服务，实现民生警务的自我完善和创新。

四是鼓励群众参与互动。建立公众参与机制，鼓励引导群众分享办事经验，开展满意度评价。引入社会力量，发挥媒体监督、专家评议、第三方评估等作用，深入了解服务情况，汇聚众智改进和提升服务质效，畅通警民良性互动的渠道和方式，开门纳谏，方便群众咨询、投诉和举报，全方位推进警务公开，无障碍接受群众日常监督。

五是优化政务新媒体运营机制。遵循新媒体宣传规律，发挥政务新媒体强大的人际互动、社会传播、民意聚合和组织动员功能，强化社会焦点回应机制，把民意收集、舆论引导贯穿公安宣传工作始终，以吸引力和感染力让用户主动关注，不断提升用户黏性，最大限度争取社会公众对公安工作的理解和支持，为营造共建共治共享的社会治理格局奠定广泛的群众基础。

B.8
珠海市行政复议全方位综合改革

原珠海市法制局课题组*

摘　要： 行政复议作为多元化社会矛盾纠纷预防化解机制中的重要一环，在保护人民合法权益、保障和监督行政机关依法行使职权中发挥了重要作用，按照"完善行政复议制度""健全行政复议体制"要求，珠海积极作为，启动行政复议全方位综合改革，力争为珠海营造公开、公平、公正的法治政府环境，为珠海全面深化改革提供制度保障。本文从珠海行政复议改革的路径选择入手，详细介绍了集中行政复议权和设立行政复议委员会、推行开庭审理、公开行政复议决定书等具体改革做法，对珠海行政复议应当继续发挥解决行政争议主渠道作用这一未来走向进行了探讨，以期不断提升珠海行政复议的公信力和影响力。

关键词： 行政复议　改革　法治政府

为全面贯彻落实党的十八届三中、四中全会提出的健全社会矛盾纠纷预防化解机制、完善行政复议制度的要求，充分发挥行政复议对保护公民、法人及其他组织的合法权益、保障和监督行政机关依法行使职权的重要作用，营造公开、公平、公正的法治政府环境，根据《国务院法制办公室关于在

---

* 课题组负责人：王智斌，时任珠海市法制局局长；彭炳志，时任珠海市法制局副局长。课题组成员：邹芬芬、贾音、黄荣。执笔人：王凯，时任珠海市法制局科员。

部分省、直辖市开展行政复议委员会工作的通知》要求，经省政府批准，2013 年 12 月，珠海启动了行政复议试点改革，开启行政复议全方位综合改革之路。经过数年的探索和耕耘，行政复议综合改革成效显著。行政复议逐渐成为珠海化解行政争议的主渠道，行政复议的公正性、公信力和影响力不断提升，法律效果和社会效果不断显现。

一 行政复议全方位综合改革的路径选择

根据党中央、国务院关于"完善行政复议制度""健全行政复议体制"的要求，原国务院法制办自 2008 年起，在全国部分地市组织开展相对集中行政复议权试点工作。2009 年 2 月，广东省政府确定深圳、汕头、中山为全省第一批行政复议委员会试点单位；2011 年 4 月，又确定佛山、梅州、惠州、河源市龙川县、湛江市徐闻县、茂名高州市为全省第二批行政复议委员会试点单位。从试点成效看，行政复议委员会在强化政府依法解决行政争议功能、提升行政复议制度的社会公信力、推动依法行政、实现社会公平正义等方面，发挥了重要作用。集中行使行政复议权、设立行政复议委员会试点已成为大势所趋。然而，囿于机构编制、人员配备，加上改革方向选择的困惑，珠海一直未能开展行政复议委员会试点，相对落后于广东其他地市，这与珠海市作为珠江口西岸核心城市的地位明显不符。2013 年 12 月，为创新行政复议改革路径，珠海市启动行政复议全方位综合改革征程。

（一）实现行政复议权全面集中

1999 年颁布的《行政复议法》确立了"块块管辖为主，条条管辖为辅"的选择管辖模式，即对县级以上地方各级政府工作部门的具体行政行为不服的，申请人可选择向该部门的本级政府或上一级主管部门申请复议。珠海也一直沿用该模式，直至启动行政复议试点改革。珠海针对复议管辖改革，坚持"两步走"：第一步，"相对集中"行政复议权，将原属市直部门（除公安机关）的行政复议权收归市政府统一行使，市政府除受理以各区政府和市直各部门为被申请人的复议案件外，还受理以区各部门为被申请人的行政复议案件；第二步，即待时机成熟，将原属公安机关的行政复议权也收归市政府行使，由全市行政复议权的"相对集中"逐步实现"全面集中"。2017 年 8 月 1 日，公安机关的行政复议权正式收归市政府行使，改革目标基本实现。行政复议权的全面集中，不仅打破了上级行政机关受理下级行政机关的"条条管辖"模式限制，更有利于整合复议资源、统一复议标准、增强行政复议的公正性，行政复议案件"统一受理、统一审理、统一决定"的目标全面实现。

（二）探索设立行政复议委员会

2013 年 12 月，珠海市政府设立珠海市行政复议委员会（以下简称"复议委员会"），作为市政府审理复议案件的议决机构。复议委员会负责对重大、复杂案件提出议决意见，议决意见提交市政府作为行政复议决定的依据。复议委员会由主任、副主任、常任委员和非常任委员组成，每届任期三年，办公室设在原市法制局。主任、副主任分别由市长、分管法制的副市长担任，常任委员由法制、监察、信访以及国土、社会保障等复议案件较多的部门负责人出任。非常任委员则主要由具有法律专业背景的人大代表、政协委员、专家、律师共 13 名社会人士担任，以发挥其专业性、客观性、中立性作用。2016 年 12 月，第一届委员会委员任期届满换届后，为适应复议案件量增长较快的需要，第二届常任委员调整为 8 人，由法制、监察、信访、审计等具有监督职能的部门负责人担任，非常任委员增加至 25 人。

行政复议案件由复议委员会"统一受理、统一审理、统一决定"，采用议决制审理具体案件，即针对符合法定情形的重大、疑难、复杂案件通过议决会议进行审理。议决会议每次选择 5~9 名单数委员参会，其中非常任委员应占参会委员的半数以上，打破了以往行政复议"关门办案"的局限，增强了案件审理的中立性与透明度。复议委员会按少数服从多数原则形成议决意见，行政复议委员会办公室按照议决意见制作决定书，报委员会主任或经主任授权的副主任批准后签发，极大地增强了行政复议案件审理的公正性。

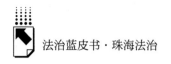

（三）率先实行复议案件开庭审理

2015 年伊始，广东省政府决定在全省试行行政复议案件开庭审理，出台《广东省行政复议案件庭审办法（试行）》（已于 2015 年 5 月 1 日施行），珠海积极响应、主动作为、提前筹备，全面保障行政复议开庭审理改革顺利推进。一是建设专用场地，提供硬件保障。2015 年 7 月在全省率先建成行政复议开庭审理专用场地，建筑面积约 600 平方米，配备场地规范、功能齐全的专用开庭审理室 2 间、议决会议室 1 间以及接待室、受理室、立案室、审理室等。开庭审理室按照标准化设计，配备庭审记录、证据展示等信息化设备设施，可同步显示庭审笔录，既有利于双方当事人就案件焦点进行质证和辩论，又能够即时校验庭审笔录，有效保障了当事人的庭审权利，提升了庭审效率。二是配备专职人员，提供"软件"支持。依据《广东省行政复议案件庭审办法（试行）》，珠海通过政府购买服务方式新增书记员 6 名，作为行政复议专职书记员，负责开庭审理记录及其他辅助性工作。同时为增强复议机构工作人员的专业性，对书记员进行了严格的岗前专业培训。三是规范制度先行，规则提供支撑。为实现开庭审理的规范化和制度化，制定了《珠海市行政复议委员会案件开庭审理工作规程》，明确开庭前准备以及开庭审理的各类具体程序，从制度上为开庭审理提供保障。

（四）拓宽案件受理渠道

2013 年 12 月，珠海市政府专设行政复议案件受理室，作为全市统一对外受理案件的窗口，并提供法律咨询、发放宣传手册等法律服务。群众可以通过该窗口及时、便捷地反映诉求，并得到明确的法律指引。为进一步拓宽复议案件受理渠道，2014 年 10 月，原市法制局在门户网站开通复议案件网上受理窗口，2016 年 11 月市政府在"一门一网"政务服务平台开设复议申请入口，公民、法人和其他组织对具体行政行为不服的，可足不出户直接进入网上"行政复议大厅"，提出复议申请，此举增强了群众提交行政复议申请的便利性。2018 年 9 月起，行政复议实现"全城通办"，在香洲区、金湾区、斗门区法制局接收向市政府提出的复议申请，进一步提升了复议申请的便民程度，实现了"便民复议"。

（五）公开行政复议决定

推行行政复议决定书网上公开，根据自愿原则，群众在提出行政复议申请的同时签署同意公开文书。案件办结后，行政复议决定书中除个人信息外的其他内容，在原市法制局门户网站予以公布，方便群众查询、类比，从而增强行政复议的公开透明度，让人民群众在每一件复议案件中感受到公平正义。除此之外，从2014年起，原市法制局门户网站每年公布完整的行政复议统计数据及全面的分析报告，方便公众了解行政复议的整体工作情况，提高公众对行政复议的认知度。

（六）加强行政复议保障

一是制度保障。珠海市政府于2013年12月颁行《珠海市人民政府行政复议规定》（市政府97号令），珠海行政复议委员会办公室出台《珠海市行政复议委员会工作规则》《珠海市行政复议委员会非常任委员选任办法》等7项配套制度，确立了相对集中行政复议权体制，明确了行政复议委员会的地位、性质、主要职责等，试点改革更加制度化和规范化。二是人员保障。经批准，将原有行政复议科分设为行政复议立案科和审理科，新增2个行政编和1个工勤编，行政复议工作人员增至5名。2016年12月，经批准新设行政复议科，增加行政执法专项编制5名、聘请书记员6名。现从事行政复议诉讼业务的内设机构共计3个，编制11人。三是信息化保障。开发"行政复议综合管理系统"，实时生成各项数据，实现案件办理全过程电子化流转，严控答复、办理、送达等时限，便于掌握案件动态，提高工作效率。

（七）加大培训宣传力度

为扩大行政复议影响力，不定期以行政复议工作专报形式，向复议委员会委员报告行政复议工作动态和重难点问题。为增强复议工作人员的法律能力和专业技能，长期开展《行政复议法》宣讲活动，邀请全国知名教授专家讲解新的法律、法规和政策。为提高行政复议公众认知度，经常性通过电视、报刊、网络介绍行政复议基本知识和本市行政复议基本情况；在重点镇街设立复议工作联络点，帮助和指导市民提起行政复议；编印《行政复议常用法律、法规汇编》《行政复议指南》，在受理窗口、市区政府行政服务中心、部门窗口以及每个村居免费发放给市民。

二　主要成效

（一）行政复议案件数量大幅增长

近年来，伴随着行政复议权的集中，珠海行政复议案件数量总体呈增长态势。2014 年，全市共受理复议案件 596 件，较 2013 年的 416 件增长43.27%；全省地级市受理复议案件数量排名，从 2012 年的第 9 位、2013年的第 7 位跃居第 5 位。2015 年，全市共受理复议案件 807 件，列全省第 4位，仅次于深圳、广州和佛山。2016 年，全市共受理复议案件 482 件。2017 年，全市受理复议案件 824 件，较 2013 年的 416 件增长了近一倍，在全省 21 个地级市中排名第 6。2018 年，全市受理复议案件 1262 件，比 2017年的 824 件增加 438 件，同比增长约 53.16%。从案件数量变化来看，除2016 年因公安机关创新行政纠纷解决模式导致案件量减少外，近五年全市复议案件数量总体保持增长，市政府本级受理的复议案件量也增长迅速，2014～2018 年分别为 282 件、398 件、409 件、648 件和 1197 件，年均增长超过 40%。案件数量显著增长的原因，一方面，随着珠海经济社会发展，公民法治意识增强；另一方面，复议改革推行后，行政复议工作机构加强行政复议宣传，畅通行政复议渠道，创新行政复议审理机制，案件办理透明度和公正性增强，群众对行政复议制度的认同感和信赖度不断提高，更愿意选择通过行政复议途径依法解决行政争议。

（二）更多的行政争议纳入行政复议渠道解决

行政复议和行政诉讼是化解行政争议的两条基本法律救济途径，对比珠海市近几年的行政复议和行政诉讼案件量，行政复议的案件量大幅高于行政诉讼的案件量（见表1），两者比例接近2：1，2017年复议案件总数是行政应诉案件的1.87倍，2018年这一比例达到2.91倍，大量行政争议被纳入行政复议渠道解决，行政复议的化解行政争议主渠道作用开始显现。发挥行政复议在化解行政争议中的主渠道作用，就是要让更多的行政争议首先并且在根本上通过行政复议得到解决。究其原因，一方面，行政复议救济成本低，处理方式灵活，处理程序简单；另一方面，行政复议综合改革对行政执法的深度监督与指导，使得行政复议的权威性和群众认可度不断提升。

表1　2014～2018年珠海市行政复议和行政应诉案件量情况

单位：宗

案件类别	2014 年	2015 年	2016 年	2017 年	2018 年
行政复议	596	807	482	824	1262
行政应诉	221	282	276	440	434

（三）定分止争功能进一步发挥

越来越多的行政纠纷纳入复议渠道解决，珠海多措并举，促进社会纠纷有效化解。一是灵活办案，对行政赔偿、补偿以及涉及自由裁量权的案件，充分运用法律赋予的调解权，以调解形式结案。二是对明显违法或不当引发的行政纠纷，督促作出原具体行政行为的行政机关自行改正，取得申请人谅解后申请人自愿撤回复议申请[①]。同时，对合法合理的具体行政行为，注重对当事人的答疑释惑，促使申请人主动撤回复议申请。上述两类数据相加，

---

① 经统计，2014～2017年，珠海市市政府本级审结的1695件复议案件中，经复议工作机构协调，行政机关改变原具体行政行为后申请人撤回复议申请的案件共计283件，占审结案件的16.7%。

2014～2018 年，以和解方式结案的案件 663 件，和解率达 22.6%，案件和解比例较高。三是对作出维持决定的复议案件，加强法律文书的论证说理，逐条回应和解释申请人的复议请求，争取申请人对行政机关工作的理解和支持。

（四）监督力度进一步增强

2014～2018 年，珠海市政府本级审结的 2843 件复议案件中，直接纠正行政机关决定（含确认违法、撤销、变更、责令履行）共计 165 件，直接纠错率为 5.8%。在通过复议案件纠正具体行政行为的同时，复议工作机构还针对行政管理中具有普遍性和代表性的问题，采用"行政复议建议书"指出行政机关行政管理中的不足，并提出改进的方向和建议，充分发挥复议的纠错功能，全市行政执法行为得到进一步规范。针对执法程序不当、执法文书制作、法律适用等问题，近三年，珠海市行政复议委员会办公室向全市行政机关发出行政复议建议书 16 份，充分发挥行政复议的监督指导作用。

三 展望

珠海行政复议工作在取得重大进展和一定成效的同时，也存在有待改进之处，如行政复议力量和办案人员综合素质尚需进一步加强，行政复议规范化和信息化建设水平有待提高，行政复议公开性和公正性需要进一步提升等。

（一）深化认识，积极应对新时期新的更高要求

党的十八大以来，党中央高度重视依法治国，加快建设社会主义法治国家。党的十八届四中全会向各级政府强调深入推进依法行政、加快建设法治政府的目标，并提出了强化对行政权力的制约和监督的具体要求。党的十九大报告中提出，建设法治政府，推进依法行政，严格规范公正文明执法。对地方政府而言，要切实制约和监督行政权力，形成科学有效的权力制约和监督体系，加强行政复议工作并强化其监督功能是重要环节。这是由行政复议

的特性和功能决定的，也是《中共中央关于全面推进依法治国若干重大问题的决定》提出的明确要求。

2015 年 5 月 1 日，新实施的《行政诉讼法》规定了一系列旨在强化行政行为司法监督的制度①，对行政机关的执法行为以及复议机关的复议行为提出了更高更严的标准。这要求复议机关在认定事实、适用法律和办案程序等方面更严格地遵守法律规定，加强对原行政行为的监督力度、提高办案质量，切实体现行政复议的救济和纠错功能。

（二）改革创新，健全完善行政复议体制机制

在已有基础上，继续巩固行政复议试点改革成果。总结改革试点以来的新问题和新情况，修订《珠海市人民政府行政复议规定》。探索建立适用简易程序快速审理机制，在现有法律框架内，对案情相对简单、争议不大的案件适用简易程序快速处理。全面实施行政复议开庭审理制度，规范行政复议审理程序，提高案件办理质量，争取案结事了，进一步降低复议后提起行政诉讼的比例。

（三）强化监督，保障相对人合法权益

以复议为民为宗旨，全程为申请人提供法律帮助和指导，切实保障相对人合法权益。对侵害行政相对人合法权益的具体行政行为，坚决依法予以撤销、变更或者确认违法，逐步提高行政复议纠错率在全市依法行政考评中的分值比例，促使行政机关严格依法行政。充分发挥行政复议建议书的监督指导作用，督促行政机关严格执法，切实履行法定职责。加强对行政机关执法人员的培训，切实提高依法行政能力和水平，从源头上减少行政争议的发

---

① 原《行政诉讼法》规定，行政复议机关对具体行政行为作维持决定，当事人提起诉讼的，以原行政机关为被告。新《行政诉讼法》规定，复议机关决定维持原行政行为的，作出原行政行为的行政机关和复议机关是共同被告，以改变复议机关之前为避免成为被告而倾向于维持原行政行为的现象。同时，新《行政诉讼法》规定，明显不当的行政行为将被撤销；对当事人实体权利不产生实质影响但程序轻微违法的行政行为将被确认违法；规范性文件纳入司法审查。

生。执行《珠海经济特区行政执法与刑事司法衔接工作条例》，对案件审理过程中发现的行政机关违法违规情况，及时报监察部门依法处理；发现行政机关查处的违法行为涉嫌犯罪的，督促行政机关依法向公安机关移送案件。

（四）多方联动，形成化解矛盾纠纷合力

加强与部门的沟通协调，对于复议纠错和执法中存在普遍性、典型性问题的案件，建立重要案情专报和部门负责人签发回复意见制度。建立与人民法院的联席会议、信息通报、业务交流和调解、化解矛盾纠纷联动机制，以司法标准作为行政复议和行政执法监督的标准，统一尺度，从源头上减少行政争议，降低败诉率。建立行政复议与信访衔接协调机制，与信访部门充分沟通，对符合行政复议受理条件的信访事项，转送复议机关通过行政复议途径解决。

（五）提高水平，提升化解纠纷能力

通过专题学习和业务培训，及时更新法律知识，不断提高行政复议工作人员业务能力和综合素质，挖掘自身潜力。建立行政复议案件集体讨论制度，细化工作流程，制定更加规范、高效的工作标准。不断打造高素质行政复议专业队伍，通过有效化解行政争议，为珠海法治政府建设作出更大贡献。

司 法 制 度

Judicial System

B.9
珠海法院司法责任制改革调研报告

珠海市中级人民法院课题组[*]

摘　要：　2015 年，珠海两级法院纳入广东省司法体制改革第二批试点，全面推进以司法责任制为核心的四项改革任务。珠海法院通过制定权力清单、落实院庭长办案、强化审判监督与管理，"去行政化"成效显著；通过推动法官、审判团队、考评专业化，司法专业化全面提升；通过建立专业法官会议、完善审判委员会制度、强化案例指导功能，统一法律适用机制不断健全；通过智能辅助法官办案、信息化破解执行难、构建信息化监督管理系统、推进司法服务、推进智慧法院基础设施建设，审判质效进一步提升；通过保障法官公正履职、

---

* 课题组负责人：张振峰，珠海市中级人民法院党组成员、副院长。课题组成员：贺晓翙、刘洁琳、郑仲超。执笔人：刘洁琳，珠海市中级人民法院法官助理；郑仲超，珠海市中级人民法院法官助理。

加强法官安全保障、推进内设机构改革，改革整体性不断加强。经过三年的实践探索，珠海法院以"司法责任制"为核心的四项试点改革已平稳落地，今后仍要从健全类案同判工作体系、完善破解"案多人少"矛盾工作机制、健全职业保障体系和激励机制等方面继续努力。

关键词： 珠海法院　司法改革　司法责任制　法官员额制

一　改革背景

党的十八大报告指出，要进一步深化司法体制改革，确保审判机关依法独立公正行使审判权。党的十八届三中全会对司法改革作出了一系列重大部署。2014年6月，中央全面深化改革领导小组发布《关于司法体制改革试点若干问题的框架意见》，标志着中国新一轮司法体制改革正式启动。作为深化司法体制改革的"牛鼻子"，司法责任制改革具有关键性、基础性地位。2015年发布的《最高人民法院关于完善人民法院司法责任制的若干意见》以及2017年出台的《最高人民法院关于落实司法责任制　完善审判监督管理机制的意见（试行）》为推动人民法院落实司法责任制提供了确切指引。

2015年底，珠海法院被纳入广东省第二批改革试点，正式启动以司法责任制、人员分类管理、人财物统管、职业保障为主的四项改革，珠海市委政法委牵头制订了试点改革"1+2"方案①，至此，珠海法院正式拉开了司法体制改革的序幕。作为全国法院的改革先锋，横琴新区法院综合改革在更

---

① "1+2"方案是指一个总方案为《珠海市司法体制改革试点工作组织推进方案》，两个子方案为《珠海市法院完善司法责任制改革试点具体实施方案》和《珠海市法院人员分类管理和法官统一提名管理改革试点实施方案》。

早之前就已启动。2013 年 12 月，珠海横琴新区法院正式挂牌成立，广东省高级人民法院和珠海市委明确要求，把横琴新区法院打造成具有中国特色、符合司法规律、有利于公正审判的示范型法院。横琴新区法院以中央和最高人民法院关于司法体制改革的精神和要求为指导，不设审判庭、通过法官会议实现法官自我管理，率先落实法官员额制，全面取消案件审批制，积极探索横琴新区法院综合改革新模式，为全省乃至全国法院提供了许多可复制可参考的经验做法。

改革至今三年余，珠海法院以"司法责任制"为核心的四项试点改革已平稳落地，司法体制改革步入深化综合配套改革阶段。

二 主要做法

（一）去行政化：突出法官主体中心地位

改革前，法院内部管理"行政化"色彩较浓，审者不判、判者不审、层层审批违背了亲历性原则等司法规律，受到社会各界质疑。本轮改革的去行政化集中体现在涉及审判权的权限划分、职责配置和责任追究等运作机制改革，以实现"让审理者裁判、由裁判者负责"。

1. 制定权力清单

权力清单在于划清审判权、审判管理权和审判监督权的界限，既要放权（审判权），又要收权（审判管理权）。珠海中院制定《关于健全审判权运行机制 完善审判责任制改革的实施方案》，明确了各权力主体行使的审判权、审判管理权和审判监督权的主要内容，并分别制定权力清单、责任清单和《案件审批权限暂行规定》。权力清单通过列举方式分别对审判委员会、院庭领导、审判长、合议庭成员、审判管理办公室等各类主体的相应权限内容予以明确；责任清单列举了审判执行工作中的各类不当行为类型；《案件审批权限暂行规定》则将案件签发权交回合议庭，院庭领导审批权限仅保留 12 项，精减率达 83%，院庭领导不再签发自己未参加审理的案件。各基层法院也制定相关规定，如香洲区法院制定《执行案件审批权限暂行规定》，斗门区人民法院制定《诉讼案件审批权限规定（试行）》《执行案件审批权限规定（试行）》，进一步完善各审判主体的审判权责清单，减少院庭领导审批权限。横琴新区法院不设审判庭，法官依法独立公正行使审判权，不隶属于任何内设机构，突出了法官的主体地位。

2. 落实院庭长办案

珠海法院在年度计划或工作方案中明确院庭领导的办案量，如珠海中院在《员额法官分案工作方案》中规定院长、副院长、审判委员会专职委员、庭长办理案件数分别不少于普通员额法官平均办案数的 5%、20%、30%、50%。院庭领导编入合议庭，禁止院庭领导入额后不办案、委托办案、挂名办案，防止以听取汇报、书面审查、审批案件等方式代替办案。珠海两级法院均未发现院庭长挂名办案的情况，实现了院庭领导办案常态化。香洲区人民法院自 2014 年开始，对担任院庭领导的法官提出具体的办案数量要求，以上年度一线法官人均主办案件数及参加合议案件数为基数，按比例确定参与审理案件及承办案件的比例，并逐年增加院庭领导办案任务数，实现院庭领导、审委会委员办案制度化、常态化。

3. 强化审判监督与管理

为防范审判权的"放"与审判管理权的"收"之后可能带来的审判质量下降风险，审判管理和监督方式也应随之改变。近年来，珠海法院不断完善审判执行指标监控体系，每月通报结案进度，每季度通报审判执行运行态势，严格执行审限管理和归档结案。珠海中院制定《员额法官分案工作方案》，以随机分案为主、指定分案为辅，保证专业的相对独立性与员额法官人均办案数大致均衡。开展案件质量常规评查、庭审评查、裁判文书评查，进一步提高审判质量。香洲区人民法院建立审判绩效考核评价、审判质量评定、庭审和文书评查、纪律作风管理等四个法官自主管理委员会，启动法官自主管理新模式。横琴新区人民法院在审判团队内部任命内勤组组长和成员，充分尊重法官对审判辅助人员的管理权和指挥权。探索新的审判监督管理模式，严格落实院庭领导"一岗双责"，做到放权不放任。依照权力清单，明确审判委员会及院长、副院长、庭长的审判监督权，细化监督形式与程序，审判权和监督权关系进一步明晰。保障院庭长的监督全程留痕，必须通过书面方式对个案进行监督，确保监督不缺位、不越位。

4. 明确责任追究边界

权责统一是司法责任制落实的关键，既要赋予法官合理的审判权力，又要做到放权不放任，用权有监督，违法有追究。为构建违法审判责任追究制度，珠海中院在其制定的《审判责任清单》《违法责任追究暂行办法》中，通过构建责任清单、违法责任追究制度和程序，落实法官办案责任终身负责制。横琴新区人民法院探索"五监督一保障"①，出台《法官违法办案责任惩戒办法（试行）》，加大对审判权的监督力度。充分发挥监察室监督执纪职能和审判管理办公室审判管理职能，探索建立与司法权力运行规律相适应、与审判管理和纪律监督相衔接的内部监督机制。开展司法作风专项督察、纪律作风专项督察，加强法官作风建设，为公正审判保驾护航。定期开展司法巡查、审务督察，自觉接受人大、政协、媒体和社会监督。加强案件评查，发现违法违纪情形，及时启动违法审判责任追究程序。

（二）专业化：让司法更加专业

如何让司法更加专业，本轮司法改革也作出了努力，员额制改革、司法人员职业保障制度改革，无疑都着眼于这一点。

1. 法官专业化

一是严格选任标准。2015 年，珠海法院出台员额法官遴选方案，严格法官选任标准和程序，科学遴选出第一批员额法官。2016 年以来，珠海法院逐年完善遴选方案，坚持公平、公开、公正、全面等选任原则，优中选

---

① 五监督一保障是指强化司法公开、流程监督、审判组织监督、纪律监督、错案责任终身追究，探索廉政保证金制度。

优，遴选出第二批、第三批员额法官。

二是妥善做好分流。员额制改革前，珠海法院原有法官 326 名，分配的法官员额数 237 个，入额形势颇为严峻①。为做好法官专业化改革，珠海两级法院分别通过以下途径做好安置分流工作：转任法官助理分配至各合议庭，转任司法行政人员分配至各行政部门，转任执行员分配至执行局，适当分流至市、区其他单位工作，积极寻求珠海市委、区委支持，为未入额的符合条件的老法官提高职级待遇提前退休。

三是实行动态管理。珠海法院对员额法官实施动态管理，如自愿退出、退休、离职、调离办案岗位、办案绩效考核不合格、担任领导职务后不办案或者办案达不到要求的法官，按照员额退出机制退出，保持员额法官队伍的专业化和职业化。2016 年以来，珠海法院先后有个别法官因退休、工作调动、身体原因、岗位调整退出法官员额。

四是推行人员分类管理和职务序列改革。珠海法院完成法官单独职务序列配套改革，在广东全省最早落实三级高级法官、四级高级法官的择优选升工作。完成三级高级及以下法官的遴选、晋升和法官单独职务序列管理，员额法官工资增长已按规定落实到位。2018 年，珠海法院推进司法辅助人员单独职务序列管理，目前已完成身份确认工作。

2. 审判团队专业化

组建审判团队是去行政化、提高审判质效的重要举措。珠海法院制定《审判团队组建及运作实施方案》，以员额法官为中心搭建审判团队 78 个、执行团队 22 个②。审判团队根据不同审级、案件类型和人员状况组建，实现审判资源优化重组。目前珠海两级法院审判团队按照"员额法官＋法官助理＋书记员"模式搭建，执行团队按照"员额法官＋执行员＋书记员"

---

① 如珠海中院分配的员额数为 61 名，原有法官 101 名，普遍具有硕士以上学历，大多数法律工作年限十五年以上，有近半数的法官不能入额，分流任务重、压力大。

② 其中，中院组建 14 个审判团队、4 个执行团队，横琴新区法院组建 11 个审判团队，香洲区法院组建 21 个审判团队、8 个执行团队，斗门区法院组建 12 个审判团队、2 个执行团队，金湾区法院组建 20 个审判团队、7 个执行团队。

模式搭建①,具体人员配比因两级法院实际情况而有所不同。根据不同案件类型,审判团队可通过人员组成调整,形成灵活应对案件变化的精细化资源配置方式②。

3. 考评专业化

本轮改革之后,法官、审判辅助人员、司法行政人员实行人员分类管理。符合司法规律的考核指标与考评制度可以科学评价司法人员工作量和工作能力,并有助于做好司法资源的合理调配,提升审判质效。珠海中院制定绩效考核办法,各基层法院均结合实际修订绩效考核办法,考核办法坚持客观量化与主观评价相结合,综合考虑案件类型、难易程度和工作要求等因素,客观评价工作质量与效率,实行分类考核,推进法官、审判辅助人员和司法行政人员三类人员的单独序列管理,同时法官绩效考核评价还将作为法官任职、评先评优和晋职晋级的重要依据。斗门区法院制定《法官等级晋升实施办法(试行)》,进一步明确员额内法官等级晋升的条件和实施程序。横琴新区人民法院制定《人员绩效考核实施细则(试行)》,从办案数量、办案质量、办案效率、职业素养和纪律作风五大方面对员额法官进行年度考核。金湾区人民法院制定《法官助理、书记员工作职责规定》《审判执行团队量化考核办法》,建立与审判工作相适应的员额法官、法官助理、书记员绩效考核机制。

---

① 珠海中院审判团队主要按"3名法官+1名法官助理+3名书记员"搭建,执行团队主要由"1名法官+2名执行员+3名书记员"组成。香洲区法院审判团队主要由3名法官组成,每名法官配备1名书记员,少数资深法官配备1名法官助理,执行团队主要由3名法官或执行员,每名法官和执行员各配备2名书记员。斗门区法院审判团队由"M名法官+N名审判辅助人员"构成(M≥2,N≥2),执行团队是按照"1名法官+N名审判辅助人员(N≥2)"模式搭建。金湾区法院按照"1名法官+1名法官助理+1名书记员模式"搭建,执行团队由"1名法官+1名执行员+1名法官助理+3名书记员"组成。横琴新区法院按"1名法官+N名法官助理+1名书记员"模式搭建审判团队。审判团队组建时就已实现"1+1+1"配备模式,目前已达到"1+2+1"。

② 例如,香洲区法院根据案件特点组建了知识产权审判团队和金融审判团队,根据案件繁简,建立调解和速裁团队审理小额诉讼、确认调解协议案件,在团队内部实行相对集中的分案模式,减少了个案办理周期,审判效率得到大幅度提高。

（三）标准化：健全统一法律适用机制

1. 建立专业法官会议

珠海中院汲取多家法院经验，制定《法官会议工作规则（试行）》，主要内容包括：一是赋予院庭长对"四大类"案件的审判监督权；二是为合议庭处理疑难复杂案件提供咨询研讨机制；三是在动态分案的前提下，在统一裁判尺度等方面发挥法官会议的重要作用；四是前置于审判委员会之前，体现过滤功能①。根据不同审判领域，珠海法院组成了多个专业法官会议，为合议庭处理疑难复杂案件提供智库支持，为统一裁判尺度搭建平台。

2. 完善审判委员会制度

审判委员会作为各级法院最高审判组织，是审判权力运行机制改革的重要内容。珠海法院通过修订规程，优化组织结构，规范运行程序，限缩上会范围，不断完善审判委员会制度。珠海中院修订了《审判委员会工作规则》，明确审判委员会履行案件监督、管理、指导等宏观指导职能；内设专业委员会或专业小组，充分发挥专业优势；建立案件讨论过滤机制等。以上制度大大减少了上会案件，珠海法院审判委员会会议 2015 年召开 87 次，2016 年召开 74 次，2017 年召开 62 次，呈逐年下降趋势，提高了审判委员会工作效率。

3. 强化案例指导功能

去行政化的过程中，"同案不同判"问题比以往更值得关注。除了专业法官会议、审判委员会统一裁判尺度功能外，完善指导案例、类案参考、裁判指引等制度机制，也是珠海法院统一法律适用机制的努力方向。每季度发布《珠海审判指导》，设置特别策划、审判答疑、示范案例、疑案探究、实务探讨等栏目，进一步规范法官自由裁量权。组织全市法院"十大典型案例"等案例评选工作，充分发挥典型案例示范作用。

---

① "过滤功能"是指除《审判委员会工作规则》规定的应当提交审判委员会讨论的案件类型外，其余拟提交审判委员会讨论的案件需要先经专业法官会议讨论。

（四）信息化：推进智慧法院建设

信息化已经渗透到社会各个领域，包括法院工作。信息化建设为深化司法责任制改革提供了新的切入点，将对司法权力运行产生深刻影响，其应当着眼于适应和满足司法责任制改革需要①。

1. 智能辅助法官办案

珠海法院启用移动办公平台，无缝对接法院综合业务系统，能随时处理业务，提高工作效率。建成业务短信平台，对内可加快公文流转效率，对外可向当事人公开案件信息，保障当事人知情权。智能辅助办案系统减轻法官工作负担，提高裁判文书上网效率，司法公开工作更有成效。加速推进科技法庭建设，两级法院共建成科技法庭 69 个②，实现全市科技法庭全覆盖。积极探索庭审语音转写文字技术，珠海中院、金湾区法院、斗门区法院、横琴新区法院全面启用讯飞智慧庭审系统，提升了庭审效率。

2. 信息化建设破解执行难

珠海两级法院建成执行案件信息网上查询系统，将执行案件各环节信息全部纳入查询范围。全国率先装备并运用执行"单兵"系统，实现远程指挥实时化、执行全程可视化，提升执行效率。优化升级"珠海法院司法查控系统"到 3.0 版，在全国率先开通子模块房地产点对点查控系统，两级法院均可通过该系统查询全市范围内的存款、户籍、工商登记、土地、房产等信息，对被执行人的主要财产实现精准查控，提升了查人找物能力。全面推行执行标的物网络司法拍卖工作，珠海中院制定《网络司法拍卖工作实施细则》，以公开透明、高溢价率、低成本等优势最大限度地保障当事人的合法权益。

---

① 马渊杰：《论进一步深化司法责任制改革的路径》，载《人民司法》2017 年第 34 期，第 17页。

② 全市科技法庭分布为：珠海中院 24 个，香洲区法院 14 个，横琴新区法院 4 个，金湾区法院 20 个，斗门区法院 7 个。

3. 构建信息化监督管理系统

对内，实现智能监管，案件监督管理提示预警、动态跟踪、全程留痕，进一步规范司法行为。对外，以审判流程公开、裁判文书公开、执行信息公开、庭审公开四大公开平台建设为载体，主动接受社会监督。升级立案查询系统，建成集网站、微信公众平台、微博为一体的自媒体公开平台。开通珠海诉讼服务网的立案排期短信通知和审判流程信息推送功能，公开审判流程信息数约 14 万条，多渠道向当事人推送诉讼短信近 10 万条，推送自媒体信息数千篇。执行信息公开网已累计公布执行信息超过 1 万条，上网公开生效裁判文书 10 万余份。拓宽庭审公开渠道，利用云视频直播平台建成互联网直播法庭 21 个，2016 年开通网上直播平台以来，珠海法院举行网络庭审直播 835 次，观看 242 万人次，正义通过网络为更多人感知。

4. 信息化助力司法服务

珠海法院打造以诉讼服务大厅、诉讼服务网、12368 热线等为主要内容的立体化诉讼服务模式，为当事人提供一站式、综合性的诉讼服务，打造线上线下互动的"互联网＋"诉讼服务体系。珠海中院 12368 诉讼服务热线运转良好，2018 年共受理电话咨询 7598 件，自行办结 7583 件。诉讼档案电子化为当事人查阅电子案卷提供了便利。网上预约立案和自助立案服务、微信支付宝缴费平台、电子送达、网上申诉接访、视频开庭等工作的推进便利了诉讼，提升了诉讼效率。

5. 推进智慧法院基础设施建设

珠海两级法院对网络性能进行升级，并采用虚拟化技术构建云计算中心，提高服务器及存储资源的利用率，节约大量资金的同时，能够快速部署应用系统。以"全国法院执行案件流程管理系统"为例，珠海中院充分发挥云计算中心的优势，仅用 1 天时间就零费用完成了珠海服务器的部署。两级法院还通过搭建一体化网络运维监控平台，保障应用系统稳定运行；建成内网安全管理系统，启用内网安全 U 盘管理系统，规避了内部人员信息安全风险；定期对"互联网门户网站""综合业务系统"进行等级保护测评，提高信息系统等级保护水平；推进桌面云项目建设，提高办公效率，保证数据安全，满足办公需要；建设司法信息集中控制中心，实现视频会议、科技法庭、远程提讯、远程接访、执行指挥和安防监控系统等音视频信号综合管理调度。

（五）整体性：推动综合配套改革

司法责任制改革并非孤立存在，全面深化司法责任制离不开综合配套措施的完善。党的十九大报告提出，"深化司法体制综合配套改革，全面落实司法责任制"，首次从国家层面突出强调综合配套改革。

1. 保障法官公正履职

珠海法院严格执行防止干预办案"两个规定"[①]及有关实施细则，启用人民法院外部领导干部过问案件信息专库直报系统，为法官行使审判权排除干扰和阻碍，确保法官公正履职，为法官履职提供政治保障。

2. 加强法官安全保障

认真落实中办、国办下发的《保护司法人员依法履行法定职责规定》和最高人民法院出台的《人民法院落实〈保护司法人员依法履行法定职责规定〉的实施办法》，主动向侵害法官合法权益的行为亮剑。加大对妨碍法官依法行使审判权、诬告陷害法官、藐视法庭权威、严重扰乱审判秩序等违法犯罪行为的惩罚力度，为法官履职提供人身安全保障。珠海中院全面改造视频监控，采用数字全高清设备，做到公共区域音频视频全覆盖，实现同步录音录像，切实加强法院安防监控。

3. 推进内设机构改革

司法责任制改革后，要防止走回行政化管理的老路，减少管理层级、精简内设机构势在必行。珠海4个基层法院全部参与本次改革，目前已向广东省高级人民法院报送改革方案，改革后基层法院内设机构数大幅度精简。改革法院内设机构调整合并及职责权限设定均严格执行最高人民法院的方案，调整后原有编制、职数不变。

---

① 即《领导干部干预司法活动、具体案件处理的记录、通报和责任追究规定》《司法机关内部人员过问案件的记录和责任追究规定》。

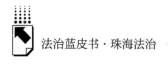

三　主要成效

（一）"去行政化"成效显著

1. 建立了符合司法规律的审判权运行机制

珠海中院在广东全省率先完成审批权改革，院庭领导审批权限仅保留12项，精减率达83%，院庭领导不再签发自己未参加审理的案件，保障法官独立行使审判权。全市法院已经形成以审判团队为办案主体的审判权运行组织架构，按照员额法官分案工作方案，科学均衡分案。2018年，中院庭长人均受理案件数是其他普通员额法官人均受理案件数的74.2%。香洲区人民法院要求院庭领导发挥审判经验丰富的优势，带头承办长期未结、再审和发回重审等重大、疑难、复杂案件。2013年至2017年，院庭领导每年结案数分别为125件、608件、1022件、1764件、1896件，呈逐年大幅上升趋势。改革后，全体法官审判责任意识明显增强，2016年10月至2018年12月，全市员额法官共收案90689件，已办结86206件，结案率为95.06%。全市法院整体办案质效进一步提升。

2. 建立符合司法规律的责任追究体系

经过三年的改革，珠海法院构建责任清单和违法责任追究制度，落实法官办案责任终身负责制，案件评查发现有违法违纪情形立即启动违法审判责任追究程序。严格落实中央和最高人民法院干预办案记录、通报和责任追究相关规定，严格实行过问案件登记制度，改革后两级法院登记过问案件数为零，基本实现"让审理者裁判、由裁判者负责"的改革目标。

（二）司法专业化全面提升

三年的改革已过，珠海法院员额制改革完成了阶段性任务。目前员额法官全部安置在办案岗位或综合审判岗位，司法行政岗位不设员额法官，未入额法官不再继续办案。优秀法官集中于审判一线，使一线办案法官的整体素质得到一定程度提高。全市 226 名员额法官中，一线法官 204 名，占 90.3%；50 岁及以下法官 182 名，占 80.5%；从事法律职业年限 10 年以上法官 192 名，占 85%，本科以上学历法官 226 名，占 100%①。总体而言，入额法官符合"政治素质好、办案能力强、专业水平高、司法经验丰富"的要求，老中青三个层次分布合理，形成了少数资深法官传授经验、部分中年法官严格把关、广大青年法官积极办案的"传帮带"局面。

（三）信息化带动审判质效提升

珠海法院以司法公开四大平台建设为载体，让诉讼更透明规范，让司法在阳光下运行，一方面倒逼法官加强能力建设，推动审判质量效率不断提高；另一方面转变了司法作风，在推动司法公正、提升司法公信力方面起到了积极作用。

网络基础设施、移动办公平台、法官办案智能辅助系统的完善都为审判执行质效的提升提供了有力的保障。跨部门大数据平台的构建等信息化措施对破解执行难问题成效显著，珠海中院开发的"珠海法院司法查控系统 V3.0"极大地节省了人力物力，提升了执行效率，珠海中院成为省内首家实现"点对总"查询的法院。珠海两级法院装备的 4G 单兵系统，设备体积小，佩戴轻便，可将高清音视频实时传输到指挥中心，便于重大案件远程调度指挥，实现远程合议；数据在后台同步储存，实现执行工作全程留痕，不仅对被执行人形成强大威慑，也有助于规范执行行为。

（四）改革整体性不断完善

司法综合配套改革仍在路上，审判辅助人员仍需配齐，内设机构改革仍在推进。当前珠海法院着力于实现权利保障与办案责任相匹配，完成法官等

---

① 其中，珠海中院入额法官中一线法官占 91.8%，50 岁及以下的占 77%，本科以上学历达 100%，法律职业年限 10 年以上的占 100%。

级配套改革工作，建立有别于其他公务员的晋升制度，解决一线法官职级低、职业尊荣感不强的问题。目前，中央政法专项编制的员额法官、司法辅助人员和司法行政人员的工资待遇增长已按规定予以落实，确立与单独职务序列相配套的薪酬制度提升了法官的实际收入，有效激励了法官更好地投入审判工作。

四 未来展望

经过三年实践探索，珠海法院以"司法责任制"为核心的四项试点改革已平稳落地，"去行政化"成效显著，司法专业化全面提升，信息化建设提升了审判质效，配套措施进一步完善，"让审理者裁判，由裁判者负责"的改革目标初步实现。站在新时代新起点上，也要清醒地看到，司法责任制改革的"四梁八柱"虽然已经基本完成，但改革配套措施仍需进一步跟进，今后要从以下几个方面加强长效机制建设，完善综合配套措施，进一步提升司法公信力。

（一）健全类案同判工作体系

统一裁判尺度、实现类案同判，是避免裁判不公、提升司法公信力的重要路径。放权于合议庭和独任法官之后，珠海法院以完善专业法官会议和审判委员会制度、强化案例指导功能来统一裁判尺度，今后还将探索建立类案强制检索报告机制，严格规范法官自由裁量权；建立示范诉讼机制，上级法院充分发挥提审制度功能，主动审理典型案件，全面落实院庭长办案常态化，院庭长带头办理重大疑难复杂案件，为类案裁判提供指引；建设智能辅助审判系统和案例数据库，为法官检索案例提供有效的技术支持。

（二）完善破解"案多人少"矛盾工作机制

"案多人少"是当前人民法院亟须破解的工作难题，不仅要加强队伍建设，也要注重案件分流，实现标本兼治。一方面，要完善法官常态化选任机制，探索从律师和专家学者中选任法官，健全法官助理培养机制和升任法官衔接机制，加强后备人才培养，及时充实审判一线力量。另一方面，要健全多元化纠纷解决机制，发挥调解、仲裁等非诉纠纷解决机制的分流作用，推进道路交通事故纠纷一体化处理、劳动争议裁审衔接等机制，从源头上减少诉讼增量。要深化繁简分流机制改革，推广速裁程序，实现繁案精审、简案快审，推进裁判文书简化改革，真正为法官减负，为案件提速。

（三）健全职业保障体系和激励机制

珠海法院已完成法官职务配套改革，首批和第二批入额法官均已完成单独职务序列等级确认及晋升，员额法官待遇已按规定落实到位，司法辅助人员也已完成身份确认工作。但是，职业保障体系作为法官专业化、职业化的基础性建设，仍有完善的空间。一方面，司法人员依法履职保护机制有待细化，错案责任追究制度应予以详细明确并慎重启用。另一方面，司法人员的工资、医疗、休假等待遇仍有提升空间，尊重法官、遵守法治的社会范围亟待营造。在激励机制方面，珠海法院不断修订绩效考核办法，一直重视工作业绩考核，今后可以更加强调办案质量和效率，最大限度地调动工作积极性。

司法责任制改革是一项整体性工程，除了上述做法，在完善放权而不放任的监督管理体系、加强新型审判团队建设、推进专业化审判工作机制、以信息化手段为审判提速等方面，仍需进一步完善。司法责任制改革更是一场深刻的自我革命，在推动珠海新一轮改革发展的"二次创业"战略机遇期，珠海法院将以提高司法公信力为根本尺度，以问题导向倒逼深化改革，直面瓶颈问题，大胆探索创新，努力为广东省乃至全国提供更鲜活的改革样板和先进经验。

B.10
珠海检察机关司法体制改革调研报告

珠海市人民检察院课题组*

摘　要： 2016 年以来，珠海市检察机关按照上级部署要求，积极推进以司法责任制改革为核心的司法体制改革各项任务，全面实施员额制，建立新型办案机制，落实司法人员职业保障相关政策，为建立完善公正、高效的检察权运行机制提供了有力保障。在改革过程中，还存在检察官单独职务序列与部门行政管理冲突、绩效考评机制尚不完善、司法行政岗位人才紧缺等问题，下一步还需要加快推动各项改革配套政策的落实，以确保司法责任制落地生根。

关键词： 司法体制改革　检察　员额制　司法责任制

司法体制改革是党的十八大和十八届三中、四中全会的重大决定，也是当前法治建设的重要举措。2016 年 3 月以来，珠海市检察机关切实履行改革主体责任，上下联动、攻坚克难、精准施策，整体推进司法体制改革，基本完成了司法体制改革的各项任务，取得了阶段性成果。

一　推进员额制改革

科学设定员额比例和岗位，严格选任员额检察官，探索建立检察官

---

*　课题组负责人：王斌，珠海市人民检察院研究室主任。课题组成员：简智伟、何永福。执笔人：王斌，珠海市人民检察院研究室主任。

绩效考评体系，协同推进人民监督员改革，努力推动员额制改革落地见效。

（一）深入调研论证，构建三层次改革制度体系

根据《广东省人民检察院贯彻落实〈关于完善人民检察院司法责任制的若干意见〉的实施意见》的要求，2016 年 3 月，出台《珠海市人民检察院司法责任制改革试点具体实施方案（试行）》，珠海市检察机关司法责任制改革开始试行。改革试点工作开展以来，珠海市检察院积极稳妥地推进改革进程，深入调研突出问题，注重总结实践经验，逐步制定了落实司法责任制改革的 25 项规范性文件，构建了"2 + 8 + 15"三层次制度体系[①]。

（二）依法合理授权，明确检察官职权范围

明确不同层级和不同类别检察官的权力边界，各类人员按职权范围和岗位职责对案件负责。《珠海市检察机关检察官职权划分暂行规定》按照各项职权的不同性质和特点对检察长、检察官职责进行划分，同时在各业务部门落实司法责任制工作方案，以"法律文书签发权限表"的形式，进一步明确了检察长及检察官职责职权，共梳理出 397 项权限，授予检察官 239 项，授权比例为 60.2%，突出了检察官办案主体地位。具体办案中，严格执行职权划分的规定，按照"谁办案谁决定、谁决定谁负责"的要求，切实让

---

① "2"即《珠海市人民检察院司法责任制改革实施方案》《珠海市检察机关检察官职权划分暂行规定》等第一层次的两个框架性文件，"8"包括《关于检察官办案组织的组建方案》《珠海市检察官联席会议制度实施细则》《关于入额院领导、检察委员会专职委员和业务部门负责人直接办理案件的实施方案》《珠海市人民检察院检察官绩效考评办法（试行）》《珠海市人民检察院检察辅助人员绩效考评办法（试行）》《珠海市人民检察院案件分配管理规则（试行）》《关于对提请检察委员会审议案件先行审查过滤的工作规程》《珠海市人民检察院案件质量评查工作规定（试行）》等第二层次的八个综合配套制度文件，"15"主要指侦监、公诉、民行、刑事执行、刑事申诉等七个业务部门，案管、控告、个案办、检委办、法律政策研究等六个综合业务部门以及两个派驻检察室均制定了第三层次的 15 个部门司法责任制工作方案，系统构建了司法责任制制度体系，为检察机关全面落实司法体制改革提供了充足的制度依据和支撑。

入额检察官承担起办案主体责任，使司法责任制落到实处。此外，《关于对提请检察委员会审议案件先行审查过滤的工作规程》对检察委员会（以下简称"检委会"）审议案件的程序和范围作出具体规定，进一步准确把握检察委员会与其他办案主体职权划分的界限，有效防止入额检察官通过检委会规避办案责任。2017年5月至2018年12月，珠海市检察院检委会共讨论案件（或事项）40件。

（三）严格标准和程序，择优遴选员额检察官

一是严格遴选标准，保证履职能力。坚持以政治素质、业务能力、办案实绩为考评标准，对受到党纪政纪、检纪处分且在影响期内或者因涉嫌违法违纪正在接受组织调查的人员，明确规定不得参加入额检察官选任。二是严格遴选程序，确保选任公平公正。全市两级检察院正副检察长实行考核入额，其他检察官按照"考试+考核"① 方式差额竞争入额，两种选任方式均全程接受纪检监察部门和全体检察人员监督，全力维护选任工作严肃性。三是确保员额配置科学合理。经广东省人民检察院（以下简称"省检察院"）核定，珠海市两级检察院检察官员额总数共204名，按照向基层倾斜、向办案一线倾斜的原则，分配给各基层检察院共123名（后有29名转隶至监察委）、市检察院78名（后有转隶18名至监察委），已使用员额数占核定员额总数的98.53%。

（四）坚持严格管理，切实落实入额办案责任

一是确保入额检察官全部分配在业务部门办案。珠海市两级检察院原在综合行政部门工作的17名入额检察官已全部调整到业务部门办案，充实司法一线办案力量。珠海市检察院还将38名未入额检察官和通过国家统一法律职业资格考试但未任命为助理检察员的检察人员，重新任命为检察官助

---

① 考试由省检察院组织统一命题、统一阅卷，考核由珠海市检察院和各基层检察院负责，突出对办案实绩、职业操守的考察。

理，调整到检察辅助人员岗位。2017 年 12 月，珠海市两级检察院共有检察辅助人员 172 人、司法行政人员 68 人，占政法编制总数的比例分别为 32.27 %、12.76 %。二是发挥示范效应，严格落实领导直接办案要求。《珠海市人民检察院关于入额院领导、检察委员会专职委员和业务部门负责人直接办理案件的实施方案》明确了院领导、检委会专职委员、部门负责人直接办案的数量标准、质量要求和责任[①]。2017 年 5 月至 2018 年 12 月，珠海市检察院入额院领导共办理各类案件 47 件，检委会专职委员共办理各类案件 22 件，部门负责人（正职）共办理各类案件 230 件，全部达到直接办案的数量要求。

（五）建立健全机制，推进检察官业绩评价体系

为发挥业绩评价对检察官行为的激励、指引作用，制定《珠海市人民检察院检察官绩效考评办法（试行）》《珠海市人民检察院检察辅助人员绩效考评办法（试行）》，建立以办案数量、办案质量以及学习创新、廉政执纪为主要内容的检察官、检察辅助人员业绩考评指标体系，实行百分制与一票否决制相结合的方式，由院考评委员会[②]统一组织实施[③]。同时还规定存在入额检察官有一票否决情形，绩效考核结果为"差"、连续 3 年因办案质量和身体健康等个人原因绩效考核为"中"等次的，可以按照程序免去其检察官职务，从而实现考评结果与入额检察官退出员额的有效衔接。

---

① 即入额院领导、检委会专职委员根据个人专长和分管业务编入相应业务部门检察官办案组办理某一类型业务的案件，并需严格按照司法亲历性要求，亲自参与办案过程的关键环节，讯问重要犯罪嫌疑人、被告人，询问关键证人，收集、复核主要证据等。按照实施方案，珠海市检察院检察长、副检察长、检委会专职委员、业务部门负责人每年直接办理案件不得少于该业务部门本年度人均办案数的 5%、20%、30%、50%。

② 院考评委员会由市检察院班子成员、检委会专职委员、检委会委员代表共 13 人组成。

③ 业绩考评流程为检察官（检察辅助人员）自评、部门（检察官）出具意见、考评小组组长审核、院考评委员会最终评定；考评结果分为"优、良、中、差"四个等次，作为检察官、检察辅助人员评优评先、提拔使用、晋职晋级和绩效奖励分配的重要依据。

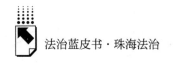

二　建立新型办案机制

严格按照中共中央办公厅《关于加强法官检察官正规化专业化职业化建设全面落实司法责任制》的要求，分类组建办案组织，建立分案机制，确保新的办案机制有效运行。

（一）科学合理配置，建立新型办案组织

按照司法责任制和最高人民检察院办案组织建设的要求，珠海市检察机关根据履职需要、案件类型和复杂难易程度，分类组建以员额检察官为主体的办案组织，制定《关于检察官办案组织的组建方案》，确立检察官办案主体地位。2017 年，珠海市检察机关以 197 名入额检察官为主体，组建了 32 个检察官办案组和 148 个独任检察官办案组织①，全部在司法一线办案。各检察官办案组织运转正常，基本落实"谁办案谁负责、谁决定谁负责"要求，从办案组织形式上防止员额检察官当"甩手掌柜"。

（二）强化监督管理，健全办案管理与监督机制

在依法合理放权给检察官的同时，坚持放权不放任、信任不代替监督，以事前、事中和事后监督相结合为原则，以随机分案、审查过滤、业务指导、质量评查等方式为支撑，对检察官权力行使构建多位一体的立体监督格局。制定《珠海市人民检察院案件分配管理规则》，明确"随机分案为主、指定分案为辅"的案件统一分配管理制度；制定《珠海市检察官联席会议制度实施细则》，规定检察官联席会议讨论事项，为案件办理提供参考意见，保障案件质量同时强化内部监督；建立先行审查过滤机制，防止检察官通过检委会规避办案责任，保障检委会对重大、疑难、复杂案件的把关、指

---

① 其中，珠海市检察院将 74 名入额检察官全部调整到办案一线，组建了 3 个临时检察官办案组、6 个固定检察官办案组和 58 个独任检察官办案组。

导和监督作用；建立案件质量评查机制，通过重点评查、随机评查、专项评查、个案评查等方式对案件质量进行评查，规范司法行为，提高办案质量和效率。目前，各项监督机制运行顺畅，发挥了应有效用。2017年12月，珠海市检察院从案件质量评查人才库中抽选了11名员额检察官组成2017年度案件质量评查小组，采取随机评查和重点评查相结合的方式，对2017年度已办结的43件案件进行评查，评出优质案件29件、合格案件14件，优质率为67%。

（三）推进内设机构改革，探索司法办案扁平化运作

金湾区人民检察院为全省检察机关内设机构改革试点单位，制定《珠海市金湾区人民检察院内设机构改革试点方案》，对人民检察院内设机构的名称、职能、数量进行统一规范，并报珠海市检察院和省检察院审批。2017年8月25日，省检察院正式批复，原则同意金湾区院内设机构改革按照"5+3"模式①进行内部运行实施，暂不调整现有人员编制、内设机构级别及领导职数。

三　落实司法人员职业保障

珠海市检察机关按照司法体制改革的总体部署，坚持统筹兼顾，推进检察官职务配改等配套工作，确保检察人员职业保障政策落地生根。

（一）建立检察职业保障体系，为严格依法履职解除后顾之忧

按照检察官独立职务序列要求，珠海市检察机关严格对照配套改革标准和条件②，优质高效组织完成了珠海市三批共计222名员额内检察官单独

---

① 即分为5个检察业务机构、3个综合行政机构，保留原派出机构红旗检察室、三灶检察室。5个检察业务机构为反贪污贿赂局、侦查监督部、公诉部、诉讼监督部、案件管理部，3个综合行政机构为政治工作办公室、办公室、纪检监察室。

② 主要依据省检察院《关于做好员额内检察官单独职务序列等级套改确定工作的通知》（粤检政〔2016〕310号）要求和《法官、检察官单独职务序列改革试点方案》（中组发〔2015〕19号）、《关于〈法官、检察官单独职务序列改革试点方案〉若干问题的答复》（法政〔2016〕233号）等文件规定。

职务序列等级配套改革工作。珠海市检察院共计对78名员额内检察官配套改革确定等级，对符合首次晋升条件的48名员额内检察官按期晋升等级，对符合选升条件的15名员额内检察官完成选升工作。同时，按照时间节点与进度，积极推进与职务配套改革相对应的检察人员工资改革①，为全面建立检察官职业保障体系奠定了基础。目前，珠海市检察机关检察官工资制度改革已落实到位，检察官执行有别于其他公务员的工资制度。

（二）深入贯彻落实两个规定，确保公正司法

《领导干部干预司法活动、插手具体案件处理的记录、通报和责任追究规定》（中办发〔2015〕23号）和《司法机关内部人员过问案件的记录和责任追究规定》（中政委〔2015〕10号）（以下简称"两个规定"）颁布后，珠海市检察院高度重视"两个规定"的贯彻落实，不断加大宣传力度，狠抓监督管理，强化违纪查处，确保珠海市检察机关执行"两个规定"落到实处。一是抓学习教育。在珠海检察内网"曝光台"选登中央政法委首次通报的5起干预、过问司法案件典型案例，进行警示教育。2017年5月，将"两个规定"纳入珠海市检察机关开展党规党纪检纪知识竞赛活动。通过系统学习，让珠海市检察人员明白法纪要求，知晓行为边线。二是抓监督管理，督促主体责任做细压实。加强对重点环节、重要岗位、重点人员的监督管理，将落实"两个规定"的责任层层分解，与多项工作挂钩。另外，将落实"两个规定"内容纳入检察官和辅助人员绩效考评办法，给予相应减分。三是关注重点部门，强化违纪查处。把检察机关主要业务部门列入重点监管对象，要求控告申诉部门和案件管理部门对干预司法行为的举报，及时向珠海市人民检察院党组报告，及时处理。

---

① 基础性绩效考核奖金按绩效考核奖金总量的40%按月发放，奖励性绩效考核奖金依据绩效考核结果年终一次性发放。改革后检察官的工资总体水平高于当地其他公务员工资收入50%。

四　存在问题

珠海市检察机关结合自身实际全面推进司法责任制改革，主要改革任务基本落地见效，但实践中还存在不少问题。

（一）推进司法体制改革与国家监察体制改革的衔接协调问题

此次国家监察体制改革中，检察机关的反贪污贿赂、反渎职侵权和职务犯罪预防职权和机构整体转隶，这是近几十年来检察机关和检察工作面临的重大变化。监察体制改革的启动稍晚于司法体制改革，但推进速度很快，2017 年底全市检察机关就基本完成整体转隶。转隶之后，一是出现了检察官员额比例不均衡问题。由于转隶的编制多于实际转隶人数，导致检察院未转隶的员额检察官占政法编制的比例与中央确定的比例不符，导致区检察院"案多人少"矛盾突出。二是缺少侦查权作为后盾，原有的一些监督工作刚性不足问题更为凸显，检察机关如何适应新形势，把监督工作做大做强，需要进一步探索。

（二）检察官按单独职务序列管理与业务部门行政管理之间存在矛盾

检察机关并非所有的行政事务都由司法行政部门统一办理，业务部门除了司法办案，仍需承担会议、材料、协调等综合行政事务，仍需任命部门负责人进行内部协调管理。因此，目前业务部门正副职领导是行政级别与检察官等级并行，没有实现二者之间的脱钩，上级检察机关也没有明确是否应当脱钩。一旦脱钩，就会涉及业务部门缺少管理人员的问题。此外，目前尚未建立检察官与党政机关公务员管理制度配套衔接制度，检察官具体待遇还未能实现与对应行政级别人员完全一致。

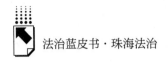

（三）各类人员的绩效考评机制有待建立和完善

虽然珠海市人民检察院已初步建立起检察官、检察辅助人员绩效考评办法，但在实际中，仍存在考评指标难以量化、不同业务难以对比等难题。例如，案件办理的量化问题，侦查监督、公诉、民事行政检察、控告申诉检察等部门的案件类型、办案方式、难易程度都不一样，有些部门如案件管理、法律政策研究，检察官的办案内容都很难精确描述，因此，不同业务部门的检察官、检察辅助人员难以用办案数量标准进行业绩考评对比，如何针对不同业务、不同人员设置合理的考评指标，还需要不断探索研究。

（四）司法行政岗位人才紧缺

人员分类管理后，原行政部门具有检察官资格的干警，大多通过员额考试入选员额检察官并调整到业务部门，司法行政岗位骨干人才流失严重，据了解，全省有不少地区检察机关办公室主任都出现了空缺。此外，上级检察机关对每年公务员招录中司法行政人员占总招录人数的比例有所限制，使得各级检察院难以尽快补充司法行政人员。而司法体制改革后，检察机关所承担的行政事务并没有减少，因此司法行政工作面临较大压力。

（五）检察辅助人员职务序列配套改革工作相对滞后

《转发中共中央组织部、中共中央政法委员会、最高人民法院、最高人民检察院印发的〈法官助理、检察官助理和书记员职务序列改革试点方案〉》（粤组通〔2016〕52号）对检察官助理和书记员职务与级别的对应关系已作出明确规定，但从中央到省，目前缺乏检察官助理和书记员具体配套改革方案以及配套改革定级后待遇规定，这对辅助人员的工作积极性造成了一定影响。

五　前景展望

虽然经过不懈努力取得了一定成绩，但是要将以司法责任制为核心的司法体制改革落到实处，还有大量的工作需要推进。

一是在实践中进一步完善司法责任制。在赋予员额检察官更多独立办案决定权力的同时，不断完善检察官联席会议、部门负责人监督等工作机制，做到放权与监督并重，确保检察权得到正确行使。

二是加强与组织、编制、财政、人社等部门沟通协调，进一步推动检察人员分类管理改革任务落实，努力争取检察官、检察辅助人员、司法行政人员拥有畅通的上升渠道，形成良好的激励机制。

三是加快推进内设机构改革。进一步压缩机构数量，促进形成与司法责任制相适应的扁平化管理机制。由于国家、省、地市、区县各级检察机关保留的机构数量将会出现较大差别，需要特别注重理顺改革后检察院内部及上下级检察院之间内设机构的沟通衔接，确保各项工作职责清晰、分工明确。

B.11

"基本解决执行难"的珠海实践

珠海市中级人民法院课题组*

摘　要： 珠海法院以实现"基本解决执行难"的"四个基本"为目标，三年来一直致力于建立破解执行难的长效机制，在开拓工作格局和深化执行体制机制改革的基础上，加强执行规范化、信息化和强制性建设，落实失信联合惩戒，加大执行宣传力度，探索出了具有珠海特色的破解执行难长效共治共管模式。

关键词： 基本解决执行难　执行体制改革　执行信息化

2016年3月，最高人民法院在第十二届全国人大四次会议上向执行难问题全面宣战，庄严宣布"用两到三年时间基本解决执行难"。自此，珠海法院攻坚克难，以执行队伍建设为基础，以信息化手段为支撑，以规范化管理为着力点，加大强制惩戒力度，建立破解执行难的长效机制，形成珠海基本解决执行难的共治共管模式，取得了一定成效。

一　构建治理执行难的综合治理大格局

珠海两级法院始终把党的领导作为基本解决执行难的根本保障，已初步

---

* 课题组负责人：万惠明，珠海市中级人民法院党组成员，执行局局长。课题组成员：涂远国、苏寒。执笔人：涂远国，珠海市中级人民法院执行局科长；苏寒，珠海市中级人民法院执行局法官助理。

形成"党委领导、政法委协调、人大监督、政府支持、法院主办、部门配合、社会参与"的综合治理大格局，并不断完善，为推进"基本解决执行难"奠定了坚实的基础。

一是党委加强领导。珠海市委高度重视基本解决执行难工作，2017年以来，市委发文成立市基本解决执行难工作领导小组，由珠海市委主要领导统筹指挥，全市22个职能部门参与协作。市人大各司法委员会也将基本解决执行难列入重点监督项目，多次开展调研，督导推动工作进程。2018年5月30日，珠海市第九届人大常委会第十三次会议听取审议法院关于基本解决执行难的报告，得到参会人大代表的高度认可。市中院积极向市委汇报执行工作，推动市依法治市办公室出台《关于推进支持全市法院切实解决执行难的工作方案》，将解决执行难纳入全市法治建设、全面依法治市和社会治安综合治理目标责任"三大考核体系"。各基层法院均争取当地党委、人大、政府支持，建立党委领导、部门协作的执行工作机制。在全省率先建立党委领导下的解决执行难联席会议制度，召开全市加快解决执行难工作推进会，统筹协调相关职能部门配合法院执行工作。在全市统筹推进下，全市党政机关等单位支持法院执行工作的力度比以前更大，各部门协同配合的意识和执行力得到增强，为推动珠海市法院基本解决执行难提供了有利条件。

二是政府联动支持。珠海市中院与市公安局、市工商行政管理局、市不动产登记中心、全市主要商业银行搭建信息资源共享平台，完善珠海法院司法查控"点对点"系统。组织20余家金融机构召开协助执行座谈会，在失信惩戒、敦促履行、查人找物等方面寻求新突破。与多家商业银行建立网拍房产按揭机制，加快司法处置进程。与珠海市司法局协同开展公证参与法院执行辅助事务、见证执行。同珠海市国土资源局、市住房和城乡规划建设局等部门探索构建多部门协助执行机制。珠海市中院与市人民检察院、市公安局会签《关于建立办理拒不执行判决、裁定刑事案件工作衔接机制的意见》，建立打击拒不执行生效判决犯罪的衔接机制，推动全市法院解决执行难工作向纵深发展。

三是内部配合管理。全市法院坚持将"基本解决执行难"作为当前的核心工作，多次召开院长会议专题部署执行工作，强化"一把手"领导责任。坚持两级法院统一管理，加强协同执行作战，整合全市法院资源执行了某企业工人工资纠纷案、某大厦扣押艺术品案等多宗影响重大的系列案件。强化"立审执破访"大格局意识，率先规范刑事裁判涉财产部分的执行工作，全市法院执行部门与刑事审判部门协同作战，重视拒执案件审判工作；重视信访管理，畅通 12368 司法服务热线，对当事人反映强烈的案件进行督办处理，做到事事有回复、件件有落实。

二 推进执行工作机制改革

珠海两级法院不断创新执行方式方法和工作机制，在提高执行效率、促进执行公开等方面取得明显进步。

一是健全执行团队运行机制。在司法改革中建立与执行工作任务相匹配的执行团队、管理机制和运作模式，力求做到运转顺畅、管控到位。按照"1 名（员额法官）＋2 名（法官助理或执行员）＋N 名（书记员、法警）"模式搭建执行团队办案。团队工作以员额法官为核心，做到分工明确、职责到人、无缝衔接。同时，科学配置执行资源，全市法院调配上百人参与执行攻坚活动，深挖人力资源潜力，优化人力资源配备，持续配齐配强执行警务和司法辅助人员，建立高效优质的团队化办案模式。

二是深入落实执行案件分流。在案件办理任务较多的香洲区人民法院试点执行案件繁简分流机制，进一步完善繁简分流和案件识别流程，依托中院"点对点"司法查控系统和最高人民法院"总对总"系统，对执行案件进行"漏斗式"过滤；设立速控、快执、速拍团队，使繁简分流机制运行更为顺畅和高效，极大地提升了执行工作效率。

三是全面推行网络司法拍卖。2018 年，市中院印发《网络司法拍卖工作流程》，积极运用"互联网＋"信息技术打造高效流程，提高网络司法拍卖的工作质效。创新司法评估模式，制定《珠海市房地产、车辆网络司法拍卖中确定第一次拍卖起拍价、发布拍卖公告操作指引》，与京东拍卖平台联合启动网络大数据评估试点，创造性应用税务机关存量房交易核定计税价格，通过智能计算快速确定全市房产评估价格。各基层法院均引入按揭融资，运用司法拍卖贷款服务，使执行财产变现难、价值缩水大等问题得到一定程度解决，最大限度地保障当事人合法权益；开展两级法院"天网·拍卖"818京东专场拍卖活动，住宅成交率62.5%，车辆成交率100%；开展司法拍卖房产强制搬迁行动，成立清拆小组，明确规定全市法院司法拍卖房产一律清场交付。自2016年6月以来，珠海两级法院在执行过程中处置案件财物全部采用网络司法拍卖方式，共实施网络拍卖1463次，成交金额13.7亿元，溢价率26.91%。

四是深入推进"执转破"。市中院率先在全省成立破产审判庭（执行裁判庭），健全执转破机制，推进执行裁决权与实施权分离。出台《珠海市中级人民法院关于执行案件移送破产审查的实施意见》，明确执行转破产案件移送标准，为"僵尸企业"退出市场提供突破口。2017年以来，珠海两级法院共移送执转破案件591件，其中破产立案已受理9件。

三 完善信息化联动机制

珠海两级法院始终坚持信息化服务执行工作的理念，把执行指挥中心建设及应用作为"智慧法院"建设的重要组成部分，打造现代化的执行指挥体系。

一是深化执行指挥中心实体化运行。2015年以来，珠海法院高标准建设执行指挥中心，建立健全执行指挥中心管理机制，实现全市法院执行指挥"一盘棋"。执行指挥中心明确功能设置和岗位职责，完善信息查控、远程指挥、控制实施、日常值班、信访督办等工作环节，确保中心运作规范高效有序。执行指挥中心内设综合组、督办组、协同组、查控组和网拍组，充分发挥"指挥+"功能，形成上下一体、反应快捷的管理运行体系。利用执行案件流程信息管理系统，对案件办理中的关键节点全程留痕记录、重点管控，重要案件节点信息主动告知当事人，终本案件实行线上线下同时审批，

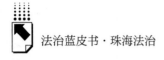

即将到期案件实现自动预警督办，促进执行高效规范。加强执行案件数据分析，服务决策管理。

二是升级完善司法查控体系。2016年底，市中院正式启动执行司法查控系统V3.0建设，在全国率先实现房地产"点对点"查封和过户，在全省率先将本地房地产查控系统查询功能对接最高人民法院执行查控系统，助力全国法院解决执行难。2018年，系统继续升级完善，扩大联动单位的范围和财产查控的广度和深度。目前，全市法院通过该系统已实现实时查询全市范围内的银行存款、车辆、户籍、工商登记、土地、房产、出入境等信息，实现对人对物的精准查控。系统上线运行以来，查控平均周期由30日缩短为1～2日，查询次数达97584次，查询财产线索10241项，控制财产2425项。

三是加强执行单兵系统建设。市中院率先装备执行4G单兵系统，实现远程指挥，实时传送现场画面，双向通话指挥复杂设备保全；远程合议，实时传输现场证据材料；实时固定协助行为，极大威慑协助义务人；实时监控执行行为，从技术上保障"不敢为"的廉政机制；2018年，全市法院配备96台执行单兵记录仪、4G单兵系统互联互通，实时统筹调度指挥全市执行干警，形成最大执行合力。执行单兵系统广泛应用于全市法院执行办案过程中，取得了较好的社会效果。

四是开发外勤执行系统和短信平台。执行干警自主研发外勤执行查控系统，对外勤查控事项，通过事务集约、人力集约、装备集约，实施统一调度。加强执行信息录入，将案件进度、关键节点通过短信平台向当事人及时推送，促进执行信息公开。

四　全面加强执行规范化建设

珠海两级法院不断加强工作指导监督，坚决抵制"暗箱操作""执行不作为""执行乱作为"等现象，将执行权纳入"制度铁笼"，确保案件办理规范、透明、公正、高效。

一是强化规范执行。以信息化促规范化，发挥信息技术全程留痕、动态跟踪的优势。修改和完善执行办案规程、执行暂存款管理、评估拍卖流程。优化内部流程，市中院制定《执行案件流程管理内部规程》，各部门牢固树立"全院一盘棋"的工作理念，共同破解执行难。各基层法院也参照市中院的工作意见，完善执行内部流程；加强关键节点监督，运用执行案件财产登记系统，监督财产处置进展和执行进度，有效消除消极执行、选择性执行、乱执行等违规行为。

二是加强监督执行。全市法院成立执行参谋部，抽调执行精干力量，研讨执行问题。市中院及时总结基本解决执行难工作中的经验做法和有益尝试，通过参谋部工作交流，指导全市法院执行工作。强化上级法院对下级法院的监督力度，由院领导带队对全市法院开展执行工作督查。各基层法院通过院长带头评查、全员评查等方式自查，适时开展执行案件交叉检查活动，有效促进办案规范化。2018年全市法院办理执行异议案件835件，通过异议程序的监督倒逼执行规范。

三是促进公开执行。严格要求执行法官必须向当事人披露查封、抵押、优先受偿、公告、异议诉求等案件重要节点信息。充分运用门户网站等及时向社会公开执行案件流程信息、执行裁判文书、失信被执行人名单等。落实执行信息公开和告知措施，规范执行约谈制度。

五　完善失信联合惩戒机制

珠海两级法院加大失信惩戒和宣传力度，着力构建多部门广维度的信用监督、警示和惩戒工作机制。

一是加强信息公开和共享。通过珠海法院网站、微信、微博等官方平台和各类户外广告牌、公告栏等媒介，向社会公开失信被执行人信息，共计发布失信被执行人26528人。其中，斗门区人民法院创新"老赖"曝光机制，在斗门区电视台、电台、户外广告屏等公共媒体平台曝光失信被执行人90人，形成曝光失信被执行人的长效机制。

二是加大信用联合惩戒力度。集中全市各职能部门的失信联合惩戒措施，形成多部门、多行业、多手段共同发力的信用惩戒体系，与珠海市社会信用体系建设统筹协调小组办公室联合，推动惩戒单位在珠海市公共信用信息管理平台上将失信被执行人名单信息嵌入各职能部门的工作管理系统，实现失信被执行人自动查询、自动识别、自动拦截、自动惩戒，自动反馈等功能，使失信被执行人在出行、高消费、招投标、工商税务评级、借贷、旅游出行等 30 多个生活、经营环节全面受限。

三是依法打击拒执犯罪。2018 年，在全市范围内集中开展惩戒拒执的"天网·利剑"之亮剑专项行动，加大对抗拒执行行为的打击力度，活动前统一在珠海报纸、媒体、网站等平台发布敦促履行名单，要求限期履行，发挥媒体作用。通过集中惩戒"老赖"，快速执结了一批涉民生案件、重大疑难案件、群体性执行案件等。近年来，全市法院共对 32 名失信被执行人予以罚款，罚款金额 270.1 万元，司法拘留 500 人，以涉嫌拒执罪、妨碍公务罪移送公安机关 74 人。

六　加强执行宣传

在执行办案取得成绩的同时，珠海两级法院采取多方面举措加强执行宣传工作，助力"决胜执行难"。

一是多渠道宣传筑阵地。打造传统媒体、新媒体、自媒体"三位一体"的宣传阵地。充分利用传统媒体权威性强、受众面广的特点，与《珠海特区报》《珠海晚报》《南方日报》、珠海电视台等主流传统媒体合作，积极向社会公众宣传珠海法院执行工作成效。运用新媒体的优势，与"南方 +"合作开展两场亮剑执行行动网络直播，收看直播人数达 10 万人次。在自媒体微信公众号主动发声，通过发布执行工作进展及以案说法等方式密集宣传，引导社会舆论正面认识执行难，营造良好的舆论氛围，凝聚社会共识。

二是人大代表联络促宣传。珠海法院积极创造机会加强与人大代表的沟通联络，努力让人大代表走进法院、了解执行。2018 年，多次要求全国、省、市、区四级人大代表参加某大厦艺术品腾退、"天网利剑"专项执行行动，让人大代表全程参与和见证执行行动。2018 年 11 月 30 日，广东省人民法院主要领导在珠海向部分全国和省人大代表、政协委员通报全年执行工作，通过现场展示、参观执行指挥中心及举办座谈会，全面介绍珠海法院基本解决执行难工作成果。市中院向人大代表寄送"致人大代表的一封信""基本解决执行难征求意见表"，认真开展分级定向联络工作。

三是宣传执行人物强士气。积极推进执行先进人物宣传工作，在自媒体上推出了多名优秀执行干警专题宣传，在一定程度上增强了执行干警的司法权威，提升了干警形象。

七　展望：构建解决执行难长效机制

珠海法院基本解决执行难长效机制已生根发芽，但如何在实现"基本解决执行难"这一阶段性目标之后，建立完善长效机制，继续保持执行工作高水平运行，推动执行工作开花结果，珠海法院需要立足长远、统筹兼顾，加强组织领导，进一步健全完善综合治理执行难工作机制，融入珠海法治共治共管模式，加快提升执行信息化水平，加强执行规范化建设。

（一）建立执行网格机制，查人找物更精准

珠海法院将继续争取珠海市党委支持，推进执行网格与社会综治网格深度融合，明确将执行送达、见证执行现场、查找被执行人、协同调查等工作列为综治网格事项。通过执行网格化机制，可以达到执行联动基层全覆盖，充分依托大数据、移动互联等信息技术手段，推动执行数据与综治数据交互共享、在线传递，实现对被执行人身份、户籍、居住、亲属、财产等信息"一网打尽"，为精准协助、高效联动提供支撑保障。

（二）推进执行数据化建设，提质增效更明显

近年来，珠海法院大力发展珠海特色的执行信息化，取得了一系列成果，但是整体的信息化水平仍需提升。下一步，珠海法院将继续加大执行信

息化建设，进一步完善珠海法院司法查控 V3.0 系统，加强与珠海市相关部门甚至实现珠三角城市区域间的协调合作，不断深化网络查控广度和深度，强化对银行存款、金融理财等新型财产形式的冻结、扣划，推动珠海市司法查控系统实现对全市各类财产查扣冻的全覆盖；健全完善"三统一"执行管理模式，进一步发挥执行指挥中心实体化运行作用；实现数据化管理的最后突破，达到管人、管案、管事全程数据化。

（三）加强联动协作机制，控人控物更高效

在执行难长效机制下，目前查人找物已初步实现，但控人控物是破解执行难的"最后一公里"。珠海法院将进一步加强执行联动机制建设，充分利用公安机关的技术优势，有目的、有针对性地查找与控制失信被执行人及其财产。

（四）完善信用联合惩戒，为诚信社会助力

执行难一个深层次的原因就是信用的缺失。目前的信用制度并不完善，各职能部门相互之间无法完全实现信息共享，法院在查询被执行人信用信息时需要耗费较大成本。为此，珠海法院将以社会信用体系建设为重要抓手，实现执行协作机制与社会信用体系建设的有效对接，采取守信联合奖励、失信联合惩戒的制度措施，推动各执行联动部门对失信被执行人在资格审查、项目审批、树先评优、政府采购、资金政策扶持、融资信贷、出入境等社会各方面进行联合惩戒，形成强有力的惩戒体系，促进司法惩戒和社会惩戒深度融合。

B.12
横琴新区人民法院创建综合
改革示范法院调研报告

珠海横琴新区人民法院课题组*

摘　要：　随着横琴自贸区与粤港澳大湾区战略的不断深化，珠海迎来了重大发展机遇。横琴新区法院在人员分类管理、审判权运行机制、纠纷解决机制、司法交流合作等方面作出重大探索，形成了许多可复制、可推广的经验，构建了全国综合改革示范法院的整体框架，形成了以法治推进横琴自贸区与粤港澳大湾区发展的新格局。但与此同时也面临一些问题与困难，如案件数量不断攀升及案件类型日趋新颖复杂对司法办案提出新挑战，审判权运行监督、裁判尺度统一等方面仍有待完善。未来，横琴新区法院将继续在司法体制综合配套改革、司法队伍履职能力、粤港澳司法交流合作等方面狠下功夫，为横琴自贸区与粤港澳大湾区的发展增添新动力。

关键词：　司法改革　人员分类管理　审判权运行机制　纠纷解决机制

　　深化司法体制改革是一场广度和深度都前所未有的改革，牵涉上至党和国家、下至人民群众的错综复杂利益，可谓牵一发而动全身。如何选好改革

---

* 课题组负责人：蔡美鸿，珠海横琴新区人民法院党组书记、院长。成员：王铭扬、胡冬梅、梁诗韵。执笔人：胡冬梅，珠海横琴新区人民法院司法政务办公室副主任科员；梁诗韵，珠海横琴新区人民法院司法政务办公室职员。

突破的方向、确定改革的方案、落实改革的要求，成为当前重大命题，对新时代中国特色社会主义法治国家建设至关重要。珠海横琴新区人民法院（以下简称"横琴新区法院"）于 2013 年 12 月 26 日挂牌成立，自 2014 年 3 月 21 日开始正式履职受理案件。作为国家级新区法院，横琴新区法院以创建全国综合改革示范法院为目标，以司法为民、公正司法为工作主线，对接广东"四个走在全国前列"标准、珠海"二次创业"要求，着力在人员管理体制、审判权运行机制、多元化纠纷解决机制与深化司法交流合作等方面狠下功夫，发挥横琴改革"试验田"功能，先行先试，不断满足人民群众日益增长的多元化司法需求，营造安全、稳定、公正、透明的法治环境。

一　主要改革举措

（一）完善人员分类管理，建设专业化人才队伍

党的十八届三中全会提出，要建立符合职业特点的司法人员管理制度，完善司法人员分类管理制度。法院是国家司法机关，肩负着维护社会公平正义的重任，司法职能能否有效发挥往往取决于司法队伍的整体素质。建立符合职业特点的人员管理制度，是打造过硬司法队伍的重要保障。

一是率先落实法官员额制，确保入额法官具备优秀素质能力。横琴新区法院在成立时，改变传统法院对法官员额不加限定的做法，实行法官员额制，即现有专职法官空缺时，才能补充法官；收案数量变化明显时，才能调整员额。严格执行中央确定的法官员额比例，在核定的法官员额之内，坚持员额向审判一线倾斜，真正把最优秀的审判人员充实到法官队伍当中。目前员额法官有 11 名，其中院长 1 名，副院长 2 名，专职法官 8 名。在落实员额制的同时，实行法官、审判辅助人员、司法行政人员分类管理，法官按单独序列管理，实现"法官优而精、辅助人员专而足"的人员配备模式，切合了最高人民法院关于人员分类管理、法官队伍职业化的改革要求。

二是建立审判团队，明确职责分工。横琴新区法院推行"法官＋法官

助理 + 书记员"的审判团队运行模式，即法官助理、书记员以法官为中心，为法官分担庭前准备、调查取证、调解以及文书起草等审判辅助工作，让法官有充足的时间和精力专心从事审判核心业务。审判团队组建之初就已实现"1 + 1 + 1"① 配备标准，并且在后期根据实际工作量及时调配，目前达到"1 + 2 + 1"② 配备标准。同时，不断改进审判团队工作模式，在 2016 年设立内勤组，把法官无暇顾及的非法律事务纳入内勤组职责范围。

三是吸纳澳门高校学生担任法官助理，提升涉澳审判水平。为适应涉外、涉港澳台民商事案件受理数量不断增长以及案件类型日趋多样化的新形势，横琴新区法院自 2016 年以来，择优选聘澳门大学、澳门科技大学的研究生担任法官助理，辅助法官进一步做好涉澳案件的审理工作，提高涉澳审判的专业化水平。

四是建立常态化实习审判辅助人员机制，增强审判辅助力量。依据最高人民法院《关于建立法律实习生制度的规定》，横琴新区法院制定《关于建立常态化实习审判辅助人员机制的规定》，建立常态化的实习审判辅助队伍，改变过去实习生被随机安排、哪里需要去哪里"打杂"的传统模式。明确实习生作为审判辅助人员重要组成部分的地位，任命实习生为实习法官助理或实习书记员，并指定员额法官担任其实习指导老师，负责指导、监督和管理。现已公开接收了 5 批法律实习生，通过实习生不间断地担任实习审判辅助人员，切实增强了审判辅助力量，扩充了人才储备。

五是建立绩效考核制度，激发工作积极性。横琴新区法院制定《人员绩效考核实施细则（试行）》，对员额法官和其他工作人员进行考核。员额法官从办案数量、办案质量、办案效率以及职业素养和纪律作风五大方面进行年度考核，并把绩效考核结果作为法官任职、评先评优和晋职晋级的主要依据。其他工作人员根据各自的岗位特征进行考核。此举有利于激发工作积极性，提高工作质效，进一步推进法院管理科学化、规范化和制度化。

---

① "1 + 1 + 1"：审判团队由 1 名法官、1 名法官助理、1 名书记员构成。
② "1 + 2 + 1"：审判团队由 1 名法官、2 名法官助理、1 名书记员构成。

六是成立法官权益保障委员会，加强法官职业保障。为加强法官权益保障工作，根据《人民法院落实〈保护司法人员依法履行法定职责规定〉的实施办法》，横琴新区法院于2017年成立了法官权益保障委员会，对涉及法官权益保障的事项进行研讨，开展法官身心健康维护等权益保护工作。加大法院安保力度，严惩违反法庭规则、扰乱法院办公秩序的行为，保障法官和其他工作人员的人身安全。

（二）建立新型审判权运行机制，提供公正高效的司法保障

司法责任制是司法体制改革的"牛鼻子"，对司法体制改革的全面推进至关重要。完善司法责任制的核心是构建权责明晰、权责统一的审判权运作机制，实现"让审理者裁判、由裁判者负责"，更好地体现审判的专业性、中立性、独立性、终局性、公开性。

一是不设审判庭，突出法官主体地位。横琴新区法院内设机构不设审判庭，仅设"三办一局一队"，"三办"为审判管理办公室、司法政务办公室、人事监察办公室，"一局"为执行局，"一队"为法警队。"三办"集中履行传统法院十多个部门的职能，优化了法院内部职权配置，实现了最高人民法院提出的审判管理、政务管理、人事管理集中管理的改革设想。法官不隶属于任何内设机构，根据特长负责相应领域的案件，彻底解决了审判庭运作中行政化色彩过浓的问题，更加符合审判权运行的规律和审判的专业化特点。

二是设立法官会议，实现审判事务法官自我管理。横琴新区法院在取消审判庭、减少行政层级的情况下，设立法官会议，制定《法官会议工作规程（试行）》，实现法官自我管理，一改传统法院由院长、庭长决定具体审判事务的工作模式。法官会议分为全体法官会议和专业法官会议，全体法官会议研究确定法官工作量的分配、法官承办案件的类型、专业合议庭的设置等与审判业务有关的事务；专业法官会议分为民商事专业法官会议和刑事专业法官会议，研究重大疑难复杂案件，为法官办案提供参考，促进裁判尺度统一。

三是全面取消案件审批，实行案件办理责任制。横琴新区法院全面取消案件审批制，裁判文书由法官或合议庭成员签署。同时，追求"权责利统一"，推行探索"五监督一保障"，即强化司法公开、流程监督、审判组织监督、纪律监督、错案责任终身追究，探索廉政保证金制度。创新出台《法官违法办案责任惩戒办法（试行）》，加大对审判权运行的监督力度，实现了"让审理者裁判，由裁判者负责"的目标。

四是优化法官分案规则，落实院长办案制度。制定《法官分案操作规程》，法官根据自己擅长领域申报日常分案类型和轮候分案类型，有利于发挥法官职业特长。确立随机分案原则，不允许"人找案，案找人"，从案件审理的起点确保公正性。根据最高人民法院《关于加强各级人民法院院庭长办理案件工作的意见》，下达院长、副院长的办案指标，确定院长达到本院法官平均办案量的5%～10%，副院长达到本院法官平均办案量的30%～40%，契合中央关于入额法官必须在一线办案的改革要求。

五是加强案件质量监管，完善管理监督机制。为强化法官办案责任，提升司法规范化水平，出台《案件质量监督管理办法（试行）》，采用承办法官自查与同类案件承办法官核查方式，由审判委员会统一监督，对被改判、发回重审的案件进行审查、认定和处理。建立法官案件质量监督管理档案，详细记录法官的办案数量、办案质量等情况，为法官绩效考核提供重要参考依据。

六是"类似案件类似处理"，规范法官自由裁量权。对法律界限不明、争议较大的案件，引导当事人提出参考案例，将"类似案件类似处理"纳入庭审辩论程序，规范法官自由裁量权的行使，提升裁判结果的预见性，为横琴自贸区、粤港澳大湾区打造公平公正、透明可预期的司法环境。而且，该项创新举措对化解"同案不同判"问题、加强司法公信建设具有重要的实践意义。

七是选任港澳籍陪审员，拓宽公民参与和监督司法渠道。为抓好涉外、涉港澳台民商事案件的集中管辖，横琴新区法院在2015年选任了10名港澳籍陪审员参审，不仅有利于加强司法活动的社会监督，以公开促公正，取得了良好的社会反响，而且港澳籍陪审员见证法治现状，能进一步推进司法民主、提升司法公信力。

八是探索审判方式改革，提高审判工作效率。为加快涉外、涉港澳台民商事案件流转速度，横琴新区法院尝试在此类案件审判中适用简易程序。从实际效果来看，办案效率大幅度提高，节约了司法资源，也没有当事人对简易程序提出异议。同时，因涉外案件裁判文书的传统格式及内容较为繁复，横琴新区法院对此作出了繁简分流的探索，对于符合一定条件的涉外案件，裁判文书紧扣争议焦点进行说理，力求简明扼要。

（三）构建多元化纠纷解决机制，营造共建共治共享的社会治理格局

深入推进多元化纠纷解决机制改革，是人民法院深化司法改革、实现国家治理体系和治理能力现代化的重要内容。横琴新区法院坚持调解优先、调判结合原则，加强诉调对接，促进诉讼与非诉讼方式的有机衔接。

一是引入港澳籍法律人士担任特邀调解员。制订建立诉调对接平台的实施方案，2017 年完成 26 名特邀调解员的聘任，其中有 7 名港澳籍人士。这是港澳籍人士在珠海法院首次入选特邀调解员，不仅满足了当事人的多元化司法需求，还有效提升了涉港澳纠纷解决的能力和效率。

二是探索建立司法辅助事务合作制度。2017 年 9 月，与广东省珠海市横琴公证处共同签署司法辅助事务协作框架协议，广东省珠海市横琴公证处指派一名联络员与法院沟通，派驻一名资料员、一名送达员和三名公证员担任特邀调解员，在法院调解、取证、送达等环节提供司法服务。经过一年多协作，公证处接受横琴新区法院委托，调解案件 139 件，协助送达文书 282 件，收转资料 21838 份，接待当事人 2000 余人次，协助导诉 1099 件，协助调查取证 4 件，参与执行公证 2 次，成效明显。这是法院系统在珠海市率先实现的与公证机构多方位对接，实现了社会资源的合理配置和高效利用，缓解了法院审判压力。

三是牵头构建道路交通事故损害赔偿纠纷一体化处理机制。为贯彻中共

中央办公厅、国务院办公厅《关于完善矛盾纠纷多元化解机制的意见》，横琴新区法院牵头，会同横琴公安分局、公证处、司法所和珠海市保险协会等单位，推动道路交通事故损害赔偿纠纷"网上数据一体化处理"改革试点。通过改革，推动道路交通事故纠纷在责任认定、理赔、调解、鉴定和诉讼等环节实现信息共享，强化诉讼与调解的衔接，统一证据规则和赔偿标准，以社会合力促进道路交通事故纠纷快速有效解决，减轻当事人诉累。

四是有效衔接劳动仲裁与法院诉讼。为进一步发挥人民法院统筹、分流、化解纠纷的指导和辐射作用，横琴新区法院与珠海市人力资源与社会保障局共同建立劳动仲裁与法院裁审衔接长效协作机制，并商请上级部门推动建立全省裁审数据共享平台，实现资源共享，统一裁判尺度，以此提升劳资纠纷解决实效，维护仲裁和审判权威。

（四）加强司法交流合作，全面推动粤港澳深度融合

横琴新区法院作为"一国两制"下探索粤港澳司法合作的先行者，深刻认识到构建完善粤港澳司法合作机制的深刻意义，深挖区位优势，找准司法交流合作的切入点与联结点，不断推进粤港澳司法的深度融合，打造高标准的大湾区司法服务平台。

一是跨行政区域管辖打造特色品牌。根据2014年最高人民法院的批复，横琴新区法院集中管辖珠海市一审涉外、涉港澳台民商事案件，截至2018年，共受理此类案件3470件（其中涉澳案件2043件，占比59%），约占民商事案件总数的60%。在涉澳案件占比较高的情况下，横琴新区法院积极做好司法应对，编写发布涉澳民商事审判白皮书，对履职三年来的审判和改革工作进行回顾和剖析，总结涉澳审判经验，打造涉澳审判精品，充分体现横琴新区与粤港澳紧密联系的区位特点。

二是率先提出开辟区际司法协助便捷通道。为解决长期以来涉澳案件因送达、调查取证等导致办案效率不高的问题，2015年初，横琴新区法院提出在横琴开辟区际司法协助便捷通道的建议，以线上审批代替线下报送，得到上级法院高度重视。目前，广东省高级人民法院已经建立线上审批系统，

文书送达时间大大缩短。

三是成立专家咨询小组提供智力支持。横琴新区法院成立专家咨询小组，邀请境内外知名法学专家担任咨询专家，其中包括3名香港、澳门知名教授。目前，专家咨询小组已成功召开两次专家咨询小组会议，在涉港澳审判工作及创新改革方面开展深入交流，为及时总结改革经验与不足提供了强大的智力支持。

四是加强与港澳地区合作交流。借助横琴新区的区位特点，横琴新区法院努力推进内地同香港、澳门互利合作，与港澳学术界、实务界建立密切联系。与澳门科技大学签署合作协议，在教育培训、学术研究、法律人才培养等方面展开交流合作；副院长受邀担任澳门科技大学法学院法律实践教学中心高级顾问。港澳法学专家、法官、检察官及律师和横琴新区法院法官经常互问互访，增强交流与合作。致力推动与澳门初级法院建立交流协作机制，目前与澳门初级法院签署框架协议的草案已呈报最高人民法院，协议签署后，将有助于落实两地法院定期互访和日常交流机制，建立便捷、灵活、高效的司法协助机制，实现相互借鉴、优势互补、协调发展的目标。

五是共建涉澳研究基地。最高人民法院中华司法研究会在横琴新区法院设立中华司法研究会涉澳研究基地，二者在设置专项课题、举办学术研讨会、人才培养、数据共享、成果共享等方面开展合作，共同探讨涉澳司法问题，力争把涉澳司法研究基地建设成为连接内地与澳门重大司法问题的前沿窗口，以此推动粤澳司法深度融合。

六是首创多语言司法公开。横琴新区法院将门户网站升级改版为中英葡三语网站，在横琴新区法院成立四周年之际重新上线，开辟自贸区法院司法形象展示新窗口。同时，将涉澳民商事审判白皮书更新为中文版、英文版和葡萄牙文版，并选取部分裁判文书翻译成英语和葡萄牙语，在门户网站上公开发布，进一步深化了司法公开，提升横琴新区法院与国际接轨的能力，以国际化的视野和专业创新的精神，为外商营造了公开透明的法治环境。

七是出台保障大湾区自贸区建设的意见。横琴新区法院立足国家发展大局，找准法院工作与粤港澳大湾区、横琴自贸区建设的结合点和着力点，制定出台《关于进一步加强改革创新 为粤港澳大湾区横琴自贸区建设提供更优司法保障的意见》。从把握大湾区自贸区建设的目标定位、构建国际化市场化法治化营商环境、提升司法服务保障水平、应对大湾区自贸区发展的司法新需求、推进粤港澳深度融合发展五个方面提出 20 条保障措施，为横琴自贸区全面深化改革和粤港澳深度合作保驾护航。

二 改革成效

横琴新区法院推行的综合改革突出了系统性、整体性和协调性，成效尤为凸显。最高人民法院对横琴新区法院综合改革作出了高度的评价："横琴新区法院的改革是建立公正高效权威司法体制的重要措施，这一改革探索坚持党的领导，遵循司法运行客观规律，不仅对珠海、广东，而且对全国法院改革都具有示范意义。"

（一）审判质效呈现良性态势

横琴新区法院凭借综合性改革创新举措，擦亮了司法改革的特色品牌。各项改革紧密围绕"司法为民、公正司法"的目标，不仅提高了执法办案质效，而且提升了司法公信力，实现了政治效果、法律效果、社会效果的有机统一，为横琴自贸区、粤港澳大湾区建设提供了有力的司法保障和高效的司法服务。在涉澳案件占比较高的情况下，横琴新区法院各项案件质效指标达标率一直保持较高水平，彰显了涉澳审判特色品牌形象。

（二）审判权运行机制运行顺畅

横琴新区法院实施审判权运行机制改革之后，取消审判庭建制、取消案件审批制，彻底"去行政化"，审判权运行颇为顺畅。一是法官会议规范运作，发挥了预期作用。横琴新区法院已经召开多次全体法官会议，确定了分案机制、民商事案件的裁判文书样式、类似案例辩论制度的操作办法等与审判业务密切相关的重要问题。专业法官会议在案件专业审判方面也发挥了智囊作用。二是审判委员会由会议制转为审理制,除法定案件之外,原则上不讨论个案,建立审委会委员组成合议庭直接审理案件的常态化机制;建立重大疑难案件识别机制,确保审判委员会委员审理重大疑难案件。三是审判管理与审判权运行机制相适应。根据审判权运行规律开展工作,审判管理既重视审限内结案等流程管理,更强调为审判中心任务服务。

(三)法官责任意识增强

在依法合理放权的同时,加大了监督制约的工作力度,确保放权不放任、有权不任性。通过探索"五监督一保障",强化了法官办案的责任感、使命感,确保了法官权力与责任相统一,真正做到了管理监督不缺位、权力行使必留痕、失职渎职要担责,筑牢了维护社会公平正义的最后一道防线。

(四)职权配置优化

横琴新区法院实行司法行政事务集中管理后,内设机构大幅精简,内部职权配置更加合理,职责更加明晰,司法队伍正规化、专业化和职业化水平大幅提升。审判管理、政务管理、人事管理明确分工,工作人员各负其责、各尽其力,进一步提高了管理效能,法院内部管理实现高效运转。而以法官为核心的新型审判团队的构建,更是突出了以审判为中心的基本特征,团队之间相互配合、各有侧重、协作良好,有效提升了办案整体效能。

(五)形成可复制、可推广的经验

横琴新区法院的改革创新举措具有强大的创新力和生命力,确立了第一个现代化综合法院框架。在成立之初,不设审判庭、设立法官会议为全国首创,法官员额制、集中管理、全面取消案件审批制为全国率先落实。在实际运作中,推行类似案例辩论制度、提出开辟区际司法协助便捷通道、与公证处展开审判辅助事务协作、推进三语工作等,在全国具有领先示范作用。最高人民法院在 2014 年、2015 年两次全国人大报告中支持和肯定了横琴新区法院的创新经验，指出横琴新区法院为司法改革提供了可复制、可推广的经验。继横琴新区法院之后，省内外一些新设立法院也纷纷借鉴新型法院模式，取消案件审批制、法官会议制度等重要改革举措也在多地得以推行。

三　问题与展望

进入新时代，人民群众的司法需求趋于多元化。面对新形势、新挑战，必须意识到司法改革尚在途中。一是综合配套机制改革需要继续探索。司法人员分类管理、司法责任制、职业保障和人财物统一管理这四项基础性改革前期取得较为丰硕的成果，但是审判权运行监督、法官权益保障及统一裁判尺度等方面还需要完善，横琴新区法院作为示范法院有责任继续探索、创造经验。二是司法能力与办案质效有待进一步提升。2018 年受理案件总数仍保持快速增长势头，同比增长约 30%。随着大湾区、自贸区经济社会的飞速发展，特别是港珠澳大桥建成通车，横琴新区法院工作将面临新机遇、新挑战，不仅案件数量将不断攀升，案件类型也日趋新颖复杂，提高司法人员的业务能力、学习能力的需求更加紧迫。同时，需要进一步完善纠纷解决机制，以适应当前多元化的司法需求。三是与港澳地区的交流合作需要深化。为支持香港、澳门融入国家发展大局，更好地服务大湾区、自贸区合作发展，需要抓住港珠澳大桥通车的契机，拓展粤港澳地区司法交流协作的深度和广度。横琴新区法院虽然与港澳地区的沟通交流一直在逐步推进，但是常态化紧密联系机制尚未建立，要深入挖掘地缘优势，服务国家发展大局，寻求粤港澳司法交流合作的新途径。

（一）深化司法责任制改革和配套制度改革

完善审判监督管理机制，严格落实"一岗双责"，明确审判权力清单和责任清单，进一步细化法官以及司法辅助人员的职责权限。强化审委会、专业法官会议总结审判经验、统一裁判标准的职能，维护裁判尺度统一，提高案件审判质效。按时完成审判辅助人员单独职务序列管理改革工作，扎实推进

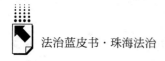

审判辅助人员身份确认、等级确认、等级晋升等工作，拓宽司法辅助人员职务发展空间。探索审判团队运作新模式，加快实现"1＋3＋1"审判团队工作模式。

（二）提升司法队伍的履职能力

优化办案绩效考核指标体系，突出核心指标权重，加强对法官业务研究、调研指导、创新推动等工作的评价。完善司法辅助人员、司法行政人员考核管理办法，综合运用考核结果，将其作为遴选入额、岗位调整和绩效考核奖金分配的重要依据，充分激发干警的潜能。健全法官依法履职保障体系，继续落实好与单独职务序列配套的政治、生活待遇保障制度，充分发挥法官权益保障委员会及有关部门职能作用，切实维护法官合法权益。强化司法人员职业培训，提高对重点领域、新兴领域案件的应对能力，细化政治培训、作风培训、业务培训，打造政治过硬、本领高强的人才队伍。

（三）健全多元化纠纷解决体系

推进"调仲对接"和"诉调对接"，增强与横琴本地仲裁院、调解中心的合作，完善多层次、多主体、多方法的纠纷解决机制。横琴便捷的交通和通关条件将吸引更多的港澳人士前来居住，要积极应对这些新街坊的加入，充分发挥澳门街坊会联合总会、内港澳联营律师事务所等社团、机构的作用，发扬关注民生、服务社会的传统，满足港澳人士的司法需求。

（四）强化大湾区、自贸区司法保障

针对港澳地区关于诉讼时效、举证期限等方面的不同规定，建立专门服务港澳籍当事人的诉讼风险告知制度，打造高水平的涉外司法服务平台。运用好快捷的港珠澳大桥交通新方式，加速推进涉港案件送达。提高司法协助水平，创新方式，进一步提高涉澳案件的送达效率。加大港澳籍陪审员实际参审力度，推动港澳籍特邀调解员积极参与调解。加快落实与澳门初级法院建立合作交流机制，进一步创新方法推动与港澳地区的深度合作。加快制定

出台涉粤港澳大湾区与横琴自贸区案件审判指引，营造稳定、公平、透明、可预期的营商环境。

（五）加强智慧法院建设

进一步推进大数据、互联网、人工智能等现代信息技术为司法决策服务，构建全天候、零距离、无障碍的"互联网＋司法服务"体系，完善法院司法数据和业务应用、外部协作、诉讼服务等应用对接工作，以信息化推进审判体系和审判能力现代化，促进司法质效大幅提升，为群众提供优质、便捷、高效的司法服务。

改革开放40周年，横琴迎来了港珠澳大桥通车、粤港澳大湾区规划颁布实施和珠三角国家自主创新示范区加快建设等一系列重大历史机遇。横琴新区法院将不辱使命，砥砺前行，以习近平新时代中国特色社会主义思想为指引，立足新时代大湾区、自贸区法院定位，加强司法改革创新、深化综合配套改革、依法履行审判职能，为大湾区、自贸区建设提供更优质的服务与保障。

B.13
珠海横琴新区人民检察院
司法改革调研报告

珠海横琴新区人民检察院课题组*

摘　要： 横琴新区人民检察院自成立以来，积极开拓创新，敢于先行先试，从精简优化机构与人员配置、率先实行检察人员分类管理改革试点、率先全面实行检察官办案责任制、率先创建执法办案监督制约体系、率先探索设立主任检察官联络办公室等方面入手，在推进检察体制改革和创新工作机制方面进行了一系列探索和实践。横琴检察院改革创新取得了显著成效，优化了职权配置、提高了办案效率、保证了司法公正、积累了鲜活经验。

关键词： 横琴检察　司法改革　公平正义

　　珠海横琴新区人民检察院（以下称"横琴检察院"）是2013年12月20日挂牌成立的创新型检察院。设立横琴检察院是珠海市委和上级检察机关为贯彻落实党中央的决策部署、积极探索和推进司法体制改革、更好地服务横琴新区（自由贸易试验区）建设而作出的一项重大举措，是珠海横琴新区法治建设史上具有里程碑意义的大事。

---

* 课题组负责人：周利人，珠海横琴新区人民检察院党组书记、检察长。课题组成员：曾命辉、黄立明、丁莹莹。执笔人：曾命辉，珠海横琴新区人民检察院检察长办公室主任；黄立明，珠海横琴新区人民检察院检察长办公室副主任；丁莹莹，珠海横琴新区人民检察院检察长办公室干部。

一　改革举措

横琴检察院是广东省人民检察院（以下简称"广东省院"）指定实施"检察官办案责任制""检察人员分类管理"和"以审判为中心"诉讼体制改革的试点单位。横琴检察院充分借鉴港澳司法机关和执法机关的经验做法，在推进检察体制改革和工作机制创新方面进行了一系列的探索和实践，形成了一批可供复制的鲜活经验，被上级检察机关予以推广，为广东省乃至全国检察改革提供了重要的参考蓝本。

（一）精简优化机构与人员配置

一直以来，检察机关主要按照不同的诉讼环节设置内设机构，存在分工过细、职能交叉、综合保障类机构较多等问题。目前，中国县区级检察院内设机构一般为 16～18 个。横琴检察院借鉴香港、澳门廉政公署和澳门检察院的做法，精简掉一般县级检察院 2/3 的内设机构，仅设"三办一局一队"① 4 个内设机构（其中反贪污贿赂渎职侵权局因职能转隶已经取消建置）和 1 个直属大队，将十多个综合保障类部门整合成两个部门②。在人员配备方面，压缩编制规模，精简班子成员，只设一正两副检察长，确保每个人都满负荷工作，避免人浮于事。创设预防犯罪与公共关系办公室，专注推进建立健全犯罪防控机制，开展预防警示教育、法制宣传、社区矫正等工作。

（二）率先实行检察人员分类管理改革试点

检察人员的管理采用一般公务员管理模式，检察业务人员与行政人员在

---

① "三办一局一队"具体是：检察长办公室、组织与检务保障办公室、预防犯罪与公共关系办公室、反贪污贿赂渎职侵权局、法警大队。

② 办公室、法律政策研究室、案件管理中心、检察技术科、检察委员会办公室整合成检察长办公室；政治处、监察室、行政装备科、机关服务中心、机关党委办公室整合成组织与检务保障办公室。

管理上无明显区分，影响了检察队伍的职业化建设。根据中央组织部和最高人民检察院（以下简称"最高检察院"）联合下发的《人民检察院工作人员分类管理制度改革意见》，横琴检察院采取职责分明、层次清晰的分类管理模式，将人员分成检察官、检察辅助人员和检察行政人员管理。其中，依法行使检察权的检察官，包括检察长、副检察长、检察委员会委员、检察员和助理检察员；协助检察官履行检察职责的检察辅助人员，包括检察官助理、书记员、司法警察、检察技术人员等；检察行政人员，包括从事政工党务、行政事务、后勤管理等事务的工作人员。

（三）率先全面实行检察官办案责任制

取消侦查监督、公诉、民事行政检察等审查类业务部门建制，在制度设置上摒弃传统的"案件承办人提出处理意见—部门负责人审核把关—检察长决定"三级审批制，实行执法办案扁平化管理。全面实行检察官办案责任制，在检察长领导下，对授权范围内的案件依法独立行使处理决定权，并承担相应的办案责任。同时，严选主任检察官，要求必须具有大学法律本科以上学历、担任检察官十年以上且有检察员法律职务、在业务岗位工作五年以上，并具有办理重大复杂案件的能力等条件。在办案实践中，更加凸显主任检察官的主体地位，要求主任检察官必须亲历包括审阅案卷、出庭支持公诉、讯问犯罪嫌疑人、询问证人等具体执法活动，不能以审批代替办案。

（四）率先创建执法办案监督制约体系

在外部监督方面，率先在全国探索推行检察官惩戒委员会制度，选任包括香港籍人士在内的9名惩戒委员会委员，加强对检察官职业操守和执法作风的监督。委员们通过参加执法检查、收集社会意见等途径，充分发挥外部监督作用，确保检察官正确行使权力。在内部监督方面，坚持每年对主任检察官办案质量和规范化执法进行综合考评，有效促进检察官提高办案质量和执法规范化水平。率先建立检察官执法档案制度，详细记录主任检察官办案数量、质量、效率、效果及遵守职业操守、检察纪律和执法规范等情况，为科学评价主任检察官办案水平和实绩提供重要依据。

（五）率先探索设立主任检察官联络办公室

为适应"以审判为中心"的诉讼体制改革，确保及时准确打击刑事犯罪，防止事实不清、证据不足的案件进入审判程序，切实把好公诉案件的事实关、证据关、程序关，横琴检察院创新与公安机关协调配合机制，在全国率先探索建立主任检察官引导和监督侦查取证工作机制，在横琴公安分局设立了主任检察官联络办公室。主任检察官借助这一平台，可提前介入公安机关侦查取证活动，并提供指导性意见，引导和监督公安机关依法全面收集、固定、完善证据，确保刑事案件侦查取证质量符合法庭审判需要。

（六）探索职务犯罪侦查检察官合分联动侦查工作新机制

在人员少、任务重的情况下，为充分整合和调动侦查力量，又贯彻落实主任检察官办案责任制原则，横琴检察院在职务犯罪侦查领域积极推行主任检察官合分联动工作机制，使主任检察官制度得到全面和彻底的执行。所谓"合"，即注重区分案件侦查阶段的不同环节，在自侦案件突破前，实行由检察长直接统一领导指挥各主任检察官，充分调动全院所有力量，确保及时有效地突破案件；所谓"分"，即在案件侦查取得实质性突破之后，按照主任检察官办案责任制的规定和要求，由检察长统一指派，分别由各主任检察官带领相关办案小组进行收集和固定证据，并承担终身办案责任。这种主任检察官合分结合、联动有序的侦查工作机制，有效地破解了侦查阶段实行主任检察官制度的难题，提升了检察机关侦查工作效能。

（七）探索建立工程项目重大风险环节分级跟踪监督机制

针对横琴政府投资项目多、资金大、工期紧、廉政风险高的实际，横琴检察院注重加强对工程建设领域的预防职务犯罪工作，在继续与相关单位建立和完善工程项目同步监督平台的基础上，着重对政府投资工程的招投标、

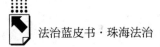

资金拨付、设计变更、竣工验收等重点风险环节进行跟踪监督，防止"工程上马、干部下马"现象发生，保障横琴新区工程建设顺利推进。

（八）探索备案审查预防职务犯罪工作新机制

横琴检察院加强对横琴新区范围内行政机关、国有企事业单位工作流程的备案审查，查找容易引发职务犯罪的工作漏洞和薄弱环节，从检察机关专业化角度提出预防职务犯罪的检察建议，促使相关单位进一步健全和完善工作规程和管理制度，从源头上防止职务犯罪发生。

需要说明的是，随着国家监察体制改革试点工作的推开，自 2018 年 1 月起，横琴检察院反贪反渎及预防职能、机构、人员已转隶至珠海市监察委员会。基于此，横琴检察院探索推行的职务犯罪侦查主任检察官合分联动侦查工作新机制、工程项目重大风险环节分级跟踪监督机制，以及对政府部门及公共机构工作规程进行备案审查的预防职务犯罪工作新机制的工作均已停止执行。

二 主要成效

横琴检察院的改革创新具有强大的创新力和生命力，探索推行的检察官惩戒委员会制度得到了上级检察机关的复制推广，"对政府和公共机构工作规程进行预防职务犯罪备案审查"新机制被中国（广东）自由贸易试验区工作办公室列为中国（广东）自贸试验区可复制推广的经验做法。横琴检察院改革创新的主要成效如下。

一是优化了职权配置。横琴检察院实行司法行政事务集中管理后，内设机构大幅精简，内部职权配置更加合理，职责更加明晰。检察业务管理、政务管理、人事管理分工明确，综合管理水平明显提高，管理效能有效增强，工作人员各负其责、各尽其力，内部管理实现了高效运转。

二是提高了办案效率。在法律规定的框架内，根据各项业务特点和要求，分别列出权力清单，最大限度地授予主任检察官独立处理决定权，顺应了司法改革的核心要求，体现了司法办案的基本规律，彰显了检察官执法办案的主体地位。也减少了案件办理的审批环节，强化办案责任的真正落实，促进了办案质量效率的提高。据统计，主任检察官平均每案办理时间比传统办案模式减少30%左右。

三是保证了司法公正。在依法合理放权的同时，也加大了监督制约力度，建立了以检察官惩戒（监督）委员会为载体的外部监督机制和以检察业务考核委员会为载体的内部监督机制。这种"双重监督"机制有利于强化主任检察官执法办案责任，确保主任检察官权力与责任相统一，实现了大幅放权与有效监督相统一的目标。自建立以来，主任检察官严把事实关、证据关、法律关，切实保证办案质量，所办案件实现了5个100%，即100%无无罪判决案件、100%无撤回起诉案件、100%无因当事人申请复议复核改变原处理决定案件、100%无违反法定程序案件、量刑建议100%被法院采纳。

四是积累了鲜活经验。横琴检察院主动顺应横琴新区（自贸试验区）改革发展的实际需求，注重找准检察改革与服务大局的切入点和联结点，大力创新工作思路和工作机制，有效地提升了执法办案的质量和效率，体现了国家级新区（自贸试验区）司法工作的应有内涵和形象，为广东省乃至全国检察改革提供了鲜活经验。

三　未来展望

改革只有进行时，没有完成时。横琴检察院将深入学习贯彻习近平新时代中国特色社会主义思想，深入贯彻落实党的十九大精神，按照全面深化司法体制改革决策部署，紧紧围绕横琴经济社会发展大局，积极主动履行检察职能，聚焦法律监督主业，全面深入推进司法体制配套改革，大力推进智慧检务建设，狠抓队伍建设，努力开创新时代横琴检察工作新局面。

一要全面落实司法责任制，强化权力运行监督。建立健全入额院领导直接办案工作机制，严格落实领导带头办案制度常态化。完善员额动态管理机制，健全员额退出、增补机制。强化入额检察官的管理职责，进一步细化入额检察官及检察辅助人员的职责权限，构建职责明确的办案模式。

二要完善检委会运行机制，不断优化权力配置。明确检察委员会的功能定位，细化其职责权限，明确划分检察委员会与其他办案主体职权的界限，将检委会的工作中心转移到总结办案经验、统一法律适用上来，注重从整体上提高司法办案质量和水平。

三要深化检察综合改革，完善配套政策措施。推进以审判为中心的刑事诉讼改革，继续深化检察官引导侦查取证创新机制。有序开展司法辅助人员单独职务序列改革，推进检察辅助人员职业化建设。完善司法绩效考核制度，优化办案绩效考核指标体系。主动加强与有关部门的沟通，积极推动配套政策尽快落实到位。

四要推进内设机构改革，构建科学合理的检察机构职能体系。进一步优化内设机构设置，规范机构职能、名称；突出专业化建设，大力推进捕诉合一改革，形成完整的、适应司法责任制需求、有助于提高办案质效和提升检察官素质能力的内设机构体系。

五要强化检察队伍建设，筑牢检察发展根基。始终坚持把党的政治建设摆在首位，确保检察队伍坚定践行"两个维护"。对互联网、金融、涉外涉港澳台等领域的重点培训，提高对重点领域、新兴领域案件的应对能力。持之以恒正风肃纪，努力打造一支政治过硬、本领高强的新时代检察队伍。

六要深入推进智慧检务建设，以科技提升检察战斗力。以现代科技应用为动力，积极推动大数据、人工智能在司法办案、监督制约、司法为民、检察政务等方面的广泛应用，大力提升司法智能化、信息化水平，不断提高办案办事质效和司法公信力，努力让人民群众在每一个司法案件中感受到公平正义。

B.14
香洲家事审判改革探索

珠海市香洲区人民法院课题组*

摘 要： 家事纠纷具有区别于一般民事案件的特殊性，家事审判应针对家事案件的性质和特点适用不同的诉讼程序。本文立足司法实践，借助实证研究方法，以广东省珠海市香洲区人民法院家事审判程序改革情况为样本，详细阐述珠海市香洲区人民法院家事审判程序中的改革举措、创新经验和取得成效，如设立专门的家事审判团队、出台程序规则等，进而提出改革的启示和对策。

关键词： 家事纠纷 家事审判 社会治理

珠海市香洲区人民法院（以下简称"香洲法院"）从 2008 年开始积极探索家事审判改革，2008 年 12 月被最高人民法院（以下简称"最高法院"）中国应用法学研究所确定为"全国反家暴试点法院"，2010 年 3 月被广东省高级人民法院（以下简称"省法院"）确定为广东省首批家事审判改革试点法院，2016 年 4 月被最高法院确定为"全国家事审判方式和工作机制改革试点法院"。在近十年的家事审判改革实践中，香洲法院不断创新理念，勇于尝试，坚持未成年人利益最大化原则，提升审判专业化水平，在实现"人性化""柔性化"家事审判方面成效明显，逐步形成家事审判"香洲模式"。

---

* 课题组负责人：徐素平，珠海市香洲区人民法院党组书记、院长；陈志伟，珠海市香洲区人民法院党组副书记、副院长。课题组成员：黄蕴磊、代敏、张梦颖。执笔人：黄蕴磊，珠海市香洲区人民法院研究室主任；张梦颖，珠海市香洲区人民法院研究室法官助理。

一 配备层次多样的队伍结构，打造
专业化家事少年审判机构

2009 年 1 月，香洲法院在民一庭设立反家暴合议庭，负责审理涉家暴民事案件。2010 年 4 月，在反家暴合议庭基础上，香洲法院成立专门的家事审判合议庭，集中审理全院除派出法庭辖区以外的家事案件。2017 年 7 月，经省法院批准，香洲法院成立珠海市首家有独立建制的家事少年审判庭，集中审理全院受理的离婚、抚养、赡养、收养、探视、继承、人身安全保护令等家事案件，以及未成年人刑事犯罪案件、侵犯未成年人合法权益刑事案件。

在人员专业化方面，香洲法院注重选拔任用熟悉家事审判业务，具有一定社会阅历，掌握相应心理学、社会学等知识，热爱家事审判工作的法官担任家事审判法官。另外，通过购买社会服务和引入社会组织工作人员等方式，充实家事审判辅助人员，走高度专业化与适度社会化结合的道路。目前，家事少年审判庭配备员额法官 5 名、司法辅助人员 9 名、专职社工 1 名，兼职家事调解员 10 名、心理专家 4 名、家事调查员 20 名。法官及法官助理中，有 2 人取得三级心理咨询师资格，初步建成"家事法官＋司法辅助人员＋社会辅助人员"多层次专业化家事审判队伍。

2018 年，香洲法院家事少年审判庭共受理家事案件 927 件，审结 821 件。其中，调解撤诉结案 473 件，调撤率 57.6%。上诉 91 件，一审服判息诉率 88.9%。部分改判 9 件，无发回重审和重大改判案件，家事案件的解决实现两高两低（高结案率、高调解率、低上诉率、低发改率），案件审理质效优于普通民事案件。

二 建立有别于普通民事案件的家事诉讼特别程序

2016 年 4 月，在多年家事审判改革实践基础上，出台《珠海市香洲区人民法院家事案件审判程序规则》（以下简称《审判程序规则》），从满足人民群众司法需求出发，坚持四大原则，探索引入八大机制，以建立有别于普通民事审判的家事诉讼特别程序。

（一）四大原则

1. 贯彻调解优先原则

为更好地落实家事案件调解前置制度，做好各阶段诉讼调解工作，香洲法院于2016年8月成立了家事调解委员会。在原有特邀调解员及妇联干部、律师中，筛选10名调解能力强、善于化解矛盾、熟悉家事案件处理原则的调解人员，专门负责家事纠纷的调解。2016年9月至2018年12月，家事调解员共调解家事案件1725件，调解成功659件。

2. 强化不公开审理原则

为更好地保护当事人隐私，自2016年《审判程序规则》实施以后，香洲法院在家事审判中全面贯彻不公开审理原则。个别案件中双方均要求公开审理的，由独任法官或合议庭视情况决定是否准许。

3. 强调当事人亲自到庭原则

为实现纠纷的彻底化解和查明案件事实，强调当事人原则上应当亲自到庭参加诉讼。香洲法院离婚案件亲自到庭率达到100%，其他家事案件当事人亲自到庭率达90%以上。

4. 坚持未成年人利益最大化原则

在调查取证、审理方式、裁判结果中严格坚持贯彻未成年人利益最大化原则，《审判程序规则》专章规定"儿童权益保护"，在制度设计上切实保障儿童合法权益，努力将父母离婚对儿童的伤害降至最低。具体包括：①对原被告均拒绝直接抚养子女的离婚案件，经释明双方仍拒绝直接抚养的，判决不准离婚；②绝对禁止未成年人旁听父母离婚诉讼，避免二次伤害；③询问儿童关于对抚养权的意愿时由社工事先进行情绪安抚并全程陪同，帮助儿童减轻心理压力；④提供开庭时的儿童托管服务；⑤对涉及未成年人的离婚案件实行离婚辅导制度，教育双方共同致力于减少离婚对子女的伤害；⑥对涉及探望、子女交付的案件探索履行劝告制度。在主审法官的统筹安排下，由社工负责协调，心理咨询师、家事调查员共同参与，力争以柔性化方式促使双方离婚后通过子女抚养和探望问题重新建立信任，形成有效的沟通模式。

（二）八大机制

1. 施行离婚证明书制度

为保护当事人隐私，香洲法院在 2016 年开始为当事人出具离婚证明书。对于调解离婚的，送达调解书同时发放离婚证明书，无须另行申请；判决离婚的，判决生效后当事人申请开具生效证明时一并送达离婚证明书，同样无须另行申请。这一举措体现了法院工作的人性化，广受当事人欢迎。2017 年至 2018 年共发出离婚证明书 477 份。

2. 探索心理专家意见作为处理抚养权参考

对于抚养权争议较大的案件，由心理专家通过面谈、游戏、沙盘等方法进行观察测评后形成报告，作为法官调解和判断抚养权归属的参考。2017 年 6 月的一件离婚案件中，原被告受到专家测评过程的触动，看到了孩子在离婚纠纷中受到的伤害，自觉从庭审时的剑拔弩张、锱铢必较转为心平气和、互谅互让，双方都接受了专家给出的两个女儿均由母亲抚养的测评意见，男方还主动提出每月支付抚养费 4000 元并在财产分割中作出让步，案件得以顺利调解解决。

3. 试行离婚冷静期制度

为减少当事人冲动离婚，对于有和好可能的离婚案件，经双方同意后指定 3 ~ 6 个月冷静期，其间由心理咨询师介入进行心理辅导，主审法官也定期跟进了解案件进展。冷静期结束后，根据双方意愿对案件作出处理。2017 年 1 ~ 6 月共有 7 件案件试行冷静期处理，其中 2 件在期满后夫妻无法和好调解离婚，1 件经心理咨询后调解和好。

4. 试行回访帮扶制度

为帮助当事人化解纠纷，发挥家事审判工作实效，香洲法院还试行回访帮扶制度。回访主体为家事法官、心理咨询师、社工或家事调解员,通过电话回访和上门回访相结合的方式,切实为家事案件当事人排忧解难,让司法更有温度。

5. 适当放宽家事案件审限

经征求当事人同意后,将冷静期、心理咨询期计入调解期扣除审限,使案件尽可能有充足的时间开展心理干预、调解等工作,努力修复家庭关系、化解家庭矛盾。

6. 推行适时财产申报制度

考虑到离婚诉讼中有相当一部分案件尤其是首次起诉离婚的案件,当事人基于种种考虑并不提出分割夫妻共同财产的请求。如果一律要求强制申报,可能使双方从单纯的感情纠纷转向财产争夺,激化矛盾,失去原本可能的和好机会。鉴于此,香洲法院施行适时强制申报制度,并不要求当事人在起诉或答辩时立即申报财产,而是根据双方提出的具体诉讼请求和案件审理进程,适时要求双方申报,力争既提高司法效率,又不扩大激化矛盾。

7. 建立家事调查员制度

2017 年 12 月,香洲法院联合区妇联,从妇联干部、社区工作人员、社工中聘任 20 人担任家事调查员。制定《珠海市香洲区人民法院家事调查员工作规程(试行)》,规范家事调查员队伍的建设、管理、培训、使用等各方面工作,协助开展家事纠纷调查取证,为法官处理家事纠纷提供参考。截至 2018 年 12 月,香洲法院共委托家事调查员对 51 件案件进行调查(其中 4 件为委托省级家事调查员进行跨市家事调查)。家事调查员利用相关专业知识、业务技能和社会经验,通过走访邻居、亲属、社区、工作单位等方式,对家事案件中的特定事项,如当事人婚姻家庭状况、未成年人抚养状况等进行调查,收集家事案件事实的相关信息和资料,为案件取证以及法庭质证提供了依据,有效辅助法官调查取证,提高了庭审效率。

8. 建立家事案件"执行三级预警机制"

建立包括社工、家事法官、执行员的"执行三级预警机制"。家事案件宣判后首先启动"一级预警",由家事少年审判庭社工与当事人沟通,引导当事人主动履行判决书确定的义务。若当事人拒绝接受，则启动"二级预警"，由家事法官继续开展释法教育工作，尽量减少涉及交付子女、行使探望权案件进入强制执行程序。对于已经进入执行程序的这类案件启动"三级预警"，由家事法官、社工与执行干警三方配合，共同引导双方当事人通过调解方式协商解决纠纷，避免采取强制执行措施。

三　深入推进反家暴工作，实施多种全国首创的人身安全保护令

香洲法院大胆探索，推陈出新，建章立制，先后出台《珠海市香洲区人民法院关于人身安全保护裁定的程序规定》《珠海市香洲区人民法院人身安全保护裁定当事人须知》《珠海市香洲区人民法院人身安全保护裁定申请指引》等制度性文件，对人身安全保护裁定申请单独立案，细化人身安全保护裁定的申请、复议、执行、证据认定等操作流程，加强诉讼指引，设立立案专窗，开通人身安全保护令绿色通道，确保在 72 小时内发出保护令。参与省法院 2010 年施行的《人身安全保护裁定适用指引》等文件的起草工作，规范涉家暴案件的申请程序、审理流程及配套措施。自 2009 年 5 月 24 日发出第一份人身安全保护裁定以来，至 2018 年 12 月香洲法院共发出人身安全保护裁定 193 份，其中的"远离令""迁出令"和"夫妻共同财产使用权令"等，均为全国首创。

针对家庭暴力举证难的问题，香洲法院在涉家暴离婚案件审理中合理分配举证责任，加大依职权调查取证力度，对警察询问笔录、验伤报告、公共场所监控录像等依法进行调取，对接诊医生、出警民警、邻居等不便于出庭作证的在场人员进行走访。

四　联合社会力量，探索家事纠纷多元化解机制

为更好地克服和化解家事案件数量持续增长的现实困境，有效促进家事

案件审判质效不断提升，香洲法院充分发挥多元化纠纷解决机制在家事案件中的积极作用。

1. 与市、区妇联加强合作

挂牌成立全市职能部门首个"妇女之家"，畅通与基层妇联组织的转介救助服务。联合区妇联在珠海法院率先选任 20 名家事调查员，建立联席会议制度、情况通报制度和家事调查台账，共同开展家事调查。

2. 与公安机关协调联动

完善涉家暴案件的证据固定、人身安全保护令送达执行等工作，实现对家事案件的综合治理。

3. 与知名高校建立协作机制

香洲法院与知名高校签署协议，建立合作关系，探索心理学方法应用于家事少年审判的科学化道路，2017 年 8 月挂牌成立华南师范大学全省首家法律心理研究与服务中心校外实践基地。由 3 名副教授以上专家和一名二级心理咨询师组成专家团队，定期到香洲法院"心晴屋"心理辅导室开展干预工作，包括对有人身危险性当事人的甄别、对遭遇婚姻危机当事人的情绪疏导、对家庭暴力施暴人及受害人的心理干预、以心理学方法为子女抚养及探望问题提供专业意见、受法官委托单独或协助进行调解、陪同情绪激动的当事人出庭、对未成年刑事犯罪被告人的心理测评等。2017 年 5 月至 2018 年 12 月，专家团队对家事及未成年人犯罪刑事案件当事人共进行心理干预 113 人次，取得了良好的效果。

五 提升家事审判物质装备保障水平

香洲法院秉持物质装备服务审判中心的理念，围绕家事审判特点和群众需求，不断加强相关硬件设施配置，加大经费保障力度，有效推动家事审判信息化建设，相关硬件基础设施建设充分体现家事审判人文关怀的特征。

1. 设立心理辅导室

为便于开展心理干预，香洲法院设立了专门的心理辅导室——"心晴屋"。"心晴屋"装饰色调温暖、明亮，设有沙盘游戏、柔软的沙发，使走进"心晴屋"的人能够放松心情，安心接受心理辅导。

2. 设立儿童托管室

针对一些当事人将未成年子女带至法庭的现象，为避免旁听庭审给子女造成二次伤害，香洲法院设置专门的儿童托管室。托管室铺设了环保泡沫地板，有专门的社工陪同，以保障未成年人托管时的人身安全。室内放置了各类小帐篷、海洋球、画板、书籍、游戏卡、毛绒玩具，让被托管的未成年人能愉快地度过托管时光。2017年至2018年共托管儿童47人次。

3. 设立单面镜观察室

对于抚养权争议较大的案件，香洲法院设置了单面镜观察室，由父母双方分别与子女进行游戏并完成指定任务，心理专家通过单面镜，对亲子互动情况进行观察，提供专业意见供法官在判断抚养权归属时参考。

4. 设置专栏向当事人宣传普及家事心理学知识

在家事审判庭设置宣传专栏，宣传内容包括离婚案件当事人常见心理问题及自我调节方法、婚姻功能及夫妻沟通技巧、如何将离婚对孩子的伤害降至最低等。家事纠纷当事人在法院化解纠纷的同时可以学习到家庭矛盾化解知识和技巧，促使当事人理性认识婚姻，提高夫妻沟通技巧，减少冲动离婚，重视家庭破裂给儿童造成的伤害，预防发生极端事件。

5. 让家事案件当事人接受专业心理测评

为使当事人更加便捷、快速地接受心理测评服务，香洲法院购买了专业的心理测评软件，嵌入法院官方微信，软件包含人格特质、人际关系、家庭教育、情绪焦虑等十大类符合家事案件当事人心理特征的测量表105个，可以满足不同家事案件类型和当事人的需求。

香洲法院新审判大楼设有与其他审判区域隔开的家事审判专区。专区包括沟通式家事审判法庭、家事调解室、心理辅导及情绪平复室、儿童托管及谈话室等功能室。为保护当事人隐私和家庭暴力受害人，在一楼诉讼服务大厅设立了单独的家事案件立案室、家庭暴力事件服务处，更加彰显司法的柔性化、人性化。

六　家事审判改革启示

（一）要建立专门的家事审判团队，实现家事审判专业化

家事案件数量的居高不下、家事审判的特殊性以及家事审判队伍的专业性，都决定了专门成立家事审判团队很有必要。担任家事法官必须具备特定的资格，不仅要在业务水平上过硬，还应该在人际关系、心理学、教育学、社会学等人文领域有所涉猎，得到相关专业培训。考虑到家事案件的特殊需要，家事审判庭还应配置家事调解员、家事调查员、心理测验员、心理辅导员等相关专业辅助人员，共同协助配合法官做好案件相关工作，以提升家事审判团队专业化能力。

（二）要引入社会辅助力量，实行多部门联动化解家事纠纷工作机制

家事纠纷的解决并非法院一方的单打独斗，还需要更多的社会力量参与其中。虽然不少法院正在逐步加大与相关部门、专业组织的合作[①]，但这些合作是个别、零散、自发的，目前缺乏统筹的牵头部门，也尚未建立相应的联动工作机制。而政府职能部门之间职能分配呈条块分割，专业社会组织的资质参差不齐，长效协作机制还缺乏行之有效的操作规范，这些因素导致家事纠纷化解联动机制尚未健全。为更好地实现法律效果与社会效果的统一，实现家庭幸福和社会和谐，在当前营造共建共治共享社会治理格局的大环境大背景下，应建立党委有效领导、政府大力支持、法院积极引导、部门广泛联动、专业适度介入、群众充分参与的多元合力化解家事纠纷工作机制，综治办、法院、民政局、妇联、公安局、检察院、司法局、教育局等相关部门

---

① 如对家事案件当事人进行心理疏导，与基层派出所、社区警务室建立定期沟通制度，建立妇女、儿童保护中心等。

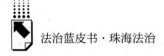

均参与进来，充分发挥各职能部门优势，共同化解家事纠纷。

家庭的和睦、幸福、文明，关系到社会的和谐、稳定与发展。家事审判重在发现客观事实，追求实质公正，还以消除家庭成员之间的对立、恢复感情、促成家庭和谐为根本目标，而传统以普通诉讼程序解决家事案件的模式难以实现这些诉讼价值并真正解决纠纷。香洲法院积极推进家事审判改革，探索建立系列工作制度，形成一些可复制、可推广的经验，希望这些探索能为中国家事案件程序立法与审判实践提供参考，为建设现代文明和谐社会作出积极贡献。

B.15
多元化纠纷解决机制改革的香洲实践

珠海市香洲区人民法院课题组*

摘　要： 随着社会经济不断发展，不同利益群体之间的冲突日益增多，大量的矛盾纠纷涌至法院。面对诉讼洪潮，最为有效的方法就是通过多元化的纠纷解决渠道来化解纠纷。本文以珠海市香洲区人民法院探索多元化纠纷解决机制改革为切入点，从调解平台、案件分流、纠纷化解模式、诉调对接机制、管理制度、调解队伍、便民服务等七个方面详述香洲法院的创新举措。通过数据分析明确指出多元化纠纷解决机制改革在缓解案多人少矛盾、促进服判息诉、缩短审理周期、维护社会稳定等方面的成效和作用。

关键词： 矛盾纠纷　多元化解　诉调对接

　　社会多元化纠纷解决机制改革是人民法院贯彻中央改革部署，深化司法改革，实现司法为民、公正司法的重要举措，是提升社会治理水平，发挥司法资源最大效能的有效途径。从2014年开始，珠海市香洲区人民法院（以下简称"香洲法院"）立足基层治理，通过构建多元化纠纷解决平台、整合

* 课题组负责人：徐素平，珠海市香洲区人民法院党组书记、院长；游永威，珠海市香洲区人民法院党组成员、副院长。课题组成员：黄蕴磊、谢明骥、周余乐、张梦颖、黄妙姿。执笔人：黄蕴磊，珠海市香洲区人民法院研究室主任；谢明骥，珠海市香洲区人民法院调解与速裁工作室主任；周余乐，珠海市香洲区人民法院研究室副主任；张梦颖，珠海市香洲区人民法院研究室法官助理；黄妙姿，珠海市香洲区人民法院研究室法官助理。

社会资源、完善诉调流程、实施案件繁简分流等一系列举措，创建多元共治、各方参与、协同并进的纠纷解决体系。目前，香洲法院还在积极探索建立在线矛盾纠纷多元化解平台、律师驻点调解室等各种矛盾化解渠道，以期能为多元化纠纷解决机制建设提供更多的"香洲经验"。

一 创新做法和经验

（一）设立专门调解平台

2014年9月，香洲法院在立案一庭设立调解与速裁工作室，专门负责诉前调解、立案调解、小额诉讼案件审理以及联络指导其他调解组织的调解工作。2017年1月，香洲法院调解与速裁工作室从立案一庭脱离成为独立部门。在原有调解与速裁工作模式的基础上，进一步规范调解程序、拓宽调解平台、扩展调解范围，调解与速裁工作室成为集人民调解、速裁审判、案件分流、司法确认、指导调解于一体的综合性工作站。目前，调解与速裁工作室有4名法官、3名法官助理、8名书记员，另配有专职调解员、特邀调解员共74名。通过打造专门的诉调对接平台，实现非诉程序和诉讼程序的有效衔接。

（二）两次分流案件

根据案件的繁简程度，建立两次分流制度，合理分配司法资源。

1. 立案前的第一次分流

立案庭收案后，根据分流规定进行甄别，把属于诉前调解范围的案件移送至调解与速裁工作室。在第一次分流中，香洲法院采取人性化分案，指定3名书记员根据调解员的个人风格、工作方式、熟悉领域、业务专长等特点，有针对性地分案，做好案件的流转分发、收案登记、数据统计等，最大限度地发挥调解员的特长。对于不适宜诉前调解的案件则立案交由审判业务庭审理。

2. 立案后的第二次分流

对于诉前调解成功且不需要出具调解书等司法文书的案件直接结案；当事人需要出具调解书或司法确认文书的，则经窗口立案后转入司法确认程序。对于调解不成功但符合小额诉讼程序的案件，立案后交由调解与速裁工作室的法官审理，其他案件立案后移交其他审判团队进行审理。对涉银行案件、劳动争议案件、知识产权案件、家事案件、物业管理案件、适用特别程序审理的案件六类案件，移交固定审判团队①审理；在审判团队内部试行相对集中分案模式，民间借贷、保险合同、买卖合同、公司类案件、涉房地产案件则指定审判团队集中审理。将案件按照难易程度进行区分，部分法官集中处理简易案件，简案快审，提升审判效率；部分法官处理疑难、重大、复杂案件，繁案精审，保证审判质量。

（三）三种模式衔接

目前，香洲法院主要有诉前调解、诉中调解和小额诉讼程序三种纠纷化解模式互相衔接。

一是诉前调解模式。诉前调解案件一般由 1 名调解员调解，如有需要，也可以由 2~3 名调解员调解。除双方当事人同意延长调解期限的案件，诉前调解的案件要求在立案窗口收取案件材料之日起 30 日内结案，实现较短时间调处纠纷化解矛盾，减轻当事人的诉累和经济负担。

2017 年，香洲法院把标的额在 20 万元以内的婚姻、赡养、抚养、扶养、继承等家事案件，道路交通事故、医疗损害等人身损害赔偿纠纷，不动产相邻关系纠纷，追索劳动报酬纠纷，买卖、租赁等合同纠纷案件纳入诉前调解范围。2018 年 5 月，香洲法院进一步扩大诉前调解范围，首次把知识

---

① 组建审判团队是去行政化、提高审判质效的重要举措。珠海法院制定《审判团队组建及运作实施方案》，以员额法官为中心搭建审判团队 78 个、执行团队 22 个。审判团队根据不同审级、案件类型和人员状况组建，实现审判资源优化重组。目前珠海两级法院审判团队按照"员额法官 + 法官助理 + 书记员"的模式搭建，具体人员配比因两级法院实际情况而有所不同。根据不同案件类型，审判团队可对人员组成进行调整，形成灵活应对案件变化的精细化资源配置方式。

产权案件纳入诉前调解范围。

二是诉中调解模式。2017 年 5 月，香洲法院在全院范围内逐步推行诉中调解模式，即在立案后至裁判前，法官根据案件需要，委托特邀调解员、专职调解员以及其他合法调解组织对案件纠纷进行调解，或由法官、合议庭成员、法官助理组织调解。达成调解协议后，当事人可申请出具民事调解书，亦可撤回起诉。撤诉后亦可凭调解协议向法院申请司法确认。调解不成的，由法官或合议庭依法进行裁判。诉中调解模式不仅减轻了法官、书记员的工作量，还减少了案件上诉、申诉、信访等情况。部分案件即使暂时未能调解成功，但在调解过程中可以确定无争议事实、厘清争议焦点，为审判工作奠定良好基础。

三是小额诉讼程序。对于调解不成功而进行第二次分流的案件，凡符合小额诉讼程序条件的，立案后交由调解与速裁工作室在立案之日起一个月内审结。如因案情需要转入简易程序或普通程序审理的，仍由调解与速裁工作室继续审理并依法作出裁判。适用小额诉讼程序作出的判决为生效裁判，当事人不得上诉。小额诉讼程序减轻了普通程序的压力，提升了诉讼效率。

（四）构建诉讼调解对接机制

多元化纠纷解决机制改革不是一个部门的事情，需要各职能部门、社会组织、行业协会紧密配合。香洲法院从建设平安珠海实际出发，通过人民调解、行政调解和司法调解有机结合，司法审判与社会力量优势互补，便捷、经济、高效促成矛盾纠纷化解。

一是建立消费纠纷案件诉调对接机制。2014 年，随着《消费者权益保护法》的出台，消费纠纷案件大量增长。2015 年 9 月，香洲法院与香洲区消费者委员会建立消费纠纷案件诉调对接工作机制，邀请区消费者委员会参与调解消费纠纷案件。

二是建立医疗纠纷诉调对接机制。2016 年 1 月，香洲法院出台《珠海市香洲区人民法院医疗纠纷诉调对接工作规程》，与珠海市医疗纠纷人民调解委员会建立诉调对接工作机制，把香洲区范围内医疗机构与患者之间发生的医疗服务合同纠纷、医疗损害责任纠纷和医疗产品责任纠纷案件纳入诉调对接范围。

三是建立金融纠纷诉调对接机制。2016年5月，香洲法院出台《珠海市香洲区金融纠纷诉调对接工作规程》，邀请珠海市金融纠纷人民调解委员会参与调解香洲区范围内涉及银行、证券、保险、担保业务的各类纠纷，民间借贷、担保、租赁、买卖以及婚姻、家庭、继承等民商事活动中涉及金钱给付并需金融机构协助解决的纠纷。珠海市金融纠纷人民调解委员会派有1名调解员常驻香洲法院，负责接收与调解香洲法院委托调解的案件。

四是建立道路交通事故人身损害赔偿纠纷诉调对接机制。与珠海市公安局交通警察支队联合制定《道路交通事故人身损害赔偿纠纷诉调对接工作规程》，明确诉前调解、诉中委托调解的程序和范围。2017年3月，珠海市公安局交通警察支队成立交通事故人伤综合服务中心，香洲法院派驻特邀调解员参与涉道路交通事故人身损害赔偿纠纷的调解工作。同时在该中心设立立案窗口，便于当事人在中心达成调解协议后，立即同法院申请司法确认，为中心"一站式"解决道路交通事故人身损害赔偿纠纷提供便民利民的司法服务。

五是建立司法辅助事务协作机制。2017年11月，香洲法院与香洲区公证处签订《司法辅助事务工作框架协议》，邀请区公证处公证人员担任特邀调解员，深入参与法院调解、取证、送达、保全、执行、资料收转、核实和证明法律行为、事实、文书等司法辅助事务，推进司法辅助事务集约管理。

六是探索"法院＋工会"化解劳动争议纠纷新模式。2017年12月，香洲法院设立香洲区劳动争议诉调对接工作室，工作室人员主要由香洲法院劳动争议调解委员会的调解员和工会派驻的律师组成，定期在工作室轮值，为劳动争议纠纷的当事人提供服务。邀请香洲区总工会担任特邀调解组织，委托区总工会调解劳动争议纠纷案件、涉劳资纠纷信访等案件。

（五）完善调解速裁工作管理制度

一是明确引入调解与速裁流程的案件范围。2014 年，出台《珠海市香洲区人民法院诉前调解和小额诉讼审判工作规程（试行）》，从制度上规范适用诉前调解案件的范围，明确九类不适宜调解以及适用小额诉讼程序审理的案件范围，保证基层矛盾纠纷得到及时化解。

二是规范诉前和诉中调解工作程序。2018 年出台《珠海市香洲区人民法院委派、委托调解办法（试行）》，明确诉前、诉中调解工作流程，制定统一格式的调解日志、结案卡、案件流转登记表、调解笔录、调解协议、撤诉申请书、司法确认申请书、委托调解函、诉中调解情况登记表、委托材料交接单、诉前诉中委托案件明细表、各庭室委托调解案件汇总表、各类型案件调解汇总表、调解员办案情况表、全院委托调解案件明细表，要求调解员、书记员及时跟进调解的案件，并填写相应的表单。

三是建立调解组织和调解员名册。每年定期更新《珠海市香洲区人民法院特邀调解组织和特邀调解员名册》，及时在法院官方网站上公布最新的特邀调解组织和特邀调解员名单，保障公众的知情权和监督权。

四是建立调解补贴激励机制。根据社会消费水平和物价指数的变更，适时修改《珠海市香洲区人民法院人民调解员和特邀调解员办案补贴方案（试行）》。实施"以案定补"激励机制，按照"调解案件就有补贴，调解成功增加补贴"的原则，香洲法院根据调解案件的数量、难易程度和调解质量给予调解员相应经济补贴，充分调动调解员的工作积极性。

（六）打造专业化调解队伍

调解员是多元化纠纷解决机制改革中的一个重要元素，调解员的选任、队伍的管理都直接影响着纠纷化解的成效。2018 年 3 月，根据中央全面深化改革委员会第一次会议通过的《关于加强人民调解员队伍建设的意见》，香洲法院拓展司法职能，整合社会资源，致力打造政治合格、业务精通、热心公益、公道正派的专业化调解员队伍，以使大批矛盾纠纷分流化解在诉前和诉中，不断提升基层社会治理成效。

一是严格调解员选任机制。香洲法院以实际需求为导向，在保证调解员政治合格、公道正派的前提下，侧重把热心公益服务、善做群众工作的市民吸收到调解员队伍中。通过自愿报名，人大、政协、律协推荐，返聘退休法官等方式，从各个行业的精英力量中选任调解员，以满足人民群众多元化的司法需求。根据调解员的个人意愿和能力专长，把全院74名调解员分成八个调解组，设立组长作为纠纷化解和经验交流的牵头人；每个调解组对应各个专门审判团队，由审判团队指导调解员化解各类纠纷矛盾。成立家事调解委员会，从特邀调解员、妇联干部、律师中筛选20名调解能力强、熟悉家事案件处理原则的人员担任家事调解员，专门负责家事纠纷的调解。自2016年9月至2018年12月，家事调解员共对1725件家事案件进行调解，其中成功调解659件。

二是建立长效培训机制。相对于法官，调解员有法律知识的短板，香洲法院多方举措，提升调解员的综合素质能力，建立以集中授课、案例讨论为主，法律讲座、专题培训为辅，穿插庭审观摩、实训演练的系统化、多样化培训机制。针对日益增多的物业服务合同纠纷和民间借贷纠纷，邀请负责审理物业服务合同和民间借贷的两个审判团队，开展面对面交流。在香洲法院狮山巡回法庭、南屏镇人民调解委员会等基层单位，举办指导调解工作的专题讲座等。

（七）延伸为民服务半径

一是建设网上调解系统。运用网络平台把多元化解纠纷工作机制从线下搬到线上，当事人预约后，即可通过客户端与其他各方当事人、律师、调解员等进行视频通话，突破时间空间限制，使纠纷化解更加便捷高效。

二是设立"立调立裁日"。把每周二设为"立调立裁日"，并将办公时间延至下午六点半，专门安排法官在立调立裁日负责审查司法确认和立案调解案件，调解成功的案件可以当日作出法律文书，力求向群众提供便捷的司法服务。

三是分阶段收取诉讼费用。受理费不超过 1 万元的诉中调解案件，开庭前调解成功的，原告可免交案件受理费；开庭前调解成功且需要出具调解书的，按照应收受理费的 70% 收取；开庭后调解成功，当事人提交调解协议并申请撤回起诉的，按照应收受理费的 70% 收取；开庭后调解成功，且需要出具调解书的，按照应收受理费的 80% 收取。香洲法院通过分阶段诉讼费调节机制，进一步促使当事人选择调解方式结案。

二　工作成效

香洲法院自 2014 年开始探索多元化纠纷机制改革以来，有效化解了各类矛盾纠纷，提升了基层社会治理成效，降低了诉讼成本，维护了当事人的合法权益。

（一）有效缓解法官办案压力

香洲法院 2014～2018 年的诉前调解案件统计数据显示，诉前调解成功的案件逐年增长，大量的纠纷在矛盾发生初期得以圆满解决，避免进入冗长的诉讼阶段。同时，诉前调解作为纠纷前置解决的方式，还可有效减轻法官的负担。以 2017 年为例，香洲法院审理民商事案件的一线员额法官有 52 名，人均结案 213 件。如果诉前调解的案件都进入诉讼阶段，每名员额法官需要多结案 14 件（见表 1）。现在通过诉前调解把部分案件结案，可有效缓解员额法官的负担，让员额法官集中精力审理疑难、复杂案件，提升审判质效。

表 1　香洲法院 2014 年至 2018 年诉前调解数据统计

年份	诉前调解成功（件）	调解员人数（人）
2014	320	22
2015	521	38
2016	647	55
2017	737	78
2018	777	74

（二）有效促进当事人服判息诉

以调解的方式结案，可以有效促进当事人服判息诉。例如，2018 年香洲法院受理家事案件 927 件，审结 821 件。其中，调解撤诉结案 473 件，调撤率 57.6％。上诉 91 件，一审服判息诉率 88.9％。2018 年开始，受《珠海经济特区物业管理条例》出台的影响，香洲区辖区内的物业服务合同纠纷增多，2018 年受理 962 件，审结 798 件，调解或撤诉 646 件，调撤率达 81％。大量的物业服务合同纠纷经过调解员释法明理，物业和住户之间的矛盾得到缓和。

（三）有效缩短案件审理周期

以往民商事案件从立案到结案，即使适用简易程序审理，一般也需要两个多月时间。适用小额诉讼程序审理后，案件审理周期大大缩短。以 2018 年为例，香洲法院共受理小额诉讼案件 1791 件，占全部民商事受理案件数的 11％，审结 1598 件。结案周期最短仅为 6 天，平均结案时间为 58 天。其中，与居民生活息息相关的物业服务合同纠纷、机动车交通事故责任纠纷等五类纠纷，平均结案时间均在 42 天以内。

（四）引入社会力量化解疑难案件

面对各种社会矛盾，单纯依靠法院一纸判决有时并不能彻底解决，社会力量作为第三方参与调解，各行各业的精英在化解矛盾纠纷过程中充分发挥特长，不仅可以准确把握每起纠纷的重点和难点，而且更容易获得矛盾双方的认可，真正实现案结事了。

一是参与涉众型纠纷案件化解工作。2018 年初，出租车持牌人肖某与运输公司发生牌照租金问题纠纷，香洲法院通过诉中调解的方式，促成案件撤诉结案，有效平衡各方的合法利益，缓解持牌人、出租车公司及司机各方的矛盾。

二是参与执行难化解工作。香洲法院尝试通过调解员参与执行工作，促成双方当事人达成执行和解，及时兑现当事人的胜诉权益。在 2017 年一起买卖合同纠纷的执行案件中，当事人、案外人多次提起执行异议，香洲法院安排从事商业工作的特邀调解员介入调处，经过近六个小时调解，执行人、被执行人和执行异议申请人三方达成和解协议，案件圆满解决。

三是调解员参与信访难化解工作。香洲法院尝试在信访案件化解中引入社会力量参与。胡某丈夫下班后参加公司组织的联欢活动时意外死亡，案件经香洲法院、珠海中院两审终审认定为非因工死亡。此后，胡某不断信访。2017 年，香洲法院邀请擅长处理劳动争议纠纷的特邀调解员参与信访工作，经过特邀调解员的沟通，信访户逐渐理解法院判决，最终成功化解了该起长达五年的信访难题。

（五）有效提升基层社会治理效果

香洲法院先后与多个行业协会、社会组织建立诉调对接机制，取得了明显的成效。自香洲区劳动争议诉调对接工作室成立至今，工作室共安排特邀调解员和律师值班 62 人次，为当事人提供咨询服务 197 次，大量劳动争议纠纷在诉讼前得以妥善解决，防止劳资双方矛盾激化。道路交通事故人身损害综合服务中心自 2017 年 3 月成立，截至 2018 年 12 月，成功调解交通事故赔偿纠纷案件 575 件，有效避免这类交通事故人身损害赔偿纠纷进入诉讼程序。

三　改革启示

深化多元化纠纷解决机制改革是司法供给侧改革的重要内容，有助于完善社会治理体系，提高社会治理能力，构建公正合理的法治秩序。

（一）以诉调对接为切入点，拓宽调解前置范围

对于家事纠纷、相邻关系、小额债务、消费者权益保护、交通事故、医疗纠纷、物业管理等适宜调解的纠纷，着力解决调解启动难和调审衔接问

题。对适宜调解的所有案件推行调解前置机制，按照统一流程进行调解分流，引导当事人在登记立案前由特邀调解组织或者特邀调解员先行调解，从源头上减少矛盾纠纷进入诉讼程序。

（二）以特邀调解为着力点，壮大纠纷解决队伍

完善特邀调解制度，注重将人民调解、行政调解、行业调解、商事调解等调解组织纳入特邀调解组织名册。向社会广泛聘任特邀调解员，继续吸纳人大代表、政协委员、专家学者、法律工作者等进入特邀调解员队伍，为人民群众提供多元化纠纷解决路径。组织开展特邀调解的业绩评估工作，建立特邀调解组织和调解员业绩档案。

B.16
斗门区未成年人综合司法保护实践

珠海市斗门区人民检察院课题组*

摘　要： 在共建共治共享社会治理格局下，检察机关加强未成年人综合司法保护具有立法、制度及外部环境上的优势，但在推进过程中也逐渐暴露出一些问题，亟待从机构、制度、社会资源层面予以破解。在此背景下，珠海市斗门区人民检察院积极开展"保护性办案、修复性救助、社会化帮教、多元化预防"，形成未成年人综合司法保护的一种创新型模式。

关键词： 社会治理　未成年人检察　综合司法保护　路径选择

　　未成年人是祖国的未来、民族的希望。未成年人权益的综合司法保护工作任重而道远。作为检察改革创新的产物，未成年人检察工作（以下简称"未检工作"）成为未成年人综合司法保护的关键环节。在共建共治共享社会治理格局下，未检工作迎来新一轮创新发展的机遇，但随着法律体系的不断健全和形势的发展变化，未检工作的基层首创空间相对缩小，实践中也逐渐暴露出一些问题，亟待从机构、制度、社会资源层面予以解决。

　　2016年，珠海市斗门区人民检察院（以下简称"斗门区检察院"）正式将未检工作作为全院重点工作推进，成立了未成年人检察工作办公室，在全市首先实现了未成年人刑事案件捕、诉、监、防一体化办理，将司法办案

　　＊　课题组负责人：韩树军，珠海市斗门区人民检察院党组书记、检察长。课题组成员：袁冬华、苏鑫欣。执笔人：袁冬华，珠海市斗门区人民检察院未成年人检察工作办公室主任。

过程集中化。同时，加强未检工作社会化，将社会调查、合适成年人到场、附条件不起诉考察等社会化工作通过政府购买服务的形式转移，并与斗门区司法局、教育局、民政局、妇联、团委、关心下一代工作委员会等单位召开联席会议，充分调动各种社会力量加入未成年人司法保护队伍。

一 树立未成年人特殊保护理念，构建保护性办案机制

一是规范办案保护程序，保障其合法权益。未成年人无论作为犯罪者还是被害人，都属于特殊保护群体，需要采取特殊的保护措施呵护他们的身心健康。在办理未成年人案件过程中，斗门区检察院未检部门结合办案实践，建立了一套规范的未成年人保护办案程序。未成年人犯罪类案件办案程序包括建档—法律援助—家庭调查—亲情（合适成年人）会见—心理辅导—社会调查—社区（看守所）帮教—定期回访，未成年被害人类案件办案程序包括提前介入——一站式询问—权利告知—家访—帮助申请法律援助—定期心理辅导—民事赔偿法律帮助—司法救助—回访。特别是在办理性侵未成年被害人类案件过程中，检察机关坚持在侦查阶段提前介入，会同公安机关对被害人进行"一站式"询问，避免在办案中造成"二次伤害"，并当面宣读诉讼权利义务告知书，逐项向未成年被害人及其亲属解释相关权利义务，可及时了解其相关需求。对于需要法律帮助的，与区司法局法律援助处对接，由区司法局指派合适的法律援助律师为其提供法律援助；对于被害人要求民事赔偿的，协助其提起刑事附带民事诉讼，或者单独提起民事诉讼；对于心理受到伤害的，视程度轻重，由政府购买服务合作机构的心理咨询师或未检部门办案人员为被害人提供定期心理辅导，长期保持和被害人家属联系，了解被害人的恢复状况。这一整套未成年人保护办案程序，不仅保障了每个未成年犯罪嫌疑人和未成年被害人的诉讼权益，还为未成年人的身心需求提供了特殊保护，传递了司法柔情。

二是准确把握法律规定，平衡保护和惩罚。在办理未成年人亲属损害未成年人权益案件过程中，斗门区检察院准确把握法律规定，正确认识人性中

善恶转化的哲理，化解社会矛盾，达到保护未成年人利益与惩罚预防犯罪的平衡。例如，在办理一宗弃婴案过程中，两名被告人分别是被害女婴的祖母和外祖母，因被害女婴早产、家庭无法承担治疗费用，二人担心女婴死于家中，深夜将新生女婴丢弃到室外的垃圾箱。斗门区检察院以故意杀人罪（未遂）对两名被告人提起公诉后，了解到两名被告人悔罪态度较好，女婴在家中无人照料，建议法院对两名被告人判处缓刑。两名被告人获释后，家人均对二人表示谅解。如今，两位老人尽心尽力照顾着孙女，被害女婴回归和睦的家庭中成长，该案的办理实现了法律效果与社会效果的有机统一。

三是遵循未成年人成长规律，延伸帮教和救助。斗门区检察院未检部门在办理未成年人案件过程中，将对未成年人的观护帮教和关爱救助延伸到审限外。对于不捕、不诉和刑罚执行完毕的涉罪未成年人，积极指导其监护人帮助其恢复就学、就业，配合其就读学校或就业工作单位对涉罪未成年人进行监督教育，减少再犯罪概率。例如，办案人员在对一宗已结案的未成年人寻衅滋事案件进行回访时了解到，该未成年人刑满释放后想学习职业技术，便主动与区教育局沟通协商，联系本地一所中等职业学校接收其就读，让其掌握一技之长，为回归社会奠定良好基础。

二 着眼保障未成年人健康成长，构建修复性救助机制

一是积极开展国家司法救助。斗门区检察院制定了《珠海市斗门区人民检察院国家司法救助工作内部协作暂行规定》，规定未检部门在办案中应主动了解未成年人的生活状况，对于可能符合救助条件的，向控申部门提供案件线索，共同核实，并在十日内作出是否救助的决定。2018年1～5月份，斗门区检察院共办理2件未成年被害人司法救助案件，发放6.5万元救助金。其中，一宗交通肇事案的一名三岁被害人在事故中多名亲人死亡，唯一幸存的母亲也身受重伤、失去生活来源，解决该未成年被害人的生活和教育费用问题迫在眉睫。在办案过程中，未检部门及时将该线索移交控申部门，控申部门受理后依法优先快速办理，决定对被害人司法救助5万元，使

得未成年被害人在母亲养伤期间的生活和教育费用有所保障，缓解了未成年被害人家庭的燃眉之急。

二是多方协助提供亲情救助。结合办案开展亲职教育①，传授青春期心理知识和应对方法，帮助未成年人家庭弥合矛盾，为未成年人营造良好的成长环境。针对很多未成年人犯罪后不愿交代其家长联系方式或者提供的联系方式不详细的情况，未检检察官耐心细致说服未成年人，根据他们提供的只言片语，通过外地公安机关协查、实地查找、亲戚朋友电话查找等各种途径寻找其家属。此外，定期带监护人入仓进行亲情会见，释放时通知监护人到场迎接未成年人回家等亲情感化教育手段，使未成年人走出监仓后能顺利回归家庭，感受到来自亲人的温暖，避免再次犯罪。

三是努力探索心理治疗救助。斗门区检察院聘请拥有国家二级心理咨询师资格证书的社会志愿者作为未成年人心理辅导师，适时介入对未成年人进行专业心理辅导，在个案中取得了较好效果。例如，何某某猥亵儿童案件中，年仅9岁的被害人小玉（化名），在被同村50岁的"阿伯"猥亵后，出现心理障碍，不愿与外界交流，未检检察官发现该情况后及时与区妇联联系，协同心理专家对小玉进行心理重建。经过一段时间的持续关爱，小玉的心理障碍得以有效疏解，恢复了正常状态。

三 帮助涉罪未成年人回归社会，构建社会化观护②机制

斗门区检察院积极与学校、企业、青少年服务机构以及社会组织、政府机构开展合作，构建涉罪未成年人观护帮教的社会化运作机制。

一是多方拓展资源，建立未成年人观护帮教基地。一方面，在斗门区教育局协助下，与辖区内2家中等职业学校签订了观护帮教协议，对于有

---

① 亲职教育是针对父母开展的家长职能与本分教育，与亲子教育有区别。
② 现代观护制度是对有矫正可能的少年犯、偶发犯、轻罪犯，在尊重其人格和尊严的前提下，给予合理的指导和监督，以激励受观护者向善的良知和德行，促其悔过自新、复归社会的一种非监禁性管理制度。

入学意愿的涉罪未成年人,为其选择合适的专业,传授职业技能,并由学校指派专门指导老师,对被帮教未成年人进行指导和监督。另一方面,通过人大代表、政协委员和热心公益人士介绍,与4家企业签订了观护帮教协议,对于不愿意入学的涉罪未成年人,安排其到观护帮教企业,向其提供同工同酬的劳动职位,并由企业指派专门指导老师,对被帮教未成年人进行指导和监督。

二是通过社会购买服务,实现"3+1"团队专业帮教。通过政府购买服务的形式,与珠海市彩虹青少年服务中心签订协议,由该中心社工负责涉罪未成年人的社会调查、心理咨询、入学就业、回访帮教,以个案形式跟踪服务,组成一名检察官、一名社工、一名基地指导老师的三人团队,对一名涉案未成年人进行帮教,综合法律、教育、心理学的专业优势,及时沟通解决帮教过程中的难题。在陈某某涉嫌寻衅滋事案中,斗门区检察院对年仅17岁的陈某某作出附条件不起诉决定,考验期内陈某某在某职业学校就读,该校指定一名教导处老师负责对接,全程由同一名社工跟踪帮教,由该社工负责日常监督考察、定期回访等,检察官一般不到学校察看,但通过社工、学校老师了解相关考察情况,这一团队帮教模式既确保了帮教效果,也保证了涉罪未成年人的隐私保护。

三是与团委、妇联、志愿者协会等社团组织合作,为未成年人提供社会实践舞台。为帮助涉罪未成年人融入社会,斗门区检察院与团区委、区妇联、青年志愿者协会定期组织涉罪未成年人参加志愿者实践活动,并将实践活动表现作为社会调查和附条件不起诉考察的内容。例如,涉罪未成年人李某某在附条件不起诉考验期内,在团区委、校团委组织下参加了20多次志愿活动,获得了"优秀志愿者"称号,斗门区检察院在考察期结束后对其作出了正式不起诉决定。

四 结合未成年人身心特点,构建多元化预防机制

一是构建全区未成年人违法犯罪预防体系。2018年初,在斗门区委政

法委大力支持下，斗门区检察院召集全区公、检、法、司以及教育局和团委、妇联、关工委等 12 个单位，举行了斗门区"法治进校园"推进大会。会上，斗门区检察院与区教育局签订了《检校合作协议》，建立了"法治进校园"常态化机制、涉罪未成年人通报和帮教机制、合适成年人推荐机制等合作机制，选取了 9 所重点学校作为"检校合作示范点"，区教育局聘任 10 名检察官作为法治副校长，14 名检察干警作为法治辅导员，初步建立了以校园为主阵地、以法治副校长和法治辅导员为主体、以案例普法为特色的常态化未成年人违法犯罪预防体系。

二是构建层次分明的特色普法宣讲模式。斗门区检察院根据学生年龄层次，在幼儿园采取"发放教学录像式"宣讲模式，以"红黄蓝幼儿园虐童事件"为借鉴，组织全区 82 所幼儿园院长、老师开展"保护幼儿法律知识讲座"，教育儿童自护知识，受到老师学生的普遍欢迎；在小学采取"集中观摩式"宣讲模式，该院搜集整理典型案例，编印了《文明守礼——防范校园暴力与欺凌》法律读本 1.3 万册，供广大学生浏览学习；在初中采取"分组体验式"宣讲模式，向学生提供真实案例的法律文书，办案人员指导学生排练模拟法庭，结合案例开展法治讲课 7 场，受教学生 1200 人次；在高中采取"自导自演法治情景剧式"宣讲模式，以真实案例为蓝本编写法治情景剧剧本，组织学生排演《毒害无穷》《冲动的代价》6 场，受教学生 2000 余人次。

三是探索创新多种法治教育形式。斗门区检察院与区委政法委联合出品未成年人保护专题微电影《爱的救赎》，还原了检察机关办理未成年人刑事案件的过程，展现了"教育为主、惩罚为辅"的未检办案原则。

五　当前检察机关开展未成年人综合司法保护工作中存在的问题

当前检察机关未成年人综合司法保护工作在长效化、常态化发展方面仍存在不少问题，主要表现如下。

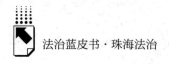

（一）未检组织架构尚不完备，缺乏明确的统筹机构

最高人民检察院明确规定，要进一步加强未成年人检察专业机构建设，要求从上到下四级检察院都成立未成年人检察工作办公室，强化专业人员配备，为开展未成年人检察工作提供组织保障。但是在检察机关大部制改革的背景下，京、沪等地的未检机构编制遭到削减和撤并，珠海市两级检察院未成年人检察机构办公室成立至今不仅未得到正式编制，而且工作人员大多由公诉科原有办案人员兼任，在从事未检工作的同时，还要兼顾公诉业务，事多人少矛盾比较突出，严重制约了未检工作的有效开展。

《未成年人保护法》第5条规定，保护未成年人，是国家机关、武装力量、政党、社会团体、企业事业组织、城乡基层群众性自治组织、未成年人的监护人和其他成年公民的共同责任。这一规定确立了保护未成年人的共同责任原则。然而，目前我国未成年人保护工作缺乏明确的统筹机构，社会资源分散在各个部门和社会机构以及民间企业和个人，难以整合利用。以政府购买社工服务为例，斗门区团委、区妇联、区司法局、区禁毒办等单位均通过政府购买服务，将涉及未成年人犯罪预防的工作交给社工组织，但是这些社工组织并不掌握涉罪未成年人的信息，只能开展一般性的普法工作。从社会调查到监督帮教，需要大量的社工协助，目前全市统一购买此项社会服务的主体是珠海市检察院，承接购买服务的社工机构在市区，当各区有需求时，位于市区的社工不仅需要频繁往返于全市各区，而且不熟悉当地情况，工作效果也会受到影响。因此，由当地政府设立统筹机构对本辖区社工进行调配，负责社会调查和观护帮教，在案件处理结束后再持续跟进回访，不仅可以克服上述难题，而且可以实现预防工作一体化，同时可提升本辖区内社工开展一般预防和个案预防的专业化水平。

（二）附条件不起诉制度设计和操作细则有待进一步细化

《刑事诉讼法》第282～284条对附条件不起诉作了规定，但条文内容较为原则，缺乏可操作性。一是启动标准不易掌握。关于《刑事诉讼法》

第 282 条规定的"可能判处一年有期徒刑以下刑罚",结合最高人民法院《关于常见犯罪的量刑意见》规定的未成年人犯罪可以减少基准刑的 10% ~ 60%,坦白情节可以减少基准刑的 20%,以及常见的从犯、未遂、和解等情节,对日常办理的未成年人犯罪案件进行综合评判后,80% 以上的未成年人犯罪案件可以进入附条件不起诉的范围。但在斗门区检察院未检部门的办案实践中,办案人员还需通过心理测评、社会调查,考察涉罪未成年人心理条件、家庭背景、个性特点、案发原因、事后认识、帮教条件,评估涉罪未成年人的再犯可能性,多数情况下对再犯可能性较小的未成年人适用附条件不起诉。在此过程中,主要依靠办案人员自身素质和办案经验进行个案判断,附条件不起诉的具体适用标准不易掌握。二是监督考察内容泛化。《刑事诉讼法》第 283 条规定的监督考察内容前三项与被判处管制、缓刑或假释的罪犯应遵守的义务一致,没有凸显未成年人的特殊性,第四项虽然规定了犯罪嫌疑人有接受矫治和教育的义务,但矫治和教育内容没有具体化。同样以斗门区检察院的办案实践为例,该院未检部门经过摸索总结出的"读书笔记 + 技能培训 + 志愿服务"考察内容,落实到个案的适用上仍需调整,加之监督考察手段欠缺,司法社工力量不足,容易导致帮教考察流于形式,附条件不起诉制度施行效果难以保证。

(三)社会化支持体系须进一步健全

未成年人检察工作离不开社会力量的参与和支持。无论是合适成年人到场、社会调查,还是观护帮教、不良行为矫正、社会适应能力提升等有利于涉罪未成年人顺利回归社会的工作,都需要大量社会工作者的参与。这些社工不仅需要掌握法律、心理学、教育学等多方面知识,还要有一定的工作经验,对未成年人帮教有热情。由此可见,一名专业的司法社工的成长需要社会的支持和培育。

当前,检察机关多方拓展资源建立观护帮教基地,但这些基地一般是民办性质,缺少政府财政支持,工作开展主要依赖基地负责人的爱心。斗门区检察院建立的 4 个企业型观护帮教基地负责人均为热心公益人士,他们接受涉罪未成年人到企业工作并支付工资，义务对涉罪未成年人进行监督帮教和生活管理，还自费帮助涉罪未成年人购买生活用品。同时，检察机关与基地签订的观护帮教协议条款较为简单，对于未成年人的权益保障缺乏明确规定，导致观护帮教合作关系不稳定，需要进一步巩固。

（四）队伍素质能力与现实需求不匹配

司法体制改革后，检察机关内部开始推行检察官权力清单和"谁办案谁负责，谁决定谁负责"司法责任制，对于检察干警来说无疑是一种能力挑战。一些未检检察官对于未检一体化工作机制所涵盖的刑事执行检察、民事行政检察等业务及相关司法理念、工作程序和工作要求比较陌生，加之当前队伍中青年干警数量较多，存在一定的社会阅历和能力短板问题。以斗门区检察院为例，未成年人刑事案件分别由 3 名检察官办理，人均办理的未成年人案件占本院办理全部案件的 10%，导致未成年人案件混同成年人案件办理，未成年人司法保护的特殊程序开展难度大。这一问题约束了检察机关未成年人司法保护职能的充分发挥。长期以来，我国未检一体化的重点在于未成年人刑事检察，对于未成年人的羁押监督、社区矫正执行监督以及民事行政检察监督工作力度不大，暂未取得实质性进展[1]。

六　关于检察机关加强未成年人综合司法保护的建议

未检工作是检察机关不可或缺的重要业务，是我国未成年人司法的重要组成部分。各级检察机关要深刻认识新形势下未成年人检察工作的职能定位、价值目标和历史使命。在共建共治共享社会治理格局下，未检工作应当发挥更加重要的作用，保障未成年人综合司法保护工作长效化、常态化发展。

---

[1]　珠海市斗门区检察院在参加全国性工作交流会、日常与各地同行交流等过程中掌握的工作现状。

（一）成立未成年人保护委员会，实现未成年人综合司法保护的多元共建

目前，检察机关牵头建立预防和保护未成年人各项机制的工作在全国各地如火如荼进行中。未检工作"捕、诉、监、防"一体化，要求检察机关在办案过程中既要开展对涉案未成年人帮教、救助等个案预防，还要履行犯罪预防和法律监督的重要职能，及时针对社会治理漏洞发出检察建议，常态化开展"法治进校园"巡讲活动，监督执法部门落实未成年人保护法律法规等。检察机关未检部门的一般预防工作覆盖了未成年人司法保护和犯罪预防的各个层面，与公安、法院、司法、教育、民政、人力资源和社会保障、文体、共青团、妇联、关工委、儿童保护协会等部门、团体的工作都有衔接。因此，检察机关的职能在预防和保护未成年人工作中处于中心枢纽位置，可以有效实现资源共享和分流。例如，禁毒指挥体系中禁毒办设在公安机关，明确禁毒办的统筹地位，可实现区域内禁毒力量整合调配，未成年人综合司法保护工作可借鉴适用这种管理体系，成立未成年人保护委员会，下设办公室，各级未成年人保护委员会办公室设在检察机关未检部门，以利于实现对未成年人司法保护工作的多元共建和统筹协调。

（二）制定未成年人司法保护制度实施细则，实现未成年人综合司法保护的社会共治

最高人民检察院可吸收各地检察机关在附条件不起诉司法实践中积累的大量经验，抓紧研究制定《附条件不起诉制度实施细则》。对于符合附条件不起诉适用条件的涉罪未成年人，由检察机关委托专业社工机构进行社会调查和心理测评，将调查和测评结论纳入作出附条件不起诉决定的主要依据；关于监督考察方式和内容，规定学校、企业和政府指定观护帮教基地，指派具体工作人员作为监督人，并进一步明确具体监督考察内容，包括赔偿被害人、取得被害人谅解、按要求完成公益劳动时间、强制戒断不良习惯等要

求；在考验期满时召开不公开听证会，未成年人保护委员会成员共同评估是否对涉罪未成年人作出不起诉决定。

（三）建立保护未成年人网络平台，实现未成年人综合司法保护的资源共享

共青团中央已建立全国范围的 12355 青少年服务热线和网络平台，未成年人保护委员会可以此为基础，建立使用信息加密技术的保护未成年人网络平台，并分设未成年人维权受理平台、未成年人社会工作平台、未成年人司法保护平台、未成年人普法宣传平台四个子平台，由未成年人保护委员会各成员按照各自职责分工，对子平台进行维护和利用。检察机关负责维护司法保护模块，将其中的司法保护工作通过平台链接到社会工作平台，社工通过社会工作平台即可接收工作任务，实现分工负责、资源共享、互相监督、公开透明，实现司法保护与社会保护的无缝对接，保证未成年人利益最大化。

营 商 环 境

Business Environment

B.17

粤港澳大湾区建设的珠海法治保障研究

中共珠海市委政法委员会课题组*

摘　要：　市场经济是法治经济。经济社会发展到哪里，法治服务和保障就要跟进到哪里。优良的法治营商环境是城市及区域发展的根本保障，也是增强城市及区域综合竞争力的重要支撑。在粤港澳大湾区建设的大背景下，珠海法治作为调处社会关系、化解矛盾纠纷和保障合法权益的重要手段，在服务和保障改革发展稳定的过程中面临更多新的问题和挑战，需要紧紧围绕经济社会发展大局，深入分析研究相关法治保障问题，创造性地开展各项依法治市工作，进一步加强重点领域立法，全面提升法治政府、法治社会建设水平，探索强化三地司法

*　课题组负责人：张强，中共珠海市委常委、中共珠海市委政法委员会书记。课题组成员：李小燕、谢东伟、王智斌、张振峰、魏良荣、邓文、王咏霞、杨静、王丽。执笔人：陈军生，中共珠海市委政法委研究室副主任；郝湘军，时任中共珠海市委政法委依法治市工作室主任。

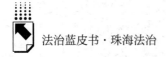

协助，完善市场监管机制，营造共建共治共享社会治理格局，提升涉外法律服务质效，打造横琴新区创新高地，充分发挥法治对经济社会发展的引领、服务和保障作用。

关键词： 粤港澳大湾区建设　法治保障　社会治理　法治建设　法治营商环境

习近平总书记在广东视察时强调，要把粤港澳大湾区建设作为广东改革开放的大机遇、大文章，抓紧抓实办好。粤港澳大湾区同时存在"三大自由贸易区""两种制度体系""三个法域"，在这样一个特殊的区域进行整体战略布局和经济发展规划，如同一场经济社会发展领域的深刻变革，没有任何经验可循，必须摸着石头过河。作为粤港澳大湾区城市群的重要一员，珠海要以习近平新时代中国特色社会主义思想为指导，以"四个走在全国前列"为总目标，深入学习贯彻习近平总书记视察广东重要讲话精神和总书记在庆祝改革开放 40 周年大会上的重要讲话精神，顺应供给侧结构性改革、创新驱动发展战略和开放型经济新体制的要求，抢抓港珠澳大桥建成通车的重大机遇，加速融入粤港澳大湾区建设大局，奋力开创珠海改革开放和社会主义现代化建设新局面。这其中，法治的有力保障和紧密衔接是关键环节，需要深入分析研究粤港澳大湾区建设背景下的相关法治保障问题，创造性地开展各项依法治市工作，全面提升法治政府、法治社会建设水平，充分发挥法治对经济社会发展的引领、服务和保障作用，以法治促善治、以善治促发展，使社会在深刻变革中既生机勃勃又井然有序，进一步提升社会治理的法治化水平。

法治建设与经济社会发展是一种正相关关系，良好的法治营商环境能够对经济社会发展起到很好的促进作用，反之亦然。粤港湾大湾区作为我国重要的区域经济社会发展的城市群，其建设离不开优良法治营商环境的保障和支撑。珠海市委八届五次全会提出，要"把珠海打造成为粤港澳大湾区经济新引擎和独具特色令人向往的大湾区魅力之城"新要求，这与粤港澳大湾区建设的总目标是高度一致的。

粤港澳大湾区建设涉及社会治理的多个领域，是区域经济、制度、环境、法治的整体性联动，需要研究解决的法治服务与保障问题较为复杂。珠海要正确把握未来经济社会发展规律，因应粤港澳大湾区建设国际一流、世界顶级城市群的新要求，全面梳理分析法治建设方面的问题与短板，务求探路破题，摸索可行之道。

一　粤港澳大湾区建设将面临诸多法治问题与障碍

《深化粤港澳合作推进大湾区建设框架协议》完善后，粤港澳三地深化务实合作，在执法司法协助特别是跨境商事仲裁、边境检验检疫、律师三地执业、法律人才交流和跨法域警务合作等方面取得了一定成效，对于维护三地经济社会的持续繁荣稳定发挥了重要作用。但由于历史、政治、经济等因素，粤港澳大湾区明显存在多样性法制壁垒。一方面，广东省九市属于中国大陆法域，而香港和澳门各自独为法域，三大法域在立法、司法上近乎自成一体而相互闭锁，成为法制体系性壁垒，在这种壁垒下，或多或少存在借鉴港澳先进立法经验的渠道不够畅通、立法实践交流存在诸多不便等问题；另一方面，广东省九市虽处于改革开放前沿，但九市享有不同的地方立法权限，加之基于地方经济发展需要和城市管理需要，各地往往通过立法来赋予优惠、采取促进或限外措施，造成城市管理方面的法制壁垒。有的学者认为，由于粤港澳大湾区各城市之间的文化差异、制度冲突和法律失衡等痛点，法治难以形成外溢效应，应通过法治融合推动区域协同发展，运用法治手段将区域差异和冲突纳入可控范围。

二　新时代的珠海法治建设需要抢抓机遇、补齐短板

（一）引领和支持改革创新的立法有待进一步发挥

为高质量投入粤港澳大湾区建设，珠海应以制度创新为核心，在深层次

制度合作探索上创新立法，进一步发挥立法的引领作用。一是积极探索粤港澳合作新模式，争取国家和广东省的支持，制定完善便利港澳居民来珠海工作生活相关的教育、医疗、就业、住房、养老等政策措施；二是优化拓展横琴"分线管理"政策，推动实现"一线基本放开、二线高效管住、人货分离、分类管理"，推动港澳在横琴率先融入国家发展大局，努力开创"一国两制"实践新模式；三是对标最高最好最先进，率先建立与国际高标准投资贸易规则衔接的制度体系，促进双向投资和贸易便利化，加快形成全面开放新格局。

（二）法治政府建设有待深化

一是粤港澳大湾区九市缺乏执法合作的法律规制，各地行政许可、行政处罚、行政强制措施等具体行政行为的实施机关、范围、条件、幅度和程序等方面存在差异，各种行政执法合作主要依据各方签订的行政协议，一定程度上限制和削弱了执法合作优势的发挥，使得执法合作难以形成纵、横有机统一体系。二是行政执法体制改革有待加强，行政执法权责交叉、争权诿责的问题依然存在，尤其是执法边缘管辖、多头监管的问题尤为突出。三是行政复议综合改革有待进一步深化，依然存在对类型化案件办理标准探索不足、开庭审理比例较低等问题。2017 年市政府共收到行政复议案件648 宗，经过开庭审理的案件仅为40 宗，不足全部案件量的10%。

（三）执法司法合作有待深入，程序有待简化

一是送达和调查取证的司法协助程序耗时较长。最高人民法院就内地与港澳对委托送达、调取证据方面进行了规范，但实践中耗时较长（5～10 个月），影响审判效率。二是区际法院认可和执行的判决范围不够广。内地与香港《关于相互认可和执行当事人协议管辖的民商事案件判决的安排》仅限于当事人协议管辖、须支付款项的案件，影响了内地与香港民商事判决的信息流通。三是刑事司法协助缺位。粤港澳三地在司法机构设置和职能划分方面存在许多差异，可能会造成难以确定司法合作的机关，或者数个机关同

时具有处理权限的情况。在寻求合作打击跨境犯罪时，在案件管辖权、移交逃犯、扣押和返还财产、承认和执行其他法域的生效判决等方面都存在冲突，而且冲突的解决缺乏共同的上位法调整，或适用三地的司法程序。四是个案协查的程序烦琐。需要港澳提供协助的案件，采用以广东省检察院为最终联系机关的个案协查模式，办案周期较长、审批程序烦琐，直接导致司法合作效率低，严重制约刑事司法部门对跨境犯罪的打击力度。

（四）依法治理方面的配套制度和法律指引缺失

一是消防救援机制存在现实难题。由于港珠澳大桥跨度较大，涉及三地辖区，当发生较大火灾事故时，需三地消防部门联合救援，而救援人员出境审批等相关机制尚未健全。二是预防打击三地互涉违法犯罪缺少深入的跨境刑事情报交流及信息共享机制。目前三地警务协作以个案的函件往来协查为主，缺少以情报主导侦查的协作机制，未建立集粤港澳各类犯罪的"人、地、事、物、组织"等基础信息为一体的统一信息资源库，不能及时提供完整、准确、鲜活的信息支撑和数据保障。在区域合作过程中，缺乏各类犯罪基础信息的交流与共享，未明确基础信息资源管理共享应遵循的权利和义务，未建立合作事项动态查询及沟通反馈机制。三是警务协作难以形成合力。对如伪基站、非法传销、电信网络诈骗、非法经营地下钱庄、组织卖淫、非法吸收公众存款、集资诈骗等跨境犯罪，因三地的司法制度差异，三地警务协作难以形成合力及时进行打击，造成三地互涉性跨境犯罪频发。四是刑事执法合作缺乏相关法律指引。由于粤港澳大湾区"一个国家、两种制度、三个法域"的格局，罪与非罪、定罪量刑分歧较大，而珠海与澳门的刑事司法互助在境外调查取证、追缴犯罪收益、缉拿逮捕逃犯、法律文书传递等方面还存在法律和现实的障碍。例如，对于知识产权犯罪数额的认定仍然存在争议，导致证据标准不一。

（五）高端法律服务需求增多导致人才储备不足

珠海处于"一国两制"的交会点和改革开放的最前沿，在建设粤港澳大湾区创新高地、"一带一路"建设支点的过程中,涉外经济领域的相关问题更加凸显。比如,当前珠海市进出口规模逐年扩大,企业却对国际化争议解决规则普遍不够熟悉。又如,珠海的国际商事仲裁机构和商事调解机构虽发展势头良好,但处于建设初期,涉外法律服务人才储备不足,无法满足企业对国际高端法律服务的需求。

由于粤港澳大湾区涉及三个不同法域,涉外法律服务业从形式上合作发展到实体上合作,会产生"两制"和"三法域"不同而带来的矛盾。以联营律师事务所为例,目前存在多方面制约其发展的问题:一是由于粤港澳三地法域不同,三地律师只能在其注册地从业,不能跨境执业;二是由于外汇管理政策不同,联营律师事务所不能开设外币账户;三是受出入境政策限制,联营律师事务所的中方律师不能以工作签证出入港澳等。再加上由于珠海经济总量不大,法律服务市场总体规模也不大,律师数量不多,涉外法律服务业发展时间不长,高端涉外法律服务人才更是缺乏,影响了涉外法律服务业的水平提升。

三 粤港澳大湾区建设背景下加强珠海
法治服务与保障工作的路径选择

(一)加强创新性立法,进一步发挥立法的引领和推动作用

聚焦珠海实施创新驱动发展战略,推动政府职能转变,加快形成法治化、国际化、便利化的营商环境和公平、开放、统一、高效的市场环境,开展创新性立法,为改革创新提供法治保障;聚焦实施粤港澳大湾区战略,积极探索粤港澳合作新模式和横琴自贸片区制度创新,制定完善便利港澳居民来珠海工作和生活的相关政策措施,建立与国际高标准投资贸易规则衔接的制度体系,促进双向投资和贸易便利化,为形成全面开放新格局提供法治保障。发挥港澳法律顾问单位桥梁作用,建立立法信息交流机制,借鉴港澳地区治理经验以及国际通行规则和惯例,在法治框架下推动珠港澳在各领域的合作。

（二）加快建设法治政府，助推粤港澳大湾区建设

严格执行《珠海市重大行政决策程序规定》，探索实施重大行政决策目录管理。深化政务公开，打造透明政府，提升政务服务的电子化、高效化。继续推进综合执法体制，落实行政执法责任制。通过多种方式推动严格规范公正文明执法。实施行政复议规范化建设，健全行政机关负责人出庭应诉案件的备案制度、行政应诉案件的定期统计分析和报告制度。探索建立执法合作机制和制度，推动湾区城市间执法业务交叉领域、执法管辖边缘领域、执法对象多头监管领域的执法合作。

（三）加强三地司法协作，形成司法保障合力

发挥中华司法研究会涉澳研究基地的辐射作用，定期就司法协作、司法人员培训等进行全面交流，搭建与港澳地区执法机构的沟通平台。探索建立法律、裁判文书、案件受理情况、判决的认可和执行等信息的共享机制。加强与港澳执法机关在调查取证、法律文书送达、仲裁和民商事判决的承认与执行等方面司法协作，简化司法协作程序。进一步加强粤港澳警务合作以及个案协查等制度，有效打击跨境追逃追赃，制定完善案件侦办工作指引，建立重大案件侦办风险评估制度，完善应急处置工作模式。

（四）建立有效的市场监管机制，营造公平竞争的营商环境

推行"一网办理""信息共享"和"多证合一"，所有政务服务事项实现互联网"一网通办"。在投资建设领域推行容缺受理，实行"联审联办"。推进公共信用信息管理系统建设，将市场主体信用信息推广运用于政府采购、市场监管、货款发放等多个领域，落实守信激励和失信惩戒机制，制定《珠海市商事主体信用信息管理办法》，构建全社会信用体系。全面深化市场监管体制机制改革，便利市场准入，推动信息共享，规范监管流程，逐步构建形成统一规范、权责明确、公正高效、法治保障的市场监管执法体系。健全市场风险管控机制，强化风险监测预警。加强产权司法保护的机制建

设，确保各类市场主体法律地位平等、权利保护平等和发展机会平等，激励智力成果创新。

（五）推动社会治理法治化，确保社会和谐稳定

发挥各级职能部门在社会治理中的专业优势，实现管理优势转变为服务优势。搭建社会治理应急联动机制，完善社会组织培育机制，强化社会组织主体意识。健全市场服务体系，完善政府购买服务制度。按照构建共建共治共享社会治理新格局的总要求，将社会治理资源更多下放到基层，加强基层治理领域的制度设计、规划统筹和政策供给，激发基层社会活力，拓展外来人口参与社会治理途径和方式。坚持以法治为核心的价值观，加强法治教育区域合作，培养具有大湾区法治意识的专业性人才，增强粤港澳大湾区各城市的法治共识。依托专业调研机构和珠海高校资源，适时开展相关理论性与实践性调研，开展政府部门、高等院校和科研机构之间的法学交流活动，及时研究解决粤港澳大湾区建设过程中的法治服务和保障问题。

（六）健全商事纠纷解决渠道，提供优质涉外法律服务

鼓励高校发挥地缘和学科优势，加强涉外法律人才的培养。重视培养吸纳公证、调解、仲裁等专业人才，拓展公证、调解和仲裁等涉外业务，积极培育发展涉外法律服务网络平台。加大力度扶持珠海市的国际商事仲裁机构发展，开展互联网仲裁，培育专业商事调解行业。以横琴新区国仲民商事调解中心为平台，积极探索提供跨境调解法律服务。鼓励港澳律师事务所与广东省内律师事务所合营，鼓励珠海市律师事务所聘请港澳律师或者外籍律师担任法律顾问，鼓励珠海市律师事务所到国外开办分所，鼓励符合条件的港澳台居民在珠海市以律师身份执业，适时组织开展常态化的区域法律制度专业培训，进一步提升珠海市涉外法律服务整体水平。把各个领域最顶尖的律师吸收到人才库，方便企业在国内和国外都能快捷地查询和接受最专业的法律服务。全面了解和掌握珠海企业的法律需求，全力搭建企业和律师事务所的合作平台。定期对企业法务工作人员进行针对性培训。整合利用大湾区法

律服务资源，创新湾区商事调解协同机制，着力构建形成更加便民高效和覆盖整个湾区的公共法律服务体系。

（七）打造横琴新区创新高地，发挥对全市法治建设的引领示范作用

争取国家文化和旅游局等部委支持，促进横琴自贸区获批实质性利好政策，获取更大的改革自主权。建议广东省政府下放更多工程审批类权限，推动政府行政许可审批更加便民高效，进一步加速政府职能转变。建设工商、税务平台，建立统一联网、统一使用的电子平台。

十九大报告提出，开放带来进步，封闭必然落后。中国开放的大门不会关闭，只会越开越大；要以"一带一路"建设为重点，坚持"引进来"和"走出去"并重，遵循共商共建共享原则，加强创新能力开放合作，形成陆海内外联动、东西双向互济的开放格局。更加开放的经济发展需要更加优良的法治环境作保障。粤港澳大湾区是我国开放型经济发展的重要实践样板。在粤港澳大湾区建设的大背景下，珠海要以习近平新时代中国特色社会主义思想为指导，抢抓港珠澳大桥建成通车的重大机遇，依托珠海毗邻港澳的地理环境优势，深入推进全面依法治市，强化对推进供给侧结构性改革、实施创新驱动发展战略、构建开放型经济新体制的法治保障，努力营造更加优良的法治化国际化营商环境，增强珠海经济社会发展的软实力。

B.18
珠海国际仲裁院服务横琴
自贸片区建设调研报告

珠海国际仲裁院课题组 *

摘　要：　珠海国际仲裁院自成立以来，立足广东横琴自贸片区改革创
　　　　新平台，致力于建设与国际对接的现代仲裁机制和多元化争
　　　　议解决机制，围绕自贸区法治建设实际需求，作出了诸多创
　　　　新，主要体现在：发布国内首部临时仲裁规则，建立互联网
　　　　金融仲裁平台，创设消费仲裁机制。

关键词：　临时仲裁　互联网金融仲裁　消费仲裁

　　为服务横琴自贸片区建设，2014 年 8 月 7 日，珠海国际仲裁院正式挂牌成立。珠海国际仲裁院为珠海仲裁委员会（以下简称"珠海仲裁委"）的下属机构，设立在横琴自贸片区，专门处理涉横琴和涉外的仲裁案件。2015年，国务院《中国（广东）自由贸易试验区总体方案》、广东省《中国（广东）自由贸易试验区建设实施方案》提出，"发展国际仲裁、商事调解机制"。2015 年珠海市委七届五次全会提出，"加强仲裁能力建设，提高仲裁公信力。推进珠海国际仲裁院建设，建立与国际对接的现代仲裁机制。完善金融仲裁机制，探索知识产权纠纷解决新途径"。

　　珠海国际仲裁院成立以来，立足横琴自贸片区改革创新平台，以做大做

---

　　* 课题组负责人：吴学艇，珠海仲裁委员会副主任、珠海国际仲裁院院长。执笔人：许智铭，
　　珠海国际仲裁院副院长；海玉，珠海国际仲裁院秘书。

强国际仲裁珠海品牌为己任，以打造珠三角西部地区国际仲裁和法律服务高地、创建横琴乃至珠海市法治建设新名片为目标，致力于建设与国际对接的现代仲裁机制和多元的争议解决机制，发布实施中国第一部临时仲裁规则，创建互联网金融仲裁平台，建设消费争议仲裁机制。

一 发布国内首部临时仲裁规则，促进临时仲裁落地自贸区

为推进自贸区临时仲裁制度，公正、及时地仲裁民商事纠纷，保护当事人合法权益，促进自贸区社会经济发展，根据《仲裁法》、最高人民法院《关于为自由贸易试验区建设提供司法保障的意见》以及其他法律法规规定，珠海仲裁委制定了《横琴自由贸易试验区临时仲裁规则》（以下简称《临时仲裁规则》），该规则是国内第一部临时仲裁规则，于2017年4月15日正式颁布实施。此举标志着临时仲裁在中国自贸区真正落地，是中国仲裁发展的里程碑事件，也是中国广东横琴自贸片区营造国际化法治化营商环境的重要创新成果。

（一）制定《临时仲裁规则》的背景

临时仲裁是仲裁制度产生的最初形式，与机构仲裁并列为仲裁的两种组织形式。临时仲裁中，完全依据当事人的自由约定展开仲裁程序，双方当事人可以自行约定、组织管理程序，具有更大的便利性和灵活性，能够满足当事人自主、高效、便利解决商事争议的特定需求。国际上对临时仲裁的认可度较高，我国虽然也认可临时仲裁，但是《仲裁法》只规定了机构仲裁，没有赋予在中国境内进行临时仲裁的法律地位。

最高人民法院2016年12月30日《关于为自由贸易试验区建设提供司法保障的意见》第9条规定，"在自贸试验区内注册的企业相互之间约定在内地特定地点、按照特定仲裁规则、由特定人员对有关争议进行仲裁的"，人民法院可以认定该仲裁协议有效。这一规定虽然没有使用临时仲裁的表

述，在实质上已突破了《仲裁法》对临时仲裁的限制，标志着临时仲裁在自贸区迎来了合法化的契机。

中国现行仲裁法律体系是针对机构仲裁而设计的，其程序性规定并不能解决临时仲裁所面临的特有问题。在自贸区选择临时仲裁，只能依据当事人所选定的境外或域外的临时仲裁规则，不利于临时仲裁程序的有效推进和满足当事人的实际需求。在自贸区内选择临时仲裁，就有必要设计一个既符合《关于为自由贸易试验区建设提供司法保障的意见》基本要求又能与国际通行的临时仲裁规则接轨，且体现本地仲裁传统的临时仲裁规则。

根据自贸区先行先试、改革创新的精神，为推进横琴自贸片区建立中国特色的临时仲裁制度，珠海国际仲裁院在比较研究国际先进临时仲裁规则的基础上，结合我国仲裁法和横琴自贸片区实际情况，制定了临时仲裁规则，期望推动仲裁制度改革和自贸区法制创新的深入开展，丰富和完善自贸区多元化、国际化的争议解决体系，助力自贸区营造国际化、法治化的营商环境。

（二）《临时仲裁规则》的主要制度设计

（1）适用范围。一是自贸区内注册企业发生的商事纠纷，二是其他当事人在合同中约定所适用的法律允许临时仲裁，三是还可适用于投资者与东道国因直接投资而产生的争端解决。

（2）设计了指定仲裁员机构的介入模式。当事人如未经过系统法律训练，缺乏相应专业知识，对仲裁程序的约定可能并不完善。在当事人的约定有空白、不协调等情形下，需要特定的机构协助组建仲裁庭、化解仲裁中出现的"僵局"，在某些环节介入仲裁，保证其合法性。《临时仲裁规则》规定的"指定仲裁员机构"承担前述职责。

（3）珠海仲裁委作为仲裁程序推进的最终保障。在当事人没有约定仲裁员机构、约定的指定仲裁员机构不作为或不能行使相应职权时，《临时仲裁规则》确定由珠海仲裁委作为最终的指定机构，确保介入机构应履行的职责得以最终实现。

（4）裁决书和调解书的转化。规定了珠海仲裁委确认裁决书和调解书的程序，设计了临时仲裁转化为机构仲裁的路径，以期解决临时仲裁裁决可能因《仲裁法》或《民事诉讼法》无相关规定而影响执行效力的问题。这一转化机制是在现有法律框架下的创新性探索。

（5）仲裁庭可以使用第三方提供的有偿服务。经当事人同意，仲裁庭可以寻求第三方服务，如财务管理、秘书记录服务、仲裁庭租赁、仲裁案卷保存、邮寄送达、协助财产保全等。

（6）设计周密的程序，同时弱化强制性规定。仲裁庭是临时仲裁的核心要素，赋予仲裁庭充分自主权，对审理过程中的诸多环节仅作简要规定。如证据部分，对证据种类、举证期限、证据提交、质证以及证据认定等均未作专门规定，由仲裁庭根据案件具体情况予以确定，对于仲裁费用、案卷保存等程序详细设计，避免因细节问题无法操作。

《临时仲裁规则》出台后，受到了各方关注，珠海仲裁委多次受邀参加国内"自贸区与临时仲裁"为主题的研讨论坛，探讨临时仲裁在自贸区的落地配套，理论学术界也对该规则展开了分析和对比。由于临时仲裁没有机构管理的特性，如若双方当事人适用《临时仲裁规则》，互相配合选定了仲裁员，进行了仲裁程序，达成和解或调解并自动履行，自始至终机构没有参与其中，无法掌握适用《临时仲裁规则》的案例和数据。

二　建设互联网金融仲裁机制

2018 年 4 月，根据《仲裁法》《电子签名法》《珠海仲裁委员会仲裁规则》，珠海仲裁委制定《珠海仲裁委员会互联网金融仲裁规则》（以下简称《互联网金融仲裁规则》），互联网金融仲裁平台投入运行，成为全省乃至全国第一个专门针对金融纠纷尤其是互联网金融纠纷而开发的网上争议解决平台，被列为广东自贸区 30 个"制度创新最佳案例"。

（一）背景

随着互联网金融的迅速发展，参与互联网金融业务的各方主体产生了以互联网方式有效解决纠纷的紧迫需求，而服务于互联网金融的配套措施却发展缓慢，由于单笔金额小、客户数量多，债权人通过传统法律手段追偿成本较高。为更加有效地保障金融业市场主体合法权益，为互联网金融企业提供强有力的法律保障，珠海仲裁委着手建设互联网金融仲裁机制，联合企业搭建互联网金融仲裁平台（以下简称"平台"），实现仲裁程序全流程线上流转，批量处理仲裁案件，有效解决线下仲裁的困境。"互联网＋仲裁"作为经济新常态下仲裁互联网金融纠纷的新模式，打破了传统的解决争议方式，破解了"地域限制、周期长、成本高"的难题。

（二）《互联网金融仲裁规则》的主要特点

（1）确保电子证据的有效性。平台与数字证书服务机构合作进行有效认证，确保电子证据及电子签名的真实、有效。决定书、裁决书、调解书均由仲裁员电子签名，并由珠海仲裁委电子签章。

（2）创新电子送达方式。通过电子邮件、移动通信号码（包括但不限于手机号码、微信账号、QQ账号）等多种电子送达方式送达仲裁文书，当事人能够第一时间收悉有关仲裁程序的通知、文书等信息。

（3）程序简便快捷。设计了可视化的办案流程，使得双方当事人、仲裁员及办案人员三方均可直观地在各自界面根据提示推进程序、了解进展。特别针对小额（不超过 5 万元）网贷、P2P 等纠纷，平台设计了速裁程序①，由一名仲裁员书面审理，在线提问且回答不设置期限，仲裁庭认定事实以及当事人辩论更加灵活、简便。

---

① 从受理案件到作出裁决最快只需要 9 天。争议金额超过人民币 5 万元的案件，适用普通程序，从受理案件到作出裁决最快只需要 13 天。适用速裁程序的案件，当事人在 2 日内答辩、举证，提出反请求和选择仲裁员。提出回避的时间为审限届满前 3 日，极大地缩短了各个节点的时间。

（4）仲裁费用低廉。仲裁费按照国家最低标准收取，有效满足互联网争议量大和批量处理的特点，一定程度上降低互联网案件当事人的仲裁成本。

平台上线以来，已处理 3000 余宗争议，超过了 2017 年珠海仲裁委全年办案总数。可以预见，平台将很快进入快速发展期，受理来自全国各地的互联网金融纠纷，实现线上纠纷线上解决，真正便利化纠纷处理，促进优化我国互联网金融产业发展环境。

三 建设横琴小额消费争议仲裁机制

为促进商家诚信经营，保护消费者权益，珠海仲裁委以横琴"诚信岛"建设为契机，联合横琴新区消费者保护协会，全国首创"诚信承诺＋免费仲裁＋先行赔付"小额消费纠纷仲裁机制。2016 年 3 月 15 日，横琴新区小额消费争议仲裁中心（以下简称"仲裁中心"）正式挂牌，小额消费争议仲裁机制已经正式投入运作。

（一）建设背景

《消费者权益保护法》规定了五种消费争议解决途径：协商和解、调解、申诉、仲裁和诉讼。和解调解依赖消费者自己的力量，向消费者权益保护协会投诉力量过于薄弱，目前只有诉讼和仲裁能产生法律上的强制执行力，最终解决消费争议。相比仲裁，诉讼成本高昂，时间耗费长久，而消费纠纷多数标的额较小、时效性较强，只通过诉讼途径无法使消费者权益及时得到救济。

仲裁强调当事人的自由意志，因而仲裁程序与诉讼程序相比更加灵活和简便。仲裁实行"一裁终局"制，仲裁裁决一经仲裁庭依法作出就具有法律效力。程序简便和一裁终局决定了仲裁制度更符合消费者权益保护的效率性要求。

2014 年，横琴新区在全国率先推动"诚信岛"建设，出台全国首个诚信方面的区域性政府规章《横琴新区"诚信岛"促进办法》，建立商务信用信息公开、索票索证、商品溯源、商品出入境监管、横琴诚信店、先行赔付等制度，逐步实现商务诚信①。诚信店模式和先行赔付制度是消费者权益保护的两大利器，可以保护消费者的权益。诚信店保障商品的可靠性，减少侵害消费者权益的情形发生，先行赔付帮助消费者权益受损后及时得到赔偿，大大促进了消费者的保护。值得注意的是，诚信店制度还有重要的一环，即消费争议仲裁制度。不同于消费者协会调解缺乏强制执行力，仲裁解决消费纠纷快速并且终局。

（二）主要制度设计

（1）机构设置。横琴新区消费者协会和珠海仲裁委共同成立横琴新区小额消费争议仲裁工作领导小组，领导小组办公室设在珠海国际仲裁院，负责具体事务落实。消费争议仲裁中心与珠海国际仲裁院合署办公，由珠海国际仲裁院院长行使日常管理职权。

（2）仲裁员选择。珠海仲裁委仲裁员名册中熟悉消费者权益保护的仲裁员，可以优先作为消费争议的仲裁员。横琴新区消费者协会可以推荐有消费者维权经验、熟悉消费者权益保护相关法律的人员作为仲裁员候选人。

（3）规则和适用范围。珠海仲裁委制定专门的消费仲裁规则，建立简单、快捷的仲裁程序，快速处理消费争议②。小额消费争议仲裁程序适用于横琴新区内，消费者为生活消费需要，在购买、使用商品或者接受服务时与经营者发生的争议金额不超过人民币3万元（含3万元）的仲裁案件。

（4）调解与仲裁的对接。消费争议应先经横琴新区消费者协会受理进

---

① 在消费层面，该办法规定，横琴新区消费者委员会负责诚信店评审、授予和撤销，消费者在横琴诚信店购买商品或接受服务，因质量问题发生纠纷并向横琴新区消费者委员会投诉，经横琴新区消费者委员会核实确认后予以先行赔付。

② 仲裁中心收到仲裁申请之日起2个工作日内，认为符合受理条件的，予以受理。被申请人应当自收到受理通知书之日起5日内答辩。一名仲裁员组成独任仲裁庭，在组庭之日起一个月内作出裁决书。该规则于2016年1月1日起生效实施。

行调解。调解不成，再由横琴新区消费者协会协助提交仲裁①。

（5）先行赔付。消费者的经济损失经消费争议仲裁裁定后，如商家未能及时履行赔付义务，横琴新区消费者协会先代为支付，之后再由横琴新区消费者协会向商家追索。这是消费仲裁的一大创新点，该机制对非横琴本地消费者非常利好，避免为解决消费纠纷产生更多损失。

（6）免费仲裁。考虑到消费争议多为标的额较小的案件，为减轻当事人负担，争议双方不承担仲裁案件的受理费和处理费，由珠海仲裁委和横琴新区消费者协会共同承担，但在仲裁过程中额外发生的合理费用，如鉴定费、评估费等需要额外支出的费用需要当事人负担。

该机制的建立和运行一举解决了消费者在消费争议仲裁中面临的仲裁协议签订、仲裁案件办理、仲裁费用、仲裁裁决的执行等一系列难题，最终实现快捷、有效、免费解决消费争议的目的，对中国消费争议仲裁的发展建设极具创新和示范价值。横琴小额消费争议仲裁机制各项配套制度已经构建完善，与横琴消费者协会的调仲对接机制也已健全。

四　结语

珠海国际仲裁院经过不断发展创新，取得了一定成果，但在一些方面还有提升空间。

一是认知度待提升。珠海市国际仲裁机制建设较晚，市场主体对珠海国际仲裁院还缺乏了解。

二是国际商事仲裁服务水平待提升。珠海市国际商事仲裁处于发展起步阶段，国际商事仲裁法律服务人才相对匮乏、仲裁员国际化程度需进一步提升、办案管理团队的梯队建设需进一步加强。

三是互联网金融仲裁平台案件量增长迅速。但目前系统在运行支撑环

---

① 商家加入"诚信店"后，即声明在横琴新区与消费者发生争议时，如调解不成，自愿通过仲裁方式解决；消费者与商家发生消费争议纠纷后，如调解不成，即可选择以仲裁的方式处理纠纷，从而解决仲裁条款订立问题。

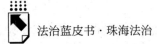
境、软硬件设备，包括维护主机和存储系统、网络设备、运维力量等都需要进一步升级。只有进一步提升智能化、批量化处理能力，才能满足辐射全国的大规模办案需求。

未来珠海国际仲裁院将继续依托横琴的区位优势，加强与香港、澳门的合作，探索大湾区仲裁法律合作的新模式，继续发展仲裁机制和调解机制，加强与法院的沟通协调，加强国际商事仲裁的普法宣传，加大力度培养国际商事仲裁专业人才、仲裁员和优秀仲裁工作团队，为"一带一路"沿线国家的经贸往来服务。

B.19
珠海市完善知识产权保护调研报告

珠海市知识产权法治保护课题组*

摘　要： 本文从知识产权保护视角对珠海市营造创新驱动发展法治环境的主要做法进行了总结梳理，阐述了珠海市知识产权立法、执法、司法营造法律服务环境以及法治宣传等多方面的建设情况和主要成效，并提出了今后促进知识产权法治工作的可行性举措。

关键词： 知识产权　立法　执法　司法　法治宣传

一　背景

创新是十八届五中全会提出的五大发展理念中的核心理念，是引领发展的第一动力。中共广东省委提出，要把创新驱动发展战略作为经济社会发展的核心战略，打造国家科技产业创新中心，建设珠三角国家自主创新示范区，加快形成以创新为主要引领和支撑的经济体系和发展模式。中共珠海市委提出，要深入学习贯彻习近平总书记重要批示精神，全面落实省创新发展大会精神，抢抓机遇、脚踏实地，把创新驱动发展战略作为经济社会发展的核心战略，以珠三角国家自主创新示范区为抓手，加快形成以创新为主要引

---

* 课题组负责人：钟国胜，时任珠海市知识产权局党组书记；贺军，时任珠海市知识产权局局长。课题组成员：张彪文、陈发启、翁文沛、陈智、徐能军、田甜、吴智棠、白志刚、冯岳明、权超、陈京京。执笔人：田甜，珠海市知识产权局知识产权科科长；陈京京，珠海市知识产权局职员。

领和支撑的经济体系和发展模式，打造粤港澳大湾区创新高地。牢牢扭住创新驱动发展这一核心战略和总抓手，发展壮大高新技术产业，提升源头创新能力，在实施创新驱动发展战略上开创新局面。

2015 年是全面推进依法治国的开局之年，中共中央、国务院印发《法治政府建设实施纲要（2015～2020 年)》；同年，珠海市出台《中共珠海市委关于贯彻落实党的十八届四中全会精神　建设一流法治环境的工作方案》，确立珠海全面推进依法治市的目标，同时修订《珠海经济特区科技创新促进条例》，支持实施创新驱动战略，从立法、执法、司法等方面营造创新驱动发展法治环境。

二　主要做法及成效

（一）建立支撑创新驱动发展的政策法规体系

根据国家和省知识产权局的工作要求，结合珠海市经济社会发展实际，近年来，珠海市先后制定 20 多个部署各领域知识产权战略的法规、规章和规范性文件，初步形成以《珠海经济特区科技创新促进条例》为核心，以《关于建设知识产权强市的意见》《珠海市深入实施知识产权战略支撑创新驱动发展三年行动计划（2015～2017 年)》《珠海市推行〈企业知识产权管理规范〉（GB/T29490－2013）工作方案》《珠海市专利促进专项资金管理办法》《珠海市贯彻落实广东省深入实施商标品牌战略服务经济社会发展的若干政策措施实施意见》一系列规章政策作为配套的特色知识产权政策法规体系，提高了政府依法管理和推进全市专利工作的能力和水平，有力地促进了知识产权战略的实施。例如，2014 年 11 月 28 日，珠海市在全国率先出台地方性法规《珠海经济特区行政执法与刑事司法衔接工作条例》，进一步加强知识产权等领域的"两法衔接"工作制度化、规范化和法治化建设。2016 年 8 月，出台《关于进一步加强珠海市"两法衔接"工作的意见》，突出工作重点，加强知识产权保护。2016 年 9 月，由珠海市知识产权局、市财政局、市金融工作局、中国人民银行珠海市中心支行和中国银行业监督管理委员会珠海监管分局联合印发《珠海市知识产权质押融资风险补偿基金管理办法（试行）》，为中小企业提供了更宽广的融资通道，打消了质权人将知识产权作为质押的标的物的顾虑。2017 年 7 月，以市政府名义印发《珠海市开展国家知识产权示范城市培育工作方案》，积极推进全市知识产权示范培育相关工作。目前，全市知识产权运用、管理、保护和服务能力得到进一步加强。

（二）营造严格的执法环境

珠海市刑事司法部门和知识产权行政部门严格执法，有效遏制了各类知识产权侵权假冒行为，珠海市知识产权保护成效显著。

一是刑事司法严厉打击违法行为。珠海市公安局围绕"提高服务意识保护企业知识产权、打击侵犯知识产权犯罪、提高经侦部门执法办案能力"三项工作重点，针对知识产权案件定性难、取证难、认定数额难的特点，采取"以专对专"的方式，强化经济犯罪侦查部门专业化打击。同时，由刑事侦查、技术侦查、网络侦查和图像侦查部门联合组成了"四侦"情报研判及合成作战中心，建立了部门领导会晤、信息交换协作、线索核查及联合打击工作机制，有效增强联合打击合力。

二是行政执法维护市场竞争秩序。市知识产权局制定《珠海市知识产权局 2017 年专利执法维权"护航""雷霆"专项行动实施方案》，设立广东省维权援助中心珠海分中心补充知识产权保护力量，对重点企业提供直通车保护服务，加强专利行政执法，全年共处理案件 33 件，比上年增加 23 件①。市工商局加强节日市场监管，查处食品等重点商品的商标侵权行为。2017 年全市工商行政管理系统共查处案件 161 宗，案值 146.84 万元，罚没 126.15 万元②。2017 年市版权局共出动执法人员 9011 人次，检查各类场所 3430 家次，没

---

① 全年共处理案件 33 件，其中假冒专利立案 2 件，专利侵权纠纷立案 31 件，全部结案。
② 其中侵犯商标权案件 77 宗，案值 24.31 万元，罚没 21.7 万元；假冒伪劣商品案件 84 宗，案值 122.53 万元，罚没 104.45 万元，移送公安机关处理 1 宗。

收各类非法书报刊 1026 份，非法光盘 10740 张，处理群众投诉 121 宗，查办各类案件 103 宗，确保了珠海市文化市场平安稳定、健康有序发展。拱北海关与珠海市人民政府签署知识产权保护战略合作协议，提升对关区自主知识产权企业的服务；组织开展出口知识产权优势企业知识产权保护"龙腾"行动、中国制造海外形象维护"清风"行动、中美海关联合执法行动、粤澳海关保护知识产权联合执法行动等多项执法行动。据统计，2017 年，拱北海关全年共采取知识产权保护措施 394 批次，同比增长 34.9%；查获侵权案件 173 宗，同比增长 40.7%；查获侵权货物、物品 18.6 万件，案值 200.3 万元。开展区域执法合作，与广州、厦门、宁波、上海、深圳、黄埔6 个兄弟海关通过建立信息共享、案件交流、风险信息等 3 个方面的快速反应机制，共同构建严密的打击侵权假冒网络，防范侵权假冒口岸漂移。

2016 年 3 月 30 日，横琴自贸片区管理委员会与拱北海关、横琴国际知识产权交易中心共同签订《关于开展"知识产权易保护"合作备忘录》，联合推出"知识产权易保护"合作模式。"知识产权易保护"合作模式实施一年来，成效初显。2017 年 6 月，全国自贸试验区首个海关知识产权保护中心在横琴自贸片区挂牌成立，将有力保护合法企业的知识产权，有效提升合法企业的核心竞争力。

（三）营造公正的司法环境

珠海市审判机关、检察机关大力探索工作机制创新，发挥司法保护的主导作用，司法机关与行政机关的合作，营造了有利于自主创新的法治环境。

一是审判机关设立知识产权保护专门机构，探索"三审合一"审判模式。2009 年，珠海市设立全国首家中级人民法院派出知识产权法庭，率先探索知识产权民事、行政和刑事案件"三审合一"审判模式。知识产权法庭成立以来，发挥司法保护知识产权的主导作用，强化知识产权审判工作，打击知识产权侵权行为，维护知识产权权利人的合法权益，维护知识产权管理的正常秩序。2015 年 4 月 23 日，在广东自贸试验区横琴新区片区挂牌仪式上，市中级人民法院广东自贸试验区横琴片区知识产权巡回法庭同时挂牌。巡回法庭将根据自贸区的特点，遵循国际通行规则和惯例，解决自贸区内外经济主体在知识产权创造、管理和交易过程中可能产生的法律纠纷。2016 年 1 月，经最高人民法院批复同意，珠海市香洲区人民法院统一受理全市一般知识产权一审民事案件，同时按照"三审合一"的要求，统一受理知识产权刑事和行政案件，进一步理顺了全市知识产权审判体制。为适应珠海横琴自贸片区知识产权保护需要，最高人民法院批复同意，从 2016 年 8 月 1 日起，横琴新区法院对其辖区内一般知识产权民事案件、刑事案件和行政案件行使管辖权。目前，全市两级法院均实现了知识产权审判的"三审合一"。2017 年，珠海两级法院新收各类知识产权一审民事案件 564 件①，比上年度多收 334 件，增幅 145%。审结案件 441 件，结案率为 78%。民事二审受理案件 45 件，比上年减少 140 件，结案 45 件，结案率为 100%。目前珠海两级法院均实现了知识产权审判的"三审合一"。

二是检察机关设立知识产权保护专门机构，实行"三检合一"模式。2010 年，珠海市成立全国首个知识产权检察室，赋予其诉讼和诉讼监督、职务犯罪侦查及执法监督权，对涉及知识产权领域的刑事案件、民事和行政申诉案件履行检察职能，实行"三检合一"模式。2015 年 3 月 18 日，珠海市人民检察院出台《办理知识产权案件工作规则》，明确知识产权刑事案件跨区域集中统一集中受理，有力保障知识产权案件办理的专业化和法律适用的统一性，进一步促进公平有序的市场环境和创新驱动发展的法治环境的形成。为更好地服务和促进自贸试验区创新驱动战略的实施，2015 年 10 月 8 日在横琴新区检察院设立"广东自贸试验区横琴片区知识产权检察工作站"，建立健全上下联动工作机制，提高知识产权检察保护水平，营造国际化、市场化、法治化营商环境。珠海市人民检察院坚持打击、监督、服务并重，充分发挥检察职能作用，强化知识产权司法保护，为高新企业自主创新提供了有力的司法保障。例如，在"打击侵犯知识产权犯罪和制售伪劣商

---

① 其中商标权属、侵权纠纷 244 件，著作权属、侵权纠纷 298 件，技术服务合同、技术委托开发合同、不正当竞争各 1 件，网络域名权属、侵权纠纷 3 件。

品犯罪"系列专项行动中，突出打击侵犯注册商标、商业秘密、著作权等犯罪活动，办理了一批重大疑难复杂案件。

三是加强司法机关与行政执法机关的协作配合，推动形成知识产权保护整体合力。2008 年，珠海市知识产权局、工商行政管理局、珠海市版权局、珠海市中级人民法院、珠海市人民检察院等 11 个职能部门，成立市知识产权联席会议制度。珠海市中级人民法院主动加强与公安、检察机关的知识产权刑事司法程序协作配合，切实加大刑事保护力度；在审理知识产权民事侵权案件的过程中，注重加强与工商、版权、专利等行政机关在行政执法程序上的衔接，实现司法保护与行政保护的优势互补和良性互动，扩大珠海市知识产权保护的影响力。检察机关进一步加强与行政机关和审判机关的联系与沟通，凝聚保护知识产权的强大合力；与侦查机关建立知识产权重大案件提前介入机制、联席会议及加强协作配合和监督等工作机制。

（四）营造创新驱动法律服务环境

一是加快公证管理体制改革。针对横琴新区涉外法律事务、知识产权交易、金融创新等方面的特殊需求，成立"公益三类、自收自支"模式的公证试点机构。横琴新区公证处将"融资租赁＋强制执行＋质押登记"进行整合，充分利用公证赋予债权文书强制执行效力的优势，为资本安全提供保障。同时，根据自然人、法人或其他组织的申请，为自贸实验区内企业知识产权申请、转让及知识产权保护、维护取证等进行公证。

二是建成联营律师事务所。促成国内首批、珠海首家内地与香港合伙联营律师事务所[1]和全国首家内地与港澳合伙联营律师事务所[2]在横琴自贸试验区挂牌成立。两家联营律师事务所为横琴自贸试验区提供跨境投资、跨境金融及国际知识产权法律服务，其中人和启邦（横琴）联营律师事务所与中国政法大学在横琴新区合作成立"和邦知识产权战略研究院"，重点在港澳及

---

[1] 人和启邦（横琴）联营律师事务所。
[2] 中银—力图—方氏（横琴）联营律师事务所。

海外拓展法律事务特别是知识产权方面，为横琴自贸试验区发展提供法律服务。

三是充分发挥"小微企业法律服务团"作用。认真贯彻落实《广东省支持小微企业稳定发展若干政策措施》以及广东省司法厅《关于服务中小微企业持续健康发展的若干意见》，以 V12 法律服务站①为示范，服务"大众创业、万众创新"创新驱动核心发展战略。

四是充分发挥"自贸试验区建设法律服务团"作用。将法律服务团成员名单及各自专业优势函发横琴新区，建立联络机制。充分发挥法律服务团业务专长和团队优势，主动围绕横琴自贸试验区建设提供跟踪服务，及时帮助横琴新区解决自贸试验区建设中遇到的重大法律难题。

五是加强对国家横琴平台的扶持推介。2014 年 12 月，横琴国际知识产权交易中心有限公司成立，承担国家知识产权运营公共服务横琴金融特色试点平台的建设运行任务，是国家"1 + 2 + 20 + N"知识产权运营体系的重要组成部分。2017 年 6 月 19 日，国家知识产权运营公共服务横琴金融试点平台在国家知识产权局与省政府第三轮知识产权合作会商工作会议上正式上线运营，将为珠海建设粤港澳大湾区创新高地以及广东省加快形成以创新为主要引领和支撑的经济体系和发展模式提供强大的力量。

（五）策划法治宣传活动

将知识产权保护法治宣传作为一项重要内容列入"七五"普法规划，严格落实"谁执法谁普法"法治宣传教育责任制。2016 ~ 2018 年，珠海市为企业、学校及社会大众提供多场普法培训与宣传活动，同时借助网站及微信公众号发布多项普法宣传信息，有效提高全社会知识产权创造、运用和保

---

① V12 法律服务站是在珠海 V12 文化创意产业园区里设立的法律服务站。其创造性地运用"全方位立体式集成服务模式"，针对网络游戏、动漫及文化产品制造和数字化创意设计为核心的特色文化产业，嵌入以网络文化、旅游文化、休闲娱乐、广告及会展等为主的"外围层"培植，将单体优势集聚成产业整体发展模式，形成通过产业组合互补产生孵化效应和整体辐射力的文化企业群落，打造具备完整产业链的综合性文化创意产业园区。

护意识。一是面向企业,举办"百所千企"进园区知识产权普法宣传活动 8 场,为园区企业进行知识产权申请、布局、保护等主题培训,近 500 名企业代表积极参加。二是面向社区市民群众,举办进园区大型广场知识产权普法活动 5 场,派发《专利法》等法律宣传专刊 1000 余份,现场接受政策、法律咨询 150 余次,并通过展板展示、有奖趣味问答等生动形式,使知识产权保护深入人心。三是面向中小学生,走进全市 11 所中小学开展知识产权普法宣传活动,5000 多名中小学生参与活动。专家讲师们通过生动真实的案例讲授基础知识,提高学生尊重他人智慧劳动成果的保护意识。四是通过网站、政企云平台、微信公众号等新媒介平台,面向超过 1000 家企业推送资讯 37 条;通过珠海电视台、《珠海特区报》《南方日报》等专版刊发系列宣传报道,整体呈现立体式全方位宣传之势,为珠海市倡导创新文化、尊重知识产权,打造粤港澳大湾区知识产权保护高地营造了浓厚氛围。

法治环境进一步优化,有力地促进了珠海市创新驱动发展和知识产权保护。2018 年,珠海市知识产权主要工作成效如下。2018 年 1~10 月,全市专利申请量 24241 件,同比增长 49.31%,其中发明专利申请量 9796 件;全市专利授权量 13676 件,同比增长 38.79%,其中发明专利授权量 2645 件;PCT 申请量 219 件。截至 2018 年 10 月底,全市有效发明专利量 10929 件,每万人口发明专利拥有量为 61.91 件,位居全省第二,仅次于深圳市。截至 2018 年 10 月,全市通过认定的贯标企业达到 336 家,正在参加辅导的企业达到 251 家。2018 年,全市共有国家级示范企业 7 家、优势企业 8 家,省级示范企业 2 家、优势企业 23 家,市级优势企业 60 家(国家级、省级、市级企业不重复),合计 100 家。

三 前景展望

知识产权发展现状是地区营商环境的一个缩影。国际经验表明,高效的知识产权保护运用是区域经济健康发展的重要保障。建立起日趋完备的知识产权标准和完善的法律制度,是对珠海市发展提出的更高要求。塑造良好的知识产权高地形象，营建国际化、法治化、便利化及公平统一高效的营商环境，将为珠海的高质量发展带来难得的机遇。

（一）推进特区知识产权立法，营造科学法制环境

《珠海经济特区知识产权保护条例》已列入珠海市第九届人民代表大会常务委员会立法规划第一类项目，将运用特区立法权建立和完善珠海市知识产权行政执法机构，完善和规范执法程序。从法规制度层面实行更加严格的知识产权保护，优化知识产权公共服务，促进新技术、新产业、新业态蓬勃发展，为珠海市实施创新驱动发展战略提供有力支撑。

珠海市将按照珠海市人民政府印发的《关于建设知识产权强市的意见》（珠府函〔2017〕127号）确定的时间节点，落实目标任务，综合利用地方性法规、政府规章等制度资源，形成科学、有效的创新驱动制度体系。全面落实珠三角自主创新示范区工作任务，开展"双自联动"（促进自贸试验区和自主创新示范区联动发展）创新试点事项。继续完善并深入实施珠海市创新驱动专项制度建设规划，形成科学、有效的创新驱动制度体系。

（二）构建知识产权大保护体系

一是积极筹备设立中国（珠海）知识产权保护中心，面向珠海市优势产业，开展知识产权快速协同保护。根据中央关于知识产权管理体制改革总体要求，着眼构建综合立体的知识产权保护体系，聚合分散的力量，使珠海市知识产权保护水平与经济发展阶段特征相适应。重点在组织体系、运行机制、工作制度三个方面形成实质性成果，为打造粤港澳大湾区创新高地、建设知识产权强市、服务创新驱动和经济高质量发展贡献力量。

二是扶持国家横琴平台加快建设。2016年12月，珠海横琴自贸片区知识产权快速维权援助中心挂牌；2018年4月，广东省维权援助中心横琴分中心挂牌。通过扶持国家横琴平台建设发展，汇聚知识产权高端资源，促进知识产权与产业经济融合发展，同时，以规范、高效解决珠海市内企事业单位及个人知识产权争议为目标，全面开展知识产权确权、维权、政策咨询、

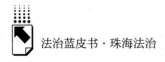

公益培训等公共服务工作，形成良好的知识产权保护氛围，实现知识产权保护对全市产业创新的激励效能，助推产业转型升级。

（三）加强知识产权司法和行政执法工作

一是珠海市知识产权局制订年度专利执法维权"护航""雷霆"专项行动方案，部署专利行政执法工作。同时在珠海市知识产权局网站、珠海市政府网站信息公开栏里公开专利行政处罚案件相关信息。

二是珠海市知识产权局继续加强与工商、版权、海关、公安、中院、检察院、仲裁等部门的执法协作，推进知识产权综合行政执法。同时，强化与司法机关的沟通协调，继续推进行政执法与刑事司法保护有效衔接。

三是珠海市知识产权局将积极探索电子商务领域执法、积极组织开展电子商务领域执法培训，掌握电商执法技巧、电商执法办案规范流程，充分发挥广东省维权援助中心珠海分中心和横琴分中心的作用，积极承接省维权援助中心电商案件，大力提高珠海市电子商务执法办案水平。

（四）加强知识产权保护国际合作交流

组织举办粤港澳大湾区知识产权研讨会、中国知识产权横琴论坛等区域性、国际性知识产权会议，促进知识产权人才交流，加强知识产权粤港澳项目合作，促进提高知识产权保护水平。

B.20
横琴法治经济建设调研报告

珠海横琴新区发展改革局课题组*

摘　要：　横琴新区自 2009 年开发建设以来，按照习近平总书记对广
东提出的"四个走在全国前列"要求，围绕"把广东自贸
区打造成为高水平对外开放的门户枢纽"的定位，积极落实
法治经济建设工作。2015 年 4 月 23 日中国（广东）自由贸
易试验区珠海横琴新区片区挂牌成立。横琴坚持以开放促改
革、促发展，积极参与"一带一路"和粤港澳大湾区建设，
以制度创新为核心，以优化营商环境、强化法治保障、加强
法律服务等为抓手，进一步接轨国际化营商环境，全面深化
对港澳合作，在法治环境和市场监管规则等方面与港澳地区
日益趋同，为新时代自贸区法治经济建设探索不断积累
经验。

关键词：　法治经济　横琴新区　自贸区

2018 年 3 月 7 日，习近平总书记对广东工作作出"在构建推动经济高
质量发展体制机制、建设现代化经济体系、形成全面开放新格局、营造共建
共治共享社会治理格局上走在全国前列"的"四个走在前列"重要指示。

* 课题组负责人：李秀雄，珠海横琴新区发展改革局副局长。课题组成员：尧猛祥、张密。执
笔人：尧猛祥，珠海横琴新区发展改革局法制科负责人；张密，珠海横琴新区发展改革局法
制科职员。

这是对 2016 年广东省委办公厅印发的《法治广东建设第二个五年规划（2016～2020 年）》关于"加快法治经济建设"的理论深化，赋予了广东在新时代新的历史使命。面对新形势、新任务，横琴始终以习近平新时代中国特色社会主义思想和"四个走在前列"重要讲话精神为指导，在探索法治经济建设方面取得了丰硕成果，积累了改革经验。

一 主要做法

（一）营造法治化、国际化、便利化营商环境

1. 开办企业效率大幅提升

率先深化商事登记制度改革，推出全国首张"商事主体电子证照银行卡"。授权银行营业网点设立营业执照自助办理系统，实施商事主体登记窗口与银行营业网点一体化服务，可实现境外注册，提升注册便利化程度。全面推广"政府智能化监管服务模式"。首创工商行政管理领域清单管理模式，全面公开政府部门监管标准，制订了 1747 项工商行政违法行为提示清单，为企业提供清晰的事前指导服务。全面建设"企业专属网页"。为进一步推动群众办理事务便捷化，横琴新区积极推行"一门受理"，将以往填报 5 类至少 19 张表格简化为填报 1 类 5 张表格。三年来，横琴新区累计注册企业突破 5.8 万家，注册资本超过 2.57 万亿元。

2. 办理施工许可流程大幅缩减

率先启动社会投资类工程管理创新试点，推动社会投资类企业办理施工许可证需对接政府部门从 20 个缩减至 1 个（一站式平台）；办理流程从 35 个缩减为 16 个；审批时间由 30 天缩短至 13 天；投资商预计 110 天左右便能开展基坑施工，且审批类费用降幅超过 20%。以横琴已经完成统计的 18 个分两阶段发放施工许可证的项目情况为例，累计建设规模达 283.36 万平方米，涉及融资金额 130 亿元，节约资金成本合计 11.57 亿元，节约率超过 8%，节约时间 3 个月到 2 年不等，供给侧结构性改革减

负增效显著。

3. 智能电子化办税改革率先突破

首创"纳税便利化指数",定期与先进国家和地区的相关指数服务进行横向对比,推动提升自身纳税服务及管理水平。创新智能电子化办税手段,自主研发全国首台远程可视自助办税终端 V-Tax,采用可视远程和即时通信技术,办税人员可经过多种验证方式登录自助办税终端,在 3D 虚拟办税服务厅里,实现涉税业务"一窗式"办理,办税效能提升 80%。横琴新区通过实施"先办后补""限时速办""先退后审""即办速退"等举措,实现"先办理后监管"新模式,进一步对税务行政审批流程进行简化。

4. 获得电力①时间显著缩短

借鉴境外先进地区与国际接轨的供用电经验模式,率先突破国内现行1996 年原电力工业部颁布的《供用电营业规则》,出台《横琴自贸试验区供用电规则》,用户与电网企业的交互环节从 6 个简化为 2 个,用户所需提交资料从 11 项大幅减少为 2 项,预计各环节业务办理交互总时间将从 59 天压缩为 10 天,单一用户可一次性节省 80%的受电工程投资。世界银行测评电力获得指数从全球 100 名外跃升至全球前 10 名。

5. 社会诚信体系基本确立

对纳税人实施信用分类管理,落实纳税信用等级评定办法。推出横琴诚信店、索证索票、先行赔付、小额消费争议仲裁、跨境消费维权等措施,构建事前到事后的立体诚信体系。目前已对 23 家横琴"诚信店"正式授牌。在跨境消费维权领域,成功调解澳门消委会转办的消费者消费争议 8 宗,调解成功率为 100%,为澳门消费者挽回经济损失 2410 万元。接轨国际营商环境,制订实施 30 项《横琴与香港、澳门差异化市场轻微违法经营行为责任清单》。

---

① 从2010年起,世界银行把"获得电力"作为营商环境一级评价指标,成为评价测量各经济体营商环境便利程度的重要维度之一。"获得电力"主要有四个分指标:程序、时间、成本、供电可靠性和电价透明度指标,权重各占25%。"获得电力"的难易度,是衡量一个地区营商环境的重要标准之一。

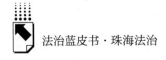

6. 信用监管制度基本形成

推进商事主体诚信建设，建立建设工程实名制、商务信用信息公开、商品出入境监管、失信联合惩戒等制度。横琴新区率先出台了失信联合惩戒综合性管理规定、失信商事主体联合惩戒清单等制度措施，发布首批 3759 家失信商事主体名单，推送至全区各有关单位实施联合惩戒。完善执行查询系统，启动惩戒程序，推进执行威慑系统建设。当前横琴失信商事主体联合惩戒机制已全面落地、开花结果，"一处失信、处处受限"协同信用监管效应形成。

7. 信息共享联动机制基本建立

以横琴电子证照卡系统为载体，统筹整合工商、国地税、质检、海关、检验检疫等各类数据资源，开发建设以企业为中心、整合各政务系统审批的大数据平台，实现多部门审批信息共享。成立首家商事主体信用信息中心，破除"信息孤岛"效应。截至 2018 年 3 月 31 日，横琴信用信息平台归集到的企业数量 49757 家，信用信息数据 632508 条。

（二）强化创新驱动发展的法治保障

1. 立法引领改革局面基本形成

2015 年 10 月，珠海市政府率先审议通过《珠海经济特区促进中国（广东）自由贸易试验区珠海横琴新区片区建设办法》，在立法层面上为全面推进横琴新区改革创新奠定法律基础。2017 年 5 月，出台《珠海经济特区促进横琴休闲旅游业发展办法》，为促进横琴休闲旅游业发展、配合澳门建设世界休闲旅游中心、推进横琴国际旅游休闲岛建设提供法律支撑。

2. 司法公信力显著增强

横琴法院率先取消立案庭，推行立案登记制，自试行以来累计登记立案 5638 件。实施类似案件类似判决制度，将其纳入庭审辩论程序，对法官行使自由裁量权进行规范，提升裁判结果的预见性。推行第三方法官评鉴机制，引入国际高标准法官评价体系，开展自律型的法官综合评鉴和特定案（事）件评鉴，提高中外投资者和社会公众对中国法官和中国司法的信赖度。

3. 区域性知识产权保护机制基本建立

在全国率先推出"知识产权保护"合作模式，健全知识产权司法保护与行政执法、海关保护的协作衔接机制。设立知识产权巡回法庭，成立国际知识产权保护联盟。"国家知识产权局专利检索咨询中心七弦琴国家平台代办处"在横琴揭牌。设立全国首个知识产权运营特色试点平台。出台横琴片区首部涉及国际化商标注册的扶持措施。

（三）加强"一带一路"和自贸试验区建设的法律服务

1. 助力中拉经贸合作平台

横琴结合实际，研究制定了《横琴新区促进中拉经贸合作的若干措施（试行）》，通过一系列优惠政策促进投资贸易便利、加大财税资金扶持、提供平台服务保障等，助力横琴中拉经贸合作平台建设，该措施已于2017年10月10日正式印发实施。

2. 筹建中拉企业法律服务互动中心

中拉企业法律服务中心正式启动上线，该中心涵盖了17个拉美国家（地区）和7个葡语系国家，通过采用"互联网＋法律服务"模式，为这些国家（地区）的企业提供全方位、跨区域、跨法系、多语种的一站式法律服务。

3. 投入筹建海上丝绸之路法律服务基地

2018年4月25日，随着横琴新区法律服务中心的正式启用，区海上丝绸之路法律服务基地已整合至区法律服务中心，并正式面向市民开展公众服务。该中心由人和启邦（横琴）联营律师事务所进驻并受横琴新区委托开展专项服务。海上丝绸之路法律服务基地作为横琴新区法律服务中心的一个核心窗口，目前提供的服务对象包括已经投资或准备投资内地、"一带一路"沿线国家的企业和个人，业务范围包括投资法律环境咨询、公司设立登记咨询、法律法规（优惠政策、法律法规、部门规章、开发区政策）咨询、合同纠纷咨询等，给中国企业"走出去"和外商"引进来"提供全方位法律服务。

4. 制定国际化仲裁规则，组建中国国际化程度最高的仲裁员队伍

珠海国际仲裁院广泛借鉴国外及港澳的先进做法，在现行法律框架下最大限度与国际接轨，《仲裁规则》采用了中文、英文和葡文三个版本，明确当事人可选择包括澳门法律在内的解决纠纷的准据法，并可协议使用英语和葡语审理案件；《仲裁员名册》以国际化的专业水平为标准，其中仲裁员队伍中境外人士占到总数的44%，在全国仲裁机构中比例最高。新仲裁规则和名册的发布实施，将在横琴片区的实践中更加凸显商事仲裁高效、经济、专业、公正、保密以及体现当事人意愿等优势，促进横琴新区国际投资贸易活动规范有序开展，为横琴新区建设具有国际标准的市场法治环境夯实基础。

（四）加强涉港澳法律事务合作

1. 探索与澳门建立公证服务"直通车"

2017年3月9日，在横琴新区综合服务中心公证窗口设立涉澳公证业务"服务专窗"，并召开横琴与澳门公证服务"直通车"座谈会，围绕中国法律服务（澳门）公司在横琴新区开设涉澳公证"服务专窗"的必要性和可行性进行了论证。目前，中国法律服务（澳门）公司已完成在横琴新区开设涉澳公证业务"服务专窗"的必要性和可行性调研并上报司法部，横琴公证处已做好窗口人员配置和建立协调机制来配合"服务专窗"开设的准备工作。

2. 成立中国首家内地与港澳合伙联营律师事务所

为进一步推进粤港澳服务贸易自由化，密切内地与港澳律师业合作，经司法部批准，全国首家由内地与香港、澳门三地律师事务所合伙联营而设立的律师事务所——中银—力图—方氏（横琴）联营律师事务所于2016年7月8日在横琴新区挂牌成立。该联营所在金融、知识产权国际保护、服务贸易、货物贸易等方面为境内外的企业提供一站式法律服务，是"一国两制"下内地和港澳法律服务合作的创举。2018年5月23日，国务院印发《关于做好自由贸易试验区第四批改革试点经验复制推广工作的通知》，明确在全

国范围内复制推广中银－力图－方氏（横琴）联营律师事务所改革经验。

3. 建立港澳中小企业法律服务互动中心

全国首家面向港澳中小企业提供法律服务的专业机构——港澳中小企业法律服务中心于2017年11月8日在横琴新区挂牌成立，该中心通过政府购买服务形式，由人和启邦（横琴）联营律师事务所进行综合运营。该中心以为港澳企业提供专业法律服务为定位，以打造趋同港澳的法治环境、接轨国际化的营商环境为目标，为港澳企业提供注册咨询、地方优惠政策指引、法律法规解读、协助双方贸易合同谈判等"窗口化、一站式、综合性、全互动"服务，助力港澳中小企业在横琴新区实现深度融合、快速发展，助推粤港澳大湾区建设。

4. 聘请港澳籍特邀调解员，共建涉澳研究基地

聘请港澳籍法律专业人士担任特约调解员，妥善化解涉港澳纠纷。珠海横琴新区人民法院于2017年8月11日举行了授聘仪式，向首批26名特邀调解员颁发了聘书，其中包含了7名港澳籍法律专业人士，这是港澳籍法律专业人士在珠海法院进入特邀调解员名册的首例，能够有效提升涉港澳法律纠纷解决的效率和能力，满足了境内外当事人多元化的司法需求。共建涉澳研究基地，加强涉澳司法研究。2017年10月，最高人民法院中华司法研究会与横琴法院共同设立中华司法研究会涉澳研究基地，共同探索涉澳司法制度、司法理论及司法实践等重大问题，推动涉澳审判工作迈上新台阶。

（五）以预防监督为重点的廉洁从政保障体系初步形成

首先，廉洁治理体系逐步健全。创新利益冲突管理制度，建立利益冲突回避制度，开展规范领导干部配偶子女经商办企业试点。探索廉洁激励机制，改革公共资源交易机制。建立建设工程诚信评价和黑名单制度。深化政府投资工程廉情和效能预警评估系统，累计对118个建设项目和1035项工程审批实行在线监督。完善公共财政预算管理和政府采购制度，加强预算管理、财政审计和采购监督。其次，廉洁环境营造逐步优化。坚持以拓展公共关系为载体，开展廉洁性审查。组建包括港澳人士在内的74名横琴"廉政监

督志愿者"队伍。成立横琴廉洁岛建设专家顾问组,组织召开横琴廉洁岛建设专家咨询会,充分听取和吸纳专家意见和建议。建立市场主体准入前信用承诺制,将廉洁经营、廉洁交易纳入承诺范围。再次,廉洁评价体系逐步完善。借鉴世界银行和透明国际组织关于清廉指数的评价方法,依托科技信息手段,构建符合自贸区规则和发展要求、具有横琴特色的廉洁成效评价体系。

二 经验与成效

(一)在"重大改革于法有据"要求下,大力借助外部智库资源,同时坚持内在改革创新驱动,进行法治经济建设路径新探索

首先,通过《中国(广东)自由贸易试验区条例》《中国(广东)自由贸易试验区管理试行办法》《珠海经济特区横琴新区条例》《珠海经济特区促进中国(广东)自由贸易试验区珠海横琴新区片区建设办法》等省、市两级地方性法规规章的立法引领,横琴新区按计划有序推进商事登记、人力资本出资、诚信体系建设等一系列重大改革创新,既符合中央对重大改革必须于法有据的要求,又保证了改革创新的顺利推进、在法治轨道上运行,对于全国其他地区推进改革创新具有重要的借鉴意义。其中《中国(广东)自由贸易试验区珠海横琴新区片区人力资本出资管理办法(试行)》的出台,为发挥人力资本在创业创新中的基础性作用提供制度引领,尤其受到了中小微企业的热烈欢迎。

其次,三年来,横琴新区充分发挥各届发展咨询委员会的"智囊团""参谋部"作用,坚持前瞻性、实效性和可操作性原则,结合横琴发展实际,紧紧围绕横琴开发建设中的热点难点问题深入开展课题研究,使专家委员会建言献策直接转化为具体的改革创新成果。

(二)市场监管规则与港澳日益趋同,进一步打造了法治化、国际化、便利化的营商环境

通过"市场违法行为提示清单""豁免目录""立、改、废"立法建

议，探索市场监管领域有序改革路径，"标地雷"①、"拆引信"②、"挖地雷"③，逐步缩小横琴新区与香港、澳门市场监管规则差异，初步摸索具有自贸区特色的法治创新路径。在港澳合作中，实施《免罚清单》，是创新事中事后监管方式、改"以罚代管"为信用监管的重要探索，成为横琴新区实施"三个零"（零跑动、零收费、零罚款），深化政府智能化监管服务模式改革，营造良好的政企互信关系，促进区域经济融合发展与投资便利化，打造横琴国际化、法治化、市场化营商环境的有力推手。

优良的营商环境带来港澳投资的盛景，目前在横琴新区注册的港澳企业2889家，其中澳资企业1602家。

（三）综合执法体制改革和法院综合改革为全区法治经济建设保驾护航

横琴新区实行"一支队伍管执法"，集中行使7类管理职能和25大类行政处罚权，通过对8000多项具体执法权限进行多次梳理，形成了全国范围内整合机构最多、执法层级最少、执法职能最广、队伍种类最简、资源配置最优的综合行政执法体制，在全国率先实现了综合行政执法体制改革，获得中央的充分肯定。大胆尝试、不断创新，充分运用"互联网＋"技术，在全国率先提出"物业城市"新模式，探索城市精细化管理新途径。在物业城市（原名横琴管家）App基础上，不断优化升级，服务已覆盖城市治理、政务服务、便民服务、志愿服务、校园服务、城市公益六大板块，城市服务功能不断集聚。未来，将逐步扩充实用性功能，实现一个App为企业、市民全流程办理各项事务，提供线上线下互动模式的贴身管家体验服务，力争打造成城市治理创新服务的一站式综合平台。

---

① "标地雷"的意思是标出3818项违法行为，提示违法后果。
② "拆引信"的意思是对部分香港、澳门"合法"而内地"违法"的40项市场经营行为，在横琴新区实行责任豁免。
③ "挖地雷"的意思是提出建议按法定程序修改，废除不合时宜的法律、法规、规章条文共计5类14条。

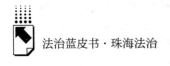

三 下一步工作思路

（一）强化开放引领，全面深化与港澳合作

强化与港澳合作，推动横琴港珠澳大桥经济区建设，积极承接香港服务业拓展，促进澳门经济多元发展，以澳门回归 20 周年暨横琴开发 10 周年为契机，切实把澳门企业和居民反映最集中、需求最迫切的领域作为横琴新区新一轮开发的重点。一是加大对横琴新区澳门青年创业谷内港澳创业项目的扶持力度，吸引港澳青年到横琴创新创业；保护中小投资者利益，营造更好的投资环境。二是加快建设对外开放门户枢纽。做强做大中拉经贸合作园，打造中拉经贸合作平台，不断加强与"一带一路"沿线国家的经贸合作。三是促进通关更加便利。探索横琴、澳门人员往来更加便利的措施。

（二）强化创新驱动，加快培育发展新动能

进一步落实"双自联动"战略。推进横琴与珠海国家自主创新示范区联动发展，推动自创区和自贸区政策互动、优势叠加、联动发展、双向溢出。加快培育创新主体。实施高新技术企业培育计划，聚集一批主营业务收入超过 10 亿元的科技创新型龙头企业，引进一批世界 500 强企业和国内创新型龙头企业在横琴新区设立总部或研发总部。完善人才发展环境。实施更加积极、更加开放、更加有效的人才政策，提升对人才服务的水平。

（三）强化制度创新、法治引领，努力形成全面开放新格局

深入推进自贸试验区改革试点，充分借鉴港澳经验，对标国际高标准投资贸易规则，创新环境，努力形成全面开放新格局。一是促进投资贸易便利化。推动横琴在服务业开放、自然人流动等领域实现更高水平的开放。二是

深化金融改革创新。进一步落实《中国人民银行关于金融支持中国（广东）自由贸易试验区建设的指导意见》及细则，提高金融行业监管水平。三是全面优化法治环境。支持"七弦琴"（国家知识产权运营平台）横琴国际知识产权交易中心发展，推动与澳门法律服务合作，满足在横琴投资的澳门企业及在横琴工作、生活的澳门居民的需求。

B.21
营商环境分析系统的金湾实践

金湾区全面依法治区工作领导小组办公室课题组 *

摘　要： 珠海市金湾区以改革的思路和创新的举措，对标世界银行营
商环境评价指标体系，结合国内实际，构建"10 + 2"营商
环境评价模型；挖掘运用金湾政务大数据，依托金湾区统一
审批数据管理平台和金湾区信息资源共享平台，创建国内首
个营商环境分析系统；金湾区依托营商环境分析系统，通过
12 项评价指标分析比较金湾区营商环境综合情况，对标世界
先进经济体分析金湾营商环境的差距，查找短板，找准定位，
制订优化营商环境的改革措施，形成进一步优化营商环境的
改革方案，以"精准服务、精准监管、精准决策"营造稳
定、公平、透明、可预期的营商环境，塑造公平、公正和公
开的法治环境，提升金湾区可持续发展活力，运用大数据分
析，推动诚信、法治、服务型政府建设。

关键词： 营商环境　营商环境分析系统　大数据分析运用

　　在以强化供给侧结构性改革为主线推进经济增长的新常态下，依靠低劳
动力成本、低土地成本、低资金成本等要素推动经济快速增长的"要素红利"

---

* 课题组负责人：习恩民，时任中共金湾区委副书记、区委政法委书记。课题组成员：陈远晖、
任东卫、刘茜、李钊炯。执笔人：刘茜，中国诚信信用管理股份有限公司社会信用大数据事
业部营商环境项目组高级分析师；任东卫，中共金湾区政法委副书记；陈远晖，金湾区政
务服务管理局局长；李钊炯，金湾区政务服务管理局股长。

时代已经告一段落,各地招商引资的比拼,也从过去追求优惠政策"洼地",转为打造公平营商环境的"高地",基于此背景,珠海市金湾区政务服务管理局组织研发了全国首个基于大数据平台的营商环境分析系统,并于 2018 年 3 月 22 日上线运行。该系统对标世界银行营商环境评价指标体系,结合国内实际,构建"10 +2"营商环境评价模型①;对标世界发达经济体找差距,查短板,突出问题导向,瞄准痛点难点,深化政务服务供给侧改革,为建设高效政府、构建国际化法治化营商环境、提高区域投资竞争力提供依据和支撑。

一 优化营商环境已成大势所趋

营商环境是指伴随企业活动整个过程,包括从开办、运营到退出的各环节、各种周围境况和条件的总和,它是一个国家、城市和区域可持续发展的活力,是国家推动与深化"放管服"改革的突破口。良好的营商环境是一个国家或地区经济软实力的重要体现,是一个国家或地区提高综合竞争力的重要方面,涉及经济社会改革和对外开放众多领域,包括影响企业活动的社会要素、经济要素、政治要素和法律要素等各个方面。

2017 年 7 月 17 日,习近平总书记主持召开中央财经领导小组第十六次会议,研究改善投资和市场环境、扩大对外开放和营造稳定公平透明、可预期的营商环境等问题。习近平总书记在 2019 年 1 月中央经济工作会议上提出,"我国经济运行主要矛盾仍然是供给侧结构性的,必须坚持以供给侧结构性改革为主线不动摇,更多采取改革的办法,更多运用市场化、法治化手段,在"巩固、增强、提升、畅通"八个字上下功夫……要增强微观主体活力,发挥企业和企业家主观能动性,建立公平开放透明的市场规则和法治化营商环境"。2017 年 6 月 13 日,李克强总理在全国深化"放管服"改革

---

① "10 +2":"10"是指借鉴世界银行的 10 个指标,包括开办企业、办理建筑许可证、获得电力供应、不动产登记、获得信贷、保护少数股东权益、纳税、进行跨国界贸易、执行合同和办理破产;"2"是指结合国内企业投资所考虑的因素创立了两个特色指标,分别为劳动力市场和交通物流。

电视电话会议上强调，营商环境就是生产力；2018 年 1 月 3 日，李克强总理主持召开国务院常务会议，要求借鉴国际经验，抓紧建立营商环境评价机制①；2019 年初，李克强总理在具体部署工作时再次强调："要着力优化营商环境，深入推进'放管服'改革，促进新动能加快发展壮大。"

一个地区营商环境的优劣直接影响着招商引资的多寡，同时也直接影响着区域内的经营企业，最终对经济发展状况、财税收入、社会就业情况等产生影响。在现阶段，营商环境建设的一个重要内容是深化和落实"放管服"改革，加大改革力度，结合政务服务"一网通办"和大数据中心建设，大力推进政府工作流程再造、信息互联共享应用。优化营商环境已是大势所趋，正在成为全社会的一项共识。

二　基于大数据的营商环境分析系统概况

（一）基于大数据的营商环境分析系统

营商环境不是简单的政策优惠和利益让渡②，不是权宜之计，是一项系统的复杂工程，对其进行衡量需要一个科学、客观和系统的综合指标体系，指标数据要源自客观实际，样本数据尽量翔实、全面。

金湾区在构建营商环境评价体系时，立足于突破传统营商环境调查分析指标不统一、客观样本取样难、样本量不够充分、样本调查耗时长耗费大的瓶颈，充分运用"互联网＋政务服务"改革的成果，挖掘运用金湾区统一审批数据管理平台和金湾区信息资源共享平台中大量企业的监管信息数据，以及企业从开办到结束过程中政府监管程序、效率、成本以及法律制度等信息数据在政务大数据中心都能得到实时对应的优势，建设了基于大数据平台

---

① 《李克强主持召开国务院常务会议，部署进一步优化营商环境》，详见中国政府网。
② 魏革军：《营商环境也是生产力》，《中国金融》2018 年第 7 期。让渡：具有出让、让与、交付的含义，常用于权利让渡、价值让渡、利益让渡等。利益让渡：是指排除了服务提供方的"额外收益"，从理论上说是消费者收益。

的营商环境分析系统。运用实时数据全量分析、样本数据阶段分析、政策法规信息评价分析相结合的方法，实现了量化分析营商环境，用数据找短板，实时对金湾区的营商环境进行持续的跟踪与比较分析，定期形成金湾区营商环境分析报告。评估营商环境为找准政务改革方向，如何进一步研究在企业注册、经营、退出全生命周期办理相关业务时简化程序、提高效率、降低成本，同时提高市场监管的有效性，提供了精准施策的依据。

（二）"10＋2"营商环境评价指标体系

目前，国际和国内也有一些机构开展了营商环境比较评价，其中最负盛名的当属世界银行的营商环境报告。金湾区在建设营商环境分析系统时，借鉴了该指标体系和评价模型。

金湾区营商环境分析系统由营商环境评价模块和分析模块构成。"10＋2"营商环境评价模型中，"10"是指借鉴世界银行的10个指标，包括开办企业、办理建筑许可证、获得电力供应、不动产登记、获得信贷、保护少数股东权益、纳税、进行跨国界贸易、执行合同和办理破产；"2"是指结合国内企业投资所考虑的因素创立的两个特色指标，分别为劳动力市场和交通物流。两个特色指标主要是依据行业标准制定，其中劳动力市场监测指标部分参考世界银行的指标，部分参考了金湾区人社局的意见。总体上，营商环境分析系统的评价指标共计375个，其中一级指标12个，二级指标56个，三级指标205个，四级指标102个（见表1）。

表1　金湾营商环境分析指标体系

一级指标	二级指标
开办企业	程序（数量）
	时间（日历天数）
	成本（人均收入比）
	最低实缴资本（人均收入比）
办理建筑许可证	程序（数量）
	时间（日历天数）

续表

一级指标	二级指标
办理建筑许可证	成本
	建筑质量控制指数
获得电力供应	时间
	成本
	程序
	供电可靠性和电费指数透明度
不动产登记	时间
	成本
	程序
	土地管理质量
获得信贷	合法权利力度指数
	信用信息深度指数
保护少数股东权益	披露程度指数
	董事责任程度指数
	股东诉讼便利指数
	破产框架力度指数
纳税	纳税次数
	时间
	税及派款总额(占商业利润比例)
进行跨国界贸易	进口时间
	进口成本
	出口时间
	出口成本
执行合同	时间
	成本
	司法程序质量
办理破产	回收率
	破产框架力度指数
☆劳动力市场	雇佣
	工作时间
	裁员
	工作质量
	培训交流

一级指标	二级指标
☆劳动力市场	薪酬体系
	公共服务配套
	人才结构
☆交通物流	时间
	成本
	交通运输
	物流体系
	交通运输监管
	交通运输公共服务
	交通物流信息系统

注：标☆的指标为金湾区设立的特色指标。

（三）营商环境分析系统分析模块

分析系统涵盖三个分析模块：基础分析、本地分析和世界银行对标分析。基础分析模块中可以查看各级指标的实际数值；本地分析模块中可以在纵向上查看金湾区各项指标实际数值和DTF[①]分值的变化趋势，及时准确地发现问题所在；世界银行对标分析模块中可以将金湾区营商环境与世界经济体进行横向比较。

分析模块可实时抓取金湾政务大数据平台的数据，实时对金湾区的营商环境进行持续的跟踪与比较，可以按月度、季度、半年度、年度进行基础分析、本地比对分析、对标世界银行分析，输出图表分析结果，捕捉金湾区与世界经济体在商业政策、法律、制度环境及执行能力方面的差异，定期形成金湾区营商环境分析报告，为进一步优化金湾区营商环境提供精准施策的依据和支撑。

---

① DTF 是 Distance to Frontier（前沿距离）的缩写，世界银行用以进行排名的指标分值。

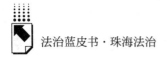

三　金湾区营商环境比较分析运用情况

根据大数据平台的相关数据，金湾区营商环境分析系统采取 DTF 模型算法将各指标实际数据进行无量纲化和标准化处理，得出标准 DTF 分值（见图1）。

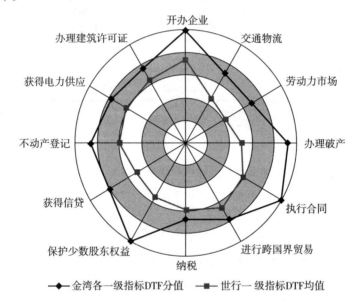

图1　金湾区营商环境综合评价蛛网图

数据来源：《世界银行营商环境报告（2018）》以及金湾区政务服务管理局。

金湾区营商环境分析系统上线运行后，通过线上科学客观地查找经济运行、政府政策服务等方面存在的问题，线下对焦问题及需求，监督、整改问题，缩小与先进经济体的差距，为政府科学决策提供依据和支撑。共召开 5 场系统观摩分析会，推动相关职能部门对比先进找短板，对各部门提出 7 类 25 条优化营商环境改革建议，2018 年推动不动产登记、电力供应落实改革举措，实现大数据助力营商环境持续优化。

对标世界银行的 10 个指标，特别注意到保护少数股东权益、执行合同两项指标得分均为 100 分，这与世界银行对中国的打分差异很大。金湾区这两类指标数据是从工商行政管理部门、法院、律师处获取，而世界银行对国内地区评价时这两类指标数据是向律师、咨询机构发调查问卷获取，所以差距较大。这也反映了国内这两项指标的法定条款规定已经比较完善，但落实中仍存在一些问题，说明法规的落实仍需加强。

通过对比分析可以看出，金湾区总体营商环境表现良好，跨部门协同办理减少了企业办事环节，网上审批、并联审批减少了企业办事时间。通过对比分析，对金湾区进一步优化营商环境提出建议。

（一）营造高效、稳定和透明的政务环境

第一，深化落实"放管服"改革，继续简政放权，全面实施市场准入负面清单制度，积极推进"零申报""秒审批"，进一步压缩企业开办时间、工程建设审批时间等；优化投资审批、贸易通关和监管报备等流程；在交通物流等基础设施上投入更多的财力和技术，以提升金湾贸易和投资的便利化程度。

第二，先试先行"数字政府"，发挥"互联网＋"的优势，加强数据融合，提升行政透明度，减少信息不对称和市场交易成本，切实惠企利民，提升政府服务的便利化。比如，提升企业设立和注销的便利化，企业投资项目的便利化，企业日常经营的便利化。

第三，通过加大体制机制创新，提升经济政策的透明度，如提高政策的稳定性和透明度以及政策合理性，从而降低市场运行成本、提高运行效率、优化营商环境，以实际行动增强群众对改革的获得感。

（二）形成规范、开放、竞争的商务环境

第一，发挥市场对各类资源的配置作用。特别是构建高度开放的金融市场、人才市场、产权市场以及"铲平市场"①，以期形成高效的要素流动和

---

① "铲平市场"是指中国亟须铲平地方割据，形成统一的国内市场。

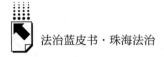
促进经济自由，以自由促发展。

第二，强化要素市场供给支撑性。首先要提升要求的可获取性，如在金湾开办企业所必需的土地、劳动力、资金、电力、水等；其次，简化获取市场要素的成本。

第三，培育第三方中介服务机构，充分发挥中介机构作用，并以简化透明的税收来吸引外资。

第四，完善基础设施，提升和建立现代化仓储、多式联运转运等设施。建立健全高效、顺畅、便捷的综合交通运输网络，减少因物流基础设施不衔接、不配套增加的物流成本。

（三）塑造公平、公正和公开的法治环境

健全有关投资管理的法律法规政策体系，完善知识产权保护机制，同时加大对外商投资企业的保护力度，营造公平、公正和公开的法治环境，让每一个管理事项都有法可依。

四　前景展望

进一步优化营商环境分析系统建设，构建公平、透明、可预期的营商环境。依托大数据、云计算等先进技术，建设金湾区营商环境分析系统，是一个成功的依法治理、建设国际一流营商环境的实践案例。通过系统的构建，可以动态、透明地反映当地的营商环境状况，并为营商环境的改善找到依据，真正做到审批更简、监管更强、服务更优。

未来营商环境评估分析的深化阶段，还需要从如下方面加以完善。

（一）优化并推广"10＋N"营商环境分析指标体系

制定科学权威的"10＋N"营商环境分析指标体系。引进高端智库研究制定指标体系，对标世界银行10个指标，结合国内实际增设N个指标，通过调研经专家权威认定各指标内容，进一步细化各项指标，并充分考虑指标

数据的可获得性、可量化以及客观性，进一步强化数据分析、智能化建模。由点到面，通过营商环境分析体系逐步在全国各地开展测评。

（二）优化数据来源，严谨对标世界银行标准

一方面，充分运用国家政务大数据中心的数据信息，系统实时对接需要运用的监管数据，实现全量分析、客观评价各地营商环境优劣，依法依规应用数据，对政务系统中企业从开办到结束过程中政府监管程序、效率、成本的实时数据进行比较，从而量化区域的法治化水平。

另一方面，有针对性地设计调查问卷，尤其是注重企业家以及企业本身的调研，并通过召开专家论证会，对问卷进行修改；通过问卷调查，补充和完善原有数据，更严谨地对标世界银行标准，更真实、客观地反映金湾营商环境状况，降低企业开办、运营和退出成本，为更多企业创业创新提供实现机会和激励机制。

（三）完善系统功能，智能输出营商环境分析报告

完善系统功能，通过模型校验以及分析，输出智能基础版分析报告，包括文字、图表，以更精准地分析和提升当地的营商环境。

总之，营商环境系统的构建，不仅是技术的创新，也是构建公平、透明、诚信、可预期的营商环境，深化"放管服"改革，进一步开放的需要，同时也是提升地区投资竞争力和吸引力的有效途径。

社 会 治 理

Social Governance

B.22
"法治创新＋标准化"：
法治珠海建设新模式

珠海市法治实践创新标准化评估课题组*

摘　要： 为总结推广法治建设工作经验，汲取更多的创新性法治思维和法治方式，珠海市针对依法行政、公正司法、基层法治建设以及法治文化建设中的各类产品、服务、管理等方面，借助标准化的概念和体系，以量化的方式客观、直接、动态地对法治实践创新情况进行综合评价，以法治化提升规范化、规范化促进法治化，不断推动法治建设走在前列。

关键词： 法治实践　法治珠海　标准化　法治评估

* 课题组负责人：李小燕，中共珠海市委政法委副书记。课题组成员：杨静、郝湘军、叶方军、谢小林、李元、陈晖、刘静岩。执笔人：陈晖，暨南大学副教授；刘静岩，暨南大学讲师。

法治是国家治理体系和治理能力的重要依托，创新能力则是国家综合发展的推动性力量。为推进珠海法治建设，2018 年珠海市开展了"2018 珠海市法治实践创新标准化评估"活动，活动设有 48 个项目，涵盖依法行政、公正司法、基层法治建设、法治文化建设等领域的热点难点。经过第三方评估小组专家评审，共评选出 20 个法治实践创新优秀项目以及 13 个法治实践培育项目。这是珠海第一次在法治实践领域开展创新性评估，从活动整体来看，体现了以下几个特点。

一 一个宗旨：法治创新＋标准化

在国家法治建设的大框架与前提下，结合本地区的特殊情况进行探索与创新，对国家法律予以具体化与特色化，可以为国家法治建设提供完善的样本与范例。珠海的法治实践创新评估就是在法治珠海建设的大环境中契合时代发展主题，采用创新性法治思维和法治方式，积极探索"法治创新＋标准化"的全新工作模式。本次评估活动借助标准化的管理理念和工作手段，对法治实践进行精细化、客观化的诊断，厘清法治建设中的症结所在，从矛盾中找问题，从实践中找方法，从信息中找资源，以便进行更有针对性的优化与改进，有效助推法治建设工作的创新性提升，也希望通过标准化将珠海法治实践活动的创新性评估工作制度化、常态化和规范化、品牌化，从而引领法治珠海在法治建设领域示范化。

二 两个阶段：建立标准体系＋第三方评估

1.建立法治实践创新的标准化体系

本阶段借助以大专院校为主的研究团队，在广泛调研、征求意见、论证分析等的基础上，完成了法治实践创新标准化体系框架和结构的构建，从必要性、新颖性、实用性、创新效果和创新效率五个方面分解法治实践的创新目标，从社会治理的角度对法治创新的内涵进行重构，归纳总结既能反映法治建设水平又不脱离实践的具体标准。该标准体系包含法治实践创新各要素密切相关的指标，内容上具有周密性、可识别性、易操作性和可比性的特点，可以实现对法治实践活动全过程、全方位和全要素的规范化、标准化管理。

2. 根据标准委托第三方开展评估

标准的灵魂在于提炼总结与宣传贯彻落地，在标准完成后，本次活动委托第三方机构开展了评估。在依法行政、公正司法、基层法治建设、法治文化建设等四大类实践活动中，第三方机构按照已建立的标准化体系，通过量化方式客观、直接、动态地对法治实践创新情况进行综合评价，既纵向比较、总结法治实践的成效，也横向借鉴相关部门的工作经验，加强绩效评价与法治创新事业或活动的互动关系，以获得最佳秩序和社会效益。

标准化建设是一个过程，没有一蹴而就的标准化，也没有一劳永逸的标准化。2018年度珠海首次法治实践创新评估所用的标准，还需要经过无数次的实践、修改、提炼、完善，从而进一步探索实现标准化建设由个别经验向行业规范的延伸，以动态管理、跟进问效以及长效机制，更好地服务于社会法治创新。

三　三个特色：创新精神＋互联网技术＋示范价值

法治并非一个单向度的概念，控制滥用权力，强调规则之治，保障基本权利，维持社会秩序与安全，是法治追求的目标，法治体现在立法、执法、司法和守法的一系列过程中。本次法治实践的项目创新性体现在以下三点。

1. 以创新的精神推动法治完善和法律理念革新

改革创新是时代精神的核心，也是新时期民主法制建设的必然要求。法治创新，就是要以创新性、突破性的方式，在法治观念理念、体制机制、政策安排、规章制度和技术手段等方面满足或超越法治实践中的重点与难点，推动依法治理。从本次活动申报项目的内容来看，绝大部分项目体现了法治实践中的需求和问题导向，符合法治、社会、民众关注的热点与难点，项目组织者和实施者，把创新作为开展各项工作的着力点，坚持重大改革于法有据，防止"违法改革"带来的"破窗效应"，强调在做好"规定动作"的基础上创新"自选动作"。

一是在观念上求新。思想为源，行为是流，让思想成为行动的先导。香洲区法院的"家事审判方式和工作机制改革"，在解决家庭纠纷时秉承"人性化、多元化的家庭和谐理念"，建立司法、行政和社会力量广泛参与的家事纠纷多元调解机制，让家事审判更有温度；市检察院以及香洲区、斗门区检察院的"检护春苗行动"，坚持"儿童利益最大化"的未成年人检察理念，最大限度地保护儿童权益，建立对未成年人办案的保护程序，形成修复性救助、社会化帮扶、多元化预防的"四位一体"未检工作模式；市法制局"行政复议全方位综合改革"项目在行政争议的化解中坚持"以人为本，复议为民"的理念，按照全面集中、阳光复议的思路，将行政复议由化解个案向解决普遍性问题延伸、由事后化解向事前预防延伸，让群众更有尊重感，放大了行政复议的社会效果；市检察院以"双赢多赢共赢、支持与监督并重"的新监督理念，坚守国家利益和社会公共利益"守护人"的角色，全面推进公益诉讼。这些项目集中体现了执法部门在新形势、新任务、新要求下，将创新意识、理念和方法融入现有工作体系和发展大局，在政府主导下，充分运用政社合作原则，通过一系列政策安排，为各种社会力量创造更多发挥作用的机会，激发了活力，在实践中成为中央、省试点中的领跑者，成为同类竞争活动中的领先者，展现了珠海法治实践领域的新境界。

二是在制度上求新。改革和法治如"鸟之两翼、车之两轮"。改革是破旧立新的自我革命，创新则是另辟蹊径的独家绝技，要在改革中突破制度障碍，就必须越过一些"权威"、突破一些"禁区"。横琴新区的"法院综合改革"项目，就是领潮争先，在法治下推进改革，在改革中完善法治。该法院通过顶层设计、系统谋划，探索不设审判庭，精减内设机构，实现集中审判，建立类似案例辩论制等创新举措，大胆破解审判权运行的行政化，提升法官职业化水平，促进法院科学管理，构建公正高效权威司法，成为全国司法综合改革的示范法院。市环保局的"排污权有偿使用与交易试点"项目，是珠海市生态环境资源领域一项重大的、基础性的机制创新和制度改革,该项目从规范入手,制度先行,开发建立电子化交易平台,成为广东省首个出台实施排污权制度的地级市。这些在实践基础上的制度创新让改革于法有据、让发展有章可循,增强了决策的稳定性,也有助于保持工作的连续性,为珠海的法治实践积累了宝贵的"制度财富",让珠海的法治发展更有质量保障,让治理更有水平。

三是在方法上求新。创新绝不是脱离实际的"照猫画虎"和一厢情愿的凭空想象,而是在工作方法上做得更深更细更实。街道、社区既是"四级同创"的末端环节,也是国家法治建设体系的基层基础,是法治创建工作的"最后一公里",任重而道远。香洲区翠香街道钰海社区"法治联盟共建共治共享"项目,树立"社区法治文化发展利益共同体"的新理念,以文化为载体和传播手段,联动社区资源,形成社区五级联动的法治联盟;香洲区委政法委、区民政局"议治相济、社区协商"的社区治理新格局项目,建设"议治相济"的社区协商新模式,探索基层服务从"为民作主"向"由民作主"深化,让社区治理更加精准贴近民生服务需求,增强人们主动参与社区治理的自觉性;横琴新区的"一站式法律服务中心"项目将原本分散的服务区域打包到一个服务中心,为公众提供全天候、全流程、一站式公共法律服务。这些实践项目分别从社区、街道和区的层面,以理顺基层政府与自治组织职责为切入点,以规范政府行政行为、规范自治实践为着力点,推动社会治理重心向基层下移,对不同层面的资源进行系统挖掘与整合,实现政府治理和社会调节、居民自治良性互动,使人人都成为社会治理的参与者,全面提升城乡社区治理社会化、法治化、智能化、专业化水平。这些项目的建设与实施更好地阐释了创新的过程,是在实践中发现问题、解决问题,再指导实践的过程,也探索出珠海基层法治共建共治共享的新样板。

2. 以"互联网+"为技术手段

互联网让世界变成了地球村,"互联网+"的理念、结构和技术成为国家层面的战略行动和主流生活方式,法治运行的时空范围和方法,法治建设的观念、制度和行动也必然迎来革命性转变,社会治理从静态封闭向动态开放转变、从现实社会向网络空间延伸。市公安局、市平安办的"平安指数及其工作机制应用"、市交通局的"交通非现场执法"、市公安局拱北口岸分局的"智能化案管平台"、市中级法院的"执行司法查控系统"等项目都充分体现了对"互联网 +"、人工智能、大数据等新思维、新技术、新模式的应用，在流程化、开放式的平台中实现了更加简便、快速的表达方式和充分全面的意见交流，深刻地改变了不同部门既有的条块分割、信息孤岛、打防管控脱节等封闭式运行状态，大大提升了各级部门应用信息网络有效获取最基层信息的能力，有助于各部门作出科学分析、合理判断，使依法行政更具互动性和协商性，提升了决策的正确性和前瞻性，保障了司法的公正性，提升了法治实践的智能化水平。

技术革新无界分享，"互联网 + 法治实践"为多元参与协同共治的治理模式提供了更加广阔的空间和可行的路径。这也是一个全面深化改革的重要创新驱动引擎，它以协同化、平台化和社会化的思维方式，将立法、执法、司法与守法有效地连接起来，达到数据信息的开放、共享、互动与一体化，推动政府、市场、社会这三大主体的多元共识行动，实现了法治实践活动最大程度的社会参与，使法治珠海建设体现出整体性、系统性、高效性治理，有力促进了珠海治理体系和治理能力的现代化。

3. 项目体现推广意义的示范价值

法治实践的创新不能仅仅停留在苗圃和试验田阶段，这些源自实践的鲜活探索，需要在更大的范围内实现复制推广，将法治精神、法治文明与法治实践相结合，推动法治良序向整体迈进。

礼法结合、德法共治，是珠海推动社会和谐与社区发展的新方式。香洲区狮山街道办的"多元法治共宣传，基层普法增实效"项目、香洲区司法局的"彰显文化魅力，塑造法治特色"项目，从知识普及到文化传输，从案例评论到热点交锋，从法治广场到主题公园，将法治元素与社区文化、城市文化品牌相结合，制度性地安排在各种社区共同体规则中，让法治元素融入社区街巷角落，形成基层全方位立体化普法格局。"珠海交警"开通微信公众号，既有法规解读，又有交通热点评析，让手机网络与普法对象有效对接，开启法治教育"零距离"、政务服务"全天候"的指尖普法。市司法局戒毒所"互联网＋教育"开设"云课堂"，创作系列法治微视频，为法制宣传开创更广阔的传播空间，实现全视角普法。这些项目在实践中实现了从政府主导的基层法治文化供给模式向公众参与的居民自给普法模式的转变，推动基层法治建设由"法律知识"向"法律意识"转化，让居民沐浴在法治文化之中，民众对法律的崇敬之心油然而生，形成"社区法治文化风景线全覆盖"。珠海的法治文化创建呈现"一街一区一特色"的良好态势，并进入低成本、广参与、高效率、优循环的时代。

更为重要的是，这些项目契合社会发展趋势，具有成长性，可以进一步升级和扩展功能，体现了示范、复制和推广价值。借鉴高新区普法办"罗西尼法治文化示范企业"项目，培育以法治文化为基石的企业文化，开拓更多的普法"辐射区"，让企业成为法治的摇篮，实现法治企业文化培育常态化和系统化；借鉴"律师助力信访维稳"项目，通过律师释法明理的专业服务，引导信访群众理性维权，让更多的律师履行社会责任，在维护稳定以及服务和保障民生中发挥重要作用；借鉴兴业社区"警务与居务融合"项目，实现网格内资源的整合利用，创造更多"一居一警、一村一警"网格资源融合的平安社区。这些项目的推进落实，让更多的群众切实感受到法治创新带来的红利，也潜移默化地增强了法治意识和法治思维，为进一步推进法治珠海建设注入了法治动力。

综上，"法治创新＋标准化"为法治理论与社会实践开辟了新视野，体现了向科技借力打造法治新高地的思路，也体现了运用"标准化"实现规范化和持续性的思路，这是珠海法治建设新的增长点。

2018年度珠海法治实践的创新性评估并不是终点，而是一个新的起点。未来，珠海市将秉持"从评估到优化"的法治绩效理念，将珠海法治实践中的鲜活经验、取得的阶段性成果固化下来，进行梳理和总结。同时，坚持继承和创新的统一，深度挖掘其中蕴含的学术富矿，采取多元化、跨学科的研究方法，提炼规律性认识，以更多的学术智慧，为法治实践提供智力支持，最大限度地发挥珠海经验的示范效应，为广东省以及全国法治文明建设贡献新的珠海经验与智慧。

附：2018年珠海法治实践创新优秀项目

（一）依法行政优秀项目

1. "小指数"撬动"大平安"：平安指数及其工作机制应用（市公安局、市平安办）

珠海平安指数是以违法犯罪警情、消防警情、交通警情、城管事件等4项指标为基础数据反映珠海各区、各镇街某个时间段内社会平安状态的综合性评价数值，以报纸、微信、互联网等平台发布平安生活资讯和安全防范提示。珠海是全国首个每日发布镇街平安状况量化指数的城市，并建立了动员、研判、预警、督办、问责、宣传"六位一体"的平安指数工作机制，成为党委政府统筹协调、整体推动立体化社会治安防控体系建设的新平台。

2. 交通非现场执法（市交通运输局）

珠海市交通运输局将视频监控、GPS监控、治超监测数据、船舶AIS信息监控、车辆号牌分析等科技手段应用于执法中，在全省率先开展交通非现场执法，建设了全省第一套营运车辆违法行为智能分析系统和航道疏浚监管智能取证分析系统，以及全国第一套交通执法远程办案系统，实现了非现场执法从调查取证到违章处理的全覆盖。其中，治理车辆超载执法因其自动化和智能化而成为全省借鉴的样板。"珠海交通执法"微信公众号开发了集成移动指挥、办公、办案、查询、违章预警信息推送等模块的手机移动执法App系统，打造为智慧交通执法管理创新的非现场执法"珠海模式"。

3. 行政复议全方位综合改革（市司法局）

为充分发挥行政复议在解决行政争议中的重要作用，珠海市改行政复议"相对集中"为"全面集中"的做法，将包括市公安部门在内的原属市直部门的行政复议权收归市政府统一行使，实行"统一受理、统一审理、统一决定"的"三统一"模式，建立了专业、开放的行政复议委员会，探索案件繁简分流，采用一个窗口对外、一个标准办案、一个主体决定，实行

"阳光复议",确保行政复议案件审理全过程公开透明,该改革项目获得第四届"中国法治政府奖"。

4. 公益诉讼监督(市检察院以及香洲区、金湾区、斗门区检察院)

珠海市检察机关在生态环境保护、食品药品安全、国有财产保护、国有土地使用权出让等领域集中发力,全面开展公益诉讼工作。并与市纪委监委建立案件线索互相移送机制,与行政机关建立健全行政检察与行政执法的衔接机制、工作信息共享机制,共同搭建案件移送、信息交流、执法监督工作平台,扮演好国家利益和社会公共利益"守护人"的角色。特别是在行政公益诉讼工作中,坚持"双赢多赢共赢监督"理念,通过加强沟通协调、发出诉前检察建议、支持起诉等手段促进行政机关依法行政,推动其完善相关机制。

5. 排污权有偿使用和交易试点法治实践(市生态环境局)

为推进排污权有偿使用和交易工作的顺利开展,珠海市制定了排污权有偿使用和交易的"1+3"制度体系,并开发建立电子化交易平台,在市公共资源交易中心开展排污权交易,采用网络竞价方式,由核发排污许可证的环境主管部门审核竞价资格,意向受让方可在市交易中心办理交易手续,或登录支付宝参与网上竞拍,有效地推动了环境资源配置市场化量化管理。

(二)公正司法优秀项目

1. 横琴新区法院综合改革(横琴新区法院)

横琴新区法院在遵循司法客观规律的前提下,以破解审判权运行行政化、提升法官职业化水平、促进法院科学管理为切入点,大胆创新,在全国首创不设审判庭、设立法官会议,在全国率先落实法官员额制、集中管理、全面取消案件审批制,在推行类似案例辩论制度、开辟区际司法协作便捷通道、与公证处展开审判辅助事务协作、推进三语工作等方面具有领先作用,对全国法院改革形成示范意义。

2. 家事审判方式和工作机制改革(香洲区法院)

作为"全国家事审判方式和工作机制改革试点法院",珠海市香洲区法院致力于建立社会广泛参与的家事纠纷多元调解机制，探索符合家事审判特点的家事审判程序改革，设立沟通式家事审判法庭，与司法、行政和社会力量协同联动，将单面镜观察和心理干预等机制引入审判，设家事调解室、心理辅导及情绪平复室、儿童托管及谈话室等功能室，搭建综合调处家事纠纷平台。2018年7月，家事少年审判庭集体被最高人民法院评为"全国法院家事审判工作先进集体"。

3. 智能化案管平台：闭环式案件管理实战应用（市公安局拱北口岸分局）

珠海市公安局拱北口岸分局2017年在全国首创自主研发了以公安机关内网和警综系统为依托，以"案件"为主导的闭环式一体化案件管理实战应用平台。该系统职责清晰、任务明确、办案流程优化，形成流程监督、案卷管理、证据保存、预警监控的"四位一体"案件优化管理新模式，实现公安机关案件任务量化、细化，来访案件、敏感案件及时跟进，涉案财物管理路径清晰，推动案件办理精细化、透明化、科学化，以及基层单位智慧执法信息化升级的变革。

4. 执行司法查控系统：以共治破解执行难（市中级法院）

珠海市中级人民法院自主研发"珠海法院司法查控系统V3.0"，实施"珠海执行天网"举措，与银行、市公安局、市工商局、市不动产中心等部门联网互通，通过系统查询全市范围内的存款、车辆、户籍、工商登记、土地、房产、出入境等信息，将本地房地产查控系统查询功能对接最高人民法院执行查控系统，在全国率先实现房地产"点对点"查封和过户，实现对人对物的精准查控，并在执行办案中深度应用4G执行单兵系统的外勤执行查控系统，实现现场证据传输、执法调度指挥、外勤监控网络化信息化，以共治破解执行难。

5. "四位一体"的"检护春苗"行动（市检察院以及香洲区、斗门区检察院）

珠海市、区两级检察院坚持"儿童最佳利益""国家亲权"等少年司法基本理念，建立了一套包括"建档—法律援助—家庭调查—亲情会见—心理辅导—社会调查—社区（看守所）帮教—定期回访"的未成年人办案保护程序，开展家庭关系修复、亲职教育辅导、心理咨询为内容的修护救助，创建了"三维"立体化、全方位的未成年犯罪人观护帮教机制，并通过"五化式"校园普法，实现司法与社会在未成年人保护方面的良性互动。其"保护性办案、修复性救助、社会化帮教、多元化预防"的"四位一体"未成年人检察工作模式得到广东省人民检察院的充分肯定。

（三）基层法治建设优秀项目

1. 有问题，到中心：横琴新区一站式法律服务中心（横琴新区综治局）

横琴新区全面整合港澳中小企业法律服务中心、海上丝绸之路法律服务基地、法律援助、司法行政、劳动保障与仲裁、人民调解、信访维稳、安置帮教、社区矫正等业务和法律资源，集中受理和解决群众和企事业单位的法律服务问题，打造综合性、一站式法律服务综合平台——横琴新区法律服务中心。通过前台集中受理、现场快速分流、专业引导对接、专人跟进服务等方式，并依托公共法律服务中心和互联网，逐步开展法律服务实体平台和线上平台建设，向企业、市民提供全方位、立体化、广覆盖的综合服务。

2. "法治联盟共建共治共享"创新项目（香洲区翠香街道钰海社区）

钰海社区以开展基层社会治理与服务创新为重点，以社区法治文化发展利益共同体为理念，以文化为载体和传播手段，联动社区资源组队伍、建平台，积极开展活动，将法治元素、文化元素广泛注入社区生活，并制度性地安排在各种社区共同体规则中，引导居民平等、积极、有序地参与社区法治文化建设，成功打造社区"法治联盟文化季"法治特色精品项目，形成"社区支部＋社会组织＋社工＋社会单位＋居民"五级联动的法治联盟。

3. 综治网格化："警务＋居务"融合共治平安小区（市公安局香洲分局）

市公安局香洲分局以跨部门综合治理为思路，指导和推动兴业社区警务与居务相融合，通过警务与居务联合办公，打通信息孤岛，整合社区网格员，组建社区联防队伍，共建平安网格，并引进外部资源，共同搭建警民议事厅、社区议事会，制定"兴业十三条"议事规则，引导居民积极参与社区事务，合力打造社区老年大学、少年警校等公民教育基地，以文化空间吸引居民前来了解社区，将社区事业发展引上法治轨道，全面提升治安防范和社区治理的能力和水平。

4．"议治相济，社区协商"：社区多元共治新格局（香洲区委政法委、区民政局）

珠海市香洲区以创建第三批全国社区治理和服务创新实验区为契机，以"社区协商"为突破口，以居民需求为导向，组成社区居民议事会，通过建立"小区—社区"两级议事机制，搭建社区协商议事平台、完善社区协商程序，建立健全了社区协商机制，创新性地提出了"议治相济"社区协商新模式。以此推动社区治理法治化建设，探索出了一条发展基层民主和推进基层治理法治化一体化建设的新路径，为全省乃至全国发展基层民主、推进基层治理法治化建设提供了宝贵经验。

5．律师团队"一二三"模式，助力信访维稳（万山区维稳办）

为有效推进信访难题化解，万山区择优组建一个专业律师服务团队，充分发挥律师的专业性、独立性，以第三方中立角色在信访人与政府相关部门之间搭建沟通平台，健全律师参与信访工作体系，明确律师参与信访工作机制、工作保障、运行模式、组织管理和工作责任等，按照"筛选、受理、调处"的"三步走"接访程序，参与涉法涉诉信访工作，并定期对部分疑难案件进行评议会诊，编制案例库诠释法律知识，引导信访群众通过合法途径理性表达诉求，维护当事人合法权益，实现了政治效果、法律效果和社会效果的有机统一。

（四）法治文化建设优秀项目

1．"珠海交警"微信公众号（市公安局交通警察支队）

"珠海交警"微信公众号紧紧围绕交通事故预防、交通秩序整治、文明交通创建、交通法规宣传、车驾管服务、交通路况诱导等重点工作，形成一个以新媒体宣传平台为核心的交警警务新模式，在社会管理、信息公开、舆论引导等方面发挥了重要作用，其精心打造的"手机车管所""掌上车管所"，开通查询、预约、办理、服务四大类32项微信服务功能，实现了政务服务的大转变，为全国交警类政务新媒体直至政务微信号的创新发展提供了可借鉴的样板。

2. 多元法治共宣传、基层普法增实效（香洲区狮山街道办）

狮山街道按照"普治并举，打造法治狮山"的思路，积极整合辖区资源，在社区各类活动中融入普法元素，形成多个普法品牌：打造法治教育新平台，建设"狮山法治讲堂"，作为法律知识学习的交流平台；建设狮山巡回法庭，以百姓法律需求为导向，让社区居民在"家门口"聆听法官以案释法；探索"百姓聊法共话法治家常"，开启聊天互动学法模式；开设了"联合执法实战训练营"，全面提升街道执法队伍的整体素质，让法治理念真正入脑入心。

3. 戒毒场所"互联网＋教育"，开辟禁毒普法新阵地（市司法局强制隔离戒毒所）

市强制隔离戒毒所会同香洲区教育局，在戒毒场所内禁毒宣传课室组建"云课堂"，香洲区教育局在教科培训中心成立"戒毒远程帮戒工作室"，以优秀教师"义务支教"的形式，通过云平台给戒毒人员讲课，强化戒毒人员戒治成效；同时，可以通过网络直播毒品危害与预防课程、戒毒人员现身说法、在线浏览禁毒基地图片展、即时互动问答等，为全市大中小学生进行禁毒普法宣传教育。戒毒场所的"互联网＋教育"模式，凭借异地同步、多点互动教学、个性化辅导，开辟出禁毒普法的一块新阵地。

4. 塑造法治特色，彰显文化魅力：香洲区法治文化建设新模式（香洲区司法局）

香洲区致力于探索和创新基层法治文化建设，突出党委领导、社会协同，启动法治文化品牌建设，并与新媒体相融合，推广单位微信公众号，发布普法动态、法律热点、以案释法、新法速递等内容；建立青少年法治文化实践基地、法治文化主题公园、法治文化讲堂等，形成了区、镇街、社区三级法治文化阵地网络体系，通过"文化搭台、法治唱戏"，传播法治文化，渗透法治理念，营造法治氛围，实现法治与人们生产生活的"零距离"，使法治文化创建呈现"一街一区一特色"的良好态势。

5. 创建省法治文化示范企业（高新区综治局）

高新区综治局、区普法办结合罗西尼工业旅游的企业特点，指导罗西尼企业探索创建全省企业法治文化建设示范品牌，力促企业主要负责人切实履行法治建设职责，厉行法治、依法治企，积极开展企业法治文化建设。利用企业内部资源，设立法律专题图书角、借助园区景观建设普法小园地，通过参与和渗透的方式，从制度上引导和激励员工做到心中有法、遇事找法、处事用法。同时，借助工业旅游优势，在游客参观及交流过程中，潜移默化地达到普法宣传目的，为企业推广法治文化建设提供了样板。

B.23
珠海市创新社会治理调研报告

中共珠海市委政法委员会社会建设指导室课题组*

摘　要： 近年来，珠海市深入学习贯彻党的十八大以来关于加强和创新社会治理的新理念、新举措，围绕打造社会治理体制改革统筹平台、社会治理法治推动平台、社会治理创新引领平台、公共服务促进平台、社会协同公众参与平台，不断加强和创新社会治理，全面增强社会发展活力，取得显著成效，初步形成了具有珠海特色的社会治理模式。

关键词： 社会治理　共建共治共享　五大平台

近年来，珠海市深入贯彻落实党的十八大以来关于加强和创新社会治理的新理念、新举措，特别是紧紧围绕党的十九大提出的"打造共建共治共享社会治理格局"和习近平总书记参加十三届全国人大一次会议广东代表团审议时提出的"在营造共建共治共享社会治理格局上走在全国前列"的工作目标和要求，全面加强和创新社会治理，通过打造"社会治理体制改革平台、社会治理法治推动平台、社会治理创新引领平台、公共服务促进平台、社会协同公众参与平台"五大平台，全面激发社会活力，不断完善"党委领导、政府负责、社会协同、公众参与、法治保障"的

* 课题组负责人：雷广明，时任中共珠海市委政法委员会常务副书记、市社会工作委员会专职副主任。课题组成员：姜铁均、胡昆、杜娟、丁焕松。执笔人：胡昆，中共珠海市委政法委员会社会建设指导室主任；丁焕松，中共珠海市委政法委员会社会建设指导室职员。

社会治理体制，基本形成具有时代特征、区位特点、珠海特色的社会治理模式。

一 打造社会治理体制改革平台，注重体制机制突破

以保障和改善民生为目的，推动社会治理理念思路、体制机制和方法手段创新，构建既充满活力又和谐有序的社会发展环境。一是协调推进社会体制改革。深入贯彻落实十八届三中全会提出的"创新社会治理体制、改进社会治理方式"工作部署。2014年初，珠海市成立全面深化改革领导小组，下设社会体制改革专项小组，市社工委牵头负责社会体制改革专项小组工作，以保障改革的系统性、整体性和协同性。二是明确社会体制改革任务。2014年10月，制定《珠海市深化社会体制改革工作方案》，明确公共服务体制、基层治理体制、社会组织管理、法治社会建设、社会管理体制、社会建设支持系统等六个方面共50项改革任务，全面抓好各项改革任务的落实。三是落实重点领域改革任务。2017年，统筹珠海市文明办、珠海市安监局、珠海市民政局、市残联等单位，围绕安全生产领域改革、志愿服务组织发展、社工人才使用管理、社会组织第三方评估、残疾人服务机构管理等重点领域，推动出台《中共珠海市委 珠海市人民政府关于推进安全生产领域改革发展的实施意见》《珠海市关于支持和发展志愿服务组织的实施意见》《珠海市残疾人康复定点机构管理办法》等制度。四是着力深化基层社会治理改革。开展"城市社会治理基础单元改革"试点，探索建立社区治理基础单元，提升社区服务能级和水平，不断完善基层治理体系。该项改革试点被列入珠海市2018年13项重点工程和"1+7改革举措"内容之一。此外，制定《中共珠海市委 珠海市人民政府关于加强和完善城乡社区治理的实施方案》，逐步提升城乡治理法治化、科学化、精细化水平和组织化程度，促进城乡社区治理体系和能力现代化。

二 打造社会治理法治推动平台，发挥引领保障作用

充分利用珠海特区立法权和设区的市立法权的双重优势，加强社会领域法制建设，发挥法治引领、推动和保障作用。一是加强社会治理重点领域立法。近年来，率先在全国出台《珠海经济特区社会建设条例》《珠海经济特区志愿服务条例》《珠海市社会工作促进办法》等一批具有创新性、示范性的地方性法规和政府规章。推动出台市民关注度高、立法难度大的《珠海经济特区物业管理条例》，该条例已于2018年3月正式实施，同时抓紧制定相关实施细则。目前，全市基本形成以《珠海经济特区社会建设条例》为总纲、覆盖各项社会事业和社会治理领域的社会建设制度体系。二是强化社会领域制度建设规划。注重社会治理顶层设计，着力抓好社会领域制度体系重点项目设计和规划，制定出台《中共珠海市委 珠海市人民政府关于社会领域制度建设规划（2016~2020年）的意见》，推动配套性社会建设相关法律法规、政府规章和规范性文件建设，制定（修订）社会领域相关制度47项（其中，基本公共服务领域28项、基层社会治理领域4项、社会组织领域4项、社会治理机制领域11项）。三是共建社会建设法制化示范市。2013年11月，省社工委与珠海市签订关于共建全省社会建设法制化示范市协议，全面加强社会领域法规规章的"废、改、立"，以法治手段加快推进社会建设进程，推动社会治理成功实践经验上升为制度和政策，努力以法治方式破解社会治理难题。四是评议公共服务政策项目。从2014年开始，每年委托第三方机构，对《珠海市最低生活保障实施办法》《珠海市异地务工人员随迁子女积分入学办法》等公共服务政策和民办小学免费教育补贴、中等职业学校代耕农子女（含渔民）免费教育等公共服务项目开展公众评议，通过评估倒逼职能部门突破自身利益固化藩篱，推动立法科学化和民主化。

三 打造社会治理创新引导平台，有效提升治理能力

着力加强社会治理创新，提升政府治理体系和治理能力现代化水平，积极探索与市场经济要求相适应的社会治理模式。一是搭建社会治理创新"三大平台"。发挥社会治理创新专家咨询委员会①"参谋部"、民情观察员②"联络部"、社会治理创新研究基地③"丰产田"的作用，为珠海市社工委及其成员单位提供决策参考和咨询服务。二是培育社会治理创新项目发展。加大对社会治理创新项目的扶持力度，自 2014 年以来，先后组织开展"珠海市社会治理优秀项目和社会治理创新实践基地评选""珠海市社会治理创新优秀案例培育行动"，实施"珠海市社会治理创新优秀案例成长计划"，孵化出社会治理创新优秀项目 2 个、实践基地 23 个，培育社会治理创新最佳案例 30 个、优秀案例 30 个。所有项目评选均由政府、学界、社会、媒体四方共同参与，打造了一批覆盖珠海市不同领域、不同层次，代表社会治理发展方向的本土社会治理品牌。三是促进基层社会治理创新。支持和鼓励基层开展社会治理实践创新和制度创新，破解城乡社区治理难题，提升基层治理水平，取得显著成效。

四 打造公共服务体系促进平台，持续增进民生福祉

一是加快发展教育、卫生、文化事业。党的十八大以来，新建中小学

---

① 社会治理创新咨询委员会委员现有专家 28 名，既有在国内社会治理领域具有影响力的专家学者，也有一线的党政机关事业单位和社会组织人士。

② 珠海市社会工作委员会现有民情观察员 22 名，来自"两代表一委员"和社会组织、社区（村）、教育、卫生、媒体、民营企业等单位和部门推荐的热心人士，负责收集、反映社情民意和群众关心的热点难点问题。市社工委根据观察员报送信息，每月发布一期《珠海民情信息》，先后在《珠海特区报》开设《民情微察》专栏。目前，已增设社区和社会组织民情观察点 29 个。

③ 社会治理创新研究基地分为高校研究基地和实践基地两大类，3 个高校研究基地主要承担社会治理创新理论研究任务，12 个实践基地侧重发挥实践创新、人才培养等方面的作用。

和幼儿园 32 所，改扩建中小学 43 所，新增学位 36275 个，不超过 1000 元/月的普惠性幼儿园占比达到 75.9%。成功创建广东省推进教育现代化先进市，促进东西部义务教育优质均衡发展。医疗卫生事业持续发展，一批社区养老服务中心投入使用，推进公立医院和基层医疗卫生机构综合改革，实行药品"零差率"销售，建立分级诊疗制度，全面取消公立医院药品加成，在广东省率先推进药品和医用耗材配送改革。文体事业繁荣发展，党的十八大以来，建成 39 个市民艺术中心、216 个社区体育公园、316 家"数字农家书屋"，建成"一院两馆"和覆盖全市村居的基层文体设施体系，初步形成主城区"十分钟文体休闲生活圈"。二是持续提高社会保障水平。率先建立统一的城乡居民基本养老保险制度，各项保障标准处于广东省或全国前列，低保标准提高到每人每月 896 元，农村"五保"对象集中和分散供养标准达到每人每年 22260 元和 18929 元，特困人员基本生活标准达到低保标准的 1.6 倍。城乡居民月人均养老金提高到 519 元，基本医疗保险年度财政补贴提高到 510 元，医疗保险年度最高支付限额提高到 72 万元。生育保险和基本医疗保险在全国率先合并实施。三是完善基层综合服务平台建设。推动政务服务向基层延伸，建成镇（街）社区政务服务中心 24 个、村（居）公共服务站 319 个，实现"政务服务到家门"的目标。推进公共法律服务实体平台建设，实现全市区、镇（街）、村（社区）三级公共法律服务中心（站）全覆盖，为基层党委政府和广大群众提供多层次、多领域、个性化的基本公共法律服务；实现全市 319 个村（社区）法律顾问全覆盖，以准确化法律服务助推基层治理。推动社会服务实体平台建设，打造"区—镇（街）—村（居）"三级社会服务体系，解决居民"最后一公里"生活服务问题，金湾区 21 个村（居）全部实现社会服务站全覆盖。

五　打造社会治理全民参与平台，激发社会生机活力

一是大力扶持和培育社会组织。改革社会组织登记管理体制，开展社

组织直接登记，建立市、区、镇（街）三级联动的社会组织孵化平台，社会组织总量连年攀升，截至 2018 年 12 月 31 日，每万人（常住人口）拥有社会组织 13.65 家，位居全省前列。搭建社会组织信息公示平台，构建社会组织信用体系，实施第三方评估和联合监管机制，加强社会组织自身建设，提升服务社会能力。开展社会组织公益伙伴日，拓宽社会组织参与社会治理的渠道，发挥社会组织在提供公共服务、化解社会矛盾和构建和谐社会等方面的积极作用。支持枢纽型社会组织参与创新社会治理，评选出首批群团类枢纽型社会组织 5 家并给予扶持。以"四个创新"[1] 加速社会组织健康发展。二是壮大和发展专业社工力量。出台《珠海市社会工作专业人才中长期规划（2014~2020 年）》等政策，建立起一套相对完善的社会工作政策体系，在资金扶持、机构培育、职位设置、薪酬制度、人才培养、购买服务等方面予以引导，支持社会工作发展。截至 2018 年 12 月 31 日，全市通过国家社会工作者职业水平考试的共有 2582 人，万人持证率超过 15.8%。持续开展"专业社工　全民义工"专业社会工作服务试点，拓展社会服务领域，推进农村社会工作，发挥社会工作者在矛盾调解、社区矫正、社区戒毒、心理服务等领域的专业优势。三是拓宽居民参与社区治理渠道。推广城乡社区协商制度，增强社区居民议事协调能力，推动群众参与社区治理。香洲区以居民需求为出发点，注重协商主体多元参与，畅通议事渠道，形成具有珠海特色的社区协商模式[2]。斗门区建立村民协商会议机制，开展灵活多样的协商活动，将社区协商成果有效纳入农村社区建设工作。四是广泛开展志愿服务活动。通过整合社会资源、建立长效机制、建设服务阵地和培育优质项目等方式，积极推动珠海志愿服务朝阵地化、专业化、社会化和常态化方向发展。以"i 志愿"信息管理服务平台为载体，通过信息化手段开展志愿者招募、录用、项目发布、考勤，形成规范快捷的志愿服务信息化网络。依托"蓝天小屋"等 485 个志愿服务阵地，以专业社工为引领，以党员志愿者为

---

① "四个创新"即创新社会组织管理体制、创新社会组织扶持政策、创新社会组织管理制度、创新社会组织党建模式。

② 香洲区南村社区通过民主协商妥善解决公共场地使用冲突的做法被中央电视台专题报道。

骨干，以群众需求为导向，每周开展一场便民活动，每月举办一场大型公益活动。打造全城志愿服务缤纷汇等项目遴选平台，引导全市公益志愿需求、项目和资源进行现场对接。截至 2018 年 12 月 31 日，全市有志愿服务组织690 个、志愿服务团体 1558 个，注册志愿者 353691 人，志愿服务时长 7388万小时。

六　面临的困难与挑战

党的十八大以来，珠海市社会治理工作取得了明显成效，但也必须清醒地看到，随着经济体制深刻变革，利益格局深刻调整，社会结构和社会功能发生了深刻变动，各种关系错综复杂，群众诉求日益多样，社会矛盾和冲突易发多发，社会治理面临许多新情况、新问题、新挑战，一些过去行之有效的社会管理理念、管理制度和管理方法已难以适应和有效应对，珠海市社会治理工作在顶层设计和实践探索中均存在不足和短板。

一是基本公共服务水平有待提高。珠海市与全国全省先进城市和地区相比，基本公共服务水平还有一定差距，区域发展不平衡问题在珠海的西部地区尤为突出，严重影响城乡协调发展。由于缺乏统筹，公共服务制度部门化、碎片化现象较突出，公共服务整体统筹规划和运行、监管、评估等机制建设也亟须加强。

二是社会组织发展建设有待完善。对标长三角等发达地区，珠海市在培育发展社会组织的体制机制、政府购买社会组织服务的力度等方面有待进一步提升，特别是社会组织自身能力建设，枢纽型社会组织、服务特殊人群的社会组织建设等都亟待加强。

三是基层社会治理体系有待健全。基层党建引领作用未能充分发挥，尤其是基层党建部分亮点工程在协调党建工作和群众需求方面要进一步加强；社区居委会承担了过多行政事务，难以发挥自治组织作用，人财物和责权利不相匹配；广大居民群体自治意识不够强，对社区事务参与缺乏热度。

四是社会治理智能化水平有待提升。当前珠海市社会治理信息化建设还存在诸多不尽如人意的地方，突出表现为信息资源共享及应用不够理想，信息孤岛和部门壁垒问题依然存在，各类信息整合、数据共享范围有限，"纵强横弱"的问题比较突出。

七 未来展望

党的十九大提出打造"共建共治共享社会治理格局"，习近平总书记在参加十三届全国人大一次会议广东代表团审议时要求，广东在营造共建共治共享社会治理格局上要走在全国前列。当前，珠海正加快建设新珠海、新经济、新生活，打造粤港澳大湾区经济新引擎、独具特色令人向往的大湾区魅力之城和践行新发展理念的典范城市。站在新的历史起点上，珠海要在大湾区的视野下全面加强和创新社会治理，完善"社会治理制度、基层社会治理、社会治理多元参与、社会心理服务"四个体系建设，推进社会治理社会化、法治化、智能化、专业化，提升政府治理体系和治理能力现代化水平，增强广大人民群众的获得感、幸福感和安全感，营造共建共治共享的社会治理格局，努力把珠海建设成全国最安全稳定、最公平正义、法治环境最好的地区。

（一）进一步加强社会治理领域制度建设

党的十九大提出，要加强社会治理制度建设，完善党委领导、政府负责、社会协同、公众参与、法治保障的社会治理体制。推进社会治理现代化的关键在于制度的改革和创新，制度建设具有全局性和根本性作用。要充分发挥立法引领和推动作用，推进科学立法、民主立法、依法立法，确保社会治理领域重大改革于法有据、顺利实施，以良法促进发展、保障善治。一是要全面落实《珠海经济特区社会建设条例》《中共珠海市委 珠海市人民政府关于社会领域制度建设规划（2016～2020年）的意见》，完善各项配套规范性文件，构建完善社会领域制度体系，强化社会治理法治保障。二是要围绕影响社会治理的重点问题和人民群众普遍关心的热点难点问题，加强立法的针对性和可操作性，完善基层群众自治、行业治理、社会组织发展、社会信用体系建设、外来人口权益保障及参与基层社会治理、公共安全等重点领域的制度建设，通过立法解决流动人口、出租屋管理等问题，使社会治理做到有法可依。三是充分发挥居民公约、乡规民约、行业规章、团体章程在社会治理中的作用，规范各类社会主体自我管理、自我约束，使之成为除法律法规之外的有益补充。四是持续加强和改进执法检查工作，开展立法后评估和公共服务政策有效性评估，不断提高立法水平，强化政策执行力度，为珠海加强和创新社会治理提供有力的法治支撑。

（二）进一步完善基层社会治理体制

一是要健全完善城乡社区治理体系，探索基层党建引领社会治理的路径，健全以村（居）党组织为核心、多元主体共同参与的社区自治机制，统筹协调社会治理资源，深入推进系统治理、依法治理、综合治理和源头治理。二是推动社会治理重心下移，深入推进"城市社会治理基础单元"改革试点工作，探索和创新社会治理体制，加快社区公共服务体系建设，推动资源、服务、管理下沉到基层，实现政府治理和社会调节、居民自治良性互动。三是促进城乡基层自治有序发展，加强基层群众性自治组织建设，推广社区民主议事协商制度，增强社区居民议事协商能力，完善社会力量协同参与机制，提升社区矛盾预防化解能力，发挥镇（街）社会服务创新平台的枢纽作用，推进网格化管理和社会化服务向社区延伸覆盖。四是推动智慧社区建设，探索建立"互联网＋社区治理"新模式，强化智慧社区信息系统建设，搭建社区公共服务综合信息平台，为社区居民参与社会治理提供便捷渠道和途径。五是着力补齐基层治理短板，完善农村社区基础设施，将综合服务设施建设纳入城市发展规划，优化社区资源配置，推进社区减负增效，把社区建成人民群众的幸福家园。

（三）进一步完善社会治理多元参与体系

一是降低准入门槛，加大扶持力度，培育发展公益慈善类、城乡服务类社会组织，运用市场化机制扶持、引导社会组织参与社会治理。二是完善扶持社会组织发展政策和财政税收支持政策，拓宽提供公共服务的渠道，建立社会组织依法参政议事机制，优化社会组织资源配置。三是把好登记审查关，加强对社会组织资金的监管，建立社会组织信用评价体系，健全社会组织退出机制，建立联合执法机制，规范社会组织涉外活动。四是重点支持行业协会类社会组织发挥行业自律和专业服务功能，发挥好社会组织协调社会关系、促进社会和谐的作用。

拓宽公众参与社会治理的渠道。一是加大社会工作人才培育力度，健全社会工作专业人才保障和激励机制，建设一支高素质的社会治理专业人才队伍，同时拓宽社工服务领域，推动政府购买社会组织服务。二是扩大居民群众有序参与社会治理的制度性渠道，搭建更多公众参与平台，实现社区居民自我管理、自我服务、自我教育、自我监督。三是加强"互联网＋社会治理"模式，提升社会治理智能化水平，运用社区论坛、微博、微信、移动客户端等新媒体，引导和方便社区居民参与公共事务、开展协商活动、组织邻里互助。四是健全志愿服务组织孵化制度，完善志愿服务组织监督管理，强化志愿服务供需对接，推进志愿服务组织承接公共服务项目，推广"社会工作者＋志愿者"协作机制，全面推行志愿服务记录制度，创新志愿服务方式方法。

（四）进一步加强社会心理服务体系建设

一是抓好社会心理服务体系建设规划设计，按照《关于推进珠海市社会心理服务体系建设的意见》的部署，完善社会心理服务网络，加强重点人群心理健康服务，探索心理健康服务规范管理，建立既全面覆盖又有特色亮点，既科学好用又规范长效的珠海社会心理服务体系。二是建立心理健康服务体系，特别是将心理服务纳入城乡基本公共服务体系，努力打造覆盖城乡社区的心理服务平台和网络，提升医疗机构心理健康服务能力。三是大力发展各类心理健康服务，全面开展心理健康宣传与教育，积极推动心理咨询和心理治疗服务，重视心理危机干预和心理援助工作，增强居民心理健康意

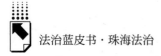

识。四是重视重点人群心理健康服务，全面加强儿童青少年心理健康服务，关注老年人、妇女、残疾人心理健康，重视流浪乞讨人员、长期信访人员、服刑人员、刑满释放人员、强制隔离戒毒人员、社区矫正人员、社会吸毒人员、易肇事肇祸严重精神障碍患者等特殊人群的心理健康服务，加强严重精神障碍患者服务管理。五是加强心理健康人才队伍建设，推动成立珠海市社会心理服务行业组织，加强心理健康服务后备人才队伍建设，完善心理健康服务人才激励机制，鼓励培育社会化的心理健康服务机构。

B.24
平安指数：平安中国建设的珠海样本

中共珠海市委政法委员会课题组 *

摘　要： 2014 年以来，珠海市在国内首创"平安指数"及配套运行工
作机制，运用"小指数"撬动"大平安"，一方面为公众提
供了安全防范指导，另一方面也为群众监督平安建设工作提
供了参考依据。尽管当前其覆盖面、全面性、应用性等还需
不断优化完善，但从未来发展方向看，平安指数将在评估社
会治安形势、及时预警平安状况、推动形成共建共治共享的
社会治理格局中扮演重要的角色。

关键词： 社会治理　平安建设　平安指数　珠海样本

中共十九大报告提出，"打造共建共治共享的社会治理格局"，"提高
社会治理社会化、法治化、智能化、专业化水平"。社会治理与平安建设
紧密相关，随着社会主要矛盾的转变，平安建设的严峻性和重要性则更为
突出。2014 年以来，珠海市在国内首创推出平安指数及配套运行工作机
制，运用"小指数"撬动"大平安"，有力推动了平安建设的社会化、法
治化、智能化、专业化进程，稳步增强了人民群众的获得感、安全感和满

───────────

* 课题组负责人：温杰，中共珠海市委政法委员会副书记、珠海市平安办常务副主任。课题组
　成员：王建军、曾鹏、陈海宁、谭学录、谢健儿、王棵、王建亮、孙莹。执笔人：孙莹，珠
　海市委党校副教授。

意度。平安指数发布四年多来，取得了明显的工作成效，全市治安状况持续好转，违法犯罪警情数实现大幅下降，城市安全感持续位居广东省前列。

一 平安指数实践

（一）平安指数创建过程

党的十八届三中全会就加强社会体制改革、推进国家治理体系和治理能力现代化提出了新要求，如何将平安建设与社会治理有机结合，成为新形势下各级政府必须应对的挑战。为此，2013年，珠海市为解决过去平安建设中长期存在的"缺少具体评价指标来直观反映、衡量地区平安建设的成果""缺少地方党委政府和公安机关等部门协同作战的平台"这两个老大难问题，构建了"平安指数"，这一社会治理创新手段融合了社会治理与平安建设。在此背景下，2013年10月珠海市创建平安珠海工作领导小组办公室（以下简称"市平安办"）成立了平安指数研发团队，正式组织开展平安指数项目攻关。为寻找最合适的平安指数构建指标，平安指数研发团队学习借鉴境内外先进经验，深入全市各镇街调研，与高校开展项目合作，采用问卷调查、因子回归和海量数据相关性分析等方法，按照更加科学简便、易于操作、易于理解和有利于调动基层积极性等目标，最终遴选出违法犯罪警情指数、消防安全指数、交通安全指数3项与群众生活感受最密切、影响最直接的指标作为平安指数基础构建元素，并以此为基础创建了平安指数，对镇街平安状况进行量化发布。2014年11月1日，珠海市平安指数正式通过《珠海特区报》《珠江晚报》对外发布，珠海成为全国首个每日发布镇街平安状况量化指数的城市。2014年12月1日，平安指数微信客户端正式推出启用。2017年6月，市平安办会同市公安局对平安指数运行三年来的状况进行了全面评估和深度调研，从"拓展指标维度、重构测算模型、优化计分方法、完善取值方式"四方面对平安指数进行了优化和完善。2018 年 5 月 1 日，升级优化后的平安指数 2.0 版上线测试，根据测试发布过程中发现的问题，对平安指数 2.0 版进行了不断修改与完善，2018 年 11 月 1 日，新版平安指数正式对外发布。

（二）平安指数概念和特征

平安指数是由违法犯罪警情、消防安全、交通安全、城市管理 4 项量化指标构成，其测算标准主要是镇街实有人口的万人事件数。具体测算方式是：以镇街当天该类指数与上一年全市该类指数的万人日平均数进行比较，比值小于 0.8 的镇街为优，比值介于 0.8 ~ 1.2 的为良，比值高于 1.2 的为差，出现因违法犯罪或火灾、交通事故造成人员死亡的为极差。测算出等级后，依照权重，对照评定等级进行分项赋分，各项得分之和即为该镇街当天的平安指数数值（见图 1）。

某镇街平安指数 = 违法犯罪警情指数A + 交通安全指数B + 消防安全指数C
其中：
指数总分100分，A、B、C三类分值权总为60%：20%：20%

A分值由镇街与全市万人违法犯罪警情比值A1决定，即：

$$\text{比值A1} = \frac{\text{当日镇街万人违法犯罪警情数}}{\text{上一年全市每日万人违法犯罪警情平均数}}$$

若A1 < 0.8,为优，A = 60；
若0.8 < A1 < 1.2,为良，A = 40；
若A1 > 1.2,为差，A = 20；
若当天出现因违法犯罪造成人员死亡事件，为极差，A = 0

B分值由镇街与全市万人交通事故警情比值B1决定，即：

$$\text{比值B1} = \frac{\text{当日镇街万人交通事故警情数}}{\text{上一年全市每日万人违法犯罪警情平均数}}$$

若B1 < 0.8,为优，B = 20；
若0.8 < B1 < 1.2,为良，B = 10；
若B1 > 1.2,为差，B = 5；
若当天出现因交通事故造成人员死亡事件，为极差，B = 0

C分值由镇街与全市万人火灾警情比值C1决定，即：

$$\text{比值C1} = \frac{\text{当日镇街万人火灾警情数}}{\text{上一年全市每日万人火灾警情平均数}}$$

若C1 < 0.8,为优，C = 20；
若0.8 < C1 < 1.2,为良，C = 10；
若C1 > 1.2,为差，C = 5；
若当天出现因交通事故造成人员死亡事件，为极差，C = 0

图1 平安指数测算方式

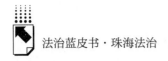

平安指数生成后，为增强指数的直观性，再以"蓝、黄、橙、红"4种颜色标注显示"优秀、良好、平稳、较差"4种平安状况等级，连同平安指数一起，向社会公布，并对标注为"红色"的区域作出平安预警。

（三）平安指数应用机制

为强化平安指数的应用效果，市平安办在全市范围内建立了以各区、镇（街）党委政府为主体，各相关职能部门积极参与，集动员、研判、预警、督办、问责"五位一体"的平安指数应用机制，全面强化行政区和公安分局、镇（街）和派出所的捆绑作战作用，促使平安指数偏低地区的党委政府协同整改，最终形成党委领导、政府主导、综治协调、公安主力、其他各部门共同参与的立体化社会治安防控新格局。

一是研判环节。各级各部门根据区域平安指数定期开展研判工作，查找存在问题，制定针对性防范、打击、整治措施和下一步计划，做到"五个一"，即派出所、交警中队和消防中队每日一研判，镇街每周一研判，公安分局和各区每月一研判，市公安局和市平安办每季度一研判，市委常委会每半年专门听取一次汇报。

二是预警环节。对于预警超标的"红色"区域下发"预警通知书"，促使其积极落实整改措施。当前，市平安办正在着手增加"趋势预警"机制，即对每周平安状况同比变差的镇街进行预警，类同"红色"区域，要求迅速开展问题研判分析，督办整改、跟踪问责。

三是督办环节。对预警后整改成效不明显的镇街，经市平安办平安指数分析研判会议审定后，由市平安办向镇街所属区（功能区）的书记、区长（主任）发"专项督导通知书"，并抄送市委组织部、市纪委监委、市人社局备案。市创建平安珠海工作领导小组成立督导组，对区、镇街开展专项督导。督导组由市委政法委、市平安办、市公安局、市城管局及相关单位人员组成。督导结束后，督导组向市平安办报送督导报告，提出挂牌整治意见和建议。

四是问责环节。平安指数已被纳入社会治安综合治理考核指标，指数反映的问题有没有认真研判、有没有采取针对性措施，措施是否得力、成效是否明显，都将通过社会治安综合治理考核体现。其一，通过诫勉约谈落实问责。对红色预警且整改成效不明显的镇街、派出所等，将由市平安办进行专项督导和诫勉约谈。其二，通过组织措施落实问责。根据不同情节，分别对责任领导给予调整岗位、一票否决和党纪政纪处分等。通过强有力的问责机制，倒逼各职能部门必须主动作为、积极研究提升平安指数的有效措施，从而确保整改成效。

（四）平安指数发布运行

引入"互联网＋"思维，将大数据与平安指数工作机制有机结合，推动其纵深发展，形成治安防控新格局，是平安建设思考和探索的方向之一。珠海市平安办于2016年初成立平安指数专责小组，开始研发"平安指数发布应用系统"（以下简称"应用系统"）。随着该系统的普及推广，平安指数工作机制推进中存在的数据共享性不足、信息沟通渠道不顺畅等问题能基本得到解决。

平安指数发布应用系统针对不同的用户群体，分别打造了三个客户端：公安网客户端、政务外网客户端和移动手机微信公众号，有3个主要特点。

一是精确查询，每日自动发布。应用系统对接公安警情系统，实现了平安指数发布数据自动抽取、实时查询、在线统计等功能，极大地提高了平安指数的发布、查询、统计效率。目前，应用系统可每天自动生成平安指数，待审核后自动推送给相关媒体发布。同时，针对基层部门反映的信息数据对接不畅、警情数据不全面不及时等问题，应用系统专门开发了具体警情查询功能，对辖区的违法犯罪警情、交通事故警情和消防火灾警情均可点对点查询。

二是智能分析，提供数据支持。应用系统增加了模拟运算、数据分析、平安预测等模块，实现了平安指数、各类警情等数据的比例分析、相关性分析、密度分析等功能，系统能够每日自动生成全市、各区、各镇街、各派出所的平安趋势、警情类比、人员分布等各类情报信息图表，还可以对辖区多类数据进行类比研判，为平安研判、决策整改方案提供科学有效的数据支撑。

三是自动预警，实时督导反馈。应用系统为各个镇街、派出所设定子用户，子用户除有查询、统计、分析等权限外，还可向上一级用户进行反馈，即研判例会分析报告、照片等文件可通过应用系统向上级用户反馈，便于上级掌握工作情况。同时，应用系统还会根据平安指数"红色预警""趋势预警"等机制要求，对达到预警程度的镇街子用户自动发出短信预警信息，镇街子用户可按时反馈后续督办、整改情况，实现全程跟踪，最大限度地促进平安指数工作机制在基层单位得以落实，切实督促各部门整改工作落到实处。

（五）平安指数运行成效

平安指数发布的数据不仅有综合观察评价分数，更有具体到 3 个指标的数值和平安提示，一方面可以为公众提供安全防范指导，另一方面也为人民群众监督地方党委政府平安建设工作及针对性参与平安志愿工作提供参考依据。从整体来看，平安指数在促进各级党委政府加强统筹协调、整合资源，并推动改善全市平安状况等方面取得了显著成效。

第一，有利于增强群众安全感，提升参与度。平安指数的发布，使人民群众可以实时、便捷地查询各区、各镇街的最新平安状况，掌握第一手平安资讯，获取贴心的平安提示，保障了群众的知情权。平安指数微信公众号推出的"亮眼睛"功能，为市民参与和监督平安建设提供了更多的便利途径。市民可通过公众号实时反映身边的平安问题，系统后台将群众反映的问题及时推送分流至相关镇街和部门开展整改，市平安办全程监督跟进，并对发现问题的群众进行适当奖励，更好地调动群众参与平安创建工作的积极性，促进了全民创安工作格局的形成。

第二，有利于公安机关提高工作效率。公安机关尤其是辖区分局和派出所，可以借助平安指数，分析影响辖区平安的因素，主动争取地方党委政府统筹协调、整体推动，借助镇街乃至全市的力量，综合发力、形成合力，从根本上改变过去依靠公安机关"单打独斗"的工作局面，实现社会治安齐抓共管的工作目标。

第三，有助于推动社会治安防控体系建设。平安指数发布以来，成了各区、各镇街每日必看数据，对出现红色或橙色预警的地区，各区、镇街定期召开指数分析研判例会，根据公安机关的分析研判报告，有针对性地采取治理措施。平安指数及其工作机制成为党委政府统筹协调、整体推动立体化社会治安防控体系建设的重要抓手①。

二 平安指数面临的挑战及对策

（一）面临的挑战

1. 个别镇街警情数据存在一定"水分"

平安指数中违法犯罪警情数指标抽取的是公安警情系统中的有效违法犯罪警情统计数据②。随着平安指数的深入推广，各级党委政府对平安指数的重视程度不断提高，基层派出所承受的提升平安指数的压力也不断增大。尽快提升辖区平安指数，根据三个指标的权重，最直接有效的做法就是尽量压减辖区违法犯罪警情。从实际情况来看，基层派出所为压减违法犯罪警情，除了传统的加大打防管控力度外，在警情数据上也开始"做文章"，部分警情被派出所二次更正为非违法犯罪警情，甚至有弄虚作假的情况发生，将可能属违法犯罪范畴的警情更正为其他警情，这种做法影响了警情数据的真实性和平安指数的客观性。

---

① 比如，在平安指数推动下，香洲区划拨3000多万元用于辖区老旧小区视频门禁系统建设，同时为全区各派出所增聘近300名治安辅助力量用于巡逻防控，提请市政府在105国道新建4座人行天桥，有效缓解了道路交通安全压力。

② 公安警情系统认定的有效违法犯罪警情数据是指市公安局110接警后，先根据报警内容判断警情性质是否为违法犯罪警情，之后发送处警指令到派出所，派出所处警后，根据实际处警情况对警情性质进行二次认定，如果不属于违法犯罪警情的，将对该警情性质进行更正。

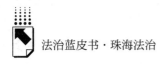

2. 职能部门与镇街联动不够

公安部门的业务考核指标以"打"为主，在一定程度上弱化了防范力量，其他职能部门与镇街的联动性不强，对红色预警、重大警情未及时商研，影响了辖区平安指数。对于车站、码头、口岸、旅游场所等人流密集地区和治安重点地区的综合治理，以及该地区的打、防、管、控工作机制还有待完善，各部门未能形成有效合力，影响了平安指数的长期良好运行。

3. 部分镇街年底平安状况下滑

从全市各镇街平安指数全年趋势走向来看，绝大多数镇街都是从每年4月底开始发力，5~10月的平安状况不断好转，平安指数得分持续走高，但时近年底，部分镇街平安指数开始出现滑坡，11、12月份平安指数明显走低[①]。分析原因，一方面是由于年末流动人员作案增加，而各单位年底事务性任务繁重；另一方面，是由于平安指数工作机制没有完全落实，落实情况、整改进度没有全程跟踪到位，市、区、镇街三级仍存在监督管理"脱节"的问题。

4. 基层部门信息数据对接不畅

一是部分镇街反映派出所通报的辖区违法犯罪警情内容不够具体，为进一步制订有针对性的防范措施增加了难度；二是由于镇街辖区划分与交警部门辖区划分标准不同，存在错位、重合等现象，导致镇街交通警情统计不准；三是派出所提供的消防警情数据不够精准，影响消防警情指数的分析。

（二）改进对策

1. 直接引用接警"一次数据"测算指标

根据"抽样误差"理论，平安指数调查评价的主体对象为全市24个镇街，非违法犯罪警情误差率应该基本一致，因此建议平安指数指标直接采用

---

① 此种情况以香洲区镇街表现最为突出，包括拱北、吉大、南屏、湾仔、香湾、前山等镇街，12月平安指数成绩均出现非常明显的下滑。

市公安局 110 第一次接警判断的违法犯罪警情数据进行测算，既确保数据真实性，凸显指数作为"平安状况体检表"的实际定义，更能够杜绝个别派出所警情二次更正等弄虚作假情况的发生，确保平安指数发挥社会治理创新工具的作用。

2. 尽快推出平安指数趋势预警

从前两年全市各镇街的情况看，虽然大部分镇街平安状况得到了很好改善，但仍有如湾仔、狮山、翠香、横琴等镇街进展较慢，平安状况改善升幅处于全市平均水平之下，尤其是横琴新区还出现了负增长。目前的平安指数工作机制重点是针对"红色"区域进行预警约谈和督办整改，对黄色、橙色区域影响较小，平安指数预警督办机制必须由"考重点"向"考全面"转化。因此，应对平安指数工作机制进行调整，增加平安指数趋势预警内容，以加强对黄色、橙色区域的有效预警，倒逼其积极整改。

3. 全面推行平安指数应用系统

四年来，"平安指数发布应用系统"已从 1.0 版升级至目前的 2.0 版，新版已于 2018 年 11 月 1 日正式上线运行。应用系统能打通多部门数据，有效解决信息不畅问题，反馈预警功能也能全程跟踪各镇街研判整改工作，切实督促工作落到实处。同时，群众在微信公众号中反映的平安问题，由各区综治网格指挥中心分流至各镇街，市平安办全程监督，提升了群众参与平安共建工作的积极性，真正营造共建共治共享格局。随着系统的全面推行使用，可以预见，新版平安指数在推动全市平安建设、助力营造共建共治共享的社会治理格局中将发挥更强大的作用。

三　平安指数的创建经验与启示

（一）　量化指标推动"平安建设"实绩提升

开展平安指数的研究与应用，能够深入了解社会公众心理期望值和承受能力、平安指数各构成指标的相关性，政府职能部门能够利用平安指数的提前预警功能，定期准确分析评估社会平安状况和态势，及时预警影响平安状况的突出问题，尤其是关系民生领域的问题，引导有关职能部门加强和改进服务与管理，切实增强"平安建设"决策的前瞻性、系统性和针对性，实现以具体项目和领域带动整体"平安建设"、以局部创建实绩影响整体创建实绩的目标。

（二）优质平台凝聚全民创安共识

平安指数就像是各区、各镇街平安状况的体检表，由不同的科室出具不同项目的体检数据，然后医院出具一个综合性的体检报告并标明是否健康以及需要注意的事项等，从而使得体检者对身体状况有一个基本的认识，也获得了如何改善健康状况的合理指引。一方面，平安指数发布的区域覆盖每个镇街，发布的数据具体、直观，保障了人民群众对全市平安状况的知情权。另一方面，平安指数不仅方便居民日常出行，为平安志愿者们有针对性地服务提供参考，为居民参与居住地村居平安创建提供便利，甚至居民还可根据平安指数变化，监督当地党委政府开展整治工作。

（三）有效途径开创综治新局面

平安指数作为量化"平安建设"水平的管理工具和技术手段，既能有效推进国家和地区"平安建设"，又符合民众对"平安建设"结果量化的期望，积极开展平安指数课题研究具有重要的现实指导意义。一方面，可以将平安指数的研究与应用与省、市层面的中心工作关联起来，积极引导政法综治机关进一步树立"机遇意识"，将过去仅由政法综治部门牵头且难以推进的工作，在党委政府层面统筹协调、归口负责、整体推动。另一方面，可以将平安指数的研究与应用与"平安细胞"工程等基层创安工作关联起来，争取社会力量支持，突破"微观难题"，推动形成全社会共建共享的"大平安"格局，开创多赢局面。

四 未来发展方向

平安指数发布三年多来，在综合治理、治安防控等方面均发挥了举足轻重的作用，但在实际中也存在一些不尽完善的地方，如覆盖面偏窄，测算模型不尽科学，客观性、真实性有待进一步提高，等等。为此，2017年6月，市平安办会同市公安局对平安指数的运行状况开展了全面评估，并从"拓展指标维度、重构测算模型、优化计分方法、完善取值方式"四方面进行重新优化。

（一）拓展指标维度，新增城管事件指标

当前平安指数只包含3项指标，覆盖面较窄。通过对"数字城管"系统、"12345市民服务热线平台"、食药抽检信息、商事主体登记和信用等数据的分析研判，最终遴选出城管事件作为新增指标纳入"平安指数"①。"数字城管"系统不仅信息化、标准化程度较高，且通过数据对比分析发现，珠海市的违法犯罪警情与城管事件显著相关（相关系数为0.69），可以证明城市管理秩序与平安状况存在相关性，因此，将城管事件纳入"平安指数"符合现实需求，具备理论支撑和技术可行性。

（二）运用数学建模，合理设置指标权重

为科学设置违法犯罪警情、消防警情、交通警情、城管事件四个指标的权重，平安指数研发团队研发了安全感评价与量化模型，设计了安全感调查问卷，问题涵盖治安、消防、交通、城管、食品、生态、身心、自我等方面，并依托第三方对全市24个镇街常住成年居民进行随机访问，共收集到926份有效问卷。根据数学模型最终计算出各项指标权重，分别是：违法犯罪警情占45%、消防警情占30%、交通警情占15%、城管事件占10%。

---

① 原因在于其他几类数据存在时效性差、数据量少、关联度不强、缺乏地理属性等问题。

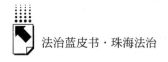

（三）引入纵向比较，完善指标计分方法

在平安指数各项指标的计分方法上拟采取横向比较与纵向比较相结合的方法，即在原来各类指标以全市平均值为标准进行横向比较的基础上，增加该指标与其自身历史数据（一般为前3年平均数据）的纵向比较，横向比和纵向比各占50%权重。在计算方式上引入标准差，即当日数据在平均值±1个标准差内浮动的，得分为80±20分；低于1个标准差的得满分100分，高于4个标准差的得0分。与原来的计分方式相比，新方法更加真实地还原了一个地区平安状况的变化趋势。

（四）完善取值方式，确保客观公正

针对原来存在的部分数据弄虚作假、基础数据更新不及时、取值不合理等情况，进一步完善数据取值方式。一是做实违法犯罪警情数。进一步规范110警情定性，严格监控警情录入、修正。二是建立人口数据更新机制。由市公安局治安部门准确统计全市实有人口并定期报市公安局平安办进行更新。三是引入万辆车交通事故数。根据全市交通卡口数据和摩托车数量设计交通流量统计模型，测算出全市各镇街2017年日均交通流量，以此为分母，计算各镇街每万辆车交通事故数，计算方式更符合辖区实际。四是合理提取城管数据。挑选"数字城管"系统中的"八乱一噪"（即乱摆乱卖、乱搭乱建、乱堆放、乱开挖、乱排放、乱抛撒、乱停放、乱占绿地、噪声扰民）工作重点数据作为该指标数值。2018年5月1日，引入城管数据、采用全新算法的新版平安指数测算模型正式建成并投入试用。

（五）增添微信公众号，打造全民创安格局

研发"平安指数App"移动客户端，方便各镇街、派出所子用户操作，方便居民随时查询全市各地区平安状况和资讯、反映问题及全程监督，提升群众参与平安共建工作的积极性，打造全民创安格局。

B.25
珠海市警务社会化调研报告

珠海市公安局课题组*

摘　要： 近年来，珠海市公安局充分结合本地社情民意和警务工作发展的阶段性特征，遵循共建共治共享的社会治理科学方法论，全力推动警务社会化向前发展，培育和打造了一批警务社会化项目，既赢得了群众支持，也提升了公安机关的美誉度。其中尤以"志愿警察"、见义勇为、吸毒人员网格化服务管理为代表，为新时代公安机关社会治理提供了"公安智慧"。

关键词： 公安工作　社会治理　警务社会化

党的十九大提出，"打造共建共治共享社会治理格局"。习近平总书记在参加第十三届全国人大一次会议广东代表团审议时要求，广东在"营造共建共治共享社会治理格局上走在全国前列"。打造共建共治共享社会治理格局，必须顺应新时代社会主要矛盾变化，坚持以人民为中心的发展思想，通过健全社会治理机制，创新社会治理方法路径，突出抓重点、补短板、强弱项，针对群众关心的新老问题精准施策，使人民获得感、幸福感、安全感更加充实、更有保障、更可持续。从公安机关的视角出发，警务工作社会化既是当代警务发展潮流，同时也是营造共建共治共享社会治理格局的必然要

---

*　课题组负责人：邓文，珠海市公安局党委委员、副局长、警令部主任。课题组成员：郑木舜、王放这、杨挺彬、杨卫平、郑伟杰、蒋利健、张俊。执笔人：郑伟杰，珠海市公安局警令部研究室副主任。

求。近年来，珠海市公安局在党委政府和上级公安机关的领导下，坚持以人民为中心，立足珠海经济社会发展和警务工作实际，以激发活力、借助民力为重点，深入践行党的群众路线，不断加强和创新社会治理，培育和发展了一批公安社会治理品牌，既赢得了群众支持，也提升了公安机关的美誉度，实现了治安效果和群众口碑的双提升。在这一警务社会化进程中，尤其以珠海"志愿警察"工作机制、见义勇为工作、吸毒人员网格化服务管理工作最为典型，形成了社会声势效应，舆论盛赞不断，群众口口相传，一定程度上揭示了新时代警务社会化的发展方向，为加强和创新新时代社会治理提供了"公安智慧"。

一 形势背景和发展需求

当前，中国社会发生深刻变革，中国特色社会主义进入新时代。中国社会主要矛盾已经转化为人民日益增长的美好生活需要和不平衡不充分的发展的矛盾。人民美好生活需要日益广泛，除了以往的物质文化需求，人民群众对社会管理也提出了新期待和新要求。珠海毗邻港澳，是近代西风东渐的入口和年轻的移民城市，多元的世界观、价值观在城市生活中相互交融，海洋文化气息浓郁，呈现开放、包容的主流意识形态，市民群众对特区社会治理的参与意愿更为强烈，随着粤港澳大湾区的深化建设，这一发展态势更趋明显。在此背景下，近年来特别是党的十八大以来，珠海市认真贯彻落实党中央治国理政新理念新思想新战略，按照中央和省关于社会治理工作有关部署，全面加强社会领域制度建设，提升公共服务水平，创新基层社会治理，激发社会组织活力，全面提升人民群众的幸福感和获得感，初步形成具有珠海特色的社会治理格局。

考量社会治理的历史进程和总体成效，珠海市社会治理基础扎实，成效较为明显，具有一定的比较优势，群众对公共管理期待视野更宽，诉求也更加多元，这是课题组对特区社会治理工作的基本判断。而在过去，受制于职业属性和治安工作相对封闭惯性等因素的影响和制约，公安社会治理始终难以形成声势规模。探究其主要原因，或者表现出来的问题短板，可以概括为三个方面。一是缺少社会化公众参与平台。党的十八大以前，珠海公安虽然也进行了一些警务社会化方面的实践探索，但大多停留在各类群防群治队伍的创建上，面窄点少，属于阶段性、契约性非常态化工作范畴，不能充分考虑兼顾群众参与治安工作的主观意愿，且缺乏相对科学的制度性建设，机制性和长效性难以保证，工作运行效果不尽如人意，群防群治队伍的整体素质也相对不高，在一定程度上制约了工作效能。二是缺少强有力的法治保障。在党委政府层面，珠海社会治理工作法治进程明显，已经基本形成以《珠海经济特区社会建设条例》为总纲，覆盖各项社会事业和社会治理领域的社会建设制度体系。但在治安领域，由于公安工作具有法治属性、高风险性等特点，警务社会化建设基本没有可资借鉴的法治经验，法治建设相对缓慢。三是缺少治安治理的行政合力。在传统工作模式下，各政府职能部门对平安建设的参与也仅限于综合治理领域，镇街村居等基层单位主要围绕上级部门的各类任务转，虽然与公安机关也多有互动，但主要集中在村居治保会等群防群治工作范畴。在经济社会快速发展背景下，社会治安呈现新形势、新犯罪、新问题，亟须全市行政管理力量的全面策应。然而，在现实工作中，由于缺乏政策引领下的治安治理向心力，在以往很长一段时间，对相关平安建设领域问题的治理仍延续了用老办法应对新情况的惯性，特别是基层单位、社会组织、群团组织等力量没有充分盘活，治理效果不尽如人意。其中，受当前国际国内形势和珠海区位特征影响，基层毒情预防治理工作尤为迫在眉睫。

有鉴于此，破解上述三个方面的惯性桎梏，推动公安社会治理与特区经济社会发展相向而行，构成了新时代珠海公安加强和创新社会治理的逻辑起点，以及砥砺实践的方向指南。

二　主要成效及经验做法

近年来，珠海公安顺应时代发展，坚持社会治理的科学方法论和本地工作实际相结合,主动蓄势谋事,不断砥砺探索,从社会化平台打造、推动法治保障和凝聚行政合力这三个方面重点发力,将之作为警务社会化建设的工作方向,致力打造具有时代特征、珠海特色、公安特点的社会治理品牌,以全新实践为营造共建共治共享社会治理格局添砖加瓦,努力贡献智慧和力量,既形成了声势效应,也获得了社会各界、广大市民群众的良好口碑。

(一)搭建社会发动平台,全国首创"志愿警察"队伍

充分借鉴和转化国外社会治理先进经验,在警务工作中创造性地引入"志愿服务"理念,在全国率先破题,探索建立"志愿警察"队伍。自2014年起,珠海市公安局先后在四个分局辖区分别建立了四支共400人的"志愿警察"队伍(其中,香洲分局150人,拱北口岸分局100人,高栏港分局100人,高新分局50人),协助公安机关参与日常巡控和基本执法工作。2017年以来,全市"志愿警察"队伍共有42000人次参加治安巡逻,协助盘查可疑人员650余人,协助抓获违法嫌疑人129人,查扣无牌无证摩托车39辆;协助现场调解纠纷460余起,帮助群众800余人次;派发治安防范宣传单张34000份,参与大型群众性活动安保工作200场次,累计执勤时间达18万多小时。

一是强化制度建设。以转化境外考察学习成果和探索公安体制创新为引领,将"志愿警察"队伍创建工作列为亮点工程。香洲、拱北口岸、高栏港、高新四个公安分局分别成立"志愿警察"活动领导小组,并结合辖区实际,制定出台了一系列工作制度,通过建章立制,确保"志愿警察"队伍规范化和制度化发展。其中,香洲分局制定了《香洲分局志愿警察活动工作方案》,并配套了《志愿警察章程》《志愿警察队伍管理暂行规定》等文件,建立了"志愿警察"队伍的职责纪律、保障激励等一系列制度。拱北口岸分局制定了《拱北口岸分局志愿警察章程》,明确"志愿警察"的职责定位和岗位要求。高栏港分局制定了《志愿警察表彰奖励办法》,根据"志愿警察"参加的时间、志愿服务时长及突出贡献,按不同档次予以奖励,对所有参与者发函至其所在单位表示肯定和感谢。

二是广泛动员遴选。采用网络、报纸、电视等媒体发布和社会动员相结合的方式，开展志愿警察招募宣传活动，独具创新意义的警务举措吸引了大批群众踊跃报名。2014 年启动建设"志愿警察"以来，香洲分局共进行了 6 次招募活动，先后有 1000 余人报名参加，报名者大专以上学历的占 78%。为确保"志愿警察"工作与制度设计的初衷相向而行，香洲分局坚持优中选优的原则，遴选出综合素质较高的社会精英人士加入，保证了志愿警察队伍的稳定性和整体水平。同时，结合辖区实际和群体需求，支持企业人员参与到"志愿警察"服务活动中，专门成立了"志愿警察"格力电器中队，进一步扩大"志愿警察"的社会影响力。

三是优化组织管理。"志愿警察"大队接受各分局治安管理大队业务指导，内部实行事务自治管理，由大队长、副大队长和中队长组成的大队队务会集体研究决定。"志愿警察"招募后按照就近原则编入附近派出所中队，队员提前向所属派出所报备上岗服务时间，由派出所统一安排出勤。结合每名"志愿警察"的职业和特长，"志愿警察"大队内部成立法律、外语、调解、摄像（无人机操作）、社区、消防、护校安园、网络安全等多个兴趣小组，为基层公安机关对特殊专业知识的需求提供有益补充。此外，各分局定期安排警务实战技能教官对"志愿警察"队员开展队列、盘查、巡逻、安保等专业培训。

四是健全组织保障。"志愿警察"服装和装备由分局统一提供，其中，香洲分局专门定制"志愿警察"大队队徽、标志，撰写队训和誓词，规范"志愿警察"帽徽、肩章、臂章，树立了"志愿警察"队伍形象，有效提升了"志愿警察"的规范化管理水平，增强了其归属感和荣誉感。专门调配两间办公用房作为"志愿警察"大队队部办公室，供"志愿警察"大队开展日常管理事务使用。与此同时，积极争取区委、区政府和区志愿者协会大力支持，积分入学、积分入户等奖励和保障政策同样惠及"志愿警察"群体，有重大或突出表现的，依法申报见义勇为奖励；对参加志愿服务累计超过 400 小时的，颁发"志愿警察"荣誉证书，并根据《珠海经济特区志愿服务条例》，视情为其申报奖章。

（二）强化法治保障，推动见义勇为事业蓬勃发展

2003 年 3 月，珠海市颁布实施《珠海市见义勇为人员奖励和保障条例》。随着珠海经济社会的快速发展，原有的条例已经不能适应新形势的发展需要。为此，珠海市公安局积极作为，经过充分酝酿和多方努力，于 2014 年 9 月推动出台新的《珠海经济特区见义勇为人员奖励和保障条例》。市见义勇为协会实现了实体化运作，每年由市、区两级财政拨付见义勇为奖励和保障专项资金经费 1200 万元，进一步扩大奖励范围、放宽奖励条件、提高奖励标准。新条例实施三年多以来，全市共评定 1367 名见义勇为人员，见义勇为人员直接或协助公安机关抓获各类违法犯罪人员 1035 人，缴获赃款赃物一大批，充分调动起社会各界参与社会治安工作的积极性和主动性，珠海市先后涌现出一大批见义勇为先进典型。具体做法如下。

一是完善制度，确保高效运行。一方面，强化经费保障机制。市、区两级政府将见义勇为专项经费纳入财政预算，从根本上保证了见义勇为工作的顺利开展。另一方面，健全内部运作机制。制定《奖励金、抚恤金评定量化标准》等 5 项工作规范，编写《见义勇为评定奖励金额参考案例》，确保了见义勇为评定确认和奖励保障工作的公正、科学和高效。在此基础上，研发推广"见义勇为申报审批系统"，实现了见义勇为材料网上申报、审批，提高了见义勇为评定工作效率。另外，强化法律专家支持。从市政法机关、高校、律师事务所等单位聘请了 10 名专业人士，成立珠海市见义勇为法律专家组，对重大见义勇为案件进行事前评定和审核。专家组成立以来，先后参与 3 宗牺牲人员申报见义勇为法律评议，接受日常法律咨询 30 多次。

二是走访慰问，开展"暖心"行动。坚持从细节入手，从小处着力，实实在在帮助见义勇为人员解决生活、工作和心理方面遇到的困难。一方面，坚持开展传统节日慰问。三年来，在每年春节、中秋前夕，走访慰问见义勇为牺牲人员家庭、突出代表、家庭生活困难人员，累计慰问见义勇为代表 79 人次，发放慰问金 93 万元。另一方面，积极帮扶困难见义勇为人员。

其间，共协助 123 名见义勇为人员子女入读公办学校，为 14 名见义勇为人员解决工伤认定问题，为 4 名无医保见义勇为人员解决医疗费用共计 27.6 万多元，向 4 名患重病及生活困难见义勇为人员发放救助金 11.35 万元，为 2 名见义勇为人员解决积分入户问题。另外，主动开展关爱活动。会同市、区两级妇联，组织见义勇为人员子女及家属开展"六一""三八"主题关爱活动，组织观赏爱党爱国主题电影，传承见义勇为精神，累计 180 多个见义勇为人员家庭共 400 多人参加了活动。

三是广泛宣传，营造浓厚氛围。一方面，强化新闻媒体阵地宣传。广泛宣传见义勇为事迹，累计撰写、发布宣传稿件 400 余篇；充分发挥《珠海110》《阳光政务》《民生最前线》《先锋 95.1——市民热线》等电视电台栏目作用，制作专题节目 12 次，社会反响热烈。另一方面，强化基层社区宣传。组织开展普法现场咨询宣传活动，下基层单位举办宣讲会 8 次，派发见义勇为宣传手册 2500 册，宣传环保袋 1500 个，宣传水杯 1500 个。拍摄《见义勇为在珠海》《见义勇为三部曲》等宣传影片，在全市较大型居民区播放 700 余次，在人流密集区域部位张贴宣传海报、单张 2 万余张。另外，强化专项文艺宣传。联合珠海市见义勇为协会在香洲、金湾、斗门区和高新区成功举办多场"铁肩担道义、大爱铸和谐"见义勇为文艺专场演出，观看群众逾 5000 人，现场发放宣传品 2000 份，切实提升见义勇为工作的知晓率与认同感。

四是对口帮扶，拓展工作内涵。在全国首创见义勇为对口帮扶工作，将精准帮扶怒江见义勇为工作纳入《珠海市对口怒江州扶贫协作工作计划（2016～2019 年）》。2017 年开始，每年从珠海扶贫专项资金中划拨 50 万元专项资金，用于精准帮扶怒江见义勇为工作，提供了见义勇为新方案，得到中华见义勇为基金会理事长贾春旺的高度评价。

（三）凝聚行政合力，纵深推进吸毒人员网格化服务管理

2015 年 9 月 15 日，中共中央社会治安综合治理委员会、国家禁毒委员会办公室联合下发《关于开展全国吸毒人员网格化服务管理试点工作的

通知》，首次确立 10 个地区作为全国试点，探索吸毒人员网格化服务管理。凭借扎实的禁毒工作基础，珠海市香洲区荣列全国 10 个首批试点地区之一。由于试点成效突出，2016 年 7 月 20 日，珠海市社会治安综合治理委员会办公室、珠海市禁毒委员会办公室在香洲区召开推进全市吸毒人员网格化服务管理工作现场会，决定将试点经验向全市推广。2017 年 1 月 4 日，中央综治办、国家禁毒办在湖北省宜昌市召开全国吸毒人员网格化服务管理工作现场会，珠海市香洲区作了题为《立足本地实际，服务禁毒全局，努力探索珠海特色网格化试点建设之路》的专题报告，珠海的做法和经验成果得到中央综治办、国家禁毒办的高度肯定，要求在全国推广。2017 年 2 月 17 日，广东省禁毒委员会办公室（以下简称"省禁毒办"）在阳江市召开全省两禁工作座谈会，珠海市的经验做法得到参会人员高度评价，省禁毒办要求各地市尽快借鉴推行。

目前，珠海市基本构建形成"以三级网格为依托，以党组织书记、社区民警、网格员为主体，以服务管理为内容，各级政府统一领导，禁毒部门组织协调，相关部门密切配合，社会力量全面参与"的吸毒人员网格化服务管理工作体系，吸毒人员服务管理工作逐步走上制度化、规范化、常态化轨道。全市社区戒毒、社区康复执行率达 99.56%，连续两年未发现场所聚众吸毒和易制毒药品流入毒品加工、制造渠道。禁毒宣传工作在省公安厅考核中排名全省前列。珠海市"全民禁毒"工作格局基本形成。具体做法如下。

一是以"三个到位"保障组织架构全面搭建。一方面，突出组织领导到位，压实工作职责。全市各区（功能区）、镇（街）均成立领导小组，由主要领导担任小组组长，成立工作专班，结合本地实际制订工作方案，明确责任分工，推动各项措施落实。另一方面，突出机制建设到位，创新服务管理。坚持问题导向，出台规章制度、工作规范，切实解决"谁管、管谁、怎么管"等核心问题。其中，香洲区创新推出"微信管控""挤压管控"等外来吸毒人员管控工作法，及"管控、打击、挤压、教育"社区禁毒工作法，为全市创造了宝贵的试点经验。另外，突出资源保障到位，满足工作需要。划拨专项经费，通过购买服务形式，有力补充全市禁毒社工和网格员力量，充实禁毒工作队伍。其中，香洲区为试点工作投入578万元经费，斗门区每年划拨90万元用于禁毒社工绩效考核奖励，高栏港功能区对专职网格员给予每月500元补贴。

二是以"三个建立"确保管控措施全面落实。一方面，搭建三级网格架构，建立常态化工作体系。结合珠海实际，搭建全市三级网格化工作平台，其中大网格"区（功能区）"7个，中网格"镇（街）"24个，小网格"村（居）"320个。其中，香洲区、高新区、横琴新区针对本地工作实际情况，在小网格下又建立了若干个微网格，有效保障了网格化管理效能。另一方面，加强信息采集，建立"信息化"工作模式。从2017年4月20日开始，在全市开展吸毒人员分类分级管控，对吸毒人员按"极端、高、中、低"四类纳入网格进行动态化管理、服务。其中，高新区将辖区内所有涉毒人员信息统一录入"数字高新"网格化综合服务平台，实现了数字化管理。金湾区开发"金湾网格"App，创新分类分级管控模式，开发"Eye-one"（一眼通），以"六色"档案区分，建立不同的走访工作制度，明确跟踪事项和时间节点，大大降低了漏管、脱管、漏检等现象。另外，突出载体建设，建立"规范化"工作制度。全市均达到网格化"六个一"或"三个一"① 要求，落实达到了办公场所建设、公章、制度上墙等硬件设施要求。

三是以"三个强化"推动服务项目全面开展。一方面，借助专业力量，强化社区戒毒和社区康复基础。全市启用《社区戒毒社区康复人员报告及验尿登记簿》和《吸毒人员戒毒帮教登记本》等工作手册，加强社区戒毒康复人员管控执行工作，切实降低了复吸率。同时，主动连接职能部门，积极借力社会组织，通过"专业禁毒社工＋社区网格员＋志愿者/心理咨询师

---

① 网格化"六个一"或"三个一"的要求，源自《推进全市吸毒人员网格化服务管理工作方案》（珠禁毒办〔2016〕99号）："配置网格工作室。有办公条件的社区，应划定专门的办公区域，并按照六个一统一配置：一套办公桌椅、一个档案柜、一台相机、一台电脑、一台打印机、一部电话机。办公条件不足的社区，也应按照三个一统一配置：一套办公桌椅、一台电脑、一部电话机。"

/律师"模式,积极开展对吸毒人员的心理干预和辅导帮教活动。另一方面,整合社会资源,强化就业扶持和社会救助服务。充分利用各区(功能区)资源,加强技能培训和就业指导,推进戒毒人员就业安置工作。其中,斗门区联合村办企业、村经济合作联社,实施"千人戒毒帮教工程",共解决戒毒康复人员就业1532人,占户籍戒毒康复人员总数的53.41%,名列全市第一。另外,着眼重点对象,强化预防教育和禁毒社区宣传。牢牢把握综合治理、预防为先的原则,坚持把推动落实网格化服务管理与深入开展毒品预防教育紧密结合,投资建设了禁毒教育馆和警民互动馆,针对流动人口、外来人口密集区域,灵活开展禁毒宣传,力求使群众充分了解毒品危害,强化毒品预防意识。

三 问题与困境

从上述珠海市公安局创新培育的警务社会化品牌来看,当前全市警务社会化工作取得了一定成效,但对标营造共建共治共享社会治理格局的新时代要求,仍面临许多亟须解决的问题,主要涉及法治保障、信息支撑、基层组织发动等各方面。

(一)法律制度建设滞后

例如,目前"志愿警察"工作的法律法规仍是空白,法律主体地位模糊,从长远发展来看,这支队伍还缺乏法治保障。此外,相关工作的开展经费还没有纳入财政预算,只能挤占公安业务经费。再如,见义勇为工作中,见义勇为行为的评定把关缺乏统一的标准,见义勇为评定工作标准化、规范化还有待进一步深化。

(二)基层发动有待加强

警务社会化工作的重心在基层社区,由于基层政权及村(居)委会存在配合衔接不畅等问题,影响了相关工作安排和效能。比如,吸毒人员网格化服务管理工作，相关网格管控机制还不够细化，个别网格员管控人员达一百多人，明显超出一个小网格和一个网格员的管控能力，存在一定的管控漏失和服务缺位隐患。

（三）信息工作还需要加强

工作中发现，个别区、镇（街）、村（居）对辖区内吸毒人员的底数掌握不清，特别是非户籍人员的动态信息不灵、不准，以致动态掌握、风险分类评估等管控措施跟不上。此外，当前珠海市吸毒人员服务管理工作还缺乏社会化信息平台，制约了工作效能。

四 未来展望

从上述珠海公安培育打造的警务社会化项目观察，警务社会化工作是一项社会系统工程，加强和创新这项工作必须以党的十九大精神为指导，遵循营造共建共治共享社会治理格局的科学方法路径，紧扣本地区经济社会发展实际，以法治思维和系统思维多向发力，积极探索和健全完善警务社会化的制度设计，蹄疾步稳地扩大警务工作的社会参与主体，并通过行之有效的组织发动和管理举措，推动警务社会化工作不断向前发展。未来一个时期内，珠海公安将不断巩固提升现有社会治理品牌，并以点带面逐步推广铺开，力争为全市经济社会新一轮大发展争取更多、更好的社会助力，推动公安社会治理进入科学发展轨道，全力策应平安建设。

（一）坚持法治引领，推动志愿警察规范化发展

充分发挥珠海立法权优势，推动制定出台"志愿警察"地方性法规，从组织保障、经费投入、权益保护等方面予以明确，以法的刚性为"志愿警察"事业的长远发展奠定坚实基础，特别要重点考虑和谋划"志愿警察"经费保障、激励机制、权责界定等方面。与此同时，通过强化组织管理，使"志愿警察"工作在规范化轨道上不断发展。首先，严格准入门槛，在"志

愿警察"吸纳过程中，必须严格筛选、层层把关，必要时可参照新警招录方式开展选拔。其次，强化教育培训，充分盘活警察训练资源，将"志愿警察"与常规警务训练相互融合，在进行必要的岗前培训和科目训练的基础上，运用案例分析、情景模拟、现场实战等多种教学方式，努力提高"志愿警察"适应警务环境的能力。再次，严格考核评估，探索建立切实可行的工作考核量化体系，对包括"志愿警察"工作时间、工作强度、工作效能等在内的绩效要素进行量化跟踪，并依托激励机制落实结果运用。对因本职工作冲突或热情减退而未能达到"志愿警察"标准要求的，应当启动"自动退出"制度，确保队伍的综合素质和稳定性。

（二）坚持弘扬正气，不断深化见义勇为事业

加大《珠海经济特区见义勇为人员奖励和保障条例》的社会化宣传力度，协同主流媒体，从塑造城市精神的高度，充分调动全社会各方面力量积极参与见义勇为工作，形成良好的社会氛围。在此基础上，一方面，进一步优化评定工作，研究出台《见义勇为评定确认工作指引》，完善细化评定流程、标准，使见义勇为评定确认工作进一步规范化、更具可操作性。同时，细化见义勇为人员及其事迹宣传、慰问、权益保护等工作规定。另一方面，进一步健全完善见义勇为相关工作机制，协调相关成员单位严格履行见义勇为职责任务，真正形成各司其职、齐抓共管的良好工作局面，推动见义勇为工作向纵深发展。

（三）坚持综合施策，不断完善禁毒网格化工作体系

一是对接综治网格，推动综合治理。主动对接综治网格建设，有效整合人力、物力和财力等社会资源，并将人、地、事、物、组织等基本治安要素纳入网格管理范畴，推动吸毒人员网格化服务管理工作纳入综治工作（平安建设）考评，形成基层社会治理合力。特别要抓好网格员队伍正规化建设，紧扣信息采集、动态管控、帮扶救助、禁毒宣传等职责，逐级建立常态化教育培训和督导检查工作机制。二是狠抓动态管控，消除复吸隐患。将社

区戒毒、社区康复工作纳入网格化服务管理体系，组织网格发动群众，及时发现、查处隐性吸毒人员，并落实举报有奖制度，进一步挤压毒品市场。三是加强帮扶救助，助力回归社会。充分发挥好公安、司法、民政、财政、卫计、人社、工会、团委、妇联等部门的职能作用，深入开展帮扶救助工作。在开展心理咨询与辅导干预防止复吸的基础上，通过集中安置、分散安置、提供公益性岗位等方式解决就业扶持问题，在社会保障等方面适度倾斜，最大限度教育、感化和挽救吸毒人员，使其回归社会，重获新生。四是加强科技支撑，推进智能管理。依托"智慧新警务"，全面升级改造"i家新社区"禁毒网格化管理系统，与公安机关相关管理平台互联互通，为社区网格员、禁毒社工、工作对象和职能部门搭建信息录入、数据统计、绩效管理、毒情研判的工作平台，全面提升吸毒人员服务管理工作效能。五是深化预防教育，确保宣传实效。面向最基层，深化三级网格毒品预防教育工作，全面推进禁毒教育基地建设，扩大受教育人员的覆盖面。创新禁毒宣传方式方法，积极适应"互联网＋"时代的新要求，更新观念、创新手段，建立多元化互动式渠道，切实提升警示教育效果。

B.26
横琴社会治安立体化防控体系调研报告

珠海市公安局横琴分局课题组*

摘　要： 伴随社会经济和科技的高速发展，新形势下社会治安态势呈现新变化，给公安机关开展社会治理和治安防控带来巨大挑战。党的十九大提出，推进国家治理体系和治理能力现代化。横琴公安分局立足横琴新区实际，不忘开发横琴的初心，以科技创新为主线，资源整合为重点，紧密结合一线打、防、管、控和服务群众实际，积极探索与大数据时代相适应的社会治安防控体系，打造服务粤港澳大湾区建设的横琴样本。

关键词： 大数据　智慧治安　防控体系　横琴样本

随着大数据、人工智能时代的到来，以及横琴新区的快速发展，人流、物流、信息流快速增长，新型违法犯罪不断涌现，违法犯罪趋势越来越难以掌控，对公安机关治安防控、精准预警、反恐维稳、打击犯罪提出了全新的要求。传统警务信息化水平和运作模式已呈现滞后趋势。辖区内重点区域治安环境复杂，社会信息资源碎片化、案件侦查线索孤立性、重点人员管控分散、精准预测预警日常侦查技术支撑不易等现实问题，成为制约基层公安警务实战的主要瓶颈。面对上述问题，横琴公安机关以科技创新为主线，全民

---

* 课题组负责人：王巍，珠海市公安局横琴分局党委委员、副局长。课题组成员：廖梓傲、余晓明、刘耀栋、郭欣。执笔人：刘耀栋，珠海市公安局横琴分局指挥中心科员；郭欣，珠海市公安局横琴分局职员。

参与社会治理为基础，资源整合为重点，系统集成为突破，立足自身优势，抓住重点，着力在横琴构筑"基础扎实、防范严密、反应迅速、打击有效、控制有力"的社会治安动态防控体系，从根本上实现"发案少，秩序好，社会稳定，群众满意"的总体目标，打造一个服务粤港澳大湾区建设的横琴样本。

一 横琴社会治安立体化防控模式的探索与实践

（一）整合平台资源，打造动静结合的全覆盖治安防控网络

横琴公安机关坚持"实用、实战、实效"原则，紧扣信息资源整合和智能作战这一主题，打造"天上有视频监控网、路口有卡哨拦截网、街面有巡逻防控网"全覆盖治安防控网络。

一是实施"雪亮工程"建设，加快推进公共安全视频监控建设联网应用。面对错综复杂的社会形势，横琴公安机关以"雪亮工程"为载体，加强重要部位、复杂场所视频监控系统建设。织密横琴社会面视频监控网，推进横琴道路安监视频项目建设，截至 2018 年 11 月，横琴公安机关累计建成一类视频监控点 682 个，完成二类视频监控点联网 726 路，整合接入全市联网运行的视频监控 1408 个，建成省、市、区三级道路智能卡口 38 个（含交警建设的卡口式电子警察）。针对横琴山多楼密的特殊地理环境，补齐立体化视频监控布局，部署高位视频监控点 21 个，不断满足全区主干道区域立体化管控需求，强化横琴治安防控体系建设数据基础。在横琴岛内重点区域构建多元化的信息采集系统，架设 19 路人像识别摄像机等感知设备，整合环岛电子围栏数据，逐步在警用车辆上安装便携式视频采集设备，进一步拓宽公安各类信息采集手段。

二是创新移动警务终端应用，搭建立体化视频监控应用平台和可视化业务平台。横琴公安机关主动拥抱人工智能等新一代信息技术，用互联网思维引领新发展，力争塑造新时代社会治安防控体系的示范区域，打造服务粤港

澳大湾区建设的横琴样本。对接珠海市公安局移动警务终端平台，全警配发移动警务终端，实现了警务工作移动办公。依托横琴信息中心智慧岛平台，结合横琴特色，创新移动警务终端应用，打造横琴移动警务终端应用模块，当前"涉经济犯罪预警移动端平台"和"视频监控移动终端平台"已进入调试阶段，移动式、便携式办公，全方位应用、全数据共享，将成为横琴公安机关的主流工作模式。与此同时，搭建立体化视频监控应用平台，整合、分析现有岛内监控数据，实现视频监控三屏联动、视频巡逻、GPS调度、协同通信、结构化分析、高低位监控点联动、GIS实景地图等应用功能；搭建可视化多元感知应用平台，实现对突发事件的可视化警情监控、警情查询、辖区态势分析、应急指挥调度管理等。启用矩阵式拼接屏，为公安机关视频应用平台提供更为宏观、清晰的视觉界面，供大型活动及紧急情况下指挥决策。

三是构筑"全民治安"警情处置新体系。坚持"打防结合、预防为主，专群结合、依靠群众"的方针，努力构建"治安维稳，公共安全"体系，充分发动社会各方面力量共同参与社会治安工作，共同维护社会和治安大局的稳定。一方面，提升社会治理的全民参与度，扩大社会治安辅助力量专兼职队伍，实现各自然村全覆盖；扩大户管员队伍，实现采集信息和就近接警；有的放矢地组织治安积极分子和治安信息员；强化提升内部单位保卫人员的防范能力和联动实战能力。另一方面，优化快速反应工作模式，结合新型指挥平台建设，整合值班警力，充分盘活可用社会力量，依托科技优势，强化指挥调度，实现指挥作战"扁平化"、处置突发"联勤化"，提高重大突发事件的应变处置能力。与此同时，提高横琴新区各职能部门对非警务警情处理的参与度，推动建立分流机制，充分利用横琴民生一号通和区公共法律服务中心的平台作用，切实承担起非警务警情的化解和处理工作。

（二）探索与"琴澳新街坊"相适应的社区警务，实现社区管理模式"一站化""信息化"

横琴新区毗邻香港、澳门，目前区内新建成住宅港澳住户占40%以上，澳门机动车出入横琴配额总量达到了 2500 辆①。区内设有澳门青年创业园、中医药产业园等涉澳产业，港澳就业人数逐年增加。面对新形势，横琴公安机关坚持立足警情常量，打破警务常规，推进工作常态，以"有求必应、细化流程、考核问效"的工作流程，以亲民公安建设为载体，全力打造民生警务工程，打通服务群众的"最后一公里"。

一是推动智能安防社区试点。选取住宅小区或自然村作为智慧新警务的示范点。对前端泛感知获取的海量信息进行立体刻画，并依照不同维度的特征加以标注；依据一定的数据模型，在碰撞比对、趋势研判下，对社会异常动作自动提示、报警，实现"特征多维描述"和"风险自动甄别"。

二是打造智能警务室。选取港澳居民相对集中居住的场所，以便民惠民为出发点，打破警务常规，建立触摸一体机，提供报案、交通违章处理、失物招领查询等服务，实现最大化便民。

三是建立与澳门"街坊会"联动机制。主动对接澳门"街坊会"，建立常态联系机制，以便高效处理涉及澳门人士的民事纠纷、调解轻微治安案件、提供警务服务。

四是打造"琴澳新街坊"法律服务平台。建立外聘律师与内部法制工作人员相结合的社区法律服务机制，对澳门居民在横琴生活工作可能涉及的因两地法域差异引发的法律问题进行研究，为合法合理解决法律纠纷提供支持和依据。开设讲坛、座谈、咨询、体验等多种形式的法律宣传教育活动，定期解读两地法律法规，提高两地居民的法律知识水平和守法意识。

五是建立完善区内协作机制。加强与区相关职能部门建立常态协作联系，联合为在横琴工作、投资、居住的澳门居民提供配套警务服务。

（三）准确预警、智能作战、主动防控，以智慧警务服务于公安打防管控

随着横琴自贸片区的深入开发建设，大量项目入驻横琴，辖区内施工建

---

① 数据来源：横琴公安机关。

设范围占全区面积的七成。2018 年在建工程项目 120 多个，工地施工人员 3.5 万余人。工地人员流动性大、人员成分复杂，治安、维稳隐患多、压力大。

一是打造工地智能识别系统。安装、整合工地的"虹膜+人脸"识别系统、车辆识别系统，用"数据"寻迹觅踪，引领侦察打击。通过各类数据间的碰撞、比对、关联，快速锁定侦察打击目标，及时发现违法犯罪人员和布控车辆。实现轨迹"画像"，在平台输入特定人员的信息，通过"一键式关联"，可直观呈现其"电子特征"及相关信息。实现"从人到案"到"从案到人"的转变，大幅提升情报工作效率。

二是构筑区域实时安防系统。实时监测区域内的人流车流，用"数据"智能研判，预警突发事件，指导布警严防。横琴公安机关以珠海长隆国际旅游度假区①（以下简称珠海长隆）为试点，创新密集区域人员管控工作模式，构筑区域实时安防系统。针对珠海长隆人员走失、财物遗失或被盗等警情增多的情况，横琴公安机关整合视频监控资源，将珠海长隆 117 路公共区域视频监控接回公安视频专网，实现对园区重点区域实时监控、录像调取、联动指挥等功能。搭建人像识别后台服务器，建设前端检票口 17 个人像识别摄像机，实现对出入游客实时布控、比对、告警，从源头上监控前科人员进入景区，减少可防性违法犯罪行为发生的可能。

三是警企共建调度系统。基于横琴辖区景点多、人流量大、实时情况变化快等特点，横琴公安机关与企业联手，共同建设调度系统，依托"大数据"平台进一步汇聚、整合重点人员、场所等基础数据，以智能分析服务公安管理。一是实现人员管理。将涉恐、涉毒、涉赌、涉访等重点人员的"电子特征"纳入管理，实时掌握其现实动态、聚集动向，实现对涉恐人员的基础排查、可疑人员的轨迹搜索、行为动向的预警核查。二是实现场所掌控。通过不断强化基础信息采集，打破警种壁垒，有效整合共享各类信息资

---

① 珠海长隆国际旅游度假区是珠海市现阶段规模最大的海洋主题休闲度假区，累计接待游客逾 2500 万人次。

源,将网吧、旅馆、娱乐场所等数据纳入平台管理。三是实现"人""所"关联。通过对重点人员活动轨迹的掌控,与重点场所的关联,进行动态智能分析,可对特定人员、群体的聚集,或同类人员出现在特定场所研判其行为动向,指导实战应用。

四是实行"项目警务制",开展"定制"服务。伴随着横琴自贸片区的深入建设,大量项目入驻横琴陆续开工建设或建成投入运营。横琴公安机关始终坚守建设横琴的初心,不断为澳门产业多元发展提供优质、便捷的服务。在 2015 年出台《横琴分局"项目警务制"规范》的基础上,进一步完善服务细则,为澳门企业在横琴投资兴业提供"定制服务"。把横琴新区总投资 3000 多亿元的近百个重点建设项目作为公安机关警务服务对象,建立项目警务台账,开展全程服务。针对澳门投资的不同企业、不同项目和项目建设的不同阶段,提供量身定制的"两清单一指引"(公安机关服务清单、对企业的提示清单和安全防范指引),从项目落地、建设到建成使用,开展全程跟踪服务,依法保护项目各方合法权益[①]。

(四)防范应对涉众型经济犯罪涉稳风险,推行金融风险防范新机制

横琴新区的高速发展,带来区内经济主体多元化。自实行商事登记制度以来,横琴注册企业数量突飞猛进,尤其是非银行类的金融企业占比较大,涉众型经济犯罪呈高发多发态势,由此引发的经济风险和涉稳问题不断增多。为应对上述金融风险,横琴公安机关主导、多部门合作,共同研发了"横琴新区企业涉经济犯罪风险监测预警系统"。

一是自主研发监测预警系统,提高预测预警预防能力。通过"横琴新区企业涉经济犯罪风险监测预警系统",监测、分析、研判企业经营情况、运作模式、资金规模、工商监管、企业缴税等信息,自动预警企业经营中的

---

① 廖梓傲:《珠海横琴"自贸新时代"警务》,《现代世界警察》2018 年第 5 期,第 54~64 页。

违法犯罪风险，按权重按级别进行风险预警，并生成风险评估报告，根据报告等级自动分发相关部门处理。对已有风险苗头和已有违法苗头但未构成犯罪的企业，系统会及时将线索移交监管部门查处或责令改正。涉嫌构成犯罪的，由公安机关予以调查处理，将犯罪活动及时消灭在萌芽状态，把社会危害降至最低。

二是创新预警系统应用，提高分类处置效能。针对横琴金融领域出现的新形势和新特点，紧密围绕提升预警系统的工作效能，排查出潜在的风险隐患。目前"横琴新区企业涉经济犯罪风险监测预警系统"汇集了横琴区工商、商务、金融、法院、税务、信访、城管、公安警情等八大类数据及5万多家企业基础信息，按照系统监测模型，结合涉互联网信息进行持续分析比对预警。在严密监测的基础上，严格落实分类处置。对辖区研判出的涉金融投资类风险网站，定期开展动态监测，依据其规模状况、危害程度、可控性、处置政策等因素进行深入研判，将风险主体划分为四个风险等级，严格落实"监测关注、警示教育、熔断处置、立案查处"分级处置措施，确保风险可控，牢牢把握工作的主动权。

（五）着力打造智慧公安新格局，提升公安服务主动性、精细化、智慧化水平

横琴公安旗帜鲜明地坚持以新发展理念推动高质量发展，着力提高横琴公安机关服务自贸区建设的本领和水平，不断升级改造民生服务平台，打造人民群众满意的服务。

一是成功运行"横琴管家"App。"横琴管家"App 将志愿服务和有效激励相融合，打造由市民、志愿者、商家、专业公司、执法者共建共享的新"生态圈"。2018 年 6 月 13 日，App 二期正式上线，新版的物业城市 App 在原有基础上全面优化升级，服务类别涵盖政务服务、城市治理、志愿服务、便民服务、校园服务、城市公益等六大板块共计 20 项服务项目。截至 2018 年 9 月底，物业城市 App 共有 58936 名市民注册，共有 375 名志愿者参与 App 平台的志愿任务，合作商家共 28 家。市民累计报送城市问题 1170 宗，

其中，市民自行接单 275 宗，处理 275 宗，处理率 100%，进一步落实"简政放权、放管结合、优化服务"政策。

二是开通"互联网＋"服务。面对横琴景点集中、旅游高峰游客激增、游客遗失物品等警情增多的现象，横琴公安机关以全面提升游客安全感和满意度为工作主线，充分利用现代科学技术，大力推广"互联网＋"服务。其一，支持电子身份验证。依托省政府"粤省事"民生服务平台，辖区内的三星级以上宾馆酒店均可使用"电子身份"办理住宿登记。其二，充分运用"网上警务室"。当发生游客遗失贵重物品警情时，横琴公安通过珠海公安互联网站"网上寻人寻物认领招领平台"及珠海电台"951 黄丝带"等平台，及时发布失物招领信息。其三，开通遗失物品快递服务。为方便失主快速便捷地拿回遗失物，横琴警方开通了遗失物品快递服务，打通了遗失物领回的"最后一公里"。2017 年以来，横琴公安机关通过"互联网＋"警务模式为游客找回遗失物 72 件（其中手机 67 台、ipad1 台、相机 3 台、钱包 1 个），切切实实解决了群众实际困难，进一步提高了人民群众的获得感、幸福感、安全感①。

三是推行"物业城市"创新试点改革。将公共空间与公共资源整体作为一个"大物业"，通过市场化机制交由物业公司进行专业化、精细化、智慧化的高效管理与运维服务，实现"管理＋服务＋运营"的城市治理新模式，通过该模式试行星级城市建设，打造全国城市治理可复制可推广的"物业城市"样本。

四是创新打造一站式"问题解决中心"。为进一步解决社会管理后续服务事项、集中解决群众问题、优化行政服务，创新打造一站式"问题解决中心"——横琴新区法律服务中心。全面整合港澳中小企业法律服务中心、海上丝绸之路法律服务基地、法律援助、司法行政、法律服务、劳动保障、劳动仲裁、人民调解、婚姻调解、信访维稳、安置帮教、社区矫正、防邪宣

---

① 廖梓傲：《珠海横琴"自贸新时代"警务》，《现代世界警察》2018 年第 5 期，第 54～64 页。

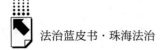

教等方面的业务，面向企业、市民提供全方位、一站式、立体化、广覆盖的综合法律服务，通过前台集中受理、现场快速分流、专业引导对接、专人跟进服务等模式，确保企业、市民一站式解决问题、化解矛盾、消除纠纷。

二 社会治安立体化防控体系建设存在的挑战

社会治安立体化防控体系的功能与作用在横琴公安工作中已经初步体现，但与真正意义上的精准防控还有一定差距，数据主导防控的意识、数据服务实战的效果、民警运用数据的能力等方面还存在不足。

（一）基础建设跟不上实战需要

现阶段视频监控数量已基本实现区内全覆盖，但海量视频缺乏统一有效的数据分析和智能应用，数据资源难以支撑实战需求。现有的技术、设备更新不及时，难以跟上新时代、新形势下物联网、云计算、"互联网＋"等新技术的发展步伐。

（二）大数据采集及存储模式老化

立体化治安防控需要全方位掌握和自动感知人、地、物、单位组织、事件等社会面基础要素信息，各类型、结构大数据的出现，传统的数据建模和数据储存格式已跟不上当前形势。目前采集和存储治安要素的科技应用和手段严重不足，技术瓶颈正在拖延情报分析和案件研判的速度。同时现有视频侦查防控手段主要依靠人力，视频实时回传、实时调取技术、设备还不完备，行为轨迹、态势感知等仍不能满足实战需求。

（三）智慧警务创新力度不够

由于近几年信息化人才缺失和各项打击任务压力，横琴公安机关创新能力不足，尤其是在高新技术本土化改造、大数据精准预警建模等方面存在不足，智慧新警务发展水平已与先进地区拉开较大差距。

三 未来展望

结合横琴智慧岛建设，借助智能化、信息化手段，构建完善横琴新区社会治安立体化防控体系，力争将横琴新区打造成一个独具特色的公安信息化建设和实战效果亮点区域，示范引领全市社会治安防控体系建设发展。

（一）全方位提升能力水平

加快横琴新区社会治安立体化防控体系建设，提升横琴新区公共安全管理水平，促进社会治安管理水平全面提升，开创横琴智慧新警务工作新局面，为社会综合治理提供新的手段，为政府制定社会治安工作规划、思路、战略提供数据支撑和决策依据。在优化交通出行、服务城市管理、创新社会治理、加强治安防控等方面取得新成效。

（二）全面整合社会资源

充分发挥区综治部门的作用，整合全区监控资源和数据资源，建立动态化、信息化条件下支撑各项公安工作的视频综合应用系统，到2020年，基本实现"全域覆盖、全程可控、全时可用、全网共享"的视频监控建设联网应用。推动公安机关与区职能部门合作，推动各行业领域的数据资源联网，形成大数据效应，实现警力无增长改善；推动公安机关与科技公司合作，实现从"自主发展"向"众智成城"转变。

（三）全力对标前沿科技

打造一整套智慧型"视图云"平台，实现海量视图数据的采集、存储、整合、共享、挖掘、研判等信息结构处理应用，实现公安信息化由相对封闭、分散、孤立、简单的业务应用向开放、集约、共享、智能的融合应用转型，提升公安核心战斗力，不断提高社会治安管理的统一指挥、快速反应、协同作战水平，真正做到"天网恢恢疏而不漏"。

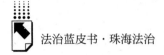

（四）全程突出实战应用

结合公安实战业务传统优势，加强图像资源与公安其他情报信息的交互，满足公安各警种实战业务需要，从原来单纯的视频监控"看、存、管、控"功能向视频侦查实战业务跨越，致力于构建全方位、多业务、可视化公安实战应用系统，实现"作战智能化、警务高效化、指挥扁平化、服务便捷化"的"信息警务""主动警务""智慧警务"模式。

（五）全新构筑应用平台

通过搭建可视化多元感知平台，创新常态化模式，全面整合治安防控力量，以情报研判、指挥调度、治安管控、交通管理、技术防范、风险预警等领域为重点，以信息采集、图形分析、数据挖掘等智能技术为核心，最大限度地发挥人工智能技术对公安实战的支撑作用，推动公安机关战斗力生成模式转变，构建智能警务体系，实现从"传统治安"向"智慧公安"转变。

B.27
构建市级志愿服务的"珠海模式"

共青团珠海市委员会课题组*

摘　要： 志愿服务是城市文明的标杆，是培育和践行社会主义核心价值观的重要内容，也是加快社会文明程度、提升市民文明素质、推动文明城市建设的重要载体。近年来，珠海共青团充分利用珠海在立法、区位、高校等方面的优势，积极整合社会资源，打造志愿服务阵地，锻造志愿者骨干队伍，培育优质志愿服务项目，打造志愿服务的"珠海模式"。

关键词： 志愿服务　珠海模式　公益　城市文明

党的十九大报告提出："推进诚信建设和志愿服务制度化，强化社会责任意识、规则意识、奉献意识。"近年来，珠海市大力弘扬志愿服务精神，促进志愿者队伍不断壮大，服务领域不断拓展，服务项目不断延伸，服务特色更加明显，从事志愿服务活动不仅成为人们的自觉行动，更成为推动珠海经济社会发展的有生力量和坚强支撑。尤其是作为共青团工作名片的青年志愿服务工作的蓬勃开展，已经逐步形成了以文明创建、大型赛会、生态环保、结对帮扶等为主要内容的工作体系，为珠海市精神文明创建活动注入了新的生机与活力，志愿者服务品牌深入人心。

---

* 课题组负责人：闵云童，时任共青团珠海市委员会书记。课题组成员：林晓军、李越、梁文彦。执笔人：李越，共青团珠海市委员会社会工作部部长；梁文彦，共青团珠海市委员会社会工作部干事。

珠海市在志愿服务工作中积极探索，运用双重地方立法权，出台了《珠海经济特区志愿服务条例》等一系列法规规章，为志愿服务的开展提供了制度保障；发挥毗邻港澳的独特地域优势，加强与港澳志愿服务组织的交流融合，吸收借鉴港澳地区志愿服务先进经验；利用高校云集的资源优势，挖掘志愿服务的优质人力资源、强化志愿服务专业性。同时，珠海作为年轻的移民城市，志愿服务在提升市民对城市的认同感和归属感方面发挥作用明显，价值引领和志愿服务相融并进。

一 构建多维度的志愿服务制度体系

志愿服务是促进城市文明建设的重要载体，是践行社会主义核心价值观的生动实践。珠海市在探索志愿服务体系化建设过程中，还存在社会化运作不充分、激励机制不完善等诸多不足。为进一步推动志愿服务持续健康发展，珠海市在志愿服务制度建设方面积极作为，用足用好经济特区立法权，认真履行"立法试验田"特殊使命，积极稳妥开展志愿服务立法工作，为志愿服务的健康发展提供了坚强的制度保障。

（一）完善配套制度建设

2012 年 11 月 29 日，珠海市第八届人民代表大会常务委员会第七次会议审议通过《珠海经济特区志愿服务条例》，出台全国第一个志愿服务地方性法规。该条例将志愿服务的量化放在首位，并率先提出以"社工带志愿者"服务模式。近年来，珠海市先后出台了《珠海市推进志愿服务制度化实施意见》《珠海市志愿者培训管理制度》《珠海市社工志愿者联动工作制度》《珠海市党团员带头参加志愿服务活动制度》《珠海市关于支持和发展志愿服务组织的实施意见的通知》等文件，逐步形成了完善的志愿服务政策体系。

（二）实现"大数据库"管理

按照广东团省委关于推广使用"i 志愿"广东志愿者信息管理服务平台

的工作部署，印发《关于在全市推广"i志愿"广东志愿者信息管理服务平台和注册志愿者证的通知》，面向全市各机关企事业单位、各高校、各行业领域普及推广"i志愿"平台和"注册志愿者证"。广大市民可以通过手机支付宝、微信App的城市服务板块直接登录"i志愿"平台，注册成为志愿者、参与志愿服务活动。通过推广使用"i志愿"平台，珠海实现志愿者招募、组织管理、活动发布、时长录入的信息化管理，形成了珠海志愿服务"大数据库"。截至2018年底，珠海注册志愿者人数超过35万名，占全市常住人口的23.45%；志愿服务组织达2248个，全年总考勤时数超过93.34万小时。

（三）建立健全激励措施

为增强广大志愿者的荣誉感和获得感，珠海团市委推出星级志愿者资质认定管理办法，对参加志愿服务的志愿者进行星级评定。在"i志愿"平台注册，且累计服务时数达到100小时的，认定为"一星志愿者"；时数达到300小时的，认定为"二星志愿者"；时数达到600小时的，认定为"三星志愿者"；时数达到800小时的，认定为"四星志愿者"；时数达到1500小时的，认定为"五星志愿者"。联合市委组织部、市文明办、市发展改革局、市教育局等22家单位，出台《关于实施珠海志愿者守信联合激励　加快推进青年信用体系建设的通知》，为星级志愿者提供44项涵盖教育服务、创新创业、社会保障服务、金融与住房租赁、文化生活等重点领域的激励措施。各区也结合实际出台了志愿服务激励措施，如香洲区推出"积分入学"激励机制，受表彰志愿者的子女可享受入学额外积分；金湾区每年开展十佳志愿者及组织评选活动，鼓励辖区机关、学校和企事业单位在同等条件下优先录取和聘用优秀志愿者；斗门区推出"斗门区爱心商家联盟"计划，为斗门区年服务时数达50小时以上的志愿者提供消费优惠；高新区开展困境志愿者优先扶助；高栏港区开展积分兑换激励活动，按照服务时长兑换日常生活礼品或珠海市旅游景点门票等。

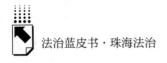

二 建设志愿服务"网格化"阵地

志愿服务阵地是文明城市的展示窗口，是广大市民了解和参与志愿服务的重要渠道，是志愿服务供需对接的实体平台。一直以来，珠海团市委高度重视志愿服务阵地建设，架设志愿服务网络、打造志愿服务窗口，形成"网格化"的志愿服务阵地。

（一）构建三级联动服务网络

为进一步扩大志愿服务阵地的覆盖面，方便广大市民就近便利参加志愿服务，珠海团市委根据"资源共享、信息互通、团队互助"原则，打通市、区、镇三级服务阵地网络。以12355青少年综合服务平台为中枢，依托18家"亲青家园"异地务工青年综合服务中心、20家"青春护航站"，在社区、村居、园区、高校建设了485个志愿服务阵地，打造珠海志愿服务的一线"门店"。各服务阵地以党员志愿者为骨干，以群众需求为导向，常态化提供心理疏导、成长辅导、法律咨询、困难帮扶、自护教育等志愿服务，在文明交通、文明旅游、医疗健康、环保清洁等方面实现志愿服务全年不"打烊"。

（二）建设志愿服务"展示窗口"

自2012年起，珠海团市委按照"有固定联系人、有志愿服务队伍、有规章制度、有活动记录"的"四有"要求，建设15座"蓝天小屋"城市志愿服务站，常态化为市民、游客提供旅游咨询、找换零钱、交通引导、环保宣传、扶贫济困等城市志愿服务。目前，在拱北口岸、圆明新园、海滨公园等交通枢纽和旅游景点，坐落着一间间醒目的"蓝天小屋"城市志愿服务站，小屋的周边活跃着许多身穿"红马甲"的珠海志愿者。"蓝天小屋"已成为珠海城市文明形象的推广中心、市民奉献爱心的集散平台和青年参与公益服务的实践基地。

三　推动志愿服务社会化专业化发展

（一）探索"社工＋志愿者"服务模式

随着社会需求日趋多样化，传统简单的志愿服务方式已经无法满足广大市民日益增长的公共服务需求。志愿者的专业性要求越来越高，志愿服务组织的资源匮乏、人力不足等问题日益凸显。在长期的志愿服务管理和实践过程中，珠海团市委探索形成了"社工＋志愿者"服务模式。通过购买服务，引入专业社工机构，配备专职社工，开发"社工＋志愿者"合作服务项目；培育具有创新性、专业性、稳定性等优势的志愿服务组织，扩大志愿服务范围，提高志愿服务效能。吸纳优秀社工人才进入志愿服务组织，鼓励优秀志愿者参加社会工作者职业水平考试并从事专业社会工作，鼓励社工服务机构为志愿者提供培训、辅导等服务；促进志愿服务项目引入专业社工指导、深化服务内容、提升服务水平，不断满足群众多样化的公共服务需求。

（二）创新"阶梯式"人才培育

一是开展专业服务培训。2014 年，珠海团市委开办珠海公益学院[1]。学院开设初级、中级、高级的阶段性课程，通过理论学习和团队志愿服务项目设计的考核后，学院为参训志愿者颁发相应阶段的结业证书[2]。除了必修课程，还充分利用珠海毗邻港澳的优势，通过"请进来"和"走出去"，吸纳引进"最强导师团"，建立由国内志愿服务领域专家、港澳台资深志愿组织代表组成的公益智库，为志愿者带来专业、系统的理论知识学习及实践技能

---

[1]　珠海公益学院是由珠海团市委发起、由志愿者和公益组织共同运营，以传播志愿服务精神、开发志愿服务项目、促进志愿服务专业化和志愿者个人发展为目标的公益机构，它的前身是志愿者学堂。

[2]　完成初级课程的志愿者，获结业证书及一件定制的实名制志愿者马甲；完成中级课程的志愿者，获境外志愿服务体验的参与机会；完成高级课程的志愿者，将被挑选为学院公益导师或公益督导。

培训，并以此培植形成珠海经验。

二是深化志愿服务实践。近年来，"21世纪海上丝绸之路"中国（广东）国际传播论坛、珠海WTA超级精英赛、中国国际航空航天博览会、中国—拉美企业家高峰会、中国国际马戏节等高端赛会相继在珠海举办。珠海团市委充分利用珠海大型赛会多的特点，创新志愿服务培训形式，通过大型城市赛会对志愿者进行通识培训和岗位实训，在展现城市活力和文明形象的同时，让志愿者在实践中提升能力、积累经验。所有大型赛会在培训阶段均创造性地采取"线上+线下"培训模式，精心编写《志愿者工作手册》及《志愿者领队手册》，形成了涵盖培训、管理等环节，可复制推广的志愿服务管理体系。2018年，珠海团市委依托第十二届中国航展、"2018珠海WTA超级精英赛"等7项赛会，培训志愿者11464人，培训时数达17196小时。

（三）引入志愿服务项目"源头活水"

为拓宽珠海志愿服务组织的资金来源渠道，提升志愿服务组织的生存能力，珠海团市委打造了"益苗计划"和"珠海全城志愿缤纷汇"两个志愿服务组织培育平台。2016年至今，珠海团市委坚持每年举办珠海"益苗计划"优秀公益项目大赛，面向全市征集志愿服务项目。通过项目海选、资格初审和专家评审，累计筛选出46个优秀志愿服务项目，涵盖关爱异地务工子女、阳光助残、禁毒普法等多个领域。珠海团市委将优秀项目向省志愿者指导中心进行推荐，截至目前，17个项目成功获得省级培育资金共计26万元。此外，民间捐赠也是志愿服务资金来源的重要渠道。近年来，珠海团市委连续举办6届"珠海全城志愿缤纷汇"，组织动员全市419个志愿服务组织现场展示服务项目，鼓励爱心企业和个人通过项目合作的形式，资助志愿服务组织开展活动。6届活动累计吸引超过6万市民积极参与，现场注册志愿者超过1.5万人，筹集关爱异地务工人员子女、扶弱助残、应急救援、居家便民、环境保护等领域公益项目爱心捐款38.4万元。活动为全市志愿服务组织构建起项目展示、志愿者招募、机构互助、资本对接、资源共享等"五位一体"的重要交流平台。

四 打造务实有效的志愿服务品牌

（一）以志愿服务点亮城市文明

志愿服务是一种文化，更是一种生活态度。长期以来，珠海团市委认真贯彻落实文明城市建设有关要求，将志愿服务工作作为群众性精神文明创建工作的重要内容，融入市民的日常工作和生活，在潜移默化中提升市民文明素养，推进城市文明发展进程。2018 年，组织逾 2.35 万人次志愿者参与各类志愿服务活动。一是开展文明交通志愿服务。为帮助市民形成文明出行的良好习惯，在香洲、金湾、斗门等 6 个区创建 23 个文明交通志愿服务示范点，常态化开展文明交通引导志愿服务，积极引导广大市民和游客自觉践行公德意识，共塑大湾区魅力之城的美好形象。二是开展文明乘车志愿服务。针对部分公交站台人流量大、乘车秩序紊乱等现象，联合市文明办、市公交集团开展文明乘车引导志愿服务活动。志愿者集中在香洲、金湾、斗门等 15 个人流密集的公交站点，开展文明劝导、路线指引、清理"牛皮癣"广告等志愿服务，向游客及市民传达了文明乘车的理念，提升了城市文明旅游形象。三是开展共享单车整理志愿服务。近年来，摩拜、oFo、哈啰等共享单车企业相继入驻珠海，在街头巷尾投放了数以万计的共享单车。共享单车在为市民提供出行便利的同时，也出现了无序摆放、管理滞后的新问题。珠海团市委发起共享单车整理志愿行动，招募志愿者在前山市场、拱北口岸、南坑市场等重点区域开展共享单车整理志愿服务。四是开展绿色家园志愿服务。为号召广大市民及游客自觉践行绿色环保理念，争当保护母亲河的引领者和倡导者，2018 年 6 月，启动"绿色家园"志愿行动。先后开展绿色出行、志愿巡河、乡村文化汇演、健康知识讲座、环保知识普及等 24 场志愿活动，吸引 690 人次志愿者参与，服务人数逾 5000 人。

（二）以赛会服务擦亮城市名片

大型赛会属于珠海对外开放、合作交流的重要举措，每一项赛会活动的举办，都是推广城市形象、促进经济发展的良好机遇。珠海团市委利用珠海高校云集优势，挖掘开展志愿服务的优质人力资源，强化志愿服务专业性。珠海现有 10 所高校，在读大学生超过 14 万人，广大高校志愿者为珠海大型赛会的举办提供了重要的人力支持。仅 2018 年，珠海团市委发动 10 所高校和 6 个社会志愿服务组织，组织 4250 名志愿者在"2018 珠海WTA 超级精英赛"、第十二届中国国际航空航天博览会、中国—拉美企业家高峰会等 7 项高端赛会中提供宣传推广、嘉宾接待、场馆指引、后勤保障等 20 余类岗位的志愿服务，志愿者服务总时长达 112935 小时；其中700 余名专业志愿者在赛会翻译、讲解、医疗服务等岗位提供志愿服务，填补赛会专业力量空缺。

（三）以党员服务引领城市风尚

新时代共产党员应该争当志愿服务的模范。为推动珠海市党员志愿服务制度化、常态化开展，2016 年，珠海市委组织部、团市委统筹全市党员志愿服务资源，引入专业社会力量，推动市党员志愿服务促进中心转型升级，引导党员志愿者深入社区、村居、园区、学校，带头参与基层志愿服务活动。三年来，珠海市党员志愿服务促进中心先后指导成立了中华人民共和国拱北海关、珠海市城市管理行政执法局、珠海市妇幼保健院、珠海供电局、中国电信珠海分公司、新豫青少年综合服务中心等党政机关、企事业单位、社会组织逾百支党员志愿服务队伍。中心联合纪检、卫生、公安、质检等系统，先后推出廉政监督志愿者、健康直通车、走进警营、防疫知识进校园、水上安全知识讲堂等行业系统党员志愿服务品牌项目，服务群众超过 1.6 万人。2018 年，为深入贯彻落实习近平总书记关于保护红色遗产、弘扬红色文化、传承红色基因的重要讲话精神，不断加强珠海市红色革命遗址保护利用工作，珠海团市委联合市志愿者联合会共同开展珠海市红色志愿服务系列活动。目前全市共成立了 7 支红色志愿服务队伍，有效对接 8 处红色革命遗址，依托红色革命遗址开展了红色文化大讲堂、历史遗址讲解等 26 场红色志愿服务。

（四）以法制服务护航青年成长

近年来，青少年违法犯罪的案例不断增加，成为影响社会和谐稳定的一个隐患。为降低青少年违法犯罪对社会造成的负面影响，珠海团市委联合公安、司法部门，在预防、矫正、挽救"问题青少年"方面进行积极探索。一是开展"阳光行动"。联合市公安局共同开展"阳光行动"失足青少年挽救计划，在看守所和戒毒所建设实体化阵地"阳光之家"。从青少年被羁押到释放出所，常态化提供个案访谈、素质教育、心理咨询、困难帮扶、就业复学等服务。项目实施以来，累计结对帮教戒毒青少年664人次，开展禁毒主题活动26场次，推送禁毒动态95条。2017年，"阳光之家"被评为"珠海市社会治理创新实践基地"。二是实施"新航计划"。联合市司法局围绕教育引导、矫治转化、心理干预、关爱帮扶等方面，对25周岁以下社区服刑青少年开展教育矫正。通过接收教育、入矫宣告教育、个案矫正、思想道德教育、法制教育、时事政策教育、心理矫正、解矫教育、社会适应性帮扶等工作，推动社区矫正青少年复学就业。截至2018年11月底，珠海共有青少年社区服刑人员34人。为做好教育矫正工作，珠海团市委配备专业社区矫正社工10人、社区矫正志愿者64人，开展法制教育、社会适应性公益活动153场。

五 存在的问题和困难

（一）志愿服务专业化仍需提升

一是全市志愿者年龄呈现两头大、中间小特点。据"i志愿"系统统计，在珠海市注册的志愿者群体中，主体依然是在校学生，30~50岁注册志愿者占总数的比例仅为19.97%，即作为社会中坚力量的青壮年力量较为薄弱。

二是机关企事业单位组织开展志愿服务的积极性不高。部分党员、公务员、国企白领等参与志愿服务活动缺乏热情，没有充分发挥示范带动作用。

开展志愿服务活动的组织形式仍以行政化动员为主，参与志愿服务的自发性及主动性不高。

三是志愿服务队伍建设亟须加强。近年来，珠海市志愿服务事业加速发展，在大型赛会、社区建设、城市文明、关爱重点人群等方面发挥了积极的作用，但志愿工作人才队伍仍缺少沉淀和历练，公益事业发展的专业化人才较为欠缺，志愿服务组织开展服务的实战能力还有待提高。

（二）志愿服务活动尚未形成常态化开展局面

目前，珠海市较大比例的志愿服务活动仍以短期化、主题化为主，志愿服务活动的针对性不强、持续性不够、服务领域不广。具体表现如下。

一是服务项目缺乏延续性。部分志愿服务组织缺乏造血能力，社会筹资能力较弱，经费来源匮乏，难以保障志愿服务活动持续高质量地开展。同时，部分志愿服务组织培训力度较小，项目设计缺乏创新性，志愿者主动服务意识尚有欠缺，对服务对象和服务目的认识不深入。

二是激励机制亟待完善。目前，根据珠海市《关于实施珠海志愿者守信联合激励　加快推进青年信用体系建设的通知》的要求，能提供实质性奖励的单位和企业不多，落实不到位。

（三）志愿服务管理规范化尚需加强

一是志愿服务统筹机制不健全。现阶段，珠海市志愿服务组织网络已经初步构建，由市志愿者联合会统筹协调全市各级志愿服务组织开展工作，但仍存在分工不到位、管理职能不到位的情况。组织间缺乏长效联动机制，各自为战，部分组织存在抢占资源和抢占阵地的情况，力量分散薄弱，各团队凝聚力不够。

二是志愿服务条例细则有待完善。珠海市出台的志愿服务条例针对志愿服务理念与志愿服务精神的宣传发动、志愿者的注册和招募、志愿者的培训、志愿服务活动开展、志愿服务绩效评估等环节的管理细则（制度）仍不完善。条例颁布后缺乏对实施情况的监督、调研和修订。

（四）志愿服务组织的自主性尚需提升

一是政府主导倾向较明显。大型志愿服务活动中，处于主导地位的仍是各级团组织，仍以党团引领的组织机制为主，"社工＋志愿者"联动等社会化运作机制仍处于初步发展阶段。

二是志愿服务组织自主开展活动受限。受场地、资金、宣传发动渠道等方面的限制，各志愿服务组织的号召力和影响力不强，较难自主地开展志愿服务活动，且部分活动效果不佳。

六　未来展望

珠海团市委将以建设"志愿者之城"为目标，加快推进志愿服务工作体制机制创新，进一步团结和带领全市广大青年投身社会治理创新实践，引导全市各级团组织、志愿者组织在加强社会建设、创新社会管理方面发挥生力军和突击队作用，推动全市志愿服务组织规范化、专业化、社会化发展。

（一）打造枢纽型志愿服务组织

紧扣习近平总书记对共青团提出的"提高团的吸引力和凝聚力""扩大团的工作有效覆盖面"这两大重点课题，充分发挥珠海市志愿者联合会的工作职能，紧密联系、积极引导各成员单位、各级志愿者组织、青年社会组织、珠海公益学院等共青团的工作力量，做大做强市志愿者联合会平台，在资金、人才、项目方面对市志愿者联合会给予支持。

（二）培育专业志愿者骨干队伍

进一步加强志愿者转化成专业社会工作者的政策扶持，有针对性地开设志愿者向社工方向发展的专业培训、讲座等；从志愿者中挖掘优秀人才，培养成为专业社工；优先将当前成熟社会组织的精英骨干和管理领袖吸纳进入全市青年社工队伍，切实增强青年社会组织的社会工作专业人才配置。借助

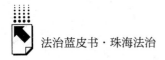

志愿服务研究机构、高校和成熟社会组织的智力资源，建立一套科学规范的青年社会组织和项目评估体系，以"i志愿"系统线上评估和线下评估相结合方式，实施评估工作。

（三）有效整合社会爱心公益资源

充分整合社会各方资源，凝聚社会力量，发挥团组织内外部资源优势，寻求和社会机构的合作，"借力打力"，形成可持续发展的固化机制。在公益性前提下，以活动为载体，借助企业的支持，壮大志愿服务力量。依托青联、青志协、青企协、海青会等"青字头"社会组织，加大志愿者激励力度，以项目合作方式寻求企业、机构的资源支持，从而实现与企业或机构的双方资源整合、优势互补，实现多赢局面。

（四）加强志愿服务组织规范化、信息化建设

依托"i志愿"系统优化志愿者信息化管理模式，全面记录社区志愿者、志愿者队伍注册、服务、培训、奖惩等有关信息，形成"志愿者档案"，强化对志愿者及各级志愿者队伍的日常管理，推动"注册志愿者证"成为志愿者的身份象征和荣誉标识。充分发挥"珠海志愿红"微信公众平台的职能，延伸宣传手臂，创新文化传播及展示载体，通过制作志愿服务文化产品、特色宣传海报等方式，推动志愿服务理念深入人心，以文化价值引领志愿服务健康发展。

B.28
珠海安全生产双重预防体系

原珠海市安全生产监督管理局课题组 *

摘　要： 把安全风险管控摆在隐患前面，把隐患排查治理摆在事故前面，防范各类生产安全事故的发生，是安全生产工作的根本任务。珠海市一直高度重视利用信息化手段开展事故防范工作，2011～2013 年创建以"珠海市安全生产'一体系三平台'信息系统"① 为依托的隐患排查体系。2016 年珠海市安监局又进一步完善了安全生产隐患排查机制，运用风险隐患防控技术、信息化手段，探索创建安全风险分级管控和隐患排查治理双重预防体系，有效提升了安全生产信息化、技术化、法治化水平，推动了企业安全生产主体责任落实，防范和遏制较大安全生产事故发生。

关键词： 事故隐患　风险管控　安全生产

构建安全生产风险分级管控和隐患排查治理双重预防机制（以下简称"双重预防机制"）就是针对安全生产领域"认不清、想不到"的突出问题，强调安全生产的关口前移，从隐患排查治理前移到安全风险管控，把安全风险管控挺在隐患前面，把隐患排查治理挺在事故前面，防范各类生产安全事

---

* 课题组负责人：余海彬，时任珠海市安全生产监督管理局总工程师。执笔人：余海彬；谢祖建，时任珠海市安全生产监督管理局信息办技术骨干。

① 一体系三平台："三平台"是指企业基础信息、隐患排查治理和量化责任制绩效考核，"一体系"是指隐患排查治理体系。

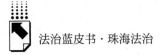

故发生。

2016年，中共中央、国务院印发了《关于推进安全生产领域改革发展的意见》（中发〔2016〕32号），明确指出当前我国正处于"生产安全事故易发多发"高峰期。

经过多年来的不懈努力，珠海市安全生产形势总体稳定向好。当前，珠海市正在大踏步向工业化迈进，正处在工业化和城镇化的中前期阶段，各地区各行业经济发展不充分不平衡，经济体制与社会结构正处于双重转型时期，工业化进程、安全监管水平参差不齐，体现在安全生产监管体制不完善，安全监管滞后于社会经济发展；企业安全生产主体责任不落实，全社会安全文化氛围仍未形成，科技在安全生产中的作用还没有有效发挥，科学发展、安全发展、新型安全生产观还未真正形成；企业不知道如何建立组织架构及风险辨识管控，不知道隐患查什么、怎么查、如何改，企业安全生产主体责任未能落地落实。正因如此，建立完整、有效、统一的安全生产隐患排查治理管理体系，把中央政策有关安全生产的重大决策，以法律、法规和行业规范要求的方式，落实到整个社会经济的各组织单元，是探索构建双重预防机制的切入点和突破口。

一 体制机制创新

2010年以来，珠海市安全生产监督管理局一直致力于研究如何创新共建共治共享的安全生产监管方式，创新构建珠海市安全生产隐患排查治理体系，以推进压实安全监管部门责任，推动企业落实安全生产主体责任，并基于移动手机应用App等"互联网＋"技术，先后研发了隐患排查治理信息化系统政府端和企业端，出台了线上线下配套保障制度，建立了隐患排查治理协同运作机制，并以此为基础，针对重大危险源、关键设备设施、重点场所部位、高风险作业等存在重大风险的对象，引入安全风险管控理念，进一步升级隐患排查治理信息系统平台，探索创建安全风险分级管控和隐患排查治理双重预防体系，并运用差异化监管和企业考核评估办法，建立并落实精准有效的企业安全风险管控和事故隐患治理责任、措施和机制，遏制较大以上安全生产事故发生，持续推进珠海市安全生产工作迈上新台阶。

（一）目标构建

构建安全双重预防机制的核心，就是要构建一个体系，搭建一个信息化平台，建成两张责任网络（政府监管责任网、企业主体责任网），形成三项工作机制（责任考核机制、网格监管机制、差异化执法检查机制），落实五大保障措施①。构建一个体系，即从城市角度出发，根据两张责任网络任务目标，发挥法律、法规和行业规范等的政策组合优势，以风险辨识管控和隐患排查治理两项基础性工作为牵引，以风险隐患防控技术为指导，以调动来自政府、社会、部门、企事业单位和专业化力量为支撑，以信息化平台建设为纽带把割裂的、分散运作的、互不协同的安全生产各个组织重新"黏合"起来，产生高效、协同、自我完善的组织形态，整合分布在各目标领域的专业资源和动态运行数据，实现信息高度共享、数据研判、反馈调整能力，形成三项工作机制，推动组织内的单个行为、局部行动、整体决策在任务目标上趋于协同一致，充分发挥企业的自我发展安全潜力以及政府监管部门、社会等综合资源的潜力，形成横向到边、纵向到底且互联互通、资源共享、多级联动的整体优势，催生强大的安全生产共治合力，以实现"提升安全生产精细化管理水平，遏制较大事故发生"的工作目标。

（二）路径规划

以"把安全风险管控挺在隐患前面、把隐患排查治理挺在事故前面"为双重预防体系建设指导思想，强化标本兼治，综合施策、源头治理，重点

---

① 五大保障措施：一是指南的技术性保障，编制风险管控指南，指导开展风险辨识评估工作；二是清单的规范化保障，制定规范性业务标准，参照标准化对各类安全生产活动进行分类，以便于采集处理分析；三是专家的服务指导保障，购买专家服务，现场对企业实施"一对一"指导；四是培训的业务咨询保障，开展各类培训和网上在线业务咨询；五是执法的监督督促保障，通过监督执法来督促企业落实安全生产主体责任。

突出"管""控"两个层面,提出"六个一"①为基础的体系建设思路:以政府监管为主、企业应用为中心、社会专业力量为支撑,结合政府监管执法要点、应急管理和行业规范标准化建设要求,提高政府监管综合协同水平,充分体现企业落实主责自我管理需求,调动社会专业服务技术力量参与,健全政府监管网络、企业内部安全组织架构,推动全员参与的企业主体责任落实,紧紧围绕"六个一"自上而下和自下而上搭建双重预防体系两张安全生产责任网,即政府监管网和企业责任主体网。

(三)网络运作

建立安全生产运行管理网,即按照体系组织意图和任务目标,运用网络信息技术使两个安全生产责任网有机联系并组织运作。

政府监管责任网。通过大量的调研、走访,与各部门的协调、沟通,结合各安全监管部门②(以下简称"部门")职责,以风险管控和隐患排查治理两项共性基础性工作为抓手,突破现有体制机制瓶颈,厘清监管责任,参照先进地区做法,把珠海市各级监管部门分为属地政府、行业部门、专业监管三种类型,并结合市、区、镇街三级权限划分,通过双重预防信息系统全过程记录、管理政府监管部门安全生产管理行为,并以预警、分析、巡查、督办、考核、问责等方式压实各方责任,最终形成纵向贯通市、区、镇(街道),横向扩展到珠海市其他行业管理部门,互联互通、资源共享、三级联动的安全生产网络化监管责任体系。

企业主体责任网。企业规模有小有大,小的有几十人、上百人,多的有上千人,甚至上万人。大型企业相当于"一个小社会",其层级关系多、机构关系复杂、岗位工种繁杂,在企业构建双重预防机制,就必须准确掌握实

---

① "六个一"是指:一企一户籍、一源一档案、一企一标准、一岗一清单、一企一专册、一企一预案。
② 各级安全监管部门包括市、区、镇街三级政府机构,负有安全监管的行业部门,负有安全生产"一岗双责"的行业部门,具体见市安生产委员会成员名单。

际生产过程的安全组织关系及业务流程①。其本质就是把全面落实企业全员安全生产责任制作为推动企业落实安全生产主体责任的重要抓手，推动企业自觉落实应当遵守的安全生产和职业病防治法律法规、应当具备的基本安全生产条件、应当履行的安全生产法定职责、应当符合的国家标准和行业标准、应当承担的法律责任，明确从企业主要负责人到各层级、各部门、各类人员的全员岗位安全生产责任制，建立起安全生产工作"层层负责、人人有责、各负其责"的企业责任网。一般情况下，企业组织构架一般包含厂级、车间级、班组级、员工级，大一点的企业还包含总公司、分公司、分厂，以及专项职能机构、特种工艺岗位。体系正是基于这一企业责任网，激活企业自我安全管理的活力，发挥网络移动技术作用②，为"一企一标准、一岗一清单"的深度融入提供组织架构保障，推动"双重预防机制"在企业扎根、落地、发芽。

二 主要做法

以完整、有效、统一的双重预防体系为载体，依据法律、法规和行业规范要求，结合地方性制度文件，采取一系列组合措施，以任务清单的方式推送到体系网络的各组织单元，并根据反馈来调整体系运行状态。

（一）政府主体精准施策

强化教育培训，编写风险辨识管控的工作流程、实施指南、运行案例等培训资料，以建设"六个一"为目标，采取集中培训、跟班学习、专家重点帮扶等方式，逐级对各级安委办信息员、政府部门监管人员和企业安全管理人员进行培训，在实际中遇到问题还能通过线上咨询得到解答。以点带面开展试点工作，确定高栏港区、香洲区、金湾区和横琴新区冶金、机械、化

---

① 由于企业安全生产过程存在自我管理需求的组织架构，是建立企业主体责任网的直接原因。

② 每一个岗位都有对应的 App 账号，一是企业内部数据资源高度共享；二是安全生产业务流程实现网络化审批，包括预警、提醒、重点关注；三是安全生产各类报表自动化生成。

工行业等具备行业代表性的企业作为试点示范单位，鼓励试点单位在"特"字上下功夫、找亮点，打造个性品牌。以专家论证为基础，总结、提炼示范单位工作经验，形成可借鉴、可推广、可套用的模式，通过在试点示范单位召开现场会等方式向同类型企业进行复制推广，提升体系建设总体质量。

（二）企业强化主体责任

成立企业自身的双重预防工作领导小组，组建技术专家团队。依托系统平台建立与企业实际相符的安全组织架构，梳理各层级、各岗位、各工种的关联和组织工作流程，进一步明确岗位职责和层级关系。进行全面摸底调查，运用各种安全风险评价工具进行评估，提出管控措施（技术、岗位、管控、培训、应急），建立企业风险台账和全过程档案管控记录。把风险防控和隐患排查管控目标，以"一企业一标准、一岗一清单"形式录入系统，一个岗位对应一个账号，从手机 App 终端接受定期管控任务。加强清单任务和操作方法培训，组织应急演练，让各级岗位员工能合理处置应急情况，激活体系运行的动力。

（三）创新监管新途径

以辨识管控安全风险为重点，以制定隐患排查标准清单为依据，以企业自查自改自报、部门指导考核为手段，运用差异化监管和企业考核评估办法，创新打造"六个一"为监管服务的企业安全风险管控和事故隐患治理责任、措施和机制，提高精细化管理水平。

一企一户籍，差异化实施评估管理。建立"一企一户籍"管理制度，每家企业设置一个专用账户，建立企业安全"户籍化"管理档案。对不同等级的安全风险，实行"红橙黄蓝"四色预警动态分类管理。科学评估区域、行业领域安全风险，对企业实行分类分级管理。安全监管部门对企业进行个性化安全服务，包括通知通告、风险提示等。

一源一档案，精准化分级管控风险。督促企业建立较大危险因素辨识管控责任制，分解责任，实时落实到车间、班组和岗位员工，做到"一源一档案"。制定风险点危险源排查管控工作指南,编制非煤矿矿山等工贸行业 57 大类企业较大危险因素辨识点。建立安全风险数据库,并在双重预防信息平台 GIS 地图上以"红橙黄蓝"四色绘制企业安全风险空间分布图。

一企一标准,对标创建企业自查标准。制定 55 个类别 100 多个行业隐患排查和职业卫生标准,研发"菜谱式"通用指导标准配置模块,细化和完善标准内容,构建"一企一标准",形成适应本企业生产经营特点的个性化隐患自查标准,并可对事故隐患进行内部分级管理。

一岗一清单,全岗位个性化自查隐患。结合企业特点,梳理隐患排查的内容、标准、责任和周期,编制隐患排查清单,逐项明确部位、频次和治理要求并下达责任单位、责任人员,实现"一岗一清单",推动企业、车间、班组、岗位全员参与,实现全岗位覆盖、全过程衔接,着力解决企业隐患"谁来查,查什么,怎么查,如何改"等实际问题,实现企业隐患排查治理标准规范化。

一企一专册,智能化闭环排查整改。打造安全生产"e 安监"企业端①,录入企业个性化排查清单,对应场所部位、环节、岗位及设施生成二维码,手机扫码排查,自改自报,实现"掌上监管"。建立"一企一专册",将检查轨迹全程记录,形成"隐患不排查,系统能觉察;排查不上报,系统能知道;上报不整改,系统有记载;整改不及时,系统有警示"的智能化管理模式,实现隐患排查、登记、整改、评价、销账、报告的闭环管理。

一企一预案,网络化提供应急支持。建立企业应急处置数据库,将应急组织体系、应急队伍、应急物质装备、应急救援预案、应急演练、教育培训、应急处置七方面内容纳入双重预防体系管理,做到"一企一预案"。通过快速检索,实现应急救援企业和政府部门数据共享,为防范事故发生提供快速有力的应急反应支持。

---

① 双重预防系统的一个移动 App 子系统。

（四）建立体系考评

一是通过对监管部门的季度量化绩效考核，完善了安全生产责任制考核机制①。将全市 8 个区（功能区）、8 个重点行业监管部门和 16 个其他行业监管部门分三个层面纳入系统平台进行日常考核。在科学量化的绩效考核基础上，实行督查问责、事故倒查、尽职免责三大问责机制，进一步倒逼各级各部门做好风险管控和隐患排查治理的监管督查工作，有效推动属地政府和行业部门监管职责的落实，提高了行政协同效能。二是引入分类分级指标评价方法，抓住企业固有风险和安全管理水平这两大关键要素，通过层次分析法细化成对应的 50 个安全评价指标。按照企业固有风险把企业分为甲、乙、丙三类，分别对应风险高、风险中、风险低三个等级；按照企业安全管理水平，又把企业分成 A、B、C、D 四组，分别对应优秀、良好、一般、较差四个等级。三是建立分类分级差异化监管机制，在系统依据分类分级指标自动计算基础上，通过企业自评、镇街评定、区级审核逐级压实确认企业安全风险等级，调整监管检查频次，以网格化监管为基础实现分类分级差异化监管，将高风险且管理水平较低的企业列为重点，把有限的监管力量集中在发生事故可能性较大、事故后果可能较严重的企业，防范和抑制较大以上事故的发生，提高体系的监管效率。

（五）重点支撑工程

必须进一步借助社会专业化力量，对重点企事业单位采取"一对一"的指导帮扶，以确保其风险管控的工作流程、组织实施、配套管控措施科学、可行、适用。为此，珠海市安委办在构建双重预防体系进程的关键期，投入近 300 万元启动了城市风险评估工作，通过公开招投标的形式，委托北方工业大学对全市 1920 处红、橙风险点危险源进行调查评估，开展重点帮

---

① 以地方政府制度的形式明确建立了 37 类考评指标，分事故指标控制、基础工作、工作业务量、监管亮点、信息化及科技，在重点监管领域又进一步引用了企业自查上报率、季度未上报企业查处率、季度零隐患检查等考核指标。

扶工作；采取了一个调研方案、一只调查队伍、一批调研对象、一套调研提纲、一套信息系统，专门制订工作方案，集中开展为期数月的城市安全风险点、危险源大排查大整治专项行动，为城市安全风险评估提供了翔实的基础资料，夯实体系建设的工作基础。

三　工作成效

经过多年的攻坚克难，珠海市安全生产监督管理工作实现了安全监管的"移动化""精细化""动态化"，近年来珠海市安全生产形势呈现安全事故下降态势，有力推动了珠海市安全生产形势的持续稳定好转。

（一）安全生产"共建共治共享"治理格局初步形成

以数据信息共享、集约化建设为发力点，用好安全生产责任制考核"指挥棒"这只手，抓住双重预防系统共建这条线，探索创建安全风险分级管控和隐患排查治理体系，汇聚整合各部门风险隐患信息，运用数据分析模型，关联发掘重大安全生产风险隐患，提高了对各类风险隐患的发现预警能力，形成了集信息共享、部门联动、综合研判、跟踪督办于一体的工作机制，及时处置各类重大风险隐患，推动"政府主导、部门协同、企业落实、全员参与①"共治目标的实现。通过安全生产"共建共治共享"这张网，安全生产监管领域逐步覆盖规模以上企业，并向中小微企业延伸，累计有 15600 家企业纳入双重预防系统监管，帮助企业建立 15600 个企业安全管理电子档案。全市所有安全监管人员均可通过双重预防系统模块功能，实现全程全方位掌控，双重预防系统已成为各级各部门安全生产工作的重要平台和有力抓手。

（二）夯实了安全生产工作基础

系统运行以来，完整记录了 15600 家企业排查治理隐患的全过程，共有

---

① 全员：企业主体责任网中各层级的岗位人员。

15600 家企业登录系统上报了事故隐患 58 万处，涵盖 8 个重点行业部门和 16 个行业部门。完成了全市 1920 个危险源风险点（政府级）数据采集管理，分别用红、橙、黄、蓝四种颜色标示风险级别，绘制企业"红橙黄蓝"四色安全风险空间分布图；将辨识出的风险和排查出的隐患全部录入管理平台，实现对企业风险管控和隐患排查治理情况的信息化管理。

（三）初步建立了企业安全生产双重预防机制

全市有 1743 家企业①纳入"构建双重预防机制"试点，企业登记风险点 16700 余处，登记岗位数 12327 个，排查危险风险隐患因素 130 多万条，发现事故隐患 3 万多处。经过试点，企业能够熟知制度规范，制定安全风险辨识程序和方法，开展安全风险辨识；对辨识出的安全风险进行分类梳理，并采取有效管控，特别加大了对重大危险源和存在重大安全风险的生产经营系统、生产区域、岗位的重点管控，确保安全风险处于受控范围内；建立了安全风险公告配套制度，加强了风险教育和技能培训，确保管理层和重点岗位员工能及时防范、应对；进一步加大了责任、措施、资金、时限和预案"五落实"力度，实现隐患排查治理的闭环管理。近年来，纳入试点企业没有发生生产安全死亡事故。

四 未来展望

安全生产工作任重而道远。一方面，城市经济高速发展，城市规模快速扩张，城市各类要素高度汇聚，运行系统日益复杂，包括人流物流高密度化、设备设施大型化和工艺流程复杂化等，各种"想不到、认不清"的潜在安全风险叠加累积，事故成因更加复杂，事故放大、耦合、衍生的可能性和严重性明显增加，较大事故正由传统高危行业领域向其他行业领域蔓延，

---

① 这些企业具有一定的组织规模，具备建立企业主体责任网及"构建双重预防机制"的安全生产基础条件；中小微企业一般不具备这种条件，所以不纳入"构建双重预防机制"的范围。

遏制较大事故的难度居高不下。另一方面，安全生产追求目标就是提高本质安全条件，来降低或消除系统性风险。受到经济条件的制约，加上正处于工业化初中级阶段，城市整体的安全水平不高；虽然在一些高危作业领域采取了"机械化换人、自动化减人"等措施，降低一线人员作业风险，但在一定程度上容忍了相对落后安全技术工艺、设备，试点企业对高风险采取管控措施有"心有余而力不足"的感受；像这样的低端制造业企业又容易受到市场的冲击，在经济效益不好情况下，安全生产投入下降，导致企业创建"双重预防机制"积极性不高，风险管控、排查治理措施不到位，这为事故隐患埋下了伏笔。

为此，为遏制较大事故发生，还须探索发展新的有效方法、途径。一是坚持安全生产一盘棋的思路，综合现有各类资源手段，整合各类应急监控平台，发挥物联网监控技术作用，针对风险较大、事故后果严重、易发生事故的风险点采取全天 24 小时在线监控。二是充分发挥市场机制在安全生产领域的作用，把企业安全生产效益与企业保险费率、安全信用等挂钩，调动企业的积极性，加大安全生产投入；通过市场机制有序地淘汰落后安全技术工艺、设备的行业企业，加快装备改造升级，降低，消除系统性风险，夯实企业创建"双重预防机制"的工作基础，提高城市安全水平。三是坚持以理念、体制机制、方式手段创新为动力，以现代科学技术为引领，以基层基础建设为支撑，完善双重预防体系，提高双重预防体系运行管理水平，防止各类风险聚积扩散，遏制较大安全生产事故的发生；同时要加强企业应急能力建设，健全完善应急响应机制，优化应急资源配备，完善应急预案，提高运行应急保障水平，促进安全生产持续好转。

B.29
人民调解员职业化专业化之路

珠海市司法局课题组*

摘　要： 珠海市2006年开始率先试点公开招聘专职人民调解员，通过
党委政府推动、人大立法，对人民调解工作的职业化、专业
化进行规范和保障，逐步实现了向镇（街）调解中心、公安
派出所、基层法院（法庭）派驻专职人民调解员全覆盖。近
年来又探索在医疗、交通、婚姻家庭、劳动争议等纠纷多发
的行业、专业领域设立人民调解组织，派驻专职人民调解员。
珠海市的创新探索取得了较好成效，人民调解员素质得到提
高，调解案件数量和质量大幅度提升。最后，本文对进一步
加强保障机制、建立大调解格局、规范管理、开展"互联
网+"人民调解等提出了工作展望。

关键词： 人民调解　枫桥经验　大调解工作格局

一　人民调解员队伍建设的背景

人民调解作为《宪法》规定的一项中国特色的社会主义法律制度，植
根于"定分止争"的中国传统文化，是中国公共法律服务体系的重要组成
部分，在矛盾纠纷多元化解机制中发挥着基础性作用，是"维护基层社会

---

* 课题组负责人：李秉勇，时任珠海市司法局党组书记、局长。课题组成员：邱东红、管会珩、
苏莉莉、冯朗。执笔人：苏莉莉，珠海市司法局基层科科长。

稳定的第一道防线",西方国家也往往将之称为"东方经验"。

人民调解员是人民调解工作的具体承担者,扎根基层,想方设法将民间纠纷化解在萌芽状态,为维护基层社会的和谐稳定作出了积极贡献,是开展社会治安综合治理、维护社会稳定的一支重要力量。因此,加强人民调解员队伍建设,建立一支职业化专业化队伍,对于提高人民调解工作质量和效果,营造全社会共建共治共享的社会治理格局,实现国家治理体系与治理能力现代化具有重要意义。

站在新的历史起点,珠海市各级党委政府坚持以习近平新时代中国特色社会主义思想为指引,以党的十九大指明的道路为前进方向,弘扬以人民为中心的发展理念,秉承"敢为人先、敢闯敢试"的特区精神,在实践中创新发展枫桥经验,从源头上防范、化解基层矛盾纠纷,在工作保障、规范管理、网络布局等方面不断探索人民调解的新模式,逐步建立起一支专兼结合、优势互补的高素质人民调解员队伍,用心把珠海市的人民调解工作打造成新时代实现共建共治共享社会治理新格局的典范,具有较强的可复制性。

二 开展珠海特色实践的必要性

(一)传统调解模式制约了人民调解工作的创新发展

《人民调解委员会组织条例》(1989年6月17日国务院令第37号)规定,人民调解委员会是村民委员会、居民委员会下设的群众性组织。传统模式的人民调解员一般由村(居)委会成员兼任。实践证明,兼职人民调解员在开展工作中有一定优势,如熟悉辖区(单位)情况、阅历丰富、经验充足、有一定的威信等。随着社会需求的不断增加,人民调解工作也不断发展,人民调解组织网络不断延伸,逐步向镇(街)、行政部门、企事业单位、行业组织等领域发展,人民调解员也由清一色的"居委会大妈"扩展到镇(街)、村(居)委会干部,企事业单位、行业组织员工。但作为传统模式的兼职人民调解员制度仍存在以下不足:一是村（居）委会"两委"干部每三年换届一次，村（居）调委会的调解员通常由"两委"干部兼任，变动频繁，工作缺乏延续性；二是村（居）委会调解员年龄偏高、文化层次偏低的情况较为普遍，人民调解规范化、信息化工作落实难度相对较大；三是身兼多职，精力难以集中，多侧重于口头调解，易忽视调解文书、档案制作、协助司法确认等工作，一定程度上影响了人民调解协议效力；四是传统的人民调解委员会多数没有专门的办公地点，人民调解员身份易混淆，工作性质也易与单位内部调解、行政调解混为一谈，人民调解的群众性、自治性、中立性无法充分体现；五是对于跨区域的矛盾纠纷，村（居）委会的兼职人民调解员能力略显欠缺。

（二）时代发展给人民调解工作带来了考验和新的挑战

新形势下，随着社会经济的发展，社会利益格局不断调整变化，跨区域的重大矛盾纠纷，医疗纠纷、劳动纠纷、知识产权纠纷等专业性较强的纠纷不断增加，给传统的人民调解工作带来了考验和新的挑战。加之人民群众的法律意识逐步提高，传统的村（居）委会人民调解模式已难以满足人民群众日益增长的法律服务需求。

党的十九大强调："我们要加强预防和化解社会矛盾机制建设，正确处理人民内部矛盾。"习近平总书记多次对司法行政、人民调解工作作出重要指示，为各级司法行政部门拓展人民调解领域、加强人民调解员队伍建设指明了方向。随着中国特色社会主义建设迈进新时代，社会主要矛盾已经转化为"人民日益增长的美好生活需要和不平衡不充分的发展之间的矛盾"，人民对生活提出更高要求的同时，在民主、法治、安全、公平、正义等方面的需求也日益增长。2010 年颁布的《人民调解法》是目前国家最高层面的人民调解立法，对人民调解和调解员队伍建设提出了新的更高要求。

（三）专职人民调解员队伍的工作优势明显

中国全面推进依法治国方略，将多元化纠纷解决机制作为一项改革任务，要求对传统工作进行"升级创新"。我们经过充分调研，认为建立专职人民调解员队伍优势明显，对多元化纠纷解决机制的构建必将起到重要作用。

一是身份明确。镇（街）调委会、行业性专业性调委会、派驻到各单位的人民调解工作室都聘请了专职人民调解员，上岗时佩戴人民调解员工作证、人民调解徽，与各单位工作人员主持的内部调解、行政调解、诉讼调解有明显区分，可凸显人民调解的人民性和群众性。

二是便于管理。专职人民调解员多由管理部门在社会上公开招聘，对学历、专业、经历、年龄等往往有更高的要求，专业化程度更高，具有更强的岗位归属感、职业荣誉感，也更有利于主管部门开展岗前培训、年度培训、日常督导。

三是职责明确。专职人民调解员以调解为主业，在矛盾纠纷处置中，能更系统地提供排查、研判、预警、调解、普法、归档、回访、信息材料报送等"一条龙"服务，达到预警在先、预防在前、教育引导的作用。相应的信息化、规范化工作也更到位。

四是优势互补。专职人员的职业性、专业性与兼职人员的工作阅历、辖区威信相互补充、相得益彰，能更好地发挥作用。

三　具体措施

（一）珠海人民调解员职业化发展路径

珠海市积极探索人民调解工作创新发展，提出专兼结合、以专为主的人民调解工作新模式，走人民调解队伍职业化、专业化建设的路子。

2006年，通过层层选拔，公开选聘首批24名高素质的专职人民调解员，派驻到8个公安派出所人民调解工作室开展驻所调解试点，当年人民调解案件数量剧增，基层派出所"案多人少"的矛盾得到一定程度的缓解，驻所调解模式深受群众欢迎。

2007年，派驻专职人民调解员工作陆续向全市各个镇（街）调委会、

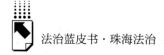

公安派出所、基层法院（法庭）全面铺开。

2008 年，珠海市实现在全市的 24 个镇（街）调委会设置专职人民调解员岗位，并向全市的 40 个派出所、6 个基层法院（法庭）派驻专职人民调解员，实现专职队伍全覆盖。当年在镇街调委会工作的专职调解员 72 人，向派出所、法庭派驻专职人民调解员 122 人。

2011 年，珠海市成立市级医疗纠纷人民调解委员会，近年来逐步成立各级交通事故纠纷人民调解委员会、劳动纠纷人民调解委员会、婚姻家庭纠纷人民调解委员会等行业性专业性人民调解组织。涉及领域不断拓展，专职人民调解员队伍也随之不断发展。

2018 年，珠海开始在条件成熟地区试行村（社区）专职人民调解员制度，村（居）委会聘用专职人民调解员综合承担人民调解、综治维稳、治保安全等职责，将专职人民调解员的优势进一步向基层延伸。目前，高新区 8 名专职人民调解员进入村居开展工作。

到 2018 年底，全市已聘用专职人民调解员 249 名，分布在全市各区、镇（街）公共法律服务平台，全市各公安派出所、基层法院（法庭），以及医疗、婚姻家庭、劳动争议、交通事故等行业建立的人民调解组织。

（二）明确人民调解员队伍保障措施

一是立法先行。珠海享有特区立法权，理应在先行先试中走出新的路子，将珠海市在人民调解工作中的创新经验固化下来。2008 年，珠海市使用特区立法权，在全国地级市中率先就人民调解工作立法，出台了《珠海经济特区人民调解条例》，明确镇（街道）人民调解委员会设立专职人民调解员，并给予经费保障，为人民调解工作的创新发展提供了有力支撑，珠海市的人民调解工作特别是专职人民调解员队伍建设由此走上法制化、规范化路子。

二是机制保障。2006 年 6 月，珠海市委、市政府出台《关于加强我市人民调解工作的意见》（珠字〔2006〕13 号），率先提出采用聘用方式，择优选聘具有一定政治文化素质、群众威信较高、年富力强并热心人民调解工作的人员担任专职人民调解员；明确在公安派出所设立调解室，配备专职人民调解员。市委办、市府办又出台了《关于建立和完善以三大调解为重点的社会矛盾纠纷调解工作体系的意见》（珠办发〔2007〕10号），市财政局、市司法局联合印发《关于落实我市人民调解工作经费的通知》（珠财行〔2006〕15号），对珠海市健全和发展多种形式的人民调解组织网络、建立一支专职人民调解员队伍、推进人民调解规范化建设，以及经费保障等实际问题作了详细规定，成为珠海市创新开拓人民调解工作的有效依据。

三是多方协力。2006年开始，珠海市司法局分别与市公安局、市中级人民法院制定了联席会议制度，明确了矛盾纠纷受理、分流的具体工作流程，联合制定了案件移交、委托调解、邀请调解等机制制度。按照这些机制，驻派出所的人民调解工作室可直接受理民间纠纷，也可受公安机关的委托，对治安案件和刑事和解案件民事赔偿部分进行调解；驻法院（法庭）人民调解工作室可受理法院诉前移送、诉中委托的案件；人民调解员也可受邀参与法院主持的调解。此模式大大拓展了人民调解的阵地，有效实现了人民调解、行政调解、司法调解的"无缝衔接"，分担了基层公安干警的非警务压力，减轻了各级信访维稳工作压力，降低了司法诉讼成本。

珠海这一创新做法得到省司法厅的高度肯定。2007年，全省人民调解工作现场会在珠海召开，珠海市聘请专职人民调解员，实现人民调解、行政调解、诉讼调解有机衔接的工作机制被总结为"珠海模式"向全省推广。至2018年末，全市驻派出所和各基层法院（法庭）人民调解工作室受理案件数约占全市人民调解案件总数的60%。

四是财政保障。开展"以案定补"是2018年全省落实民生实事的具体要求，珠海市于2006年就落实了人民调解"以案定补"制度。除领取固定工资外，专职、兼职人民调解员在调解成功案件后，均可凭据人民调解协议书享受市、区两级财政额外支付的案件补贴。这一做法调动了人民调解员的工作主动性和积极性，近年来"以案定补"的数额逐步提升。

（三）规范管理，打造一支业务过硬的专职队伍

一是严把素质关，体现队伍专业优势。其一，明确专职人民调解员准入机制，通过统一、规范的招聘程序，在社会上公开招聘有学历、高层次的人才担任专职人民调解员，保证了较高的准入门槛和人员素质。其二，严格培训。实行市、区、镇（街）"三级培训"制，分别采用岗前培训、年度办班、交流学习、专题讲座、案例研讨等形式加强对全体人民调解员的岗前培训和继续教育，不断提高专职人民调解员的业务能力、综合素质，确保人民调解工作质量和效果。

二是管理规范化，健全工作长效机制。职业化更便于对人民调解员的规范管理，珠海市目前每个镇（街）调委会平均拥有 10 名专职人民调解员。其中镇（街）调解中心不少于 3 名，辖区每个行业性专业性调委会以及派驻的公安派出所、基层法院（法庭）人民调解工作室，根据工作量各安排 1~4 名专职人民调解员。各级人民调解组织成立以来陆续建立了完善的人员管理、工作例会、学习培训、年度考核、业务档案等管理制度，建立起一整套基层矛盾纠纷排查研判、责任包干、调处化解机制，以及重大、复杂疑难纠纷联合调解、重大矛盾纠纷信息上报、防激化等工作制度。

当前，为顺应社会管理体制改革的新要求，一些区（功能区）已在试行新的专职人民调解员管理制度。目前香洲区试行将专职人民调解员纳入社会工作者统一管理，建立完善的薪酬体系和岗位等级，明确了岗位晋升和职业发展前景；横琴区将专职人民调解员纳入政务服务人员统一管理，按照不同的工作能力及工作表现，对专职人民调解员进行定薪、晋升、考核。

（四）开拓专业领域，打造专职人民调解工作品牌

第一，医疗纠纷人民调解专业化程度高。2011 年 12 月，珠海市医疗纠纷人民调解委员会（以下简称"市医调委"）正式挂牌运作。考虑到医疗纠纷调解工作的专业性，市司法局在市医调委成立之初，与卫计局联合向社会公开招聘了 10 名专职人民调解员，分别具备医学、法学、心理学知识，或

拥有丰富的人民调解工作经验。市医调委逐步建立起重大案件分析研判、疑难案件联合调解、调解信息反馈沟通机制，并与法院建立医疗纠纷案件人民调解前置和案件移送、委托机制；与市律协建立培训、研讨学习机制；与北师大珠海分校法律与行政学院、上海政法学院法律学院建立教、学、研机制等。至2018年12月，市医调委共接待医疗投诉1006宗，立案受理686宗（其中患者死亡案件150宗、家属有过激行为的148宗），调解成功636件，调解成功率92.7%，应急现场处置106起，并息闹罢诉56宗。多年来调解协议履行率均为100%，有效实现"案结事了"。市医调委因其专业、高效、免费，逐步成为珠海市医疗纠纷化解的首选方式。多次受到部、省、市领导的高度评价，深受医患双方当事人的认可。市医调委近年来共收到当事人致送的锦旗、表扬信45次，并于2014年荣立集体二等功，获得全国模范人民调解委员会称号。

第二，是劳动争议人民调解组织为弱者维权。劳动争议特别容易演变为群体性事件，珠海市各级司法行政部门和人社部门携手，与劳动仲裁、劳动监察等加强协作，充分发挥人民调解"队伍专业、申请便捷、程序简便、不收费"的优势，建立行业性人民调解网络，为企业和劳动者提供咨询、排查、调解、追踪等一站式法律服务，实现劳动争议案件的"快立快结"。目前珠海市4个区（功能区）、3个镇（街道）均建立了区域性的劳动争议人民调解组织，并聘请专职人民调解员开展工作，预防和化解了大量工伤、欠薪、劳动争议案件。

第三，婚姻家庭纠纷人民调解创新工作思路。2017年，市妇联、市综治办、市司法局联合开展婚姻家庭纠纷人民调解工作。年底实现市、区两级婚姻家庭纠纷人民调解委员会（以下简称"婚调委"）全覆盖，各级婚调委创新性地采用购买社会组织专业服务、专职人员做家庭"和事佬"的方式开展调解工作。鉴于婚姻家庭纠纷的特殊性，各婚调委还采用出台"婚姻家庭纠纷案件隐私保护机制"，开展入户调解，聘请心理咨询师、婚姻咨询师、律师等专业人士参与纠纷化解等，创新工作方式，务求婚姻家庭纠纷化小、化了，不升级、不激化。2018年全市各级人民调解委员会共调解婚姻

家庭纠纷、感情纠纷 444 宗，成功率达 97%。

第四，人民调解组织网络覆盖面不断扩大。近十年来，珠海市各级司法行政部门陆续与信访、交警、人民银行、住规建等涉及民间纠纷较多的部门加强联系协调，在行业性专业性人民调解组织的建设、管理上达成共识，陆续在信访、交通、物业、金融、物流等多领域设立人民调解组织，发挥人民调解优势，共同排查、化解基层矛盾纠纷。

四　主要成效

（一）人民调解案件数量和调解成功率大幅度攀升

珠海市在探索建立一支职业化专业化的人民调解员队伍方面成效显著。2006 年全市人民调解案件成功数仅为 1756 件，调解成功率为 83%；当年底开展专职人民调解员试点工作以后，次年案件量就大幅上升到 4508 件，调解成功率为 89%，调解案件数是上一年度的 2.57 倍。随着专职人民调解员队伍的不断扩大，人民调解组织机构的完善，调解案件也不断增长。2018 年达到 11219 件，是 2006 的 6.39 倍，调解员专业化程度的提升直接促进了调解质量的提高，近三年人民调解案件成功率均在 98.5% 以上。

（二）专职人民调解员经办案件占绝对多数

到 2018 年底，珠海市共有人民调解员 2585 人（其中专职调解员 249 人），专职人民调解员以不足一成的人员调解了全市超过七成的案件，作用十分明显。以 2017 年为例，全市人民调解组织共受理各类矛盾纠纷 10586 件，专职人民调解员参与调处化解 8072 件，占比 76.3%。人民调解阵地的拓展，组织网络的完善，尤其是人民调解员队伍的职业化、专业化，使人民调解与行政调解、司法调解实现"无缝衔接"，大大提高了非诉讼化解民间纠纷的数量，也减轻了公安派出所的非警务压力，以及各级信访维稳机构、法院、行政机关的化解纠纷压力，降低了司法诉讼成本，减少群众诉累。

（三）专职人民调解员工作保障有所加强

珠海市专职人民调解员队伍素质高、发挥作用明显，由于工作成绩突出，专职人民调解员已纳入全市九大类社会管理协管员技术辅助一类管理，享受财政最高津贴。

五　未来展望

近年来，习近平总书记对创新发展"枫桥经验"作出了重要指示，要求各级党委、政府要充分认识"枫桥经验"的重大意义。发动和依靠群众，建立专职人民调解员队伍，发挥人民调解快捷、灵活的优势化解基层矛盾纠纷，力争小事不出村（居），大事不出镇（街），矛盾不上交，将矛盾纠纷在基层实现化小、化了，正是契合创新发展"枫桥经验"的思路。

2018年3月28日，习近平同志主持召开中央全面深化改革委员会第一次会议，审议通过了《关于加强人民调解员队伍建设的意见》，提出了加强人民调解员队伍建设的重要意义、指导思想、基本原则、主要任务和组织领导。珠海市深刻理解中央在新时代对人民调解工作提出的新要求新思路，将继续增强工作责任感和使命感，努力开创珠海市人民调解工作新局面，为建立和谐、平安珠海作出贡献。

（一）落实民生实事，加强人民调解保障机制

2018年，广东省政府民生实事要求"健全社会矛盾纠纷化解机制"，明确提出要建立专职人民调解员和实施人民调解"以案定补"制度。要以此为契机，不断加强人民调解组织建设，扩大人民调解网络覆盖面；深化保障机制建设，落实"以案定补"，逐步提高人民调解员工资薪酬标准；鼓励和支持村（居）委会聘请专职人民调解员，进一步发挥人民调解在化解基层矛盾纠纷中的基础性、第一道防线作用。

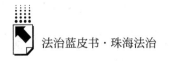

（二）加强"三调衔接"，建立大调解工作格局

继续拓展人民调解工作领域和组织网络覆盖面，将人民调解工作纳入公共法律服务均等化范畴，以司法行政部门指导，主管部门支持，社会组织、行业协会发起成立为主的方式，培育新的更多的行业性专业性人民调解组织，在进一步完善现有的医疗、交通、金融、物业、劳动争议等人民调解组织，向法庭、派出所派驻专职人民调解员的基础上，继续探索在环保、消费、商会等其他领域开展人民调解工作，共同建立工作衔接机制，实现人民调解、行政调解、司法调解"三调衔接"，建立全社会的大调解工作格局。

（三）规范职业管理，探索创新管理模式

根据矛盾纠纷的行业、专业特点，提高选聘专职人民调解员的门槛；加大培训力度，鼓励现有的专职人民调解员考取社工师资格及各类专业资格、行业职称，走专业化的路子；加强政府购买服务力度，将专职人民调解员从原来的司法行政部门自行招聘、自己管理转变为向第三方组织购买服务，司法行政部门从"管人"向"管事"转变；不断探索专职人民调解员管理的新模式，发挥目前管理改革试点区的经验，以香洲区、横琴新区等为试点，建立专职人民调解员完善的薪酬体系和岗位等级，明确岗位晋升和职业发展前景，对专职人民调解员的晋升、考核、定薪进行规范。提供职业发展前景，使专业人才在人民调解员队伍进得来、留得住、干得好。

（四）完善退出机制，保持人民调解员队伍活力

公平、公正永远是人民调解的底线，人民调解员调解民间纠纷，必须坚持原则、主持公道、明法析理，时刻保持人民调解的第三方中立地位。《人民调解法》已对偏袒或侮辱当事人，违法索取收受财物或牟取其他不正当利益，以及泄露当事人隐私、商业秘密的人民调解员明确了批评教育、责令

改正，乃至解聘的处罚措施。我们必须贯彻落实《人民调解法》，完善人民调解员准入、退出机制，才能更好地提高人民调解员队伍素质，保证人民调解员队伍的生机活力。

（五）发展"互联网＋"人民调解服务

将人民调解纳入公共法律服务体系，在完善现有组织机构的基础上，充分利用网络、热线、公共法律服务中心（站、室）等有效载体，实现人民调解工作的"线上30秒、线下30分"，矛盾纠纷就地、尽快解决。通过人民调解大数据的收集与运用，进一步实现"便民、利民、和民"。市医调委、市婚调委目前都在试行通过有线电视接入家庭，实现群众足不出户就能网上咨询、远程调解，对行动不便或路途遥远的当事人来说无疑提供了极大的方便。香洲区法院目前也在试行网上立案，人民调解委员会对于签订的人民调解协议书，可以通过网络现场协助当事人申请司法确认，进一步提高调解协议书的法律效力。

人民调解是推进基层社会治理法治化进程的重要力量，人民调解员不仅要依法调解，而且要在调解过程中"以案说法"，"调解一宗教育一片"，通过调解广泛宣传社会主义法治理念、弘扬社会主义核心价值观，引导人民群众日常尊法学法守法用法，共同营造办事依法、遇事找法、解决问题用法、化解矛盾靠法的法治氛围。2018年以来，珠海市委政法委围绕"在营造共治共享的社会治理格局上走在全国前列"的新目标进行谋划部署，积极对标先进、梳理短板、改革创新，研究起草了《营造共治共享的社会治理格局　打造新时代"枫桥经验"珠海版行动方案》，对珠海实现"二次创业"提出了新要求新目标。我们一定要紧紧围绕市委中心工作，坚持发扬好的做法、总结先进经验，努力使新时期的人民调解工作再上一个台阶，着力打造一支强有力的专职人民调解员队伍，为珠海市营造共建共治共享社会治理格局走在全国前列作出应有的贡献。

B.30
公共法律服务体系建设的实践与思考

珠海市司法局课题组*

摘　要：　提升公共法律服务体系建设水平，是适应新时代社会主要矛盾变化新形势的新要求，是今后一个时期协调推进司法行政各项工作的总揽。珠海从2014年开始积极推进四级实体平台建设，以村居法律顾问工作为推手，努力实现服务平台与服务资源对接，全力满足珠海发展的法律服务需求，于2015年在全省率先实现区、镇（街道）、村（社区）三级法律服务实体平台全覆盖，初步形成"公共法律服务网"，有效解决了服务群众"最后一公里"的问题，全市公共法律服务咨询热度位居全省前列。未来，以镇（街）为重点，探索赋予更多平台功能，打造"半小时公共法律服务圈"，推动平台功能升级，打造高端公共法律服务产品"孵化器"，提升珠海公共法律服务核心竞争力。

关键词：　司法行政　公共法律服务　村居法律顾问

一　珠海公共法律服务体系建设背景

公共法律服务是政府公共服务体系的重要组成部分，是全面依法治国的

---

* 课题组负责人：李秉勇，时任珠海市司法局党组书记、局长。课题组成员：邱东红、管会珩、苏莉莉、冯朗。执笔人：冯朗，时任珠海市司法局基层科副科长。

基础性、服务性和保障性工作，是司法行政机关的基本职责。党中央、国务院高度重视公共法律服务体系建设，2014 年习近平同志对司法行政工作的重要指示中明确提出，要紧紧围绕经济社会发展的实际需要，努力做好公共法律服务体系建设。党的十八届四中全会明确提出，"推进覆盖城乡居民的公共法律服务体系建设"。司法部提出，要以公共法律服务体系建设为总抓手，统筹推进律师、公证、司法鉴定、法律援助、人民调解、监狱、戒毒、社区矫正等司法行政业务，意在把党和国家司法行政工作这个"纲"，以公共法律服务体系建设总揽起来；把司法行政统筹的各类公共法律服务作为"目"，协调综合发力，做到纲举目张。

当前，中国社会主要矛盾已经转化为人民日益增长的美好生活需要和不平衡不充分的发展之间的矛盾。人民的美好生活需求日益广泛，不仅对物质文化生活提出了更高要求，而且在民主、法治、公平、正义、安全、环境等方面的要求也日益增长。司法行政机关加强公共法律服务体系建设，根本目的是更好地满足人民群众对多层次、多领域、个性化、体现公平正义价值的公共法律服务的需求，切实增强人民群众共享全面依法治国成果的获得感、幸福感、安全感，更好地满足广大人民群众对美好生活的向往和更高要求。

二 珠海公共法律服务体系建设的主要做法

2014 年，珠海将公共法律服务体系建设列入市委常委会工作重点和政府工作报告重要内容。同年，市委政法委、市委社管部和市司法局联合印发《珠海市构建覆盖城乡的公共法律服务体系工作方案》《关于做好公共法律服务中心建设的通知》。2015 年，公共法律服务平台建设被列入珠海市"十项民生实事"、珠海"十三五"规划和基本公共服务均等化规划纲要，"公共法律服务工作覆盖率"被纳入各区党政领导班子和全市综治工作（平安建设）考核指标。2017 年，珠海市司法局分别成立公共法律服务工作领导小组和公共法律服务三平台建设管理工作专班，统筹四级公共法律服务实体平台升级改造，推动全市公共法律服务工作协调和可持续发展。

（一）全面建设四级实体平台，为群众提供普惠均等、一站式的基本公共法律服务

第一，建设综合性市级公共法律服务中心。市公共法律服务中心依托原市法律援助服务大厅重新规划建设，设办公区、服务区和等候区三个区域。办公区设置办公室、档案资料室；服务区为半开放式服务大厅，安装排叫号机电子显示屏和公共法律服务触摸查询一体机等，便于导引和服务群众，同时配备接待室、隐私会见室、调解室，便于开展深度法律服务；等候区放置分类资料架，摆放常用法治宣传资料。整个服务大厅各区域均配备监控视频摄像头，监控视频信号可同步上传广东省司法厅和司法部，实现网上远程监督管理。

第二，建设高起点的区级公共法律服务中心。各区（功能区）结合实际，多模式建立运行区级公共法律服务中心，如金湾区在西湖新城行政中心租赁766平方米办公用房，建成广东省首家区级标准化公共法律服务中心，于2014年8月20日正式运作。香洲区、斗门区利用司法行政大楼服务大厅，升级改造成区公共法律服务中心。横琴新区将原镇综治信访维稳中心直接更名为"横琴新区公共法律服务中心"，中心集合了港澳中心企业法律服务中心、海上丝绸之路法律服务基地、珠港澳商事争议联合调解中心，并通过前台集中受理、现场快速分流、专业引导对接、专人跟进服务等模式，确保企业、市民一站式解决问题、化解矛盾、消除纠纷。区级公共法律服务中心均在窗口开设律师、公证、法律援助、人民调解、法治宣传、社区矫正等全部基层司法行政业务，实现"一站式"办理。

第三，建设规范化的镇（街）公共法律服务工作站。镇（街）是矛盾纠纷的聚集地，在此建设好公共法律服务实体平台并提供专业服务具有重要意义，可以说，公共法律服务工作站是珠海四级实体平台建设的重点。目前各镇（街）平均配备13名专职工作人员，采用以下三种工作模式。一是重新安排新址或重新规划原办公用房，按照规范化标准建设实体平台，如斗门区白蕉镇、斗门镇、白藤街道，高新区唐家湾镇，高栏港区平沙镇等；二是

依托司法所建设，在司法所增加对外服务窗口，如香洲区的翠香街道、香湾街道、吉大街道，斗门区的乾务镇、莲洲镇等；三是依托镇（街）综治信访中心，加挂公共法律服务站标牌标识，设置司法行政业务服务台，实现综治信访维稳与公共法律服务同步对接，如香洲区的大部分镇（街）、斗门区的井岸镇以及3个海岛镇。通过公共法律服务工作站的建设，镇、街道公共法律服务群众的工作阵地、服务内容和整体形象得到较大提升。

第四，组建村（社区）公共法律服务工作室。重点整合原有工作阵地，在村居委会设置公共法律服务窗口。整合资源，与原人民调解室、村居法律顾问工作室共享后台。斗门区、金湾区、高新区均下拨专项经费用于村（社区）公共法律服务工作室建设，制定统一的上墙制度配发安装到各村和社区。

（二）努力实现服务平台①与服务资源对接，突破公共法律服务"供给侧"瓶颈，不断推动平台服务质量提升

第一，搭建专业后台，提供"三位一体"②法律服务平台支撑。一是有效整合市、区两级司法行政资源，为镇（街）公共法律服务工作站、村（社区）公共法律服务工作室提供后备力量和专业支撑。二是公益与市场双轮驱动，建立健全律师协会专业法律服务小组，为公共法律服务中的重点难题解决提供后台支撑。三是引导社会力量参与法律服务提供，成立了全市4所高校近200名法律系师生参与的法律服务志愿者队伍。

第二，突破传统思维，形成"以社会服务为主、行政服务为辅"的法律服务供给模式。一是公共法律服务中心窗口购买律师法律服务。全市所有市、区级公共法律服务中心每日均安排执业律师提供服务，全部镇（街）公共法律服务工作站每周均安排执业律师定期提供服务。二是公益与市场相结合，解决村居法律顾问服务经费问题。全市319个村（社区）实现执业

---

① 指公共法律服务平台，包括实体平台、网络平台和热线平台。
② 指法律服务集无偿、公益、有偿三方面于一体。

律师担任法律顾问全覆盖，每村（居）不低于1.5万元支付法律顾问经济补贴。此外，每年市、区财政额外配套村（社区）法律顾问案件补贴。

第三，完善信息平台，延伸信息网络和拓宽服务空间。市区两级司法局与司法所和各村（社区）均实现政法网、互联网工作系统的互联互通，线上提供全市四级公共法律服务机构信息和一村（社区）一法律顾问信息，群众可自助查询并就近寻求法律帮助。四级公共法律服务实体平台全部对接广东省司法厅"广东法律服务网""12348公共法律服务热线"，高新区上线公共法律服务App操作系统，实现全天候线上提供公共法律服务。

（三）以公共法律服务体系建设为契机，不断深化改革创新，积极营造珠海国际化、法治化的营商环境及和谐稳定的社会环境

第一，全力配合珠海核心发展战略。紧贴市委创新驱动核心发展战略，主动服务"大众创业、万众创新"，在香洲区南屏镇V12文化创意园建立"大众创业 万众创新V12法律服务站"，为园区管委会、小微企业、自主创业人员提供"一站式"法律服务。组建"蓝色珠海高层次人才计划"律师服务团，实现与珠海市高层次人才创新创业扶持的无缝对接。

第二，着力提升横琴新区法治化建设水平。落实CEPA框架协议，创新管理体制，积极为横琴引进高端法律服务机构和律师人才，促成三地律师事务所联营，打造国内首家粤港澳合伙联营律师事务所。组建"服务横琴自贸试验区建设法律服务团"，及时帮助横琴新区解决自贸试验区建设中遇到的重大法律难题。加快公证管理体制改革，创新服务模式，拓展公证业务领域，在横琴新区试点成立"公益三类、自收自支"模式的公证机构。

第三，创造和谐稳定发展环境。香洲区、金湾区、斗门区创建"全国法治先进县区"全部达标，一批法治文化主题公园等法治宣传教育基地投入使用。建立律师参与市政府信访工作联动机制，执业律师每周接访2次。组建工会法律志愿服务律师团，驻点承接职工法律咨询。深化法律援助制度改革，法律援助审批权在全省率先直接下放镇（街）公共法律服务工作站，2018年珠海市共办理法律援助案件3072件，同比增长14.6%。

三 深入推进公共法律服务体系建设的亮点工程

（一）夯实公共法律服务基础，提升基层社会治理法治化水平

一是借改革之"势"，创新基层依法治理方式。充分利用广东省赋予的社会治理创新试点城市的政策优势，因地制宜积极探索基层社会治理创新。2009 年，以 9 个律所党支部与 9 个社区结对开展"律师公益服务进社区"活动为试点，形成律师以独立第三方身份参与基层社会治理新模式的示范带动效应。通过试点先行、分步实施、部门联动的工作思路和举措，2013 年实现全市村居法律顾问全覆盖，将依法治理延伸到社会末梢，建立"法治主题、部门主抓、村（居）主体、律师主力"工作机制。截至 2018 年底，共有 27 家律师事务所的 174 名律师担任全市 319 个村（居）的法律顾问。

二是借律师之"智"，筑牢基层和谐稳定基础。市政府将律师队伍作为加强基层治理、推进幸福村居建设的中坚力量。一方面，村居法律顾问针对村（居）热点难点问题开展法治宣传，预防和调处矛盾纠纷，维护群众合法权益，跟踪提供法律服务，在潜移默化中筑牢幸福村居的法治基础。另一方面，充分调动律师力量，服务见证村（居）"两委"换届选举，审查修改村规民约，为村（居）重大决策提供法律意见，增强基层干部依法办事的能力，促进基层组织将法治思维和法治方式融入村（社区）内部公共事务管理的各个方面。

三是借法律之"力"，推动基层治理向纵深发展。坚持法治惠民，通过政府购买服务，执业律师整体进驻市、区、镇（街）、村（社区）公共法律服务实体平台，"点—线—面"相结合着力解决服务群众"最后一公里"问题。组建征地拆迁、林地土地转让、股份制改造等 11 个法律服务专业小组，为基层党委政府依法治理提供专业法律意见。

（二）探索开展精准式公共法律服务，推进共建共治共享基层社会治理格局

第一，问题导向，为重点村居量身定做法律专家团队。近年来，部分村（居）历史遗留问题经年难以解决，部分群众经常以群体性事件的方式来表达诉求，有些问题直接侵害了群众的权益，直接影响了群众获得感、幸福感，同时也影响了珠海市的社会稳定和营商环境。市司法局坚持问题导向，面向基层、服务群众，坚持以人民群众利益为中心，运用法治思维和方式，以立足解决问题、促进基层依法治理为出发点，以彻底解决问题为落脚点，联合市委组织部、市委政法委、市公安局、市民政局和市律师协会等部门共同制定《重点村居法律顾问服务试点工作方案》，每批次筛选出 10 个党组织软弱涣散、重大矛盾纠纷引发群体性事件较多、法律服务需求较强的问题村（居）。各区提出重点村（居）法律服务需求"订单"，给予专项资金补贴。市律师协会及各法律服务专业小组根据各村（居）存在的历史遗留问题类型，发动并吸引全市律师服务团队报名竞逐，择优组建村居专业法律顾问团队。

第二，望闻问切，为解决重点村（居）法律问题精细"把脉"。市、区司法局领导带领市律协专业委员会、各重点村（居）法律顾问团队通过建立村（居）法律服务工作微信群、进村入户走访调研收集证据等方法，与村（居）"两委"干部、村（居）民等面对面交流。通过分别调取相关工商登记、司法鉴定全套资料等多种方式，摸清问题所在，帮助村（居）进一步厘清法律、政策、历史等不同层面问题，分门别类做好整理工作，使得"重点问题"把握准确，积极协助属地党委政府列明重点村（居）法律服务需求清单。

第三，法律会诊，对症重点疑难问题开出法律"药方"。各重点村（居）法律顾问以团队为单位，采取"专家集体会诊"的方式，邀请村（居）委会、镇（街）领导、各相关职能部门召开重大法律问题集体讨论会，专题研究重点疑难问题及具体法律案件，着重针对重大经济合同、重要

决策等进行全面的审查把关，针对重大矛盾纠纷出具各种法律意见，为各重点村（居）疑难问题的依法解决奠定了牢固基础。

第四，科学引导，积极协助重点村（居）"治本"化解问题。各法律顾问团队一是做好以案释法，把关乡规民约。加强对群众的宣传、解释、说服工作，同时对乡规民约进行审查把关，引导村居民在法治的框架下解决问题。二是注重法律服务实效。出具重大法律意见前，加强与辖区党委政府沟通，听取党委、政府的要求和相关部门的意见建议，协助村（居）按照村（居）民自治的法定程序和乡规民约充分听取群众意见，做好法律解释工作，回答群众关注和关心的问题，协助村（居）民大会（代表大会）履行法定程序，做到法律意见不成熟不出、重要时间节点不出，确保法律意见管用有效和社会面稳定。三是保和谐促稳定，协助规范依法自治。围绕换届选举、重大事项决策，特别防护期等重要节点提供法律服务和出具法律意见，确保重点村（居）和谐稳定。

第五，履行责任，地方党委政府助力依法解决矛盾纠纷。珠海市、区、镇三级党委政府高度重视重点村（居）法律顾问服务工作。市、区领导亲自牵头成立解决历史遗留问题专案组，定期召集成员单位研究重点村居问题，各镇（街）党政领导经常听取法律顾问团队的情况汇报，对相关部门提出要求，为重点村（居）法律顾问工作有效开展提供了大力支持。

（三）聚焦矛盾隐患源头防范，为基层审核把关提供公共法律服务

第一，聚焦矛盾隐患，率先建立审核把关机制。村（居）"两委"依法决策、依法自治是减少农村、社区建设法律风险的关键，也是杜绝基层村居产生"黑恶"势力的基础。为营造基层依法治理法治氛围、有效预防基层治理方式不当引发的重大矛盾纠纷，珠海市于2016年借助一村（社区）一法律顾问工作启动早、措施实、覆盖全的优势，由市委组织部、市公安局、市民政局、市司法局等六部门联合印发《关于深入推进"法律顾问进村居"工作的实施意见》，建立村居重大事项法律顾问审核把关机制，要求村（居）"两委"工作中涉及村（居）民切身利益的重大事项，包括制定或修改村（居）规民

约、村（居）"两委"换届、收入分配方案、征地拆迁补偿、土地款使用方案，土地、鱼塘、果林、厂房出租、发包等各类经济合同以及其他需要法律顾问审查把关的事项，决策、表决前要咨询村（居）法律顾问的法律意见。

第二，审核把关前置，促进村（居）决策依法科学。为使村居法律顾问的审核把关真正发挥效用，珠海将村（居）法律顾问的审核意见作为上报三资交易平台的前置条件，明确要求村居重大事项上报三资交易平台时，应同时提交法律顾问审核意见，未出具明确意见的三资交易平台应及时予以纠正。香洲区规定社区股份合作公司就重大事项上报三资交易平台时，应向社区集体经济管理中心出具村（居）法律顾问或股份公司法律顾问的审核意见。斗门区以农村土地承（发）包纠纷问题为重点，对土地承（发）包方案、合同、表决等的审核把关以及进入三资交易平台进行了具体规范，通过建立机制，从源头上预防和解决涉及农村土地承（发）包纠纷问题。

第三，律师参与自治，共建共治共享初见成效。村居重大事项审核把关机制建立以来，全市319个村、社区的法律顾问积极参与村居"两委"工作，列席决策会议，认真为村（居）重大事项审核出具法律意见，较好地协助基层防控法律风险，预防矛盾隐患，取得了明显的工作成效。金湾区红旗镇某村拟启动旧城改造城市更新项目，涉及用地342.62亩，投资近10亿元，村（居）法律顾问根据审核把关机制，对原合同中的项目更新手续、开发商选定程序、双方权利义务、村民代表大会表决的程序及要求、违约风险等方面提出了修改建议，避免日后在履行过程中可能出现的分歧和争议。斗门区井岸镇某村经济合作联社2018年初拟进行股份制改造，村（居）法律顾问积极参与自治章程等制度规范的制定、修改，对经济联社社员的相关资格、家庭情况及股民身份、股民分红资格进行了摸底调查，对联社章程中不适当的条款进行删改，共修改、新增了9个条款，为村重大决策提供了法律支撑和保障。

据统计，截至2018年底，珠海各村居法律顾问共为村（居）重大事项出具法律意见1872件（次），涉及金额38.5亿元。其中，审核收入分配方案41件（次），审核征地拆迁补偿方案10件（次），审核土地、鱼塘、果林、厂房出租、发包等各类经济合同903件（次），为珠海社会治理和乡村振兴提供了法治保障。

四　珠海公共法律服务体系建设成效

珠海公共法律服务平台向基层末梢深入，有效解决了服务群众"最后一公里"的问题。其中"村居重大事项法律顾问审核把关机制""重点村居'精准式'法律顾问服务工作""法援案件审批权下放到公共法律服务工作站"等创新举措，在法治框架下有效地预防和化解了基层矛盾纠纷，一批重大、疑难的矛盾纠纷得到依法解决，为助力珠海市基层治理法治化作出了积极贡献。

2018年，全市各级公共法律服务实体平台和人民调解组织共调解各类矛盾纠纷11294件，调解成功率99.3%。各镇（街）公共法律服务站为当地党委政府提供法律建议818件，采纳794件，将各类社会矛盾纠纷化解在基层、解决在萌芽状态。截至2018年底，珠海全市各公共法律服务中心、公证处、司法鉴定机构等法律服务机构通过网络平台平均每日为办事群众提供预约号源20个。平均每天约有8名律师、公证员、人民调解员、司法鉴定人员等社会法律服务人员通过网络平台实时为群众提供法律咨询和服务，上线率和服务质量位于广东各地市前列。

2018年，广东省司法厅公布4月和6月全省各地市公共法律服务咨询热度表，珠海市每万人咨询服务热度（法律咨询总量/常住人口数）指数分别为37.82和43.4，位列广东省第一。

五　深入推进公共法律服务体系建设的经验启示

（一）镇（街）是公共法律服务建设的主要阵地

公共法律服务体系建设是司法行政工作整合资源的重要契机，而镇

（街）实体平台又是"矛盾就地化解"的重要载体，因此公共法律服务体系建设工作成功与否，关键要看镇（街）的实体平台建设。珠海市斗门镇、白藤街道、唐家湾镇和平沙镇等争取当地党委、政府的重视支持，重新选址或重新规划，按照规范化标准建设实体平台。横琴新区将原镇综治信访维稳中心改造升级后更名为"横琴新区公共法律服务中心"，基层司法行政服务窗口以全新的面貌、"一站式"的服务方式，"脱胎换骨"地展示在基层群众面前，实现了工作平台的优化升级。

（二）优化律师服务供给是公共法律服务建设的重要环节

在公益加市场的基础上，积极结合行业运行规律优化律师服务供给。一是充分发挥律师协会的行业指引和律师党组织的示范引领作用。引导市律协成立"公共与公益法律工作委员会"，建立信息共享机制，共同开展公共法律服务建设。例如，指导律协起草村居法律顾问案件补贴实施意见，制定重点村居法律顾问服务工作指引，重新调整组建成立村居历史遗留问题等11个法律服务专业小组。二是充分发挥制度设计的导向作用。市、区、镇（街）三级政府法律顾问的选聘及各类律师评先评优，均以担任过村居法律顾问或参与过公共法律服务为优先条件。此举既让优秀的村居法律顾问参与更多更重要的公共法律服务，同时有效避免律师承担过重的公益服务，解决了专业律师进驻镇（街）和村（社区）后持续发挥作用的问题，受到广大律师的欢迎。在首批重点村居法律顾问公开招募工作中，全市共吸引了21个律师服务团队报名竞逐。

（三）整合优化和无缝链接是公共法律服务体系建设的重要手段

通过近三年的实体平台建设，珠海市各公共法律服务中心实现从"治小病"到"治大病"再到"病后康复"及"治未病"的全流程服务，矛盾纠纷从化解到预防，基本实现"小事不出村（社区），大事不出镇（街道）"的服务目标。公共法律服务资源和服务项目通过整合优化和无缝链接实现了公共法律服务的效用最大化。此外，建立市、区两级法律顾问进村居工作联席会议制度、村居法律顾问与村居警官三级联系机制，积极参与幸福村居建设、"送法进学校"行动等项目，形成多方参与、共同推进的格局，促进了珠海市公共法律服务的常态化和可持续发展。

（四）供需对接是打造公共法律服务产品的重要前提

四年来，珠海针对法律服务需求，拓展服务领域，提升服务质量，增加服务弹性，在广东省率先实现法律援助案件审批权下放到基层一线，率先建立村居重大事项法律顾问审核把关机制，率先开展重点村居法律顾问服务工作，不断提升公共法律服务的实际效果。此外，通过基本公共法律服务政府"兜底"财政保障，政府购买公益法律服务和引导群众增强法律服务消费意识等方式，建设"无偿、公益、有偿"三个层次互为补充的公共法律服务体系，进一步催化法律服务供需的有效对接，实现了公共法律服务作用的最大化。

六 推进公共法律服务体系建设的思考与建议

（一）以镇（街）公共法律服务工作站为重点，打造"半小时公共法律服务圈"

以公共法律服务实体平台为统一载体，整合公证、律师、人民调解、法治宣传、社区矫正、法律援助等各项业务，打造服务经济社会发展、维护基层稳定的拳头产品。重点加强对乡镇（街道）实体平台建设的指导力度，继续鼓励各镇（街）司法所抓准机遇，积极争取地方党委政府支持，聚集公共法律服务资源，打造综合性、一站式服务型窗口和"半小时公共法律服务圈"，为群众提供优质高效的公共法律服务。

（二）探索赋予镇（街）公共法律服务平台更多功能

以横琴公共法律服务中心为试点，探索在区、镇（街）公共法律服务实体平台引入法院、检察院立案辅助技术,达到在公共法律服务平台就能实现诉讼立案的目标。探索在公共法律服务中心引进公安、检察、信访等业务的便民措施,推动镇(街)公共法律服务站成为群众接待中心、工作的督查督办中心,达到群众"进一个门、办多件事"的预期目标。

(三)推动公共法律服务平台功能升级,打造高端公共法律服务产品"孵化器"

完善公共法律服务平台与港澳法律服务平台的衔接机制。积极探索建立横琴自贸片区与澳门法律服务"直通车",推进横琴自贸片区与澳门更紧密合作,实现两地居民跨境工作生活双便利。补充完善公共法律服务平台功能,围绕推进建设粤港澳大湾区创新高地等重大发展战略,不断创新法律服务手段和方式。加强珠港澳三地法律服务业交流合作,继续扶持珠港(澳)合伙联营律师事务所发展,集中三地优势法律资源,满足横琴自贸试验区在跨境投资、跨境金融及国际知识产权法律服务等多领域的法律服务需求。借助横琴海上丝绸之路法律服务基地建设的有利契机,加大工作力度,加快涉外法律服务领军人才的引进,促成更多的优秀港澳律师与内地律师事务所合作,更好地为内地客户提供优质的法律服务,为加快横琴自贸片区法治建设、服务国家"一带一路"建设,推动内地企业"走出去"和"引进来"提供更专业的法律服务。

(四)创新产品,提升珠海公共法律服务核心竞争力

继续整合优化和无缝链接服务流程,在开展重点村居法律顾问试点成功经验的基础上,继续发挥法律服务提供者参与公共法律服务的积极性,依托珠海市律师协会和第三方专业机构针对法律服务需求进行产品研发,制定符合实际、易于推广和操作的公共法律服务产品目录,实现"订单式"服务和"菜单式"供给,确保公共法律服务"适销对路"。根据需求对提供法律服务产品的律师团队进行严格筛选和总体把关,为法律服务产品的供需双方搭建良性互动平台,深入推动政府购买法律服务规范化、制度化。

B.31

香洲区社区协商新模式

中共珠海市香洲区委政法委员会课题组 *

摘　　要： 珠海市香洲区以居民需求为导向的"议治相济"社区协商新模式，包括建立社区协商制度章程，搭建社区协商议事平台，梳理社区协商责任清单，固化社区协商议事规则等措施。在有效激活社区自治功能的同时，对社区治理法治化建设进行了富有特色和成效的探索和实践，为全省乃至全国发展基层民主、推进基层治理法治化建设提供了宝贵经验。

关键词： "议治相济"　社区协商　社区治理　法治化

珠海市香洲区以创建第三批全国社区治理和服务创新实验区为契机，承担"构建新型社区治理结构，形成政府治理、社会调节、居民自治的互动模式"实验任务，面对破解城市社区和老旧小区治理的瓶颈难题，以居民需求为导向，通过梳理社区协商主体和协商平台，建立健全社区协商机制，完善社区协商程序等，创新性提出了"议治相济"社区协商新模式，并以此推动社区治理法治化建设，探索出一条发展基层民主和推进基层治理法治化一体化建设的新路径。

社区治理法治化的关键是居民依法自治，这里的"法"不仅指国家法

---

* 课题组负责人：刘继汉，中共珠海市香洲区委员会副书记、政法委员会书记；陈祥瑞，珠海市香洲区人民政府副区长。课题组成员：张文刚、陈继彬、魏少川、赖汉文、戴彬、林洪、刘华均、彭红军。执笔人：林洪，中共珠海市香洲区委员会政法委员会办公室主任；彭红军，珠海市香洲区民政局工作人员。

律法规，还包括村规民约、自治规则等。香洲区"议治相济"社区协商新模式以社区协商为载体，建立社区协商制度章程，搭建社区协商议事平台，梳理社区协商责任清单，固化社区协商议事规则，有力地提升了社区治理法治化水平。其主要做法如下。

一　加大培训宣传，增强社区协商法治意识

社区工作者及居民法治意识的高低，直接决定了社区协商的工作成效。香洲区通过加大培训宣传，增强了社区工作者及居民的社区协商法治意识。一是提高社区工作者的社区协商法治思维和能力。香洲区深化"府校企（政府、学校、企业）"三方合作，与萝卜（北京）咨询有限公司签订为期三年的社区协商战略框架协议和年度合作协议，截至2018年底已召开8场座谈会开展专题调研，举办20多期社区协商骨干培训会，对全区126个社区书记和社区骨干共240人开展四期全员培训，教授协商议事规则。同时邀请中山大学、北京师范大学珠海分校、珠海市城市职业技术学院等高校的专家学者现场参会、授课、点评，从理论知识和实战经验两个层面，强化社区工作者协商法治思维和能力。二是增强社区居民的法治意识。社区依托宣传栏、横幅等传统宣传阵地和微信、QQ等新媒体平台，以及通过发放协商自治小册子等方式，广泛宣传社区协商自治的重要意义，不断加深居民的协商法治意识，在社区形成了浓厚的社区协商法治氛围。

二　建立制度章程，夯实社区协商法治基础

"没有规矩，难以成方圆。"香洲区制定了社区协商制度章程，明确了选举规则、自治章程、自治财务管理制度、议事代表激励机制等，使社区协商各项工作有法可依，有章可循。一是建立社区议事协商的议事规则。在广泛征求社区工作者、居民、专家学者意见建议的基础上，确保协商自治章程的

合法性、合理性，如《南村十三条》① 等。二是建立德治法治兼顾的治理体系。在推进社区协商中，注重结合社区实际，将依法治理与以德治理的理念融入社区自治，建立既彰显现代法治理念，又贴近社区实际的各项社区协商规范章程，形成了"翠香街道议事厅"②"狮山街道参与式规划"③"互联网 +6D 福石微协商"④"四位一体华平模式"⑤ 等系列议事协商特色品牌。整套协商制度章程涵盖了"社区环境、社区互助、社区老人关爱、社区儿童关爱、社区文化、社区安全、社区自组织培育、社区青年发展"等八大方面。

三　搭建议事平台，明晰社区协商法律关系

香洲区以楼栋为单位，采取一户一票的形式，选举产生居民议事代表，组成社区居民议事会，建立"小区—社区"两级议事机制，让居民为谋求社区共同利益"发声"。在处理社区综合党委、社区居民议事会等关系上，始终坚持党建引领，明确社区居民议事会必须在社区党组织的领导下，遵守党的方针政策和国家法律法规，依法有序开展工作。社区居民议事会不能取代居民会议和居民代表会议，不能侵犯法律赋予居民会议和居民代表会议的权力。

---

① 南村社区以一户一票的形式选举产生了 107 名居民议事代表，组成社区居民议事会，制定《南村十三条》议事规则，建立"居民建议—代表提议—小区商议—党委审议—议事会决议—群众评议"的"六议工作法"开展协商工作，协商过程实行提案内容公开、协商程序公开、协商结果公开、实施方案公开、资金运作公开、办理结果公开的"六公开"。

② 翠香街道议事厅：培养社区领袖作为街道社区播报记者，深入社区一线采访、记录社区新闻，然后在社区电视进行播报，达到社区事务社区商议。

③ 狮山街道参与式规划：开展"人、文、地、产、景"五大主题的社区营造活动，积极引导社区居民参与规划，推动社区治理多元参与。

④ 互联网 +6D 福石微协商：社区充分利用大数据优势，在线上征集社区需求，形成项目，线下进行协商改造。

⑤ 四位一体华平模式：开展党建、工建、团建、妇建"四同步"，建立社区党支部—小区党小组—楼栋党员三级基层组织网络，开展"相约周二"驻点接访活动，深入社区，听取群众呼声，了解群众诉求，化解群众难题，加大"听民意"力度，疏通"解民忧"渠道，打造"家门口"党群服务。

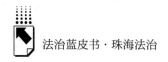
四　加强人才培养，建立社区协商"智囊团"

开展社区协商工作，智力建设是关键。为深化推进社区协商，香洲区全面实施社区人才队伍改革，夯实社区人才基础，创新人才发展机制，建立人才培养机制。一是壮大社区人才队伍。打破原有专职社区工作者和社会协管员的身份界限，将两类人员归并整合为社会工作者，打造了一支稳定、充满活力、高素质的"一专多能"社会工作者队伍。目前，综合各镇（街）管辖面积、管理难度、企业工商户数等因素，科学核定全区 126 个社区配置 1511 名社会工作者员额，进一步壮大了社区人才队伍，为开展社区协商提供智力保障。二是建立社区协商"智囊团"。利用区枢纽型社会组织总部和镇（街）社会组织枢纽型中心，连接珠海本土 10 所高校资源，组建由高校社区治理专家学者、优秀社区书记、物业服务企业管理人员、社会组织机构骨干、社区居民领袖、辖区内专业人才等人员担任团员的社区协商"智囊团"，为社区协商出谋划策。

五　梳理责任清单，厘清社区协商法治权责

社区协商工作要落到实处，必须明确各个组织的责任和权利。香洲区结合工作实际，依法梳理出三份"责任清单"。一是"社区协商责任清单"，指导镇（街）、社区将涉及居民自治的重大决策事项、关乎群众利益的重大问题，纳入此责任清单，实行目录化管理。对较为重大、涉面较广的事项，邀请专家学者、辖区党代表、人大代表、政协委员等进行前期论证、专题研究，让协商内容紧贴社情民意。二是"居民议事清单"，作为由居民参与商议的议事菜单，包括居民群众和辖区单位对社区环境、社区互助、社区老人关爱、社区儿童关爱、社区文化、社区安全、社区自组织培育、社区青年发展八大议题的意见、建议，解决居民的具体议案，使议事内容紧扣居民需求。三是兜底成果订单，制定了《居委会协助政府工作清单》，厘清了政府

的"行政权力"和自治组织的"协商自治权利"的权责边界，建立了"社区重点落实，街道积极推动，'两代表一委员'多渠道反映"执行机制。根据居民决议与党委审议的协商成果，政府设立的"幸福资金"兜底买单，赋予了居民实质性的议事职能。

六　固化议事规则，强化社区协商法治程序

在社区治理中开展民主协商，必须强化程序与规则意识，并尽量保证结果公平、公正、公开，才能使社区协商向纵深推进。香洲区通过建立"六议工作法"和"六公开"监督机制，确保了社区协商决策程序的合法性。一是内化议事程序，建立了"居民建议—代表提议—小区商议—党委审议—议事会决议—群众评议"的"六议工作法"，即由居民或楼栋长提出建议，议事代表形成提案，小区议事会共同商议，社区党委进行审议，居民议事会作出决议，最后由群众对决议执行情况进行评议。南村社区在居民提出的 24 个改善项目中，通过"六议工作法"，投入 21 万元，成功解决了楼道整修、儿童游乐设施翻新、绘本馆建设等公共问题，小区面貌焕然一新。二是强化监督体系，在社区推广"提案公开、程序公开、结果公开、方案公开、资金公开、公示公开"的"六公开"监督机制。通过民主评议、民意调查、考核评价等形式，强化结果督查，明确了申报 10 万元以上的项目必须经第三方介入或评估，进一步促进协商成果落到实处。

七　成效与展望

香洲区社区"议治相济"模式，核心是"社区协商"，对推动社区治理法治化建设、提升社区治理水平起到重要作用，营造出社会各界与社区居民广泛参与社区治理的浓厚氛围，为进一步营造党建引领下的共建共治共享社会治理格局夯实了基础。

（一）巩固党委社区治理领导地位，夯实了社区治理法治化的"根本"

社区治理法治化，是指在党的领导下，依法管理社区事务，使社区治理的一切活动都纳入规范化、法治化轨道。香洲区社区"议治相济"模式，通过科学制定自治规章制度，细化操作程序，进一步确保了社区综合党委对社区治理的领导地位，夯实了社区治理法治化的"根本"。一方面，通过"六议工作法"对协商议题、协商程序进行把关定向，确保村民自治事项始终符合上级党委工作导向。另一方面，通过"六公开"积极引导群众广泛参与、有力推动协商成果转化，变"大包大揽"为"组织引导"，变"替民做主"为"让民做主"，既有效发挥了社区综合党委组织领导协调推动的作用，又充分发扬了民主、汇聚了民智、凝聚了民心，进一步强化了社区综合党委的领导核心地位。2016 年以来，全区通过社区协商共解决居民难题 800余个，撬动社区资源 200 多万元，解决了一批与居民生活息息相关的"急特难题"。例如，南村社区绘本馆建造、福石社区荣泰河庭 C 区压缩站改造、夏湾社区德康苑小区排污管道整修等。

（二）提升社区治理骨干治理能力，夯实了社区治理法治化的"关键"

推行社区治理法治化不仅需要有基层党组织坚强有力的领导，关键还需要一支特别能奉献、特别能吃苦、特别能战斗的社区治理骨干队伍。一方面，注重加强社区治理骨干教育培训，提高法治思维和素质，提高做好群众工作、化解矛盾纠纷、处置突发事件、促进社会和谐的本领。另一方面，不断增强社区综合党委和工作人员的业务水平，在社区协商自治的规范下，群众反映问题的渠道大大拓宽、参与社区管理的积极性大大提高，社区综合党委和工作人员的责任心、主动性大大增强，群众基础更加牢固。北岭社区通过议事协商，依托高素质议事代表群体解决共享单车乱摆放影响居民出行等问题超过 300 个，有力地提高了社区工作人员直面矛盾、解决问题的担当意识和能力。

（三）提升居民参与热情，夯实了社区治理法治化的"基石"

社区治理法治化离不开居民的参与和支持。香洲区社区"议治相济"模式，培养了居民协商议事意识，改变了过去参与人群老龄化、主体单一的现状，调动了社区常住居民、外来务工人员、社会单位负责人、人大代表、政协委员和专家学者等各类主体的参与热情，有效激发居民的"主人翁精神"。例如：部分辖区单位让渡停车库供小区居民夜间停车，缓解了老旧小区停车难问题；社会组织充分发挥专业优势和行业协调作用，自发组建小区巡逻队、电影特工队、亲子绘本社，举办义集义仓活动，吸引了众多居民参与；辖区人大代表、政协委员、党代表、志愿者等热心人士，结合自身特长，为社区提供法律咨询、家庭医生、社区规划等服务，积极为社区治理出谋划策，帮助居民解决实际问题。

（四）推动民主自治规范发展，加强了社区治理法治化的"保障"

通过探索与发展社区协商，制定了符合香洲城区实际的议事规则，打造出"'南村十三条'议事规则"等系列议事协商特色品牌，吸引了社区党委、社区居委会、党代表、人大代表、政协委员、物业服务公司、业委会、社区居民等多元主体参与社区治理，不仅提升了老旧小区环境，化解了物业纠纷矛盾，拉近了邻里关系，而且推动了社区资源有效整合，维护了社区和谐稳定，有效推动了政府与社会在社区服务和治理上的良好衔接和相互补充，实现社区事务多元共治。

香洲区"议治相济"社区协商新模式，为推动社区治理法治化作出了有益探索，但目前也存在一些值得进一步探讨的问题。例如，社区协商事项仅仅局限于社区一般事项，能否延伸到参与政府行政程序、政府公共事项上来，从而推动法治政府建设？如何有效发挥社区协商作用，弥补行政监管不足？如何更好地激发社区居民参与社区治理的热情？这些问题还需要在进一步的探索实践中加以研究解决。

虽然香洲区以社区协商推动社区治理法治化建设取得了一定的成绩，但仍需积极适应经济社会发展形势，贯彻落实党的十九大报告提出的"坚持依法治国、依法执政、依法行政共同推进，坚持法治国家、法治政府、法治社会一体建设，坚持依法治国和以德治国相结合，依法治国和依规治党有机统一""提升社会治理法治化水平"的重大战略部署，推动"议治相济"做到三个转变。

一是从政府管控向服务为主转变。针对公民社会自治特点，城市社区有"世俗化"和"趋利化"消极一面，也有参与、协商、合作等积极一面。下一步，香洲区"议治相济"将由协商社区一般事务逐步延伸到参与政府行政程序、完善公共服务方式上来，真正实现由政府"管控"主导向民本导向服务的现代社会治理方式转变，使社区逐步从政府的"发言人"转变为居民的"代言人"，积极推动法治政府建设。

二是从纠纷调处到关口前移转变。坚持关口前移，实现力量下沉，维护社会稳定。社区是社会转型时期城市矛盾的聚集地，下一步，要更好地运用"议治相济"社区协商模式，立足社区中小区内违规搭建、广场舞扰民等政府监管空白、执法无力的情况，进一步健全政府监管执法手段，发挥议事会协商的功能，第一时间协调人民群众各方面、各层次的利益冲突，妥善解决问题，实现政府管理、公共服务与基层自我管理、自我服务有机衔接互动。

三是从理想主义向现实关怀转变。从居民议事会的议题分析可以看出，73%的议题关系到社区居民的生存环境、12%涉及关心弱势群体。下一步，香洲区"议治相济"模式将运用到小区、楼栋和街巷居民自治事务中，以社区居民为"种子"，以居民需求为核心，主动回应和满足居民最关心、最直接、最现实的利益诉求，从而发动居民更多地参与社区治理，进一步推动社区治理法治化。

B.32
金湾区创新社会治理模式报告

中共珠海市金湾区委政法委员会课题组*

摘　要： 社会治理是国家治理的重要组成部分，党的十九大提出，完善党委领导、政府负责、社会协同、公众参与、法治保障的社会治理体制，打造共建共治共享的社会治理格局。金湾区强化顶层设计推动科学化，创新社区治理推动精准化，加大信息科技推动智能化，深化协同共治推动系统化，积极探索"党—政—群团—社—企—校—民"多元共治的社会治理模式，推动基层治理良性发展，以"体系共建、社会共治、幸福共享"三大工程，促进社会和谐稳定。

关键词： 社会治理　多元参与　共建共治共享

金湾区是2001年4月4日经国务院正式批准设立的行政区，位于珠海市西南部，下辖2个镇21个村（居），陆地面积268.9平方公里，常住人口约21万人。经过十余年的建设，金湾区经济社会文化快速发展，公共服务体系逐步完善，民生幸福指数明显上升，城市建设进度提档增速，经济实力不断提升，社会大局安全稳定。然而，城乡二元结构明显、社会治理基础薄弱、新老金湾人融合不畅、基层治理缺乏活力、社会治理人才不足、历史遗

* 课题组负责人：习恩民，时任中共珠海市金湾区委副书记、政法委书记、区社工委主任。课题组成员：任东卫、刘建平、曾颖。执笔人：任东卫，中共珠海市金湾区委政法委副书记、区社工委副主任；曾颖，中共珠海市金湾区委政法委员会社会建设指导室主任。

留问题难解决等问题，制约了金湾区的整体发展。2013年以来，金湾区委、区政府将社会治理与经济建设同部署同要求，坚持以"和"为核心理念，以党建为引领，以促进经济社会发展为中心，以保障和改善民生为重点，以法治建设为保障，扎实推进社会治理创新，构建了"党—政—群团—社—企—校—民"多元共治的生态圈，社会治理创新快速从零到有、从有到优。

一　加强顶层设计，推动社会治理科学化

金湾区从辖区实际出发，提出"3＋1"基层社会治理模式①，初步形成以政策规划为指引、以"三平台"②为载体、以专项资金为保障、以专业队伍为支撑、以创新项目为抓手的基层社会治理体系，使"党委领导、政府负责、社会协同、公众参与、法治保障"的社会治理体制在金湾区生根发芽、开花结果。

一是出台政策文件，明确总体思路。先后出台《中共珠海市金湾区委珠海市金湾区人民政府关于加强社会建设的实施意见》《珠海市金湾区社会建设规划纲要（2015～2020）》等多个政策文件，明确金湾区社会治理目标、规划和步骤，确保各项工作有章可循。

二是建立专家智库，打造治理"大脑"。与辖区内三所高校签订《加强社会建设和创新社会治理战略合作协议》，建立社会治理创新专家咨询委员会，专家学者为金湾区社会建设把脉会诊，建言献策。与广东省情调查研究中心、中共珠海市委社会管理工作部合作编撰基层干部普及读本——《社会建设百词百问》，为全省乃至全国基层干部提供借鉴与参考。

三是设立专项资金，确保经费支持。出台《金湾区社会治理创新专项

---

① "3＋1"基层社会治理模式即"政务服务中心、社会服务中心、综治信访维稳中心＋社会管理综合执法队"的镇级治理机制，"村（居）党组织、村（居）委会、村（居）公共服务站＋社会服务站"的村（居）级治理机制。

② "三平台"，即以金湾社会创新谷及镇、村（居）社会服务中心（站）为载体的社会服务实体平台，以金湾"和谐讲坛"为载体的经验交流言论平台，以金湾"公益大家乐"为载体的多元参与活动平台。

资金使用管理办法》，每年至少安排 500 万元专项资金，用于培育和扶持在区内开展社会治理研究、社会组织培育发展、城乡社区服务与自治等社会治理创新项目，为社会治理创新提供坚实的资金保障。

二　创新治理模式，推动社会治理精准化

社会治理的核心是人，重心在城乡社区。金湾区着力打造"区—镇—村（居）"三级社会服务体系，推进社会组织进村（居），为居民提供精准化、精细化服务，实现政府治理和社会调节、居民自治良性互动。

一是搭建社会服务平台。金湾区紧紧围绕和回应辖区居民群众生产生活实际需求，进一步固化社会服务阵地，精心打造覆盖城乡居民、服务主体多元、服务功能完善、服务质量和管理水平较高的社会服务实体平台。2014年以来，区委政法委员会（区社会工作委员会）搭建金湾红旗社会服务中心、金湾社会创新谷（三灶社会服务中心）、村（居）社会服务站等社会服务实体平台，通过政府购买服务和公益创投等方式，引入社工机构专业化运营，形成了"区—镇—村（居）"三级社会服务体系。村（居）社会服务站与公共服务站、文化活动中心、志愿者服务站相互支持，所有村（居）民在家门口就可以享受专业、优质的"一站式"社会服务、公共服务。建成居家养老服务站 8 个，医疗服务、养老服务与残疾人服务"三站融合"，探索三位一体、共建共享的社区居家养老照护模式。

二是试点社区营造及社区协商。2015 年以来，累计投入 563.5 万元在三板社区、小林村等 5 个村（居）开展社区营造试点，凝聚村（居）委会、村（居）民、社会组织力量，从"人、文、地、产、景"多维度推动社区可持续发展。在海澄村、西城社区等 4 个村（居）开展城乡社区协商试点，引导居民关注社区公共事务，参与社区活动，提高自治水平。鱼林红星村的居民，从过去缺乏参与度转变为现在主动组建社区社会组织和参与社区公共空间改造、社区议事等自治活动。三板村村民在社工的引导下，积极探索乡村旅游，努力实现乡村振兴。

三是探索社区微治理。设立珠海市首个区级社区公益基金——珠海市慈善总会·金湾社区公益基金，通过微公益项目、金湾社会创新谷义仓义集①，促进居民自治与互助，激发社区活力。三年来，政府、企业共同投入125万元，"汇丰伙伴计划——三灶社区基金"培育出33个以文化传承、居家安全改造、社区组织培育、社区环境优化等为主题的社区微公益项目，实现政府、企业、社区、社会组织、社区社会组织、社区居民联动共治，提高社区居民的参与感、获得感、归属感。

三 加大科技运用，推动社会治理智能化

推进综治"中心＋网格化＋信息化"建设，基本完成公共安全视频数据通道、区镇村三级视频中心（室）、数据存储中心、公共安全视频网四大体系建设，全面提升社会治理智能化水平。

一是打造"一张视频网"。高标准建设视频管理平台，强化对全区各种公共安全视频的接入共享和管理。新建普通视频摄像头1059路、高空全景凝视摄像机10路、人脸识别摄像机49路。增加核心交换设备，打通公共安全视频专网与公安视频专网、互联网、政务网等互联互享渠道。整合公安、学校、医院等公共区域视频资源，打造一张"全域覆盖、全网共享、全时可用、全程可控"的公共安全视频网。

二是打造"一幅数字图"。建立政法综治地理信息系统，将人口信息、场所信息等数据纳入统一采集、储存和管理。以地理信息系统为基础，确保视频资源、重点场所、重点人员、网格员及网格事件、视频门禁等信息在"一张图"上可视化展示。在确保安全的前提下，开放地理信息系统多维度标注信息，实现信息共享、应用效果最大化。

三是打造"一根指挥棒"。利用综治视联网系统，每日对村（居）点

---

① 金湾社会创新谷义仓义集项目立足于社区，为社区居民搭建沟通和交流的平台，旨在用社区内部资源解决社区内部的问题，培育社区社会资本，以低门槛、人人参与公益的方式，推动建立和谐、诚信、互助、友爱的社区。

名，每周听取各镇综治维稳工作汇报，打造区、镇、村（居）三级实时沟通平台。结合各村（居）实际，有针对性地设定巡逻路线和频次，要求综治网格员每日通过手机终端拍摄实时照片上传，特殊紧急情况通过手机终端对讲功能，指挥调度附近综治网格员和综治网格巡逻车快速处置。

四是打造"一个服务号"。将政法综治信息化建设和社会治理创新成果接入"和金湾"微信公众号。开发服务板块，完善村（居）视频监控查看、交通出行信息查询等服务功能；开发互动板块，实现免费登录全区所有政府建设 Wi-Fi 热点，群众还可以通过填写安全感满意度调查，把身边的问题随手拍摄反馈给有关部门处理。在"南方号·珠海矩阵影响力"[①] 10月排行榜上，"和金湾"微信公众号跻身第四位。

四 深化多元共治，推动社会治理系统化

金湾区注重激发各社会治理主体的积极性，引导和促进多元主体在社会治理中各司其职、有效合作，实现党委领导下政府治理与社会调节、居民自治的良性互动。

一是以人民为中心，完善社会治理"三平台"。发挥社会组织作用，以专业社会工作服务居民，带动居民参与基层治理。2018年以来，金湾社会创新谷（三灶社会服务中心）开展服务及活动4142场次，服务85969人次；金湾红旗社会服务中心开展服务及活动1027场次，服务34720人次；各村（居）社会服务站开展服务及活动3005场次，服务115601人次；举办金湾"和谐讲坛"23期，举办"公益大家乐"10期，带动企业、学校、社会组织、社区居民关注社区公共事务，参与志愿服务和社会服

---

① 由"南方+"客户端（南方报业传媒集团出品，融新闻、服务、社交等多种功能为一体的平台型产品）打造的广东权威发布平台"南方号"的入驻机构已突破3500家。南方号·珠海矩阵政务自媒体也已达到131家，基本实现市、区、镇（街）三级全覆盖。为客观反映、追踪分析每个南方号的综合影响力，"南方+客户"端推出"南方号·珠海矩阵"（政务自媒体）影响力月度排行榜。首次发布2018年1月份榜单。

务。"三平台"有效地回应了社区居民对美好生活的期望，形成"组织运营站点，站点提供服务，服务实践理论，理论指导组织"的良性循环，在培育多元主体、凝聚社会共识、推动社区自治、激发社会活力方面发挥了巨大作用。

二是党政群团搭台，打造品牌项目。市、区、镇投资 800 余万元打造的国内首家集社会创新党建、社会治理创新、公益资源交易、社会组织培育四大功能于一体的社会创新综合体——金湾社会创新谷①，于 2016 年 6 月 20 日正式启用。金湾社会创新谷采用"1 + X + N"② 运作模式，打造"四中心、六平台、四基地"③，汇集 18 个党政群团部门及其 20 余个品牌项目落地，30 余家社会组织和社区组织入驻，打造"党—政—群团—社—企—校—民"共同解决社会问题的众创空间，构建出金湾全新的"社区居民共融、社群成果共享、社会互助共济"的"芯"地标。金湾公益资源交易中心"牵线搭桥"，举办政府、社会组织社会服务洽谈会，搭建供需对接平台。以区社会治理创新专项资金为杠杆，带动党政群团、高校、企业、社会组织参与，撬动了一大批社会治理创新项目。党政群团部门搭台，社会组织承接的"工友驿站""青春护航站""花语窗""康园工疗站""金湾统战，同心 100""光阴故事馆"已成为金湾区社会治理创新工作的品牌。2017 年 11 月，金湾社会创新谷被评为珠海市社会治理创新实践基地。

---

① 金湾社会创新谷占地面积 6000 平方米，建筑面积 1360 平方米。

② "1"是指一个平台，即金湾社会创新谷，在硬件上构建一个多方合作的"社会治理创新平台"。"X"指 X 个品牌项目，即各部门将自己打造的社会服务品牌项目会聚在平台，形成功能融合、优势互补的社会治理网络体系。"N"指 N 个社会组织、N 种服务机制以及 N 种可能，即若干个社会组织通过政府购买服务和公益创投，直接或间接为社区居民提供多样化、多层次的社区服务。

③ "四中心"是指社会创新党建指导中心、金湾三灶社会服务中心、金湾区社会组织培育发展中心、金湾公益资源交易中心；"六平台"是指青少年成长服务平台（亲青汇）、企业职工服务平台（工友驿站）、妇女家庭服务平台（"花语"系列阵地）、民主党派服务平台（同心共创园）、企业社会责任服务平台（民企家）、公益产品销售平台（金茶花巧姐美食合作社）；"四基地"是指社区戒毒康复基地、社区矫正服务基地、吉林大学珠海学院实践教学基地、爱国主义教育基地。

三是关注社会痛点，共建平安社区。坚持问题导向和目标导向，少做"锦上添花"，多做"雪中送炭"，着重解决社会问题。加强社会心理服务体系建设，在综治中心、社会服务站、学校设立心理辅导室，开通"天使之声·金湾心理咨询热线"，专业机构提供心理疏导和危机干预，培育自尊自信、理性平和、积极向上的社会心态。完善矛盾纠纷多元化解机制，设立婚姻家庭调解委员会，有效预防和化解婚姻家庭矛盾纠纷。全面推进"三个一"无邪教示范镇村创建，引入社会组织开展反邪教宣教进高校、进社区，有声有色寓教于乐。建设社区矫正安置帮教基地，以"司法＋社工＋心理咨询师"的形式开展矫治，提高矫正人员的社会适应性，从心理根源降低重新犯罪率，促进平安社区建设。

四是加强人才培育，提升专业化水平。大力扶持第三方力量，着力构建多元共治格局。市、区共建珠海（金湾）社会治理培训基地，打造社会治理人才培训、经验交流、理论研究、多元共治的枢纽和创新基地。引进恩派、绿耕、北斗星等国内知名社会组织、优秀社工人才在金湾区扎根，与辖区高校社工专业建立教学实践基地，培育本土化社工人才。截至 2018 年 11 月，区民政局注册的社会组织有 143 家①，相比 2011 年增加了 109 家，年平均增长率超 25％。全区持证社工增至 544 人，注册志愿者达 41152 人。特别是在强台风"山竹"防御及灾后复产期间，19 家社会组织约 134 名社工坚守岗位，服务群众约 20924 人次，展现金湾社工良好形象。全区各级各部门购买社会组织服务投入逐年提高，社工、志愿者已成为金湾区社会治理创新工作中的重要力量。

持之以恒，久久为功，金湾区社会治理工作实现了四个转变，即社会治理理念由锦上添花向雪中送炭转变，社会治理对象由针对特定人群向面对全体居民转变，社会治理主体由党委政府唱独角戏向多元参与大合唱转变，社会治理目标由关注个人发展向聚焦社会平安和谐转变。

---

① 其中，获 5A 级称号社会组织 3 家，在全区民政部门备案的社区社会组织有 67 家。每万人拥有社会组织 14 家。

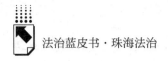

五 未来展望

经过几年的实践，金湾区社会治理成效显著，但是对标习近平总书记对广东提出的"四个走在全国前列"要求，仍存在短板和不足：社会治理机制还需完善，社会参与度仍有空间，社会组织服务水平尚存在差距，创新动力稍显不足。

进入中国特色社会主义新时代，金湾区将乘势而上，以"体系共建、社会共治、幸福共享"三大工程为统领，进一步加强和创新社会治理。

（一）推进"体系共建"工程建设，构建最富有凝聚力的基层治理体系

一是建立健全区镇现代化治理体系。加快推进航空新城建设，逐步增设街道，改变金湾有区无城、城乡二元结构突出、思想滞后的现状，加快农民向居民、农村向城市转变的步伐。梳理和规范各镇各部门社会治理职能，建立健全社会治理领域权利清单制度和责任追究制度，形成权责明晰、奖惩分明、分工负责、齐抓共管的社会治理责任链条。深化乡镇体制改革，逐步取消乡镇招商引资职能及经济考核指标，强化两镇社会治理主体责任，探索建立社会治理考评机制、述职机制。继续落实《金湾区社会建设规划纲要（2015～2020）》，扎实推进"十大工程"，全面提升金湾区社会建设水平。

二是建立健全社区治理创新体系。创新城乡社区网格化治理，打破现阶段各条线分割的状态，建立推动党务、政务、社保、就业、救助、计生、卫生、文化等管理和服务内容在村（居）层面实现统一管理，提升基层治理精细化水平。加强社区群众自治组织建设，推动21个村（居）建立理事会，健全以群众自治组织为主体、社会各方广泛参与的新型社区体系。继续精简村（居）委会协助的行政事务，开展以村（居）会议、民主听证为主要形式的民主决策实践，促进民事民议、民事民办、民事民管。拓展外来人口参与社区治理的途径和方式，推行非户籍常住居民及党员参加村（居）

"两委"选举，健全外来人口参与基层协商议事制度。深化社区营造项目，常态化组织各种社区活动，增强居民的归属感和认同感，提高社区居民凝聚力。

（二）推进"社会共治"工程建设，构筑和谐美好的社区生活共同体

一是巩固拓宽社会治理平台。充分发挥社会治理"三平台"作用，持续拓宽社会组织和公众参与社会治理的途径。发挥好社会治理创新资金的政策引领作用，带动社会各方的人力、物力、智力投入社会治理。依托金湾社会创新谷，打造珠海（金湾）社会治理培训基地和乡村振兴讲习所。扎实推进群团组织改革，促进党政机构同群团组织功能有机衔接，支持和鼓励工会、团委、妇联、法学会等群团组织承担更多团结教育、维护权益、服务群众功能。

二是建立完善社会组织体系。加强对各类社会组织的管理引导，运用市场化机制扶持、引导社会组织参与社会治理，重点培育发展行业协会类、科技类、公益慈善类、城乡社区服务类等社会组织，加快建立与现代治理结构相适应的社会组织治理体系。建立健全社会工作者激励保障机制，培育专业化社会工作队伍。建立健全社会组织退出机制，依法查处违法违规行为，逐步建立结构合理、功能完善、竞争有序、诚信自律、充满活力的社会组织发展格局。

三是鼓励支持参与社会治理。运用市场机制和购买服务、项目外包等多种途径，广泛发动和支持、引导企事业单位参与社会治理。壮大专业社工和志愿者力量，充分吸纳社工、志愿者参与社会治理。探索异地务工人员服务组织创新模式，在异地务工人员集中的社区、工业园区、企业，建立帮扶、维权及开展有关社会服务为一体的服务机构，引导异地务工人员自我教育、自我服务和自我管理，促进异地务工人员与本地居民有效融合。加快推进社区邻里中心建设，鼓励居民参与社区事务，密切邻里关系，构筑以邻为伴、与邻为善、守望相助的社区生活共同体。

（三）推进"幸福共享"工程建设，提升辖区群众获得感和幸福感

一是健全公共服务供给体系。坚持每年办好金湾特色"十件民生实事"，让群众持续得到看得见摸得着的实惠。加快推进公立中小学、幼儿园建设，满足辖区群众日益激增的教育需求。建立健全现代教育制度，推动城乡义务教育一体化、优质均衡发展，优化基础教育资源均衡配置，完善学前教育公共服务体系。深化医药卫生体制改革，加强基层医疗卫生服务能力建设，实施高水平医院建设"登峰计划"，推进全国基层中医药工作先进单位示范区建设。建立健全金湾人才招聘信息服务平台和实体人才交流劳务市场，进一步拓展就业空间、优化创业环境，健全全民共享的公共就业服务体系。

二是完善社会民生保障体系。推进多部门紧密联合机制，构建多元化社保费综合治理主体。完善城乡居民基本养老保险制度，健全多层次养老服务体系，提升城乡居民基本养老保险待遇水平。坚持房子是用来住的、不是用来炒的定位，加快建立多主体供给、多渠道保障、租购并举的住房制度，让全体人民住有所居。通过新建、购买、租赁、配建等方式筹集保障性住房，用于妥善解决各类群体安居需求。

三是创新实有人口服务体系。适应航空新城规模扩展需要，加快推进产城融合，促进有能力在金湾稳定就业和生活的常住人口有序实现市民化。将异地务工人员的居住管理、劳动就业、社会保障、计划生育、卫生保健、职业评定等权益保障纳入居住证制度，保障异地务工人员劳动就业、社会保障等权益，稳步提高异地务工人员随迁子女免费入读义务教育公办学校比例，拓展异地务工人员享受公共服务的范围和载体，切切实实让辖区群众更具获得感和幸福感。

B.33
珠海市社区精神障碍患者康复实践

——以珠海市心宁日间照料中心为例

中共珠海市委政法委员会课题组*

摘　要： 党的十九大报告中提出，"打造共建共治共享社会治理格局"，要求以人民利益为出发点和落脚点创新社会治理。精神障碍患者康复工作，是其中的难点。在精神卫生服务体系不够健全、精神卫生专业人员匮乏、相关社区康复机构不足等困难下，探索建立了新型精神障碍社区康复模式，打造了珠海心宁日间照护中心。该中心依托社区卫生服务站，为辖区内精神障碍患者开展生活技能训练等康复服务项目，不仅让精神障碍患者得到了及时有效治疗，而且让这一群体感受到了社会关爱，为创新社区治理提供了一个可资借鉴的新方案，也为精神障碍患者社区康复工作的未来发展方向提供了珠海样本。

关键词： 社会治理　共建共治共享　精神障碍患者　平安社区

　　珠海是最早设立经济特区的城市之一，经济社会发展较为迅速，人员构成比较复杂，流动人口较多，社会治理难度较大，由于心理不健康导致的精神卫生问题及其救助，日益成为社会治理中不可忽视的重要问题。对公民心理健康

＊ 课题组负责人：温杰，中共珠海市委政法委员会副书记、珠海市平安办常务副主任。课题组成员：王建军、曾鹏、陈海宁、孙莹。执笔人：孙莹，中共珠海市委党校副教授。

的关注与及时有效引导，对各种精神障碍患者的及时发现与治疗，既是社会治理精细化管理的任务与目标，也是构建社会心理综合治理平台的重要内容。

一　珠海市严重精神障碍患者救治救助工作现状

（一）精神障碍患者基本情况

截至 2018 年底，珠海市严重精神障碍报告患病率（检出率）为 4.28‰，与广东省要求存在较大差距；在册患者管理率 90.55%，规范管理率为 85.98%，服药率 84.46%，规律服药率为 60.14%，均达广东省要求；面访率 73.68%，未达到广东省要求。在册患者中，82.64% 的年龄为 18 ~ 59 岁，67.61% 被诊断为精神分裂症，5.3% 有严重精神障碍家族史，患者贫困率为 47.30%。

（二）精神卫生服务条件

珠海市拥有精神科住院编制床位 493 张，十万人口占有数为 29.43 张；实际开放床位 1043 张，十万人口占有数为 62.27 张[①]。珠海市拥有精神科专业执业医师 50 名，十万人口占有数为 2.98 人，其中仅有 4 名在社区卫生服务中心从业。珠海全市有 25 家镇街卫生院或社区卫生服务中心，承担基本公共卫生服务严重精神障碍患者随访管理。这些镇街卫生院或社区卫生服务中心绝大多数为民营医疗机构，进行随访管理的医生均为兼职。珠海全市提供精神障碍社区康复服务的社区康园工疗站共 32 家，以每家可接纳精神障碍患者 15 名计算，共计可以为 480 名精神障碍患者提供社区康复服务，覆盖率为 9.74%。

---

① 其中市级精神卫生专科机构有珠海市第三人民医院临时住院病区，编制床位 120 张。珠海市第三人民医院新院区预计 2022 年完工，设编制床位 500 张。中山大学附属第五医院编制床位 23 张，珠海市妇幼保健院、广东省中医院珠海医院等开设有精神/心理科门诊。区级精神卫生专科机构有香洲区指定的珠海白云康复医院（民营），编制床位 150 张，实有 500 张。金湾区指定的珠海慈爱医院（民营）编制床位 200 张，实有 400 张。香洲区人民医院、斗门区侨立医院等开设有精神/心理科门诊。

二 珠海市社区精神障碍患者康复面临的困难

（一）精神卫生服务体系不够健全

严重精神障碍患者的救治救助，在医疗卫生领域属于公共卫生范畴。公共卫生有公益性、非营利性的特点，通常由政府指定公立卫生机构承担，也可以由政府向民营卫生机构购买服务方式承担。由于民营资本的逐利性和政府购买服务的补偿不足，民营卫生机构承担公共卫生职能难以取得较好的效果。目前，珠海市虽然已建设过渡期公立精神卫生治疗机构，部分公立医院也设有精神卫生专科，但由于上述公立卫生机构的床位十万人口占有数仅为62.27张，远远不能满足需要，精神障碍患者的救治救助依然由民营精神卫生机构充当主力军。

（二）精神卫生专业人员匮乏

根据广东省要求，精神科执业（助理）医师的十万人口占有数不少于3.8人。如前所述，珠海市精神科专业执业医师的十万人口占有数仅为2.98人，专业人才短缺问题十分突出。专业机构严重缺乏医护人员、精神科医师及专职精神障碍防治医生，镇（街）卫生院或社区卫生服务中心开展严重精神障碍患者随访管理，全部由兼职人员承担，服务质量难以保证。按照全市2017年167.5万常住人口计算，镇（街）卫生院或社区卫生服务中心还需要增加21名精神科执业（助理）医师。由于在精神卫生人才引进方面缺乏优惠政策，难以吸引并留住人才，精神科执业（助理）医师只能通过转岗培训解决。但是，由于珠海全市精神卫生服务体系的不健全和不成熟，现实中愿意转岗的执业医师积极性不高，即使转岗成为精神科执业（助理）医师，人员流失也较为严重。因此，珠海目前全市精神科执业（助理）医师的缺口依然较大。

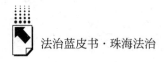

（三）精神障碍社区康复机构不足

目前，珠海市已经在各镇（街）建设精神障碍社区康复机构，由于建设数量较少，未能达到民政部等四部门《关于加快精神障碍社区康复服务发展的意见》提出 60% 以上的居家患者能接受社区康复服务的要求，造成精神障碍社区康复服务覆盖面较低。

三 珠海市心宁日间照护中心的实践

2016 年 9 月成立的珠海市香洲区拱北街道岭南社区卫生服务站心宁日间照护中心（以下简称"中心"），依托社区卫生服务站，为辖区内精神障碍患者开展生活技能训练、服药依从性训练、职业技能培训、作业治疗、精神运动康复、表达性艺术治疗、原生艺术治疗等康复服务项目，探索建立了新型精神障碍社区康复模式。

（一）健全机构组织体系

目前中心拥有专职核心管理人员 3 人，专家团队 16 人，聘请一名广东省精神卫生中心教授为指导专家，下设医疗、社工、财务、志愿者团队等，建立完善了财务制度、人力资源管理制度、项目管理制度。目前登记在册在管患者 50 人，其中 3 级以上患者 10 人，检出率达 4.3‰，管理率 97%，规范管理率达 93%。2016 年至 2018 年底，岭南、桂花社区保持精神障碍患者肇事肇祸事件"零"发生。

（二）确立标准化康复流程

中心借鉴美国、法国等西方精神康复理念，吸收北京、无锡、长沙、广州等地实践经验，摸索形成"心宁康复模式"，涵盖诸多事项：提供服药训练，培训患者认识和识别所服药物名称、用量和用法，督促坚持每天按时服药。生活技能训练，按照康复手册对照表，培养患者自我照料基本生活的能力。人际交往训练，根据患者的智力水平和社会能力，运用文娱体育、团体活动、表达性艺术治疗等方式，为患者提供系列成长课程。特长及重获价值感训练，包括自我效能感的培养、抗逆能力训练、自决能力训练、建立目标和抉择能力、参与公益活动。生计发展能力训练，中心与相关企业联系，创造有偿的简单代加工就业机会，培养其工作和回归社会能力。中心定期给患者的监护人提供相关培训课程，引导监护人更好地与患者共处，给患者康复提供良好的家庭环境。

（三）构建多方参与机制

一是社区走访，了解服务对象的家庭情况，挖掘服务对象需求，帮助服务对象处理好家庭关系，同时通过社区走访找到更多的服务对象。二是精神疾病宣讲，以书法、手工、摄影、运动等主题设计为载体，在学校和社区开展精神疾病知识及应对技巧宣传。三是专题心理沙龙，帮助服务对象处理工作和生活中的人际交往问题，以便尽早回归和融入社会。

（四）总结实践经验

第一，政府支持是社区精神障碍患者康复的核心。打造政府、社会、家庭、志愿者"四位一体"关怀帮扶康复体系，其中，政府支持是核心要素，更是推进社区精神障碍患者康复的重要力量。2017年被确立为全市精神康复试点社区以来，中心在社区康复实践中得到了各级政府的大力支持，尤其是专门组成工作专班人员①推进工作，确保了试点任务的完成。

第二，技术力量是社区精神障碍患者康复的重要保障。中心依托岭南社区卫生服务站现有医疗资源优势，借助外聘专家团队提供技术指导，并加强医疗技术人才培训和培养。中心开展试点工作以来，组织业务培训10场，

---

① 各镇（街）成立由党委、政府分管综治工作的领导任组长，公安、卫计部门领导任副组长，其他部门领导为成员的工作专班，抽调综治、公安、卫计、民政、人社、财政、司法行政、城管、团委、残联、妇联、村居委等部门、单位人员，专职开展落实严重精神障碍患者排查工作。

聘请专家指导 10 多次，组织业务骨干前往美国行为健康医院考察学习表达性艺术治疗，先后 6 次派员参加国内高端经验交流大会以及北京大学第六医院精神障碍患者个案管理技能培训班、湖南湘雅医院精神障碍管理技术培训、无锡市精神卫生中心培训班等，专业技术人才成为社区精神障碍患者康复的中坚力量和重要保障。

第三，方法创新是社区精神障碍患者的康复特色。实践中，中心创新了一套特色治疗方法。一是精神运动康复法。其核心理论是坚持身体和精神心智的整体观，即身心一体论，通过有趣味的运动、舞蹈、雕塑、哑剧、音乐等多种形式，时刻关注患者的情绪情感反应和肌张力改变，从而达到精神康复的目的。此方法在中国刚刚起步，发展空间大。二是原生艺术治疗法。通过挖掘及引导患者身上的艺术潜质，实现其对自我价值的认知，可以提高康复治疗效果。三是实施优势个案管理。在精神障碍患者的管理和康复实践中，个案管理计划、优势评估和对家属的同伴帮扶，是中国目前社区管理较先进、极大促进个人和家庭支持系统发生转变的行之有效的方法。个案管理计划分医疗计划、生活职业能力康复计划两个部分。医疗计划主要包括病史采集，患者精神、躯体状况、危险性、服药依从性和药物不良反应检查评估，制定包括药物治疗、药物管理和行为问题处理在内的医疗方案。生活职业能力康复计划主要包括患者个人日常生活、家务劳动、家庭关系、社会人际交往、社区适应、职业与学习状况、康复依从性与主动性检查评估，从中发现优势，提出具体指导和康复措施等。中心工作人员采用此方法对患者康复指导 60 余次，实施此类优势个案管理患者共 8 名。

（五）工作成效

一是患者得到及时有效治疗。作为珠海市精神康复试点社区，中心自运行以来，精神障碍患者能以最小的成本，缩短医疗服务半径，在家门口得到专业治疗与康复服务。

二是患者得到及时随访和管理。要求监护人至少每半个月将患者带来中心接受生活技能培训和精神康复治疗，同时强化定期随访制度，对三级以上患者和病情不稳定者每 2 周随访一次，对 0～2 级病情稳定者每三个月随访一次，对基本稳定者每月随访一次。

三是患者回归融洽的家庭关系。在着手治疗与康复的同时，中心还注重与患者监护人及其家属的沟通，教授家庭成员基本知识和心理重建技巧，让患者加快康复。中心启动的"风雨同舟"精神障碍患者陪伴双轨计划、患者家属心理沙龙、家属互助小组等项目，都收到良好成效。

四 珠海市精神障碍患者社区康复未来发展方向

国家卫生健康委员会公布的有关资料显示，我国精神障碍患病率为 17.50%，各地累计登记在册的严重精神障碍患者 510 万人，全国约有精神障碍患者 1600 万人。精神障碍在中国疾病负担中排名首位，约占疾病总负担的 20%，推算到 2020 年将上升至疾病总负担的 25%。目前我国精神卫生服务主要以精神专科医院服务为主，经过几十年发展，虽已形成了一定的社区精神卫生服务规模，但从现实来看，精神障碍社区康复服务机构普遍欠缺，覆盖面较窄。珠海心宁日间照料中心的实践与探索，为解决这一难题贡献了解决方案，也为精神障碍患者社区康复工作的未来发展方向提供了珠海样本。

（一）建立健全民政部门牵头的精神障碍社区康复机制

根据国家民政部等四部门联合下发的《关于加快精神障碍社区康复服务发展的意见》要求，民政部门要做好统筹规划和组织协调，牵头推进精神障碍社区康复服务发展，促进精神障碍社区康复与残疾人社会福利服务、社区建设、社会工作融合发展。同时，要加强政策协调和资金支持，保障精神障碍社区康复机构的可持续发展。

（二）建设区级精神障碍社区康复综合服务中心

一是搭建转介平台。建设区级精神障碍社区康复机构作为转介平台，提供辖区精神障碍社区康复需求汇总、转介、调剂等服务，同时承接精神卫生专科机构转介来的精神障碍患者并提供社区康复服务。二是建立康复转介机制。适宜参加社区康复的患者，经患者和监护人同意后可由医院转介到就近的精神障碍患者社区康复机构，社区康复期间病情复发的，可通过精神障碍社区康复机构向医院快速转介。三是建立就业转介机制。对病情相对稳定、具有就业意愿且具备就业能力的精神障碍患者，经评估合格后，可由精神障碍社区康复机构直接向相关单位推荐就业，或转介到残疾人就业康复服务机构。四是制定《珠海市精神障碍社区康复综合服务中心实施方案》，统筹推进全市精神障碍社区康复服务工作。

（三）扩大精神障碍社区康复服务覆盖率

一是增建社区康复机构。以社区（村）为单位建设日间照护中心或康园工疗站①，并鼓励有条件的地区新建、改扩建一批政府投资建设的精神障碍社区康复机构。民政部门建设的精神卫生社会福利机构和残疾人康复中心，不仅要提供精神障碍社区康复服务，还要带动其他的精神障碍社区康复机构发挥作用。新建城乡社区服务机构、政府投资新建的残疾人托养机构要设置精神障碍社区康复服务功能，预留服务场地。鼓励现有城乡社区服务机构、残疾人托养机构积极创造条件，为精神障碍社区康复服务提供场地。精神卫生专业机构、社区卫生服务机构也应当发挥技术优势，支持精神障碍社区康复服务。二是引导患者接受社区康复。现有精神障碍社区康复机构要通过增加服务项目、提升专业水平等方式挖潜增效，增强服务能力。通过政府购买服务等方式，鼓励和引导社会组织开展精神障碍社区康复工作。因地制宜，选择康园工疗站、中途宿舍②、精神康复综合服务中心、康复会所等多种机构类型，通过开展固定、半固定、临时性等多种服务方式，引进先进的

---

① 康园工疗站是珠海市残联为社区成年精神障碍康复者、智力残障人士和肢体残障人士提供日间托管、康复训练、心理疏导、职业技能培训、辅助性就业等多方面服务的机构。

② 中途宿舍，又称社区矫正中心，是为问题青少年、刑满释放人员、精神障碍康复者、成年智障者等特殊人群提供临时安置的生活场所。针对精神障碍康复者，中途宿舍的主要功能是恢复其生活自理能力，提升其社交能力，同时给康复者家庭成员留出时间做好接纳准备。

社区康复技术（如个案管理制度）和优质的服务，引导更多的精神障碍患者接受社区康复。

（四）建立无缝衔接的严重精神障碍患者社区管理机制

根据严重精神障碍患者肇事肇祸危险因素分析结果，加强高风险因素监测、预警和处置。

一是建立社区线索发现报告制度。加强社区公众精神卫生知识普及宣传，提高公众精神卫生意识和精神障碍患者识别率。在区精神卫生中心建立全区统一的心理援助热线电话，提供发现疑似精神障碍患者报告渠道。建立社区、出租屋主、企业负责制，定期进行精神卫生知识培训，及时发现和报告精神异常线索。

二是建立社区快速处置机制。加强社区"五位一体"① 小组工作机制，强化社区"五位一体"工作实效，通过信息化手段提高"五位一体"管理实效，强化快速出警处置。

三是强化精准评估和准确分级管理。加强社区精神障碍防治医生业务培训，重点针对患者危险度评估、病情稳定分类以及分级管理等进行指导，提高管理服务水平和效率。

四是建立精神卫生社工专职队伍。每个乡镇卫生院和社区卫生服务中心配置1名专业社工，紧密配合专职精神障碍医生开展社区随访、康复转介、风险报告和转诊、心理辅导、宣传教育和家属培训、贫困救助资源联络等工作。

（五）尝试精神障碍患者治疗纳入社保体系

精神障碍患者社区康复在我国刚刚起步，是个新事物。到目前为止，没有完整的康复服务内容和详细的收费标准，更没有被纳入社会保险医疗范

---

① 社区精神障碍患者康复工作中的"五位一体"包括社区精神障碍患者救治救助工作人员、社区民警、村（居）治保主任、社工、监护人。

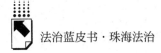

畴。精神障碍患者发病因素很复杂，长期得不到治疗和康复，会最终导致生理机能减退和行为退缩。在治疗方法上，康复治疗起着至关重要的作用，有时其重要性甚于药物治疗。目前国内部分城市已开始尝试社会保险支付精神障碍患者康复治疗费用。珠海可以借鉴其有益的经验，改变重医疗轻康复的现象，保障精神障碍患者能得到持续有效的治疗和康复。

廉洁建设

Building a Clean Government

B.34

廉政建设主体责任评估
系统运行调研报告

中共珠海市纪律检查委员会　珠海市监察委员会课题组*

摘　要： 珠海市纪委开发的党风廉政建设主体责任评估系统有效推动
全市各级党组织履行全面从严治党主体责任，是纪检监察机
关履行监督职责方式的创新。该评估系统实现了任务精准到
人、履责自动提醒、扩展延伸灵活、在线量化评估。自运行
以来，各级党组织、党员领导干部全面从严治党主体责任意
识得到提高，主体责任落实更加到位。

关键词： 全面从严治党　主体责任　党风廉政建设　评估系统

---

* 课题组负责人：张若芬，珠海市监察委员会委员。成员：谭兆强、秦毅、胡伟锋、黄菁蓉。
执笔人：秦毅，中共珠海市纪律检查委员会、珠海市监察委员会副主任科员；胡伟锋，中
共珠海市纪律检查委员会、珠海市监察委员会科员。

落实全面从严治党主体责任是政治责任，是各级党组织的职责所在、使命所系。党委（党组）主体责任在全面从严治党、强化党内监督中具有牵头管总作用。以前，主体责任评估存在以下困难。一是责任内容不够明确、更新不及时，部分内容缺乏针对性和可操作性，甚至存在履责主体混淆不清的情况。二是考核指标设计不够科学。部分指标设置繁杂，重点不够突出，标准不够具体，没有完全建立起适合本地区本部门具体情况的考核指标体系。三是考核方式不够合理。考核方式缺乏硬性的要求，在民主测评、个别谈话、述责述廉等诸多工作环节缺乏对考核对象深入细致的评估，难以确保评价结果的客观性和有效性。因此，建立科学合理的主体责任评估体系具有十分重要的意义。

针对存在的问题，结合工作实际，珠海市运用科技手段自主开发了党风廉政建设主体责任评估系统（以下简称"主体责任评估系统"），于2016年4月正式上线运行。系统按照类型的不同和责任的差异，对102个珠海市一级党委部门和市一级政府部门、3个行政区及5个功能区、市管国有企业和其他部门履行主体责任、落实全面从严治党情况进行线上监督，初步构建起"责任明确、过程留痕、动态监督、预警提醒、同步督办"的信息化监督体系，促进全面从严治党主体责任和监督责任（以下简称"两个责任"）的深度融合，取得较好效果。2016年9月，广东省纪委在珠海召开现场会，向全省各地市和省直机关推广珠海市纪委研发的主体责任评估系统。

一 建设和完善主体责任评估系统的必要性

（一）践行把党的政治建设摆在首位的重要平台

习近平总书记指出，"党的政治建设是一个永恒课题。要把准政治方向，坚持党的政治领导，夯实政治根基，涵养政治生态，防范政治风险，永葆政治本色，提高政治能力，为我们党不断发展壮大、从胜利走向胜利提供重要保证"①。党的十九大明确提出，"把党的政治建设摆在首位"。从强调党的政治建设，到摆在首位，再到"是一个永恒的课题"，是对全面从严治党实践的总结。主体责任评估系统在建设和运行过程中，对主体责任清单设计、履责效果量化、廉洁感知指数评估进行动态管理，将党的政治建设作为一项重要的任务贯彻其中，将坚决维护习近平总书记党中央的核心、全党的核心地位，坚决维护党中央权威和集中统一领导作为新时代管党治党的根本和灵魂，将"两个维护"这一全党共同的政治责任落实其中。

（二）是落实全面从严治党的重要抓手

全面从严治党是"四个全面"战略布局的重要组成部分。2014 年 10 月 8 日，习近平总书记在党的群众路线教育实践活动总结大会讲话中首次提出"全面推进从严治党"。在此基础上，2015 年出台的《中国共产党纪律处分条例》首次提出"全面从严治党主体责任"，对不履责或者履责不力的，追究相应纪律责任。中央纪委全会指出，落实全面从严治党主体责任是政治责任，是各级党组织的职责所在、使命所系。省纪委要求建立健全全面从严治党责任机制，认真落实细化党风廉政建设主体责任、严格实行主体责任清单制度。从全面落实从严治党到强调主体责任，贯彻好、落实好这些工作部署，必须有具体的措施和抓手。主体责任评估系统在设计上，既对党组织、党员领导干部主体责任全覆盖，又紧盯"关键少数"，重点监督"一把手"落实主体责任情况。可见，建设和完善主体责任评估系统，是落实全面从严治党、落实全面从严治党主体责任的重要抓手。

（三）是监督执纪"四种形态"具体化、实效化的探索创新

2015 年以来，党中央、中央纪委提出"把纪律挺在前面""抓早抓小，动辄则咎"、实践"四种形态"等重大管党治党策略。广东省纪委出台了关于开展谈话提醒构建"抓早抓小"工作机制的指导意见。主体责任评估系

---

① 2018 年 6 月 29 日中共中央政治局就加强党的政治建设举行第六次集体学习会议精神。

统通过信息化手段，把"四种形态"部署到系统中，细化成"咬耳扯袖、红脸出汗"等固定任务和动态任务清单，设定了"四种形态""抓早抓小"等效果指标，并进行实时监控和风险预警。在设计上，主体责任评估系统凸显第一种形态运用，通过审计、巡察、信访举报、作风投诉等日常监督方式，发现各地各单位苗头性、倾向性问题，由主体责任评估系统自动发送并提出提醒谈话要求，力求实现"咬耳扯袖、红脸出汗"网络化、常态化。可见，建设和完善主体责任评估系统，是探索"四种形态"具体化、实效化的有效途径。

（四）是实现监督第一职责的有效载体

中央明确要求，纪检监察机关要紧紧围绕监督这个首要职责，定位向监督聚焦，责任向监督压实，力量向监督倾斜，在监督上全面从严、全面发力，真正把监督职责履行到位。建设和完善主体责任评估系统，就是聚焦监督第一职责，牢记发现问题、纠正偏差，抓早抓小、防微杜渐，惩前毖后、治病救人的监督目的，加强日常监督检查，有效运用信息化手段监督各级党组织落实主体责任。

（五）是深入推进党风廉政建设和反腐败工作的现实需要

近年来，珠海市纪委在开展全面从严治党主体责任调研期间，发现珠海市落实全面从严治党主体责任工作存在几个问题：有的部门对落实主体责任要干什么、怎么干，心中没数；纪检监察机关对各部门有没有落实主体责任、落实情况怎么样，心中没底；面对珠海市430多个党委（党组）落实全面从严治党主体责任的情况，依靠传统监督检查方式显得力不从心，无法全面覆盖。针对以上问题，建设和完善主体责任评估系统，一方面通过分解细化任务、明确效果指标和评估方式，增强主体责任意识，引导和督促落实主体责任干什么、怎么干；另一方面，运用科技手段，通过信息采集和数据分析，对各单位主体责任落实情况进行评估预警，完成了原来仅靠人力难以完成的大量工作，大大提高了监督的覆盖面、时效性和有效性，同时也是贯彻落实上级纪委关于纪检监察工作要"加快信息化步伐，为监督插上科技的翅膀""把信息化建设作为一项重要的工作任务"的要求，是深入推进珠海市党风廉政建设和反腐败工作、压实管党治党政治责任的现实需要。

二　主体责任评估系统指标体系

主体责任评估系统指标体系由主体责任清单、履责效果指标和廉洁感知指数三部分组成。通过审核主体责任清单的完成情况，自动采集履责效果指标，并通过收录第三方测评的廉洁感知指数，对被监督单位作出科学合理的评价。

（一）主体责任清单

按照广东省党风廉政建设领导小组《关于落实党风廉政建设党委主体责任和纪委监督责任的意见》和《关于细化党风廉政建设主体责任　强化责任追究的通知》要求，2016 年 4 月，珠海市纪委根据不同性质，将珠海全市各单位分为四大类，对应制定了四套主体责任清单。在积累成功经验的基础上，2018 年 4 月，珠海市纪委将市管国有企业纳入评估对象范围。截至 2018 年 6 月，主体责任评估系统将全市各单位分为五类上线运行，并对应制定五套主体责任清单。主体责任清单的具体内容包括贯彻落实、廉政教育、制度执行、"四种形态"、整治"为官不为"等"25 + X + Y"项任务，其中，25 项为每年各级党委（党组）的固定任务；X 为动态任务，根据每年工作部署，将各时期全面从严治党的重点工作列入任务清单；Y 为各单位自主设计的特色任务，鼓励各单位在履行主体责任中充分发挥主观能动性，进行探索创新。

（二）履责效果指标

为全面评估党委（党组）落实党风廉政建设主体责任的实际效果，主

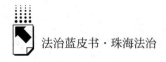

体责任评估系统相应设置了五类履责效果指标。每类履责效果指标包括政府部门预决算、工程建设、政府采购和领导干部经济责任审计、领导干部重大事项核查等6个方面15项量化指标。

（三）廉洁感知指数

为客观评估人民群众对相关单位党风廉政建设的感受和评价，珠海市纪委借鉴国际通行做法，邀请第三方机构每年开展单位廉洁感知指数测评工作。通过不同的问卷设计，以及针对不同社会对象的调查访谈，全面评估人民群众对单位廉洁程度的感受和评价，并进行综合排名，向社会公布，接受群众监督。

三　主体责任评估系统的主要功能

主体责任评估系统具有责任精准到人、智能定制任务、在线量化评估、自动提醒预警、灵活扩展延伸等功能，有效发挥了"明晰责任清单、告知主体责任是什么，在线推送任务、告知履行责任应该干什么，及时预警提醒、告知不履行责任后果是什么"的作用。

（一）责任精准到人

主体责任评估系统清晰定制了单位主体责任清单，明确了每个班子成员的工作任务。例如，对于25项固定任务，第一责任人任务为7项，班子成员任务为4项，班子共同任务为14项。同时，明确了工作要求、完成时限、得分标准。各班子成员登录系统后，可以清楚地看到自己要干什么、什么时候干、得分多少，各责任主体需要承担的责任一目了然，项目具体明确。

（二）智能定制任务

有关单位完成某项工作时，主体责任评估系统会自动生成相关联的任务并及时发送给各相应责任人，进行任务提醒。例如，某单位新提任干部，系统自动生成新提拔干部到岗时的谈话提醒任务，并发送给部门分管领导。又如，某单位人员发生违纪行为，系统自动向单位第一责任人发送以案治本特别是警示教育工作任务，要求第一责任人在 3 个月内开展以案治本工作、1 个月内开展警示教育。

（三）在线量化评估

主体责任评估系统对主体责任清单各项工作任务均规定了得分值、扣分点和扣分标准，由主体责任评估系统自动评估和人工审核相结合进行评分。珠海市纪委评估人员在线对各单位进行审核评估，对照扣分标准评分；主体责任评估系统接入财政资金管理、政府采购、审计监督、效能监督、政府投资工程廉情预警等系统，通过在线采集和数据分析，对资金使用、政府采购、工程建设、选人用人等廉政风险点实行自动评估，自动得出履责效果指标分值。

（四）自动提醒预警

主体责任评估系统在定制任务生成时向单位责任人发出短信提醒，任务到期前 5 天会再次发出温馨提示，任务提交后向市纪委审核人员发出审核提醒。当责任人未按时按要求完成任务或效果指标值超过预定风险值时，系统自动发出预警，并向相应的责任人和单位联系人发出预警短信。对多次出现预警的单位及其班子成员，分别设置函询、谈话提醒、现场督导、实施问责等多种监督方式，确保监督及时到位。

（五）灵活扩展延伸

主体责任评估系统设计了纵向可延伸、横向可添加的功能，责任单位可以随时将主体责任评估系统延伸到下级单位，也可以增添本单位特色工作，为主体责任评估系统的进一步拓展提供了空间。例如，珠海市教育局将主体责任评估系统延伸到下属学校，并增加了师德师风教育等特色任务。

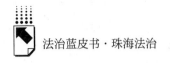

四 主体责任评估系统的应用成效

主体责任评估系统运行以来，进一步推动了党风廉政建设主体责任的落实，全面从严治党向纵深发展。

（一）责任意识得到明显提高

主体责任评估系统运行以来，各单位党委（党组）主要负责同志牢固树立"抓党风廉政建设是本职，不抓党风廉政建设是失职，抓不好党风廉政建设是渎职"的理念，履责主动性大大提高。以前有的领导认为抓主体责任是"一把手"的事，现在认识到自己对分管部门的党风廉政建设工作也有责任；以前有的领导认为党风廉政建设工作是年初部署、年终总结，现在认识到这项工作必须抓常抓细抓长。珠海市委政法委从体制机制上细化责任分工，制定了《落实党风廉政建设主体责任评估系统录入分工安排》，明确具体的责任人、责任单位、填报时间。市公安局每名分管领导根据各自分工，制订了详尽的党风廉政建设和反腐败工作分工任务，方案详尽、部署到位。珠海市公安局、市教育局等 15 个单位还主动把主体责任评估系统延伸应用到下属基层单位，结合本单位实际开展党风廉政建设特色工作，层层传导压力。

（二）主体责任落实更加到位

各单位依托主体责任评估系统，层层压实主体责任。

一是监督机制进一步健全。各单位充分运用系统功能，紧盯"关键少数"，不断健全和强化监督机制。珠海市市政和林业局等单位完善述责述廉制度，并组织下属单位开展述责述廉活动，监督整改存在的问题。珠海市海洋农业和水务局积极推进党员领导干部"八小时以外"活动监督，制定党员领导干部监督的正面清单、负面清单，发出致家属的一封信。珠海市教育局、市公安局积极开展对下属各单位、各部门的监督检查，扩大检查覆盖面，推动监督向基层延伸、向纵深发展。珠海市质监局制订了详细的廉政风险防控措施，编印了"一岗一预防"防控手册，针对重要权力清单进行风险防控，从源头上预防腐败行为的发生。

二是制度建设进一步深化。各单位坚持问题导向，依据主体责任评估系统的提示深入贯彻落实中央八项规定精神，制定"落实中央八项规定精神工作机制"，持之以恒纠正"四风"，在深化中坚持，在坚持中深化。珠海市人力资源和社会保障局针对自身权力清单事项，选取工伤认定、社会保险、养老保险、就业补贴、劳动仲裁等廉政风险点，有针对性地制定管理制度，进一步降低廉政风险。市直机关工委制定谈心谈话制度，突出不同岗位特色，提醒党员领导干部警钟长鸣。

三是廉政教育方式灵活多样。各单位按照系统提示，扎实开展党纪政纪法纪教育，加强廉洁文化建设，着力构建不敢腐、不能腐、不想腐的思想防线。珠海市人力资源和社会保障局专门制订了学习《关于新形势下党内政治生活的若干准则》《中国共产党党内监督条例》的方案及台账，形式多样，内容丰富。市口岸局组织了四大节日廉洁专题教育，签订了家庭助廉承诺书，制发了致党员领导干部的一封信等，举行了党规党纪专题考试。个别单位建立了干部家属助廉微信群"清平乐·咏莲"，利用碎片化时间开展经常性教育，特别是在节日等敏感时期推送廉政温馨提示，形成家属助廉的良好氛围。

（三）实现监督执纪方式创新和监督效能提升

珠海市纪委依托主体责任评估系统，实现推动主体责任落实从人工向智能转变，效率大大提高。主体责任评估系统通过设置不同的模块，把分散的工作集中到一个平台进行监督，每月定期评估，把监督检查贯穿年度全过程，不但使各单位明确自身的党风廉政建设主体责任，也使纪检监察机关找到了履行监督责任的具体"抓手"，推动了"两个责任"的深度融合。截至2018年底，主体责任评估系统已监督到期工作任务17495项，发出预警129条，实时监督各单位大额资金使用716批次，干部提拔620批次，实现了监督方式的创新。珠海市纪委还按照监督执纪"四种形态"的要求，将相关内容部署到主体责任评估系统，尤其是实践好第一种形态，督促开展"咬耳扯袖、红脸出汗"谈话等，推动各单位落实监督执纪第一种形态，把好第一道关。珠海市纪委对市国土局等单位发出函询32份，对市食药局等单位进行了"咬耳扯袖、红脸出汗"谈话提醒25次，对落实主体责任不到位的14个单位班子成员开展廉政谈话19次，对落实主体责任排名靠后的单位进行通报；各单位开展重点岗位等人员谈心谈话1918人次，达到"把纪律和规矩挺在前面"的要求，管理规范化程度进一步提高。

五 前景展望

珠海市纪委以主体责任评估系统为基础，建设政治生态分析研判系统，构建起动态监督、即时预警、实时研判的信息化监督体系。

借助主体责任评估系统基础信息数据，新建管党治党主体责任、干部清正廉洁、巡视巡察、考核与评估四个方面的政治生态模型。一是构建管党治党主体责任落实模型，围绕党的政治建设、思想建设、组织建设、作风建设、纪律建设等方面建立研判指标，在重点领域、重点环节、重点事项上进行综合分析。二是构建干部清正廉洁模型，从干部廉政档案、问题线索活页本等业务模块中获取数据，从各项指标、动态信息监控等样本分析入手，通过指标测量和数据统计分析，对党风廉政建设和反腐败工作大数据的数量特征、数量关系与数量变化进行分析运用，全方位、立体化对区域、单位、个人进行客观分析。三是构建巡察结果评价模型，综合运用巡察发现的问题、整改情况、执纪监督及处置情况等数据，掌握被巡察单位党组织的"把脉会诊"情况及党员干部廉洁自律的"健康体检"情况，准确把握被巡察单位政治生态情况。四是构建考核与评估模型，结合机关作风建设考核、党政领导班子考核、政府投资工程廉情预警评估情况、财政资金使用预警情况、群众满意度情况等业务信息，对不同层级、不同区域、不同部门（单位）的政治生态情况进行动态监测，全面把握珠海市政治生态的现状、薄弱环节，为相关领导进行针对性部署和决策提供数据支撑。

通过上述模型分析维度，从定量分析、定性分析、预测分析三个方面进行大数据应用，构建"点、线、面、环"四位一体的分析研判工作机制。通过设置预警"点"，由各责任部门分"线"负责，适时监测和把握各区、市直各单位政治生态"面"上状况，打造"监测—预警—研判—处置"工作闭环，构建科学、合理、有效并可操作的政治生态分析研判体系，不断营造和维护风清气正、干事创业的良好政治生态环境。

B.35
横琴新区廉洁建设路径与展望

珠海市横琴新区管理委员会廉政办公室课题组[*]

摘　要： 珠海横琴新区自 2009 年 4 月挂牌成立以来，充分发挥横琴新区毗邻澳门的地域优势和敢想敢试的特区优势，在落实全面从严治党要求，加强党员领导干部监督，加强建设工程领域监管，加强廉洁政务、市场监管和法治体系建设，加强廉政宣传教育等方面采取了一系列强有力的举措，为全国各地深化廉洁建设提供了横琴经验。

关键词： 自贸区　廉洁示范区　横琴新区

　　2015 年 12 月，广东省制定下发《关于加强"廉洁示范区"建设的指导意见》，决定在广州南沙、深圳前海、珠海横琴三个自贸片区建设"廉洁示范区"。2016 年 11 月，珠海市通过《关于促进中国（广东）自由贸易试验区珠海横琴新区片区"廉洁示范区"建设的决定》，从建设原则、廉洁政务、联合惩腐、廉洁共建、廉洁激励等方面，将示范区建设成果上升为地方性法规。

　　2012 年 12 月，横琴新区坚持先行先试，成立新型纪检机构——横琴新区管理委员会廉政办公室（以下简称"廉政办"），建立起纪检、监察、审计机关集中统一派驻，公安、检察机关沟通协调的体制机制。目前，横琴新区纪律委员会（以下简称"区纪委"）与廉政办合署办公。区纪委廉政办下

---

　　* 课题组负责人：罗亦宁，中共珠海市横琴新区委员会委员、中共珠海市横琴新区纪律检查委员会书记、珠海市横琴新区管理委员会廉政办公室主任。课题组成员：胡红光、梁滔闻、汪锦前、冯少东、廖宏。执笔人：廖宏，珠海市横琴新区管理委员会廉政办公室科员。

设综合处、纪检监察处、审计监督处、调查联络处 4 个副处级内设机构，共有行政编制 11 名、后勤编制 8 名。五年多来，横琴新区纪委廉政办全体党员干部牢记使命担当，把"廉洁示范区"建设作为促进自贸试验区改革发展的有力抓手，严格落实全面从严治党要求，不断深化廉洁制度建设，为横琴新区改革发展各项事业提供坚强的纪律保证。

一 落实全面从严治党要求，切实抓好党风廉政建设和反腐败工作

（一）扎实开展政治理论学习

横琴新区全区各部门单位深入学习习近平新时代中国特色社会主义思想、习近平总书记视察广东重要讲话精神，党的十八大、十九大精神，以及中央、省委、市委全会精神等，不断深化对习近平新时代中国特色社会主义思想的理解认识，牢固树立"四个意识"，坚持"四个自信"，做到"两个维护"。推进"两学一做"教育常态化，通过组织学习习近平总书记视察广东重要讲话精神培训班，开展党员干部网上考试、学习，组织党员干部到延安、上海等地开展培训等活动，促进党员干部牢记初心使命，切实做到忠诚、干净、担当。

（二）持续深入加强作风建设

在重大节日期间，对横琴新区全区各单位的值班出勤、公款吃喝、内部饭堂接待、外出学习考察等情况进行明察暗访，推动中央"八项规定"精神落地生根。2012 年以来共开展明察暗访 15 次，严肃处理 1 起节假日收受红包礼金、接受服务对象宴请等问题。

（三）保持惩治腐败高压态势

2012 年至 2018 年，横琴新区全区共处置党员干部违纪违法问题线索 115 件，立案 44 件 44 人，给予党纪政纪处分 25 件 25 人，诫勉处理 4 件 4

人。严格践行监督执纪"四种形态"①，2015 年以来共运用第一种形态谈话函询 67 人次，以第二种形态处分 14 人次，以第三种形态处分 3 人次，以第四种形态处分 3 人次。其中，2018 年重点开展惩治涉黑涉恶腐败和"保护伞"问题工作，排查问题线索 7 宗，向公安机关移交案件线索 3 条，目前公安机关立案 3 宗、已逮捕起诉 2 人，助力扫黑除恶专项斗争深入开展。坚持"严管就是厚爱"，2015 年至 2018 年各单位主要领导同志运用"咬耳扯袖、红脸出汗"方式，对党员干部的苗头性、倾向性问题开展谈话提醒 65 人次，做到抓早抓小、防微杜渐。

（四）深入开展巡察工作

2017 年成立横琴新区区党委巡察工作领导小组，组建巡察办公室和巡察组，建立巡察工作"一长两员三库"，配齐 2 名专职工作人员，对 1 个区直单位、1 个区属企业和 1 个社区开展常规巡察，开展"两委"换届风气和精准扶贫工作专项巡察两次，发现并整改问题 37 个。2018 年组织开展三轮巡察，对 1 个区直单位、1 个区属企业和 1 个社区单位开展常规巡察，对 2017 年巡察的单位进行"回头看"，发现并整改问题 58 个，有力推动全面从严治党向纵深发展。

二 扎紧制度笼子，强化对权力运行的监督制约

横琴新区制定了一系列制度，以强化对权力运行的监督制约。

横琴新区制定《贯彻落实省委关于加强对各级党组织一把手监督的意见分工方案》，从"上级一把手约谈下级一把手、各级一把手述责述廉、将一把手作为巡察重点对象、加强对一把手的纪律监督、发挥民主生活会对一

---

① 监督执纪"四种形态"：（1）党内关系要正常化，批评和自我批评要经常开展，让"咬耳扯袖、红脸出汗"成为常态；（2）党纪轻处分和组织处理要成为大多数；（3）对严重违纪的重处分、作出重大职务调整应当是少数；（4）严重违纪涉嫌违法立案审查的只能是极少数。

把手的监督作用和加强对一把手的教育提醒"等六个方面，加强对党组织"一把手"的监督，督促领导干部发挥好表率作用，以上率下共同营造良好的政治生态。

《横琴新区公务人员个人有关事项报告公示核查办法（试行）》将报告个人事项制度扩大到全体公务员、国有企业中层以上干部，并依纪依法严肃处理了2名存在漏报瞒报个人重大事项问题的党员干部。

《横琴新区党员干部礼品登记报告上交制度实施办法（试行）》明确规定党员干部不得收受管理和服务对象、主管范围内的下属部门和个人以及其他与行使职权有关的单位和个人赠送的礼品，并规范了登记上交未能拒收礼品的处理程序。

《关于横琴新区领导干部配偶、子女及其配偶经商办企业行为的规定》明确了领导干部的配偶、子女及其配偶不得在该领导干部的管辖区域或者管辖业务范围内从事政府投资工程项目招投标、施工、设备材料供应，不得担任领导干部管辖业务范围内企业的高级职务，不得为该领导干部管辖的案件和具体事项提供有偿中介服务等8方面具体情况，并明确了领导干部违规行为的处理方法。

在珠海市率先制定实施《公职人员利益冲突回避办法》，要求领导干部在公共资源配置、行政执法、重大行政决策等工作中如涉及利益冲突的，必须主动报告并申请回避，利害关系人认为有关公职人员存在利益冲突情形的，可以提出回避申请，并明确了对领导干部违反该项规定的处理措施。

《横琴新区党员领导干部"八小时以外"活动监督管理办法（试行）》明确领导干部非工作时间"十四个不准"，加强对党员领导干部"八小时以外"活动的监督管理。

《关于支持改革创新　鼓励担当有为　建立容错纠错机制的实施意见》明确党员干部在敢于担当、踏实干事、秉公用权、不谋私利的前提下，在干事创业、改革创新中出现工作失误或无意过失，造成一定负面后果或负面影响，应当依照法规从轻、减轻或免除相关责任，从而最大限度地宽容干部在履职尽责中的失误和错误。

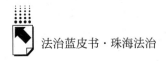

《横琴新区廉政办 24 小时举报处理办法》在珠海市率先制定实施 24 小时举报受理值班制度，每天"八小时以外"都安排专门人员轮流值班，保持 12388 信访举报热线畅通，对反映管辖范围内的党员干部问题线索第一时间登记、第一时间核查、第一时间反馈。2016 年该制度实施以来，区纪委廉政办受理的信访举报数量保持快速增长势头，年平均增长超过 30%。

《横琴新区廉政办关于奖励举报有功人员的暂行办法》在珠海市率先实施奖励举报有功人员制度，明确对以真实姓名向纪检监察机关检举、控告党员干部的违纪违法问题，经查证属实后，依照规定应该给予被举报人党纪政纪处分的，根据具体情况对举报人给予现金奖励，从而进一步调动群众参与干部监督工作的热情。

三 加强建设工程监督管理，防范廉洁风险

（一）建立建设工程廉情和效能预警评估系统

对 118 个建设项目和 1002 项工程审批，实行从立项到竣工验收的实时在线监督，对工程审批、招标投标、工程监管中的异常现象及时预警，要求有关单位作出说明或整改。

（二）搭建工程变更审批监管平台

出台政府投资和国有资金投资项目工程变更管理制度，搭建工程变更审批监管平台，实行在线申请在线审批，公开透明、过程留痕、责任明确。2015 年至 2018 年，先后受理工程变更申请 65 项，45 项因变更理由不充分等不予审批，有效防范了廉政风险。

（三）开展重大工程项目全过程同步跟踪审计

2017 年起至今，对总投资 260 亿元的横琴口岸及综合交通枢纽开发建设项目，开展全过程同步跟踪审计，实现"同步预防，同步监督，同步纠

正"，及时发现隐蔽工程监管缺失、设计变更不及时等多个问题，防止资金损失 6300 多万元。

四 构建廉洁高效的政务服务体系，方便群众办事

（一）打造"一站式"政务服务平台

对政府部门 1475 项权力进行梳理，在区门户网站公布权力清单，明晰权力边界，规范权力运行。在各办事窗口推行"一门式一网式"政务服务改革，实行一门进入、一表申报、一窗受理、一次采集、信息共享、结果互认、统一出件、统一归档，基本形成办事"零跑动、不求人、不花钱"的政务和公共服务体系。

（二）完善社会信用体系建设

制定《珠海经济特区横琴新区失信商事主体联合惩戒暂行办法》，发布商事主体失廉失信负面清单，实施行（受）贿黑名单、诚信扣分、限制从业等惩戒措施，构建以信用监管为核心的新型市场监管体系，形成"一处失信，处处受限"的社会信用监管机制。制定《横琴新区建筑市场信用"红黑名单"管理办法（暂行）》，其中"红名单"是指在从事工程建设活动中遵纪守法、诚信经营，受到建设行政主管部门奖励和表彰的企业和个人名单，"黑名单"是指违反有关法律法规或强制性标准、失信经营，承接的工程受到建设行政主管部门处罚的企业和个人名单。通过大数据采集信息、定期公布名单、对守信者进行激励、对失信者进行惩戒等方式，切实发挥信用管理的导向性作用，不断规范建筑市场各方主体行为。

（三）引入轻微违法经营行为免罚机制

制定《横琴与香港、澳门差异化市场轻微违法经营行为免罚清单》，对

港澳企业在横琴自贸片区首次出现的 30 项轻微违法经营行为免予处罚，促进港澳企业更加积极地进入本地市场，发挥作用、参与国家经济发展。

（四）加强行政执法环节监督

打破多头管理的行政执法部门限制，整合城市管理、卫生监督、劳动监察、安全生产等职能，建设新区综合管理局，实现一支综合执法队伍集中行使 25 大类行政处罚权和 7 类管理职能，在横琴新区门户网站明确 8000 多项具体执法权限，接受群众监督。

（五）组建营商环境监督志愿者队伍

组建包括港澳人士在内的 74 名横琴新区营商环境监督志愿者队伍，对标世界银行营商环境评价体系指标，通过走访窗口部门、对服务对象进行问卷调查等方式，对各环节进行监督评价，形成有建设性的意见建议，促进形成廉洁高效的政务服务环境。

五 开展廉洁从政宣传教育，营造崇尚廉洁文化的氛围

（一）开展"纪律教育学习月"活动

每年固定 9～11 月在横琴新区全区范围内开展纪律教育学习月活动。重点开好领导干部党章党规党纪教育培训班，邀请横琴新区区党委、管委会以及区纪委主要领导同志为全区领导干部上辅导课，组织观看上级纪委拍摄的警示教育片，不断强化干部的廉洁意识。多层次开展《中国共产党党章》《中国共产党纪律处分条例》《监察法》学习宣传活动，针对公务员、合同制职员、政务服务人员、区属国企管理人员和社区工作人员等不同对象，通过专题讲座、党组织生活会、专题学习会等方式，组织开展学习会议 15 场，累计参加 2000 多人次，推进法律学习覆盖全体公职人员。打造"横琴廉洁齐家大讲堂"品牌，举办"树良好家风、建廉洁家庭"培

训班，邀请著名专家教授为横琴新区全区领导干部及其家属作讲座，区纪委主要领导同志作专题辅导报告，组织干部及其家属签署《建设廉洁家庭承诺书》，促进领导干部自觉抓好廉洁家风建设工作，不断涵养形成风清气正的良好政治生态。

（二）开展"互联网+廉洁文化"宣传教育

通过横琴"廉洁示范区"App学习平台、"廉洁示范区"微信公众号、廉洁家风微信群向全区党员干部及其家属推送廉政视点、典型案件和节日提醒等学习资料，2016年开通以来共发布信息800多条，拥有固定用户1000多人，将廉政文化延伸到党员干部的"掌心"和"八小时以外"。制作"廉洁屏保"程序，在横琴新区全区机关企事业单位的1000多台电脑上安装运用，在电脑休眠期间展示梅、兰、竹、菊、莲等寓意廉洁的植物图片，配以廉洁名言警句，让机关干部职工和企业职工在润物无声中接受廉洁文化教育，筑牢拒腐防变思想防线。

（三）推进廉洁文化进基层

在横琴口岸、车站码头等人员密集地区建立党风廉洁宣传栏，在3个社区11个居民小组设立"廉政宣传栏"，拓展廉政宣传阵地，每季度固定更新宣传内容。在3个社区建立社区文化书屋，结合廉洁读书月活动开展廉洁书籍进学校、进社区文化书屋活动，2015年至2018年以来共赠送书籍5000多册，使廉洁文化宣传遍布新区各个角落。

（四）开展"廉洁共建"工作

横琴新区区纪委在横琴口岸及综合交通枢纽开发工程项目建设方、施工总承包方开展"廉洁共建"活动，与横琴新区区国税局、地税局联合开展"廉政共建"工作，通过签署工程廉洁承诺，同步开展廉洁纪律教育、廉政党日活动等，进一步增强党员干部廉洁意识，防控廉洁风险，打造"廉洁共建"品牌。

（五）组织开展党章党规党纪竞赛

通过组织横琴新区全区党员干部开展党章党规党纪知识竞赛，通过单选题、多选题、风险抢分题等形式，使党员干部在比赛中巩固廉洁从政意识，2015 年以来共组织各种知识竞赛 15 场。

（六）开展廉洁小品、影片和歌曲创作活动

2017 年由横琴新区区纪委、区社会事务局、市文化馆联合创演的廉政话剧《领导的盆栽怎么剪》，反映工商部门尊重粤澳两地差异、针对澳门企业制定免罚清单措施的制度创新行为，同时批判个别政府部门的"不作为、不担当"行为，该话剧语言诙谐幽默、形式生动活泼，获得省纪委举办的廉政曲艺小品创作大赛金奖。拍摄宣传片《横琴新区（自贸片区）党风廉政建设报告》，在横琴新区展厅循环播出，向国内外访客集中展示横琴新区成立以来的党风廉政建设和反腐败工作经验，获得观众的一致好评。由横琴新区区纪委牵头，邀请著名作词家、作曲家和歌唱家创作歌曲《弹起横琴唱首歌》，集中反映横琴新区人民积极向上、迎接新时代新生活的良好精神面貌，推动党员干部继续发扬特区精神、深化改革创新，进一步弘扬廉洁正气，凝聚廉洁共识。

六　未来展望

党的十九大对全面从严治党、党风廉政建设和反腐败工作提出了新要求，当前自贸试验区经济社会高速发展，加上港珠澳大桥建成通车、粤港澳大湾区建设等一系列重大战略的实施，给横琴新区的廉洁建设工作提出了新的新挑战。面对新形势新挑战，廉洁建设还有很长的路要走。一是在落实主体责任方面，仍有个别单位领导干部存在"廉洁建设是纪检监察机关责任"的老观念，对全面从严治党主体责任认识不够充分，对分管范围内的廉洁建设工作任务落实不到位。二是在工程建设领域方面，由于区内工程投资总额

大、进度紧，目前还存在为加快建设进度乱作为的现象，以及个别部门单位在办事环节上慢作为、乱作为的问题。三是纪检监察干部的能力素质需要提升，从近两年查办的党员干部违纪违法案件来看，数量逐年增加，类型日趋复杂，对纪检监察干部的业务能力、学习能力提出了更加紧迫的需求。

下一步，横琴新区将以习近平新时代中国特色社会主义思想为指导，认真履行党章和法律赋予的职责，扎实开展监督执纪问责，不断完善廉洁制度机制，深入推进廉洁文化建设，促进全面从严治党、党风廉政建设和反腐败工作取得新成效，为横琴新区更好地建设自贸试验区、融入湾区发展大局营造清正廉洁的发展环境。

（一）围绕改革创新发展大局加强监督执纪问责

将各级党组织学习宣传贯彻习近平总书记视察广东重要讲话精神情况作为监督检查的重要内容，督促各级党组织和党员干部抓好学习贯彻工作。深化运用监督执纪"四种形态"，重点在运用第一种形态特别是谈话函询上下功夫，加强对党员领导干部的日常监督管理。督促各级党组织落实主体责任，规范化、常态化开展谈话提醒工作，早发现、早提醒党员干部的苗头性、倾向性问题。

（二）继续推进机制制度创新

探索建立有横琴特色的"亲""清"政商关系实施细则，通过进一步明确具有实操性和针对性的措施，为政商交往提供指导性建议，切实规范党政机关、领导干部同非公有制企业及人士的交往，促进政商交往既亲切亲密，又清清白白、坦坦荡荡。对标"市场化、国际化、法治化、便利化"营商环境新要求，以促进澳门经济适度多元发展为主要任务，从提高政府服务水平等方面加强横琴营商环境建设，更好地促进港澳企业在横琴投资经营，融入国家发展大局。

（三）不断深化廉洁文化建设

对"横琴廉洁岛"微信公众平台进行改版升级，通过一个微信入口实现宣传教育、学习考试、互动交流等条件功能，努力为用户提供简洁明快的学习体验。部署开展"廉洁微电影"评选活动，通过评选优质影片、在各大网站展播等方式，广泛传播蕴含廉洁文化元素的短视频，不断扩大廉洁文化影响力。打造"横琴廉洁齐家大讲堂"品牌。针对执法单位人员、企业管理人员、事业单位工作人员、社区工作人员等不同人群，邀请横琴新区区领导、大学教授、廉政模范人物等作专题讲座，推进廉洁家风建设深入各行各业，形成行动自觉。

（四）加强纪检监察干部队伍建设

按照上级纪委有关部署要求，落实监察体制改革措施，构建横琴新区纪委、横琴新区监察委员会合署办公体制，监督与执纪、执纪与执法有效结合，实现对所有公职人员的有效监督。组织纪检监察干部深入学习《监察法》《刑法》《刑事诉讼法》等法律法规，不断提高运用法治思维和法治方式惩治腐败的能力。严格贯彻落实省纪委监委"九条禁令"，建立完善纪检监察干部打听案情、过问案件、说情干预登记备案登记制度，督促干部严守工作纪律，杜绝跑风漏气、办人情案关系案等问题。建立特约监察员制度，邀请聘请人大代表、民主党派人士、机关干部和企业代表等有公信力的人士，加强对纪检监察工作的监督。

Abstract

During the 40 years of reform and opening-up, the city of Zhuhai has made a series of historical achievements in economic and social development, gained many leading experiences in China in such fields as reform and innovation, cooperation with Hong Kong and Macao, construction of ecological civilization, development of people's livelihood and social undertakings and Party building, and played the role of a "test field" of reform and an important "window" of opening to the outside world. Under the guidance of the basic strategy of ruling the country by law, China has made rapid progresses in the construction of the rule of law, which has promoted and safeguarded the reform and opening-up. The city of Zhuhai has been a practitioner as well as a beneficiary of this basic strategy: it has persistently taken the universal popularization and observance of law as its long-term groundwork, cultivated the rule of law consciousness among the general public, carried out activities of creation of rule of law institutions in a deep-going way at various levels and in various forms, advanced multi-level and multi-field law-based governance in the practice of social governance, constructed a public legal service system that covers both urban and rural residents, opened up channels of communication with the masses of people, improved the mechanisms for the prevention and resolution of social disputes, and achieved marked results in all these areas.

This book analyzes in a comprehensive way the development of the rule of law in Zhuhai City and summarizes the achievement made by the city in such aspects of the construction of the rule of law as legislation, supervision by people's congresses, law-based government, service-oriented government, judicial construction, social governance, creation of a law-based business environment, and construction of a clean and honest government.

Contents

I   General Report

Abstract: In the historical process of exploring the road of the socialist rule of law with Chinese characteristics, Zhuhai City, as one of the four earliest special economic zones in China, has given full play to its role as the "pioneer" and "test field" of reform and opening-up and gradually opened up a road of development of the economy, society and the rule of law in a coordinated and mutually promotive way. After entering into a new era, the Government of Zhuhai City, taking Xi Jinping's Thought on Socialism with Chinese Characteristics in a New Era as the ideological guidance, has been continuously making explorations and leading the development in the new journey of comprehensive deepening of the reform. The rule of law is one of the core elements in this process as well as the advantage that enables the city to maintain a strong momentum of development. The practices and explorations made Zhuhai City are of great theoretical and practical values and provide insightful, practical and innovative experience and guidance to local governments in other parts of the country in solving the common problems in social governance, deepening the rule of law in all respects, and advancing governance by law.

Keywords: Rule of Law Construction the Rule of Law in Zhuhai City; Local Rule of Law; Economy of Special Economic Zone; Bus iness Environment

Ⅱ The People's Congress System and Legislation

Abstract: In recent years, the Standing Committee of the People's Congress of Zhuhai City has adhered to the idea of "making good laws" and the principle of scientific, democratic and law-based legislation, abided by and grasped the objective law of legislation, and adopted a series of local regulations that provide powerful legal safeguard for the construction of the rule of law in the city. This report, taking the process of adoption of the Regulations of Zhuhai Special Economic Zone on Realty Management as an example to introduce the practice of scientific and democratic legislation carried out, as well as related institutions created, by the Standing Committee of the People's Congress of Zhuhai City in recent years. Meanwhile, it points out that the role played by the People's Congress of Zhuhai City in legislation and the effectiveness the participation by deputies to the People's Congress in the legislation need to be further enhanced. In the future, Zhuhai City will continue to pay attention to the people's livelihood, highlight local characteristics, improve the quality and efficiency of legislation, and

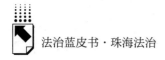
give full play to the leading and safeguarding role of legislation.

Keywords: Local Legislation; Realty Management; Scientific Legislation; Democratic Legislation

B. 3　Strengthening and Improving the Supervisory Work of the People's Congress of Zhuhai City: Exploration and Reflections

Project Team of the Office of the Standing Committee

of the People's Congress of Zhuhai City / 039

Abstract: The supervisory power is an important power of people's congresses provided for by the Constitution. This report, based on of the actual situation of the supervisory work of the People's Congress of Zhuhai City, summarizes the achievements made by the People's Congress of Zhuhai City in legal supervision and supervision over government work and, in view of the common problems in the supervisory work of people's congresses, such as the lack of diversity of the means of supervision and weak supervisory capacity, puts forward a series of countermeasures, including controlling the direction, strengthening the effectiveness, and enhancing the ability of supervision.

Keywords: Supervision by People's Congresses; Direction of Supervision; Effectiveness of Supervision; Capacity for Supervision

Ⅲ　Law-Based Government

B. 4　Construction of a Law-Based Government in Zhuhai City (2015 –2018)

Project Team of the Legislative Affairs Bureau

of the Government of Zhuhai City / 049

Abstract: The construction of a law-based government, as a crucial component part of the strategy of promoting the rule of law in an all-round way, is an important long-term historical task, as well as a profound transformation of state governance. Since the 18th National Congress of Communist Party of China, the Party Committee and the Municipal Government of Zhuhai City have closely focused on the general objective of building the socialist rule of law with Chinese characteristics and a socialist state under the rule of law, strengthened institution building, improved administrative decision-making mechanisms, regulated the operation of administrative power, promoted the reform aimed at simplification of administrative procedures, delegation of powers, combination of delegation and control, and optimization of services, and strived to resolve social disputes, thereby creating a new situation of construction of a law-based government characterized by comprehensive effort, multiple breakthroughs, and advancement in width and depth.

Keywords: Law-Based Government; Administration by Law; Institution Building

B. 5　The Zhuhai Practice of the Reform Aimed at Simplification of Administrative Procedures, Delegation of Powers, Combination of Delegation and Control, and Optimization of Services

Project Team of the Office of the Committee for Public Sector

Reform of the Government of Zhuhai City / 060

Abstract: In recent years, the Party Committee and the Municipal Government of Zhuhai City have advanced in a deep-going way the reform aimed at simplification of administrative procedures, delegation of powers, combination of delegation and control, and optimization of services by intensifying the delegation of power, strengthening the capacity for control, and improving the quality of services, endeavored to solve difficult problems through reform, relied on innovation to generate vitality, and created a new situation of mass

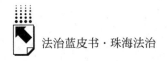

entrepreneurship and innovation, thereby fostering new growth drivers and creating new vitality for stabilizing economic growth, promoting reform, adjusting social structure, and improving the people's livelihood.

Keywords: Streamlining Administration and Delegating Power to the Lower Levels; Combination of Delegation and Control; Optimization of Services

B. 6   Report on the Construction and Operation of Online

Service Hall of the Government of Zhuhai City

Project Team of the Government Affairs Bureau of

the Government of Zhuhai City / 070

Abstract: The Online Service Hall of the Government of Zhuhai City became fully operative on September 2013. Since then, after several years of deep construction, the system function of the Service Hall has been continuously improved and online handling of affairs has become more efficient and convenient. Today, Zhuhai City has already constructed an online government service network covering four administrative levels of city, district, town (street), and village (neighborhood), realized the connection of network with various functional departments of the government, the full coverage of all government service matters at various levels and the full openness of government information, set up exclusive enterprise web pages and personal website services, and developed mobile phone apps and gradually improved the various service functions, popularized the system of whole-process online handling of affairs characterized by "online application-online preliminary investigation of teh application-online processing of the application-and mailing of decisions on the application".

Keywords: Government Service; Online Handling of Affairs; Internet Plus

B. 7 The "Public Security Sample" of Internet + Government Service in Zhuhai City: an Observation from the Perspective of the Exit and Entry Service, Vehicle Administration Service and Openness of Police Affairs of Zhuhai Public Security Bureau

Project Team of the Public Security Bureau of Zhuhai City / 086

Abstract: With the rapid development and extensive application of such technologies as big data, cloud computing, and Internet of Things, how to actively respond to the people's new expectations of and new demands on public security services has become an important issue faced by public security organs in the whole country. In recent years, public security organs in Zhuhai City have followed the trend of development, ridden on the momentum, comprehensively deepened the reform aimed at simplification of administrative procedures, delegation of powers, combination of delegation and control, and optimization of services, made an all-out effort to create "the public security sample" of Internet + Government Service, which has aroused great repercussion in the whole society. Especially the vivid experience of Zhuhai Public Security Bureau in exit and entry service, vehicle administration service, and the openness of police affairs has provided useful reference to public security organs at the prefecture level in the province and in the whole country. Meanwhile, the Zhuhai practice also revealed some problems in the Internet + public security services, such as the lack of integration of online services, failure to achieve the whole-process online service, low degree of public participation, and insufficient play given to the advantages of new media. In the future, more efforts need to be made in improving the online service system, strengthening intensive construction and analysis of the big data of the people's livelihood, encouraging public participation, and optimizing new media of political affairs.

Keywords: Informatization of Police Affairs; Government Services; Openness of Police Affairs; Convenience and Benefit for the People

B. 8 The All-Round Comprehensive Reform of the Administrative Reconsideration System in Zhuhai City

The Legislative Bureau of the Government of Zhuhai City / 099

Abstract: Administrative reconsideration, as an important link in the diversified social conflict prevention and resolution mechanism, is playing a crucial role in protecting the people's lawful rights and interests and safeguarding and supervising the exercise of power by administrative organs. In recent years, the Government of Zhuhai City has taken active measures to respond to the demand of "improving administrative reconsideration system" made by the State Council, initiated an all-round comprehensive reform of the administrative reconsideration system, strived to create an open, fair and just government environment for social development and an institutional safeguard for the deepening of the reform in Zhuhai City. This report takes the path choice of the reform of the administrative reconsideration system in Zhuhai City as the entry point to give a detailed introduction to the concrete reform measures taken by the municipal government, including the concentration of power of administrative reconsideration, the establishment of the Administrative Reconsideration Committee, the implementation of the court hearing system and the system of publication of administrative reconsideration decisions, the achievements of the reform, as well as the existing problems in the reform, such as the need to strengthen the power of administrative reconsideration, enhance the comprehensive quality of case-handling personnel, and raise the level of the standardization and informatization of administrative reconsideration, and explores the trend of development of the system, pointing out that, in the future, the Government of Zhuahi City should give full play to the role of administrative consideration as the main approach to the solution of administrative dispute, so as to continuously increase the credibility and the influence administrative reconsideration.

Keywords: Administrative Reconsideration; Reform; Law-Based Government

Ⅳ Judicial System

Abstract: In 2015, the two levels of courts in Zhuhai City had been covered by the second pilot judicial reform project of Guangdong Province for the implementation in a comprehensive way of four reform tasks centered on the judicial responsibility system. Since then, courts in Zhuhai city have strengthened trial supervision and management by making power lists and implementing the system of handling cases by court presidents and division chiefs, achieved fruitful results in the de-administration of courts, raised the level of judicial professionalization through the professionalization of judges, trial teams and performance appraisal, continuously perfected the mechanism for the unified application of law by establishing the trial committee system and strengthening the case guidance function, further improved the quality and efficiency of trial by providing intelligent case-handling assistance to judges, overcoming difficulties in enforcement through informatization, constructing informatized supervision and management system, improving judicial services, and building the infrastructure of intelligent court, and continuously promoted the overall reform of the judicial system by ensuring the performance of functions by judges, protecting the security of judges, and propelling the reform of internal organs of courts. After three years of experimentation, courts in Zhuhai City have completed the four pilot reforms centered around the judicial responsibility system. In the future, they will continue to make efforts in improving the system of application of the same rules in similar cases, the mechanism for the solution of the problem of " heavy caseload and shortage of personnel", the professional safeguarding system and the incentive mechanism.

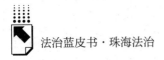
Keywords: Courts in Zhuhai City; Judicial Reform; Judicial Responsibility System; Judge Quota System

B. 10　Investigation Report on the Reform of the Procuratorial Organs in Zhuhai City

Project Team of the Procuratorate of Zhuhai City / 124

Abstract: Since 2016, procuratorial organs of Zhuhai City have, in accordance with the arrangements made by procuratorial organs at high levels, actively advanced various judicial reforms with the reform of the judicial responsibility system as the core, implemented the personnel quota system, established the new case-handling mechanism, and carried out policies relating to the professional safeguard of judicial personnel, thereby providing strong guarantee for the establishment of a mechanism for the fair and efficient operation of procuratorial power. In this process, some problems have also been discovered, such as the conflict between the exclusive series of posts of procurators and departmental administration, the imperfect performance appraisal mechanism, and the shortage of judicial administrative personnel. At the next stage of the reform, procuratorates in Zhuhai city should speed up the implementation of various support policies, so as to ensure the that the judicial responsibility system is truly implemented.

Keywords: Judicial Reform; Procuratorial Work; Personnel Quota System; Judicial Responsibility System

B. 11　The Zhuhai Practice of "Basically Overcoming the Difficulties in Enforcement"

Project Team of the Intermediate People's Court of Zhuhai City / 134

Abstract: In the past three years, people's courts in Zhuhai City have endeavored to realize "the four basic objectives" in the overall objective of "basically overcoming the difficulties in enforcement" and strived to establish a long-term mechanism for overcoming the difficulties in enforcement. On the basis of expanding the work pattern and deepened the reform of enforcement systems and mechanisms, they have enhanced the standardization, informatization and coerciveness of enforcement, implemented the mechanism for joint punishment of dishonesty, and intensified the publicity of enforcement, thereby developing a long-term joint-governance and joint-management mode for the overcoming the difficulties in enforcement with Zhuhai characteristics.

Keywords: Basically Overcoming the Difficulties in Enforcement; Reform of the Enforcement System; Informatization of Enforcement

B. 12 The Creation of a Model Court for Comprehensive Reform by the People's Court of Hengqin New District, Zhuhai City

Project Team of the People's Court of Hengqin New District,

Zhuhai City / 143

Abstract: The construction of Hengqin Free Trade Zone and the implementation of the Strategy of Guangdong-Hong Kong-Macao Greater Bay Area have brought Zhuhai City major development opportunities. The People's Court of Hengqin New District, being fully aware of its functions and missions, has adhered to the strategy of promoting development by reform, and carried out major explorations in the fields of classified management of personnel, the mechanism for the operation of adjudicative power, dispute resolution mechanism and judicial exchange and cooperation, thereby developing replicable and generalizable experience, constructing a framework of a national model court for comprehensive reform, and creating a new pattern of promoting the development of Guangdong-Hong Kong-Macao Greater Bay Area through the development of the rule of law. Meanwhile, the court is also faced with some problems and difficulties in the reform, such as the new challenges posed by the increasingly heavy caseload and complicated new types of cases, defects in the mechanism for the supervision over the operation of the adjudicative power, and the lack of unity of adjudicative criteria. In the future, the court will make more efforts in carrying out comprehensive supporting reforms, improving its capacity for fulfillment of functions, and strengthening the judicial exchange and cooperation with Hong Kong and Macao, so as to give new impetus to the development of Hengqin Free Trade Zone and the Guangdong-Hong Kong-Macao Greater Bay Area.

Keywords: Judicial Reform; Classified Personnel Management; Mechanism for the Operation of Adjudicative Power; Dispute Resolution Mechanism

B. 13　Investigation Report on the Judicial Reform by the People's Procuratorate of Hengqin New District of Zhuhai City

Project Team of the People's Procuratorate of Hengqin New District of Zhuhai City / 156

Abstract: Since its establishment, the People's Procuratorate of Hengqin New District of Zhuhai City has carried out a series of bold explorations and innovations in procuratorial reform, such as streamlining and optimizing the organizational structure and allocation of personnel, taking the lead in carrying out pilot reform of classified personnel management system, and comprehensively implementing the prosecutors' case-handling accountability system and the system of chief procurator's liaison office. Through these reform measures, the procuratorate has optimized the allocation of functions and powers, raised the case-handling efficiency, ensured judicial justice, accumulated some vivid replicable experiences.

Keywords: Procuratorate of Hengqin New District; Judicial Reform; Fairness and Justice

Contents ↖↘

B. 14　Explorations in the Reform of the Family Trial

　　　　System in Xiangzhou District

Project Team of the People's Court of Xiangzhou District of

Zhuhai City / 163

Abstract: Family disputes have characteristics that are different from those of other civil disputes. This report, basing itself on judicial practice and applying the method of empirical study, analyzes the measures taken, experiences gained and results achieved by the People's Court of Xiangzhou District of Zhuhai City in the reform of family trial procedure, including the establishment of special family trial team and adoption of relevant procedural rules, and puts forward suggestions on the further implementation of the reform.

Keywords: Family Disputes; Family Disputes Trial; " Xiangzhou Mode"; Social Governance

B. 15　The Xiangzhou Practice of Reforming the

　　　　Diversified Dispute Resolution Mechanism

Project Team of the People's Court of

Xiangzhou District of Zhuhai City / 173

Abstract: With the continuous social and economic development, courts are flooded by a large number of disputes and under the pressure of increasing heavy caseload. The most effective way of dealing with this problem is namely resolving disputes through diversified dispute resolution channels. This report introduces the innovative measures taken by the People's Court of Xiangzhou District of Zhuhai City in the reform of pluralistic dispute resolution mechanism, including those relating to the mediation platforms, the diversion of cases, the dispute resolution mode, mechanisms for connecting litigation and mediation, the management system, the mediation team, and convenience services, and demonstrates through data analysis the role played by the reform of the pluralisitc dispute resolution mechanism in alleviating the conflict between heavy caseload and the shortage of personnel, promoting the acceptance of court judgments, shortening the trial time, and maintaining social stability.

Keywords: Disputes; Pluralistic Dispute Resolution; Litigation and Mediation Connection

B. 16 The Practice of Comprehensive Judicial Protection of Minors in Doumen District of Zhuhai City

Project Team of the People's Procuratorate of Doumen

District of Zhuhai City / 184

Abstract: Under the social governance pattern of joint building, joint governing, and sharing, procuratorial organs have strengthened the comprehensive judicial protection of minors by giving full play to the advantages of legislation, institutions and external environment. Meanwhile, some problems have also gradually emerged in this process, which need to be solved at the levels of institution, system, and social resources. Against this background, the People's Procuratorate of Doumen District of Zhuhai City has actively carried out the work of "protective case-handling, remedial assistance, socialized rectification, and diversified prevention", thereby creating an innovative mode of comprehensive judicial protection of minors.

Keywords: Social Governance; Minor-Related Procuratorial Work; Comprehensive Judicial Protection; Path Choice

V   Business Environment

Abstract: The market economy is also an economy under the rule of law. Where there is economic and social development, there are legal services and rule-of-law safeguards. A good rule-of-law business environment is the basic guarantee of the development of a city and its surrounding areas, as well as an important support that enhances their comprehensive competitive power. Against the background of construction of Guangdong-Hong Kong-Macao Greater Bay Area, the rule of law in Zhuhai City, as an important means of adjusting social relations, resolving disputes and safeguarding legal rights and interests, will be faced with more problems and challenges in the process of servicing and safeguarding reform, promoting development and maintaining stability. As a result, it is necessary for the government of Zhuhai City to focus on the overall situation of economic and social development, analyze and study in a deep-going way the relevant issues of legal safeguard, innovatively carry out various works of ruling the city by law, further strengthen the legislation in key areas, comprehensively raise the level of the construction of a law-based government and a law-based society, explore ways of strengthening the judicial cooperation with Hong Kong and Macao, improve the mechanism for market regulation, create a social governance pattern of joint building, joint governing, and sharing, improve the quality and efficiency of foreign-related legal services, create a highland of innovation in Hengqin New District, give full play to the role of the rule of law in leading, servicing and safeguarding economic and social development.

Keywords: Construction of Guangdong-Hong Kong-Macao Greater Bay

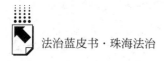

法治蓝皮书·珠海法治

Area; Rule-of-law Safeguard; Social Governance; Construction of Rule-of-law; Rule-of-law Business Environment

B. 18　Innovative Development of Zhuhai International

　　　　Arbitration Court in Hengqin Free Trade Zone

Project Team of Zhuhai International Arbitration Court / 204

Abstract: Since its establishment, Zhuhai International Arbitration Court has based itself on the reform and innovation platform of Hengqin Free Trade Zone, devoted itself to the establishment of a modern arbitration mechanism and a diversified dispute resolution mechanism compatible with international standard, and made many innovations in light of the actual needs of construction of the legal system of free trade zone, including issuing the first rules on interim arbitration, establishing the first Internet finance arbitration platform, and creating the first consumption arbitration mechanism in the country.

Keywords: Interim Arbitration; Internet Finance Arbitration; Consumption Arbitration

B. 19　Investigation Report on the Protection of Intellectual

　　　　Property of Zhuhai City

Project Team on the Protection of Intellectual Property of the

Government of Zhuhai City / 213

Abstract: This report summarizes the main practice of Zhuhai City of innovatively creating a rule-of-law environment for the protection of intellectual property, introduces the situation of and main results achieved in legislation, law enforcement, administration of justice, creation of a legal service environment, and publicity of law relating to the protection of intellectual property in Zhuhai

City, and puts forward suggestions on feasible measures for further promoting the development of the rule of law in the field intellectual property.

Keywords: Intellectual Property; Law Enforcement; Administration of Justice; Publicity of Law

B. 20　The Construction of the Economic Rule of Law

in Hengqin District of Zhuhai City

Project Team of the Development and Reform Bureau of the

Government of Hengqin District, Zhuhai City / 223

Abstract: Since its establishment in 2009, Hengqin New District of Zhuhai City has actively constructed the economic rule of law in response to Party Secretary General Xi Jinping's call on Guangdong Province to "take the lead in the country in constructing institutional mechanisms that promote high-quality economic development, building a modernized economic system, developing a new structure of comprehensive opening-up and creating a social governance pattern characterized by joint-building, joint-governing and sharing" and in accordance with the objective of "making Guangdong Pilot Free Trade Zone a gateway and hub for high-level opening-up". Since its establishment on April 23, 2015, Zhuhai Hengqin New Area of China (Guangdong) Pilot Free Trade Zone has adhered to the policy of promoting reform and development through opening-up, actively participated in the construction of Guangdong-Hong Kong-Macao Greater Bay Area, further internationalized business environment by taking institutional innovation as the core, optimizing business environment, strengthening legal safeguards, and improving legal services, and comprehensively deepened the cooperation with Hong Kong and Macao with a view to gradually making its business environment and rules of market regulation compatible with those these of the two SARs, thereby continuously making new explorations and accumulating new experiences in the construction of free trade zones in a new era.

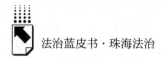

Keywords: the Rule of Law; Economy; Hengqin New District of Zhuhai City; Free Trade Zone

B. 21　The Business Environment Analysis System of Jinwan

　　　　District, Zhuhai City

Project Team of the Office of the Leading Group on Ruling the
District by Law in an All-round Way of the Government of
Jinwan District of Zhuhai City / 234

Abstract: In recent years, the Government of Jinwan District of Zhuai City, by adopting the reform thinking and innovative measures, taking the World Bank Business Environment Assessment Index System as benchmark, and basing itself on the actual situation in China, has constructed the "10 + 2" business environment assessment model and, by mining and utilizing the big data of the Government of Jinwan District and relying on the Unified Examination and Approval Management Platform and the Information and Resource Sharing Platform of Jinwan District, created the first business environment analysis system in China. Using this system, the Government of Jinwan District has assessed the comprehensive business environment in the district through the analysis of 12 assessment indices, compared the assessment result with those of advanced economic entities in the world to found out its own short boards and proper position, adopted reform measures aimed at optimizing business environment, and strived to create a stable, fair, transparent and predictable business environment and a fair, just and open rule of law environment through "precision service, precision supervision, and precision decision-making", thereby enhancing the capacity of the district for sustainable development and promoting the construction of an honest, law-based and service-oriented government.

Keywords: Business Environment; Business Environment Analysis System; the Application of Big Data Analysis

Ⅵ   Social Governance

Abstract: In order to summarize and promote its experience in the construction of the rule of law and draw on innovative thinking and methods of rule of law, the Government of Zhuhai City has relied on standardized concepts and systems and quantitative methods to carry out in an objective, direct and dynamic way a comprehensive assessment of the situation of the rule-of-law practice and innovation in the city in such aspects as administration by law, administration of justice, construction of the grassroots rule of law, and building of the rule of law culture, as well as related products, services and managements, thereby enhancing standardization through the development of rule of law, promoting the development of the rule of law through standardization, and continuously spearheading the construction of the rule of law in the country.

Keywords: the Practice of the Rule of Law; Construction of the Rule of Law in Zhuai City; Standardization; Assessment of the Rule of Law

Abstract: In recent years, the Government of Zhuhai City has thoroughly implemented the spirit of a series of important meetings of the CPC held after the Eighteenth Party Congress, continuously strengthened and innovated social governance through the construction of the integrated social governance institutional reform platform, the law-based social governance platform, the social governance innovation and guidance platform, the public service promotion platform, and the social cooperation and public participation platform, thereby achieving marked results in enhancing the vitality of social development in an all-round way and creating a preliminary social governance mode with Zhuhai characteristics.

Keywords: Social Governance; Joint-Building, Joint Governing and Sharing; Five Major Platforms

B. 24 Peace Index: The Zhuai Sample of Construction of "Peaceful China"

Project Team of the Political and Legal Affairs Commission of the Party Committee of Zhuhai City / 269

Abstract: Since 2014, the Government of Zhuhai City has created the first "peace index" in China and the supporting operational mechanisms, promoted "big peace" with "small index". The peace index has provided the public with safety precaution guidance as well as references for supervising the work of the construction of Peaceful China, and played an important role in strengthening the planning and improving the public security situation in the whole city. Although the peace index still needs to be further optimized and perfected in terms of coverage, comprehensiveness and applicability, as far as the future direction of development is concerned, it will play an increasingly important role in assessing social security situation, giving timely early warnings on safety situation, and promoting the formation of a joint-building, joint-governing and sharing social governance pattern.

B. 25   Investigation Report on the Socialization of Police

Affairs in Zhuhai City

Project Team of the Public Security Bureau of Zhuhai City / 281

Abstract: In recent years, the Public Security Bureau of Zhuhai City has, in light of local public opinions and the characteristics of the current stage of development of police work and in accordance with the scientific social governance methodology of joint-building, joint governing and sharing, made an all-out effort in promoting the socialization of police affairs, implemented a number of projects on the socialization of police affairs, thereby wining the support of the people as well as good reputation for the public security organs. Especially the projects on "volunteer police", "good Samaritan", and "drug addicts service and management grid" have contributed "public security wisdom" to social governance in a new era.

Keywords: Public Security Work; Social Governance; Socialization of Police Affairs

B. 26   Investigation Report on the Creation of a Three-Dimensional

Socialized Crime Prevention and Control System in Hengqin

District of Zhuhai City

Project Team of Hengqin Sub-bureau of the

Public Security Bureau of Zhuhai City / 294

Abstract: The rapid social, economic and technological development has brought about new changes in the public security situation, posing huge challenges to public security organs in their work of social governance and crime prevention and control. At its nineteenth national congress, the Communist Party of China declared its plan of modernizing China's system of and capacity for governance. In recent years, Hengqin Public Security Sub-bureau has based itself on the actual situation of the district, remained true to its original aspiration of developing the district, taken technological innovation as the mainline and the integration of resources as the key and, based on the actual situation of "fighting and preventing crimes, regulating and controlling social behaviors and servicing the people" at the frontline of public security work, actively constructed a crime prevention and control system compatible with the big data era, created a Hengqin sample of construction of Guangdong-Hong Kong-Macao Greater Bay Area.

Keywords: Big Data; Intelligent Public Security Work; Prevention and Control System; Hengqin Sample

B. 27 Constructing the "Zhuhai Mode" of Municipal-Level Volunteer Service

Project Team of the Zhuhai Committee of the Communist Youth League of China / 305

Abstract: Volunteer service, as a benchmark of the development of civilization in a city, an important content of the cultivation and practice of socialist core values, as well as an important carrier that speeds up social civilization. In recent years, the Zhuhai Committee of the Communist Youth League of China, in order to enhance the sense of social responsibility and the consciousness of civilization among citizens and basing itself on the vital interest of the people and the key issues of general concern to the general public, has given full play to the legislative, regional and educational advantages of Zhuhai City, actively integrated social resources, created fronts of volunteer service, forged backbone teams of volunteers, developed high-quality volunteer service projects, and created the Zhuhai mode of volunteer service.

Keywords: Volunteer Service; Zhuhai Mode; Public Interest; Urban Civilization

B. 28   The Production Safety Accidents Dual Prevention System in Zhuhai City

Project Team of the Production Safety Bureau of Zhuhai City / 317

Abstract: The basic tasks of production safety work include taking safety risk control measures to find out hidden dangers and preventing the occurrence of various production safety accidents through the identification and treatment of hidden dangers. The Government of Zhuhai City has always attached great importance to the use of informatized means to prevent production safety accidents and created a hidden production safety danger identification system by relying on the "Three-platform Production Safety Information System of Zhuhai City", which was created between 2011 and 2013. In 2016, the Municipal Production Safety Bureau further improved the mechanism for the identification of hidden dangers of production safety, applied risk prevention and control technology and informatized means to create a dual production safety risk prevention system consisting of a classified risk control system and a hidden danger identification and elimination system, thereby effectively raising the level of informatization, technology and rule of law of production safety, promoting the implementation of the system of primary responsibility for production safety, and preventing the occurrence of major production safety accidents.

Keywords: Hidden Risk of Accident; Risk Control; Production Safety

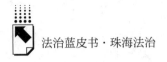

B. 29　The Road of Professionalization of People's Mediators

Project Team of the Judicial Bureau of Zhuhai City / 328

Abstract: In 2006, the Part Committee and the Government of Zhuhai City took the lead in openly recruiting full-time people's mediators, promoted the adoption of local regulations by the municipal people's congress to standardize, professionalize, and safeguard people's mediation work, and sent fullvtime people's mediators to mediation centers of towns (streets), local police stations, and grassroots courts (tribunals), thereby realizing the full coverage of these institutions by the system of full-time people's mediators. In recent years, people's mediation organizations have been established in, and full-time people's mediators sent to, industries and professional fields in which various kinds of medical, traffic, marriage, family and labor disputes occur in relatively large numbers. These innovative measures have produced good results: the quality of people's mediators has been improved, the number of cases dealt with by people's mediators has increased drastically. This report also puts forward suggestions on the future development of the people's mediation system, including strengthening the safeguarding mechanism, establishing a big mediation pattern, standardizing management, and carrying out Internet + people's mediation.

Keywords: People's Mediation; Fengqiao Experience; Big Mediation Work Pattern

B. 30　The Practice of and Reflections on the Construction of Public Legal Service System

Project Team of the Judicial Bureau of Zhuhai City / 340

Abstract: Raising the level of the construction of public legal service system is a new demand by the new situation resulting from the change in the main social contradictions in a new era, as well as the overall objective of the various kinds of judicial administrative work in China for some time to come. Since 2014, the Government of Zhuhai City has been actively advancing the construction of four levels of physical platforms of public legal service and taken village and neighborhood legal consultation work as the catalyst to realize the connection between service platforms and service resources and satisfy the public demand for legal service in the development of the city. In 2015, it realized the full coverage of all districts, towns (streets) and villages (neighborhoods) in the province by three levels of legal service entities, which have formed a preliminary "public legal service network" that effectively solved the problem of "the last kilometer" problem in the service of the people and ranked the first in the whole province in the number of legal consultations provided. In the future, the Government of Zhuhai City will take the development of the platforms at the town (street) level as the key, increase platform functions, build "half-an-hour public legal service circle", promote the upgrading of platform functions, create "incubators" of high-end public service products, and enhance the core competitive power of public legal service in Zhuhai City.

Keywords: Judicial Administration; Public Legal Service; Village and Neighborhood Legal Consultants

B. 31　New Mode of Community Consultation in Xiangzhou District of Zhuhai City

Project Team of the Political and Legal Affairs Commission of the Party Committee of Xiangzhou District, Zhuhai City / 353

Abstract: The citizens' demand-oriented new community consultation mode of "complimenting governance with consultation" in Xiangzhou District of Zhuhai City refers to the district government has adopted regulations on and institutions of community consultation, established community consultation platforms, made lists of responsibilities for community consultation, finalized rules of procedures for community consultation, and, while effectively activating the function of community self-governance, carried out productive explorations and practices in the construction of law-based community governance system, thereby providing valuable experiences for the development of grassroots democracy and the advancement of law-based grassroots social governance in the whole province and in the whole country.

Keywords: Complimenting Governance with Consultation; Community Consultation; Community Governance; Bringing under the Rule of Law

B. 32　Report on the Creation of the Innovative Social

Governance Mode in Jinwan District of Zhuhai City

Project Team of the Political and Legal Affairs Commission of

the Party Committee of Jinwan District, Zhuhai City / 361

Abstract: Social governance is an important component part of state governance. The Communist Party of China declared at its nineteenth national congress that China will step up institution building in social governance and improve the law-based social governance model under which Party committees exercise leadership, government assumes responsibility, non-governmental actors provide assistance, and the public get involved. In recent years, the Government of Jinwan District has based itself on local conditions, made social governance more scientific by strengthening the top-level design, increased the precision of social governance by innovating community governance, realized intelligent social governance by applying the information technology, systematized social governance by deepening cooperation, ensured the rational and sound development of grassroots governance by actively exploring the pluralistic mode of "co-governance by the Party, the government, society, enterprise, mass organizations, schools and people", and promoted social harmony and stability by implementing the three major projects of "system co-construction, social co-governance and happiness sharing".

Keywords: Social Governance; Pluralistic Participation; Joint-Construction, Joint-Governance and Sharing

B. 33　Community Work of Rehabilitation of Persons with Mental Disorder: Taking the Xinning Daycare Center of Zhuhai City as an Example

Project Team of the Political and Legal Affairs Commission of the Party Committee of Zhuhai City / 371

Abstract: The Report to the Nineteenth National Congress of the CPC declared that China will "establish a social governance model based on collaboration, participation, and common interests" and innovate social governance by taking the interest of the people as the starting point and the ultimate goal. The work of rehabilitation of persons with mental disorder, as one of the difficulties in social governance, has always been the focus of social attention. Faced with many problems in the community work of rehabilitation of persons with mental disorder, such as the imperfection of the mental health service system and the shortage of professional mental health workers and mental rehabilitation institutions, the Government of Zhuhai City has explored and established a new mode of community rehabilitation of persons with mental disorder and created the Xinning Daycare Center for Persons with Mental Disorder. By relying on community health service stations, the Center provides various rehabilitation services, including life skill training, to persons with mental disorder and enabled them to enjoy social care, thereby safeguarding the construction of community safety, providing a new plan for innovative community governance that can be taken as reference by other cities in China, and contributing an unique sample to the future development community work of rehabilitation of persons with mental disorder.

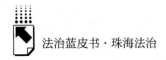
Keywords: Social Governance; Co-construction, Co-governance and Sharing; Mental Disorder; Community Safety

VII Building a Clean Government

B. 34 Investigation Report on the Operation of the System of Assessment of Primary Responsibility for Building a Clean Government

Project Team of the Commission for Discipline Inspection of the Party Committee of Zhuhai City and the Supervision Committee of Zhuhai City / 381

Abstract: The System of Assessment of Primary Responsibility for Building Party Work Style and a Clean Government, established by the Commission for Discipline Inspection of the Party Committee of Zhuhai City, has effectively promoted the fulfillment of the primary responsibility of Party organizations at all levels for strictly enforcing Party discipline in all respects and innovated the mode of fulfillment of the supervisory responsibility by discipline inspection and supervision organs. This assessment system has realized the accurate allocation of tasks to each person, automatic reminding of the fulfillment of tasks, flexible expansion and extension, and online quantitative assessment. Since it was put into operation, this system has enhanced the consciousness of Party members and cadres of their primary responsibility of strictly enforcing Party discipline in all respects and ensured the effective implementation of the primary responsibility system.

Keywords: Strictly Enforcing Party Discipline in all Respects; Primary Responsibility; Building Party Work Style and a Clean Government; Assessment System

B. 35   Approaches to and Prospect of the Construction of a Clean

Government in Hengqin New District of Zhuhai City

Project Team of the Integrity Office of the Administrative

Committee of Hengqin New District, Zhuhai City ∕ 392

Abstract: Since its establishment in April 2009, Hengqin New District has given full play to its geographic advantage of bordering Macao and its advantage as a special economic zone that have the courage to think and act, and adopted a series of effective measures to implement the requirement of strictly enforcing Party discipline in all respects, strengthen the supervision over Party members and leading cadres and over construction projects, practice honest administration, regulate the market, build the legal system, and carry out publicity of and education on clean government, thereby contributing unique experience to the construction of clean government in the whole country.

Keywords: Free Trade Zone; Demonstration Zone of Clean Government; Hengqin New District

❖ 皮书起源 ❖

"皮书"起源于十七、十八世纪的英国，主要指官方或社会组织正式发表的重要文件或报告，多以"白皮书"命名。在中国，"皮书"这一概念被社会广泛接受，并被成功运作、发展成为一种全新的出版形态，则源于中国社会科学院社会科学文献出版社。

❖ 皮书定义 ❖

皮书是对中国与世界发展状况和热点问题进行年度监测，以专业的角度、专家的视野和实证研究方法，针对某一领域或区域现状与发展态势展开分析和预测，具备原创性、实证性、专业性、连续性、前沿性、时效性等特点的公开出版物，由一系列权威研究报告组成。

❖ 皮书作者 ❖

皮书系列的作者以中国社会科学院、著名高校、地方社会科学院的研究人员为主，多为国内一流研究机构的权威专家学者，他们的看法和观点代表了学界对中国与世界的现实和未来最高水平的解读与分析。

❖ 皮书荣誉 ❖

皮书系列已成为社会科学文献出版社的著名图书品牌和中国社会科学院的知名学术品牌。2016年，皮书系列正式列入"十三五"国家重点出版规划项目；2013~2019年，重点皮书列入中国社会科学院承担的国家哲学社会科学创新工程项目；2019年，64种院外皮书使用"中国社会科学院创新工程学术出版项目"标识。

中国皮书网

（网址：www.pishu.cn）

发布皮书研创资讯，传播皮书精彩内容
引领皮书出版潮流，打造皮书服务平台

栏目设置

关于皮书：何谓皮书、皮书分类、皮书大事记、皮书荣誉、
皮书出版第一人、皮书编辑部

最新资讯：通知公告、新闻动态、媒体聚焦、网站专题、视频直播、下载专区

皮书研创：皮书规范、皮书选题、皮书出版、皮书研究、研创团队

皮书评奖评价：指标体系、皮书评价、皮书评奖

互动专区：皮书说、社科数托邦、皮书微博、留言板

所获荣誉

2008年、2011年，中国皮书网均在全国新闻出版业网站荣誉评选中获得"最具商业价值网站"称号；

2012年，获得"出版业网站百强"称号。

网库合一

2014年，中国皮书网与皮书数据库端口合一，实现资源共享。

S 基本子库
UB DATABASE

中国社会发展数据库（下设 12 个子库）

全面整合国内外中国社会发展研究成果，汇聚独家统计数据、深度分析报告，涉及社会、人口、政治、教育、法律等 12 个领域，为了解中国社会发展动态、跟踪社会核心热点、分析社会发展趋势提供一站式资源搜索和数据分析与挖掘服务。

中国经济发展数据库（下设 12 个子库）

基于"皮书系列"中涉及中国经济发展的研究资料构建，内容涵盖宏观经济、农业经济、工业经济、产业经济等 12 个重点经济领域，为实时掌控经济运行态势、把握经济发展规律、洞察经济形势、进行经济决策提供参考和依据。

中国行业发展数据库（下设 17 个子库）

以中国国民经济行业分类为依据，覆盖金融业、旅游、医疗卫生、交通运输、能源矿产等 100 多个行业，跟踪分析国民经济相关行业市场运行状况和政策导向，汇集行业发展前沿资讯，为投资、从业及各种经济决策提供理论基础和实践指导。

中国区域发展数据库（下设 6 个子库）

对中国特定区域内的经济、社会、文化等领域现状与发展情况进行深度分析和预测，研究层级至县及县以下行政区，涉及地区、区域经济体、城市、农村等不同维度。为地方经济社会宏观态势研究、发展经验研究、案例分析提供数据服务。

中国文化传媒数据库（下设 18 个子库）

汇聚文化传媒领域专家观点、热点资讯，梳理国内外中国文化发展相关学术研究成果、一手统计数据，涵盖文化产业、新闻传播、电影娱乐、文学艺术、群众文化等 18 个重点研究领域。为文化传媒研究提供相关数据、研究报告和综合分析服务。

世界经济与国际关系数据库（下设 6 个子库）

立足"皮书系列"世界经济、国际关系相关学术资源，整合世界经济、国际政治、世界文化与科技、全球性问题、国际组织与国际法、区域研究 6 大领域研究成果，为世界经济与国际关系研究提供全方位数据分析，为决策和形势研判提供参考。

法律声明

　　"皮书系列"（含蓝皮书、绿皮书、黄皮书）之品牌由社会科学文献出版社最早使用并持续至今，现已被中国图书市场所熟知。"皮书系列"的相关商标已在中华人民共和国国家工商行政管理总局商标局注册，如 LOGO（）、皮书、Pishu、经济蓝皮书、社会蓝皮书等。"皮书系列"图书的注册商标专用权及封面设计、版式设计的著作权均为社会科学文献出版社所有。未经社会科学文献出版社书面授权许可，任何使用与"皮书系列"图书注册商标、封面设计、版式设计相同或者近似的文字、图形或其组合的行为均系侵权行为。

　　经作者授权，本书的专有出版权及信息网络传播权等为社会科学文献出版社享有。未经社会科学文献出版社书面授权许可，任何就本书内容的复制、发行或以数字形式进行网络传播的行为均系侵权行为。

　　社会科学文献出版社将通过法律途径追究上述侵权行为的法律责任，维护自身合法权益。

　　欢迎社会各界人士对侵犯社会科学文献出版社上述权利的侵权行为进行举报。电话：010-59367121，电子邮箱：fawubu@ssap.cn。

社会科学文献出版社